Die bösgläubige Markenanmeldung nach § 8 Abs. 2 Nr. 10 MarkenG im Lichte des Benutzungswillens

Europäische Hochschulschriften

European University Studies
Publications Universitaires Européennes

Reihe II **Rechtswissenschaft**

Series II Law

Série II Droit

Band/Volume **5555**

Carolin Schosser

Die bösgläubige Markenanmeldung nach § 8 Abs. 2 Nr. 10 MarkenG im Lichte des Benutzungswillens

PL ACADEMIC RESEARCH

Bibliografische Information der Deutschen Nationalbibliothek
Die Deutsche Nationalbibliothek verzeichnet diese Publikation in der Deutschen Nationalbibliografie; detaillierte bibliografische Daten sind im Internet über http://dnb.d-nb.de abrufbar.

Zugl.: Tübingen, Univ., Diss., 2013

Gedruckt auf alterungsbeständigem,
säurefreiem Papier.

D 21
ISSN 0531-7312
ISBN 978-3-631-64850-6 (Print)
E-ISBN 978-3-653-03838-5 (E-Book)
DOI 10.3726/978-3-653-03838-5

PL Academic Research ist ein Imprint der Peter Lang GmbH.
Peter Lang – Frankfurt am Main · Bern · Bruxelles · New York · Oxford · Warszawa · Wien

Dieses Buch wurde vor Erscheinen peer reviewed.

www.peterlang.com

Meinen Eltern und meiner Schwester

Vorwort

Die vorliegende Arbeit wurde im Wintersemester 2012/2013 von der Juristischen Fakultät der Eberhard Karls Universität Tübingen als Dissertation angenommen. Die Arbeit wurde im Dezember 2012 abgeschlossen. Bis zu diesem Zeitpunkt sind Rechtsprechung und Literatur berücksichtigt.

Ich danke meinem Doktorvater Herrn Professor Dr. Thomas Sambuc, LL.M. für die wertvolle Betreuung meiner Arbeit und seine Anregungen. Außerdem möchte ich Herrn Professor Dr. Ulrich Bälz für die zügige Erstellung des Zweitgutachtens danken.

Besonderer Dank gebührt meinen Eltern, Luzia und Manfred Schosser, die mir das Studium ermöglicht haben und mich jederzeit uneingeschränkt unterstützen. Darüber hinaus möchte ich mich bei meiner Mutter für das Lesen des Manuskripts bedanken.

Mein weiterer Dank gilt Herrn Martin Reichert, nicht zuletzt für seine Geduld und sein Verständnis, die er mir besonders in der entscheidenden Phase der Arbeit entgegengebracht hat.

Bedanken möchte ich mich auch bei meiner Kollegin Dr. Anne Kathrin Schulze Zumkley für ihre wertvolle Unterstützung.

Stuttgart, im August 2013 Carolin Schosser

Inhaltsverzeichnis

Erstes Kapitel: Einführung

I. Gegenstand der Arbeit

Markenrechte sind aus dem heutigen Wirtschaftsleben nicht mehr wegzudenken. Sie verkörpern in aller Regel einen beträchtlichen Wert eines Unternehmens.[1] Die Marke dient als Kommunikationsmittel und weckt in dem Adressaten – dem Kunden – eine bestimmte Vorstellung über die Ware oder Dienstleistung und beeinflusst damit maßgeblich den Erfolg der Ware oder Dienstleistung und damit auch den Erfolg des Unternehmens. *Marx* formuliert zutreffend, dass

> *„ein Qualitätsprodukt ohne Marke* [...][2] *auf dem globalen Markt so chancenlos wie ein Wein ohne Herkunft* [ist].“[3]

Der Weg zum Erwerb eines Markenrechts kommt einem Wettrennen gleich. Es geht darum, die gewünschte Marke rechtzeitig – nämlich früher als der Wettbewerber – für sich zur Eintragung in das Markenregister anzumelden. Im Unterschied zu herkömmlichen Wettrennen werden im Markenrecht jedoch nicht die drei schnellsten Teilnehmer mit einer Gold-, Silber- oder Bronzemedaille prämiert. Vielmehr kennt das Wettrennen um Marken nur einen Sieger: den späteren Markeninhaber. Die anderen Teilnehmer gehen leer aus.

Nach § 4 Nr. 1 MarkenG[4] erwirbt der Markeninhaber mit der Eintragung der jeweiligen Marke Markenschutz. Mit dem Erwerb des Markenschutzes wird dem Markeninhaber nach § 14 Abs. 1 MarkenG ein Ausschließlichkeitsrecht eingeräumt, welches gegen jedermann wirkt[5]. Das Ausschließlichkeitsrecht gibt dem Markeninhaber unter den Voraussetzungen des § 14 Abs. 2 Nr. 1 bis Nr. 3 MarkenG das Recht, einem Dritten die Benutzung eines kollidierenden Zeichens zu

---

1 Vgl. *Nave*, Einführung in das Markenrecht, 1. Kap. Rdnr. 1.

2 Mit den eckigen Klammern in wörtlichen Zitaten werden im Folgenden eigene Auslassungen und eigene Änderungen kenntlich gemacht.

3 *Marx*, Deutsches, europäisches und internationales Markenrecht, S. V.

4 Die Abkürzung *„MarkenG“* steht für das *„Gesetz über den Schutz von Marken und sonstigen Kennzeichen (Markengesetz – MarkenG)“* vom 25. Oktober 1994, BGBl. 1994 Teil I, S. 3082, zuletzt geändert durch Art. 15 des *„Gesetz*[es] *über den Rechtsschutz bei überlangen Gerichtsverfahren und strafrechtlichen Ermittlungsverfahren“* vom 24. November 2011, BGBl. 2011 Teil I, S. 2302, 2310.

5 *Hacker* in: Ströbele/Hacker, Markengesetz, § 14 Rdnr. 8.

verbieten und zwar unabhängig davon, wie groß das Interesse des Dritten an der Benutzung dieses Zeichens ist. Das Ausschließlichkeitsrecht des Markeninhabers entsteht somit allein mit der Eintragung der Marke[6] und zwar ohne dass der Markeninhaber etwas Besonderes geleistet haben muss. So ist insbesondere nicht erforderlich, dass die Marke originell ist oder einen bestimmten schöpferischen Grad erreicht.[7] Damit geht das Markengesetz mit der Gewährung des Ausschließlichkeitsrechts quasi in Vorleistung und gewährt dem Markeninhaber eine Entwicklungshilfe für seine Marke.[8] Vorleistungen verleiten mitunter zum Rechtsmissbrauch,[9] vor allem dann, wenn die Vorleistung so umfassend ist wie das markenrechtliche Ausschließlichkeitsrecht[10] und die Vorleistung mit so wenig Aufwand wie im Markenrecht erlangt werden kann.

Bei diesem Missbrauchspotential handelt es sich keineswegs um ein neues oder nur vorübergehendes Phänomen. So hatte sich schon das *Reichsgericht* im Jahr 1919 in der *Pecose*-Entscheidung mit diesem Phänomen zu beschäftigen und entschied, dass das zeichenrechtliche Ausschließlichkeitsrecht unter dem Vorbehalt wettbewerbskonformen Verhaltens steht.[11] Insofern wurden rechtsmissbräuchliche oder sittenwidrige Zeichenanmeldungen schon lange vor dem Inkrafttreten des Markengesetzes am 1. Januar 1995 dem außerkennzeichenrechtlichen Löschungsanspruch nach §§ 1 UWG[12] a.F., 826 BGB[13] unterstellt.[14]

---

6 Vgl. § 14 Abs. 1 i.V.m. § 4 Nr. 1 MarkenG.

7 Z.B. *Hacker*, Markenrecht, § 3 Rdnr. 22.

8 *Hacker*, Markenrecht, § 9 Rdnr. 148.

9 *Hacker*, Markenrecht, § 9 Rdnr. 148.

10 Der Markeninhaber ist nicht nur berechtigt, einem Dritten unter den Voraussetzungen des § 14 Abs. 2 MarkenG die Benutzung zu verbieten. Vielmehr kann der Markeninhaber im Falle einer widerrechtlichen Benutzung den Dritten insbesondere auf Unterlassung nach § 14 Abs. 5 MarkenG, Schadensersatz nach § 14 Abs. 6 MarkenG sowie Vernichtung und Rückruf der widerrechtlich gekennzeichneten Ware nach § 18 Abs. 1 und Abs. 2 MarkenG in Anspruch nehmen.

11 RGZ 97, 90, 93 f. – *Pecose*; so z.B. auch RZG 111, 192, 197 – *Goldina*; vgl. auch *Hacker*, Markenrecht, § 9 Rdnr. 148 mit weiteren Nachweisen.

12 Die Abkürzung *„UWG"* steht für das *„Gesetz gegen den unlauteren Wettbewerb (UWG)"* vom 3. Juli 2004, BGBl. 2004 Teil I, S. 1414, in der *„Bekanntmachung der Neufassung des Gesetzes gegen den unlauteren Wettbewerb"* vom 3. März 2010, BGBl. 2010 Teil I, S. 254. Der Titel der ursprünglichen Fassung lautete *„Gesetz zur Bekämpfung des unlauteren Wettbewerbs"* vom 27. Mai 1896, RGBl. 1896, S. 145. Soweit Bezug auf die ursprüngliche Fassung des UWG genommen wird, wird dies durch den Zusatz *„alte Fassung"*, abgekürzt mit *„a.F."*, kenntlich gemacht.

13 Die Abkürzung *„BGB"* steht für das *„Bürgerliche Gesetzbuch (BGB)"* vom 18. August 1896, RGBl. 1896, S. 195, in der *„Bekanntmachung der Neufassung des Bürgerlichen Gesetzbuchs"* vom 2. Januar 2002, BGBl. 2002 Teil I, S. 42, zuletzt geändert durch Art. 1 des *„Gesetz*[es] *über den Umfang der Personensorge bei einer Beschneidung des männlichen Kindes"* vom 20. Dezember 2012, BGBl. 2012 Teil I, S. 2749.

14 Siehe 2. Kap. II 1.

Die Fallkonstellationen, die die Rechtsprechung vor dem Inkrafttreten des Markengesetzes diesem außerkennzeichenrechtlichen Löschungsanspruch unterstellte, werden heute überwiegend unter dem Begriff der Sperrmarke zusammengefasst.[15]

Mit dem *„Gesetz zur Reform des Markenrechts und zur Umsetzung der Ersten Richtlinie 89/104/EWG des Rates vom 21. Dezember 1988 zur Angleichung der Rechtsvorschriften der Mitgliedstaaten über die Marken (Markenrechtsreformgesetz)"* vom 25. Oktober 1994[16] erfuhr das Markenrecht einen Paradigmenwechsel. So wurde das im Warenzeichenrecht geltende Prinzip der Bindung des Zeichens an den Geschäftsbetrieb mit dem Inkrafttreten des Markengesetzes aufgegeben.[17] Infolge dieser Gesetzesänderung kann nun jedermann Markenschutz erwirken – auch Studenten und Hausfrauen, wie es in der Literatur überspitzt heißt.[18] Durch diesen Paradigmenwechsel hat sich das mit dem Markenrecht als ein Ausschließlichkeitsrecht ohnehin schon bestehende Missbrauchspotential deutlich erhöht. Für die infolge der Abschaffung der Bindung der Marke an den Geschäftsbetrieb möglich gewordenen Missbrauchsfälle hat sich überwiegend der Begriff der Spekulationsmarke eingebürgert.[19]

Zur Bekämpfung dieser Missbrauchsfälle und zur Bekämpfung von rechtsmissbräuchlichen oder sittenwidrigen Markenanmeldungen im Allgemeinen wurde mit dem Inkrafttreten des Markengesetzes zum 1. Januar 1995 die bösgläubige Markenanmeldung zunächst als ein Löschungsgrund nach § 50 Abs. 1 Nr. 4 MarkenG a.F. eingeführt.[20] Mit Wirkung zum 1. Juni 2004 wurde die bösgläubige Markenanmeldung schließlich als Nr. 10 in die Liste der absoluten Schutzhindernisse nach § 8 Abs. 2 MarkenG aufgenommen.[21] Wie insbesondere die Übernahme der bösgläubigen Markenanmeldung in die Liste der absoluten Schutzhindernisse und die *Ivadal*-Entscheidung des *BGH*[22] sowie die Entscheidung des *EuGH* im Fall *Lindt & Sprüngli / Franz Hauswirth*[23] – beide aus dem Jahr 2009 – zeigen, ist das Phänomen des Rechtsmissbrauchs im Markenrecht nach wie vor aktuell. Während zur Sperrmarke zahlreiche Gerichtsentscheidungen vorliegen und die Sperrmarke hierdurch eine gewisse Konkretisierung erfah-

15 Siehe 2. Kap. VI 2.
16 BGBl. 1994 Teil I, S. 3082.
17 Siehe 3. Kap. II 2.
18 So z.B. *Meister*, Marke und Recht, S. 32; *Wiedmann*, Der Rechtsmissbrauch im Markenrecht, S. 184; *Füllkrug*, GRUR 1994, 679; *Helm*, GRUR 1996, 593, 599.
19 Siehe 2. Kap. VI 3.
20 Siehe 2. Kap. II 2.
21 Siehe 2. Kap. II 3.
22 Siehe 3. Kap. IV 1 b bb).
23 Siehe 2. Kap. VI 1 und 4. Kap. III 2 a.

ren hat,[24] gibt es zur Spekulationsmarke nur wenige Gerichtsentscheidungen. Auch wenn anhand dieser wenigen Gerichtsentscheidungen immerhin eine grobe Tendenz erkennbar wird, wie die bösgläubige Markenanmeldung zu Spekulationszwecken von einer legitimen Markenanmeldung abgegrenzt werden kann, kann angesichts der unterschiedlichen in der Literatur vertretenen Lösungsansätzen dennoch nicht die Rede von einer einheitlichen Linie sein. Die Lösungsansätze unterscheiden sich teilweise erheblich. Es fällt jedoch auf, dass die meisten Lösungsansätze – auch der Lösungsansatz der Rechtsprechung – das Merkmal des Benutzungswillens aufgreifen und den Benutzungswillen entweder ins Zentrum des Lösungsansatzes stellen oder ihn wenigstens am Rande miteinbeziehen.[25]

Die unterschiedlichen Lösungsansätze zur Spekulationsmarke sollen zum Anlass genommen werden, das Merkmal des Benutzungswillens unter dem Gesichtspunkt der bösgläubigen Markenanmeldung nach § 8 Abs. 2 Nr. 10 MarkenG n.F. näher zu beleuchten. Mit der vorliegenden Arbeit soll somit untersucht werden, wie sich das Fehlen oder Vorliegen eines Benutzungswillens auf die Beurteilung einer Markenanmeldung als bösgläubig auswirkt.

Diese Aufgabenstellung beinhaltet zwei Kernfragen: Die erste Kernfrage betrifft die Frage, ob – negativ – das Fehlen eines Benutzungswillens die Beurteilung einer Markenanmeldung als bösgläubig rechtfertigt. Diese Frage wird bei der Spekulationsmarke relevant, weil das Fehlen des Benutzungswillens ein Wesensmerkmal der Spekulationsmarke darstellt[26]. Für den Fall, dass die Untersuchung ergibt, dass das Fehlen eines Benutzungswillens allein den Vorwurf der Bösgläubigkeit unter dem Gesichtspunkt der Spekulationsmarke nicht zu begründen vermag und damit der Benutzungswille kein hinreichendes Kriterium ist, um eine bösgläubige Markenanmeldung in Form der Spekulationsmarke von einer legitimen Markenanmeldung abzugrenzen, soll nach einer alternativen Abgrenzungsmöglichkeit gesucht werden.

Die zweite Kernfrage betrifft die Frage, ob – positiv – das Vorliegen eines Benutzungswillens die Bejahung einer Behinderungsabsicht und damit die Bejahung einer Bösgläubigkeit unter dem Gesichtspunkt der Sperrmarke ausschließt.

---

24 Siehe 2. Kap. VI 2.

25 Siehe 3. Kap. IV 1.

26 Vgl. z.B. *BGH* GRUR 2001, 242, 244 – *Classe E*; *BGH* GRUR 2009, 780, 782 (Nr. 16) – *Ivadal*; *BPatG* BeckRS 2011, 08141 – *pjur*; *Ströbele* in: Ströbele/Hacker, Markengesetz, § 8 Rdnr. 688; *Ingerl/Rohnke*, Markengesetz, Vor §§ 14-19d Rdnr. 363; *Wiedmann*, Der Rechtsmissbrauch im Markenrecht, S. 186.

Diese quasi umgekehrte Frage stellt sich bei der Sperrmarke, weil diese dadurch gekennzeichnet ist, dass deren Anmeldung in Behinderungsabsicht erfolgt.[27]

Die Unterscheidung zwischen der Spekulationsmarke einerseits und der Sperrmarke andererseits mag als einengend empfunden werden. Die Unterscheidung ist jedoch, wie vorstehend bereits angedeutet, historisch bedingt. So sollten nach dem Willen des Gesetzgebers nicht nur die zum außerkennzeichenrechtlichen Löschungsanspruch nach §§ 1 UWG a.F., 826 BGB – also zur Sperrmarke – entwickelten Rechtsgrundsätze in dem mit § 50 Abs. 1 Nr. 4 MarkenG a.F. neu eingeführten Begriff der Bösgläubigkeit aufgehen.[28] Vielmehr sprach der Gesetzgeber § 50 Abs. 1 Nr. 4 MarkenG a.F. darüber hinaus einen zusätzlichen Anwendungsbereich zu, indem er § 50 Abs. 1 Nr. 4 MarkenG a.F. außerdem als ein Korrektiv für den Wegfall des Geschäftsbetriebs als Eintragungsvoraussetzung einführte[29] – also zur Bekämpfung von Missbrauchsfällen, für die sich überwiegend der Begriff der Spekulationsmarke eingebürgert hat[30]. Angesichts dieses historischen Hintergrunds wird die Unterscheidung zwischen der Spekulationsmarke einerseits und der Sperrmarke andererseits in der vorliegenden Arbeit beibehalten.[31]

II. Ziel und Gang der Arbeit

1. Ziel der Arbeit

Mit dieser Arbeit soll aufgezeigt werden, welche Folgen sich aus dem Fehlen oder Vorliegen eines Benutzungswillens für die Beurteilung einer Markenanmeldung als bösgläubig im Sinne von § 8 Abs. 2 Nr. 10 MarkenG n.F. ergeben. Dabei ist vor allem die rechtshistorische Entwicklung der bösgläubigen Markenanmeldung nach § 8 Abs. 2 Nr. 10 MarkenG n.F., namentlich der europarechtliche Hintergrund, zu berücksichtigen. Aber auch andere Wertungen und Grundsätze des Markenrechts, die nicht unmittelbar die bösgläubige Markenanmeldung betreffen, sondern nur mittelbar auf die Auslegung des § 8 Abs. 2 Nr. 10 Mar-

27 Vgl. *Jordan*, Festschrift für Helm, S. 187, 190; *Helm*, GRUR 1996, 593, 598 f.; *Steinberg/Jaeckel*, MarkenR 2008, 296, 300.

28 Siehe 2. Kap. II 1 und 2; siehe auch 2. Kap. IV 2 b und 2. Kap. VI 1.

29 Begründung zum *„Gesetz zur Reform des Markenrechts und zur Umsetzung der Ersten Richtlinie 89/104/EWG des Rates vom 21. Dezember 1988 zur Angleichung der Rechtsvorschriften der Mitgliedstaaten über die Marken (Markenrechtsreformgesetz)"*, BT-Drucksache 12/6581, S. 95 f.

30 Siehe 2. Kap. VI 3.

31 Zur Bedeutung der einzelnen Fallgruppen siehe 2. Kap. VI 1.

kenG n.F. ausstrahlen, dürfen nicht unberücksichtigt bleiben; sie müssen mit den Ergebnissen der vorliegenden Arbeit in Einklang stehen. Zu denken ist hierbei insbesondere an die Aufgabe der Bindung der Marke an den Geschäftsbetrieb und die Regelungen zum Benutzungszwang. In die Untersuchung sollen auch die maßgeblichen Entscheidungen des *BGH* und des *EuGH* einbezogen werden.

2. Gang der Arbeit

Die Arbeit besteht aus fünf Kapiteln. Auf die Einführung im Ersten Kapitel folgt im Zweiten Kapitel eine Auseinandersetzung mit den Grundlagen der bösgläubigen Markenanmeldung, um eine Ausgangsbasis für die argumentative Auseinandersetzung mit dem Merkmal des Benutzungswillens in den sich anschließenden Kapiteln zu schaffen. Dabei soll nach (I.) der Aufgabenstellung zunächst eine Aufarbeitung (II.) der rechtshistorischen Entwicklung und den gesetzlichen Grundlagen sowie (III.) des Systems und der verfahrensrechtlichen Behandlung der bösgläubigen Markenanmeldung erfolgen. Darauf folgt eine Auseinandersetzung mit (IV.) der Auslegung des Begriffs der Bösgläubigkeit und (V.) dem für die Beurteilung der Bösgläubigkeit maßgeblichen Zeitpunkt sowie eine Aufarbeitung (VI.) der Fallgruppen, die sich zur Konkretisierung der bösgläubigen Markenanmeldung herausgebildet haben.

Mit dem Dritten Kapitel folgt das Herzstück der Arbeit. So wird in diesem Kapitel insbesondere der Frage nachgegangen, ob – negativ – das Fehlen eines Benutzungswillens allein die Annahme einer Bösgläubigkeit rechtfertigt. Sollte dies der Fall sein, so dürfte dies dafür sprechen, dass das Merkmal des Benutzungswillens hinreichend geeignet ist, um eine nach § 8 Abs. 2 Nr. 10 MarkenG n.F. bösgläubige Markenanmeldung in Form der Spekulationsmarke von einer legitimen Markenanmeldung abzugrenzen. Bei der Untersuchung ist nach (I.) der genauen Aufgabenstellung zunächst (II.) die rechtshistorische Entwicklung der Regelungen und Prinzipien zu beleuchten, die unmittelbar oder mittelbar auf das Merkmal des Benutzungswillens ausstrahlen. In einem zweiten Schritt soll (III.) die Rechtslage zum Benutzungswillen unter der Geltung des Warenzeichengesetzes untersucht werden. Den Abschluss dieser Untersuchung bildet die Aufarbeitung (IV.) der Rechtslage nach dem Markengesetz unter Berücksichtigung des europarechtlichen Hintergrunds des § 8 Abs. 2 Nr. 10 MarkenG n.F.

In dem anschließenden Vierten Kapitel soll untersucht werden, ob bei der Sperrmarke – positiv – das Vorliegen eines eigenen Benutzungswillens der Annahme einer Behinderungsabsicht und damit der Beurteilung einer Markenanmeldung als bösgläubig entgegensteht. Dabei folgt nach (I.) der genauen Aufgabenstellung eine Untersuchung (II.) der Rechtslage nach dem Warenzeichengesetz, gefolgt von einer Untersuchung (III.) der Rechtslage nach dem Markengesetz, ebenfalls unter Berücksichtigung des europarechtlichen Hintergrunds des § 8 Abs. 2 Nr. 10 MarkenG n.F.

Den Abschluss der Arbeit bildet das Fünfte Kapitel, in dem die wichtigsten Ergebnisse der Arbeit zusammengefasst werden.

Zweites Kapitel: Grundlagen der bösgläubigen Markenanmeldung

I. Aufgabenstellung

Bevor der Benutzungswille im System der bösgläubigen Markenanmeldung nach § 8 Abs. 2 Nr. 10 MarkenG n.F. untersucht wird, soll zunächst eine Auseinandersetzung mit den Grundlagen einer bösgläubigen Markenanmeldung erfolgen, um eine Basis für die anschließenden Untersuchungen zu legen. Dabei sollen (II.) die rechtshistorische Entwicklung und die gesetzlichen Grundlagen sowie (III.) das System und die verfahrensrechtliche Behandlung der bösgläubigen Markenanmeldung dargestellt werden. Darauf folgt eine Auseinandersetzung (IV.) mit der Auslegung des Begriffs der Bösgläubigkeit und (V.) dem für die Beurteilung der Bösgläubigkeit maßgeblichen Zeitpunkt sowie (VI.) den Fallgruppen, die sich zur Konkretisierung der bösgläubigen Markenanmeldung herausgebildet haben.

II. Rechtshistorische Entwicklung und gesetzliche Grundlagen der bösgläubigen Markenanmeldung

1. Warenzeichengesetz

Das *„Warenzeichengesetz“* vom 5. Mai 1936[32] enthielt keine Regelung, nach der es möglich gewesen wäre, die Eintragung eines Zeichens in die Zeichenrolle wegen Rechtsmissbrauchs oder Verstoßes gegen die guten Sitten abzulehnen oder ein bereits eingetragenes Zeichen aus der Zeichenrolle zu löschen, wenn dessen Eintragung rechtsmissbräuchlich oder sittenwidrig erwirkt worden war.[33] Erst

32 RGBl. 1936 Teil II, S. 134. Das Warenzeichengesetz wird im Folgenden mit *„WZG“* abgekürzt. Das Warenzeichengesetz löste das *„Gesetz zum Schutz der Waarenbezeichnungen“* vom 12. Mai 1894, RGBl. 1894, S. 441, ab, *Fezer*, Markenrecht, Einl. A Rdnr. 23. Das *„Gesetz zum Schutz von Waarenbezeichnungen“* enthielt ebenfalls keine Regelung, nach der die Eintragung eines Zeichens wegen Rechtsmissbrauchs oder Verstoßes gegen die guten Sitten abgelehnt werden konnte.

33 Vgl. z.B. *Fezer*, Markenrecht, § 8 Rdnr. 659; *Bous* in: Ekey/Klippel/Bender, Markenrecht, § 50 Rdnr. 8. Auch das Vorgängergesetz des Warenzeichengesetzes, das *„Gesetz zum Schutz der*

recht kannte das Warenzeichengesetz den Begriff der bösgläubigen Zeichenanmeldung nicht.

Schon damals war jedoch anerkannt, dass das Zeichenrecht als ein Ausschließlichkeitsrecht dem Vorbehalt wettbewerbskonformen, also lauteren Verhaltens, unterliegt.[34] Dieser Vorbehalt beruhte auf dem Verständnis des Zeichenrechts als ein Ausschnitt aus dem allgemeinen Wettbewerbsrecht.[35] Rechtsmissbräuchliche oder sittenwidrige Zeichenanmeldungen unterlagen demnach schon unter der Geltung des Warenzeichengesetzes einem außerkennzeichenrechtlichen Löschungsanspruch nach §§ 1 UWG a.F., 826 BGB.[36] Im Rahmen eines Wettbewerbsverhältnisses ergab sich der Löschungsanspruch aus § 1 UWG a.F., andernfalls aus § 826 BGB.[37] Außerdem konnte der Geltendmachung von Zeichenrechten der Einwand des Rechtsmissbrauchs nach § 242 BGB entgegengehalten werden, wenn die Zeicheneintragung rechtsmissbräuchlich oder sittenwidrig erwirkt worden[38] oder die Ausübung der formalen Rechtsstellung rechtsmissbräuchlich oder sittenwidrig war[39].

2. Markengesetz in der Fassung vom 1. Januar 1995

Mit Art. 1 des *„Gesetz*[es] *zur Reform des Markenrechts und zur Umsetzung der Ersten Richtlinie 89/104/EWG des Rates vom 21. Dezember 1988 zur Angleichung der Rechtsvorschriften der Mitgliedstaaten über die Marken (Markenrechtsreformgesetz)"* vom 25. Oktober 1994[40] wurde das *„Gesetz über den*

Waarenbezeichnungen" vom 12. Mai 1894, RGBl. 1894, S. 441, sah keine vergleichbare Regelung vor, vgl. *Brötje*, Die bösgläubige Markenanmeldung, S. 7 f.

34 *Ströbele* in: Ströbele/Hacker, Markengesetz, § 8 Rdnr. 662; *Hacker*, Markenrecht, § 9 Rdnr. 148; *Ströbele*, MarkenR 2010, 409.

35 So schon RGZ 97, 90, 93 f. – *Pecose*; RGZ 106, 250, 254 – *Fritz Reuter*; RGZ 111, 192, 197 – *Goldina*; *BGH* GRUR 1967, 298, 300 – *Modess*; *Tetzner*, Warenzeichengesetz, Einl. Rdnr. 1; vgl. auch *Baumbach/Hefermehl*, Warenzeichenrecht, Einl. Rdnr. 44.

36 Vgl. z.B. *BGH* GRUR 1967, 298, 300 f. – *Modess*; *BGH* GRUR 1967, 304, 305 – *Siroset*; *BGH* GRUR 1986, 74, 76 f. – *Shamrock III*; *Fezer*, Markenrecht, § 8 Rdnr. 659; *Ströbele* in: Ströbele/Hacker, Markengesetz, § 8 Rdnr. 662.

37 *Baumbach/Hefermehl*, Warenzeichenrecht, Einl. Rdnr. 46; vgl. auch zur aktuellen Rechtslage nach §§ 3, 4 Nr. 10 UWG *Steinbeck*, 50 Jahre BPatG (2011), S. 777, 779 Fn. 12.

38 Vgl. *BGH* GRUR 1980, 110, 111 – *Torch*; *BGH* GRUR 1987, 292, 293 f. – *KLINT*; *Busse/Starck*, Warenzeichengesetz, § 24 Rdnr. 19a.

39 Vgl. *BGH* GRUR 1987, 292, 293 f. – *KLINT*; *Busse/Starck*, Warenzeichengesetz, § 24 Rdnr. 19a; *Baumbach/Hefermehl*, Warenzeichenrecht, § 24 Rdnr. 38 ff.

40 BGBl. 1994 Teil I, S. 3082. Das *„Gesetz zur Reform des Markenrechts und zur Umsetzung der Ersten Richtlinie 89/104/EWG des Rates vom 21. Dezember 1988 zur Angleichung der Rechts-*

Schutz von Marken und sonstigen Kennzeichen (Markengesetz – MarkenG)",[41] also das heutige Markengesetz, mit Wirkung zum 1. Januar 1995[42] eingeführt. Das Markengesetz sah in § 50 Abs. 1 Nr. 4 MarkenG a.F. die bösgläubige Markenanmeldung als einen Löschungsgrund vor. § 50 Abs. 1 Nr. 4 MarkenG a.F. lautete:

„§ 50 Nichtigkeit wegen absoluter Schutzhindernisse

(1) Die Eintragung einer Marke wird auf Antrag wegen Nichtigkeit gelöscht,

4. wenn der Anmelder bei der Anmeldung bösgläubig war."

Der Sinn und Zweck der Postulierung der bösgläubigen Markenanmeldung als Löschungsgrund nach § 50 Abs. 1 Nr. 4 MarkenG a.F. bestand darin, rechtsmissbräuchlich oder sittenwidrig angemeldete Marken auch der markenrechtlichen Löschung zu unterstellen.[43] Außerdem sollte § 50 Abs. 1 Nr. 4 MarkenG a.F. als ein Korrektiv für den Wegfall des Geschäftsbetriebs als Eintragungsvoraussetzung dienen.[44]

Mit der Einführung der bösgläubigen Markenanmeldung als Löschungsgrund wurde Art. 3 Abs. 2 lit. d der „*Erste*[n] *Richtlinie des Rates vom 21. Dezember 1988 zur Angleichung der Rechtsvorschriften der Mitgliedstaaten über die Marken (89/104/EWG)*"[45] umgesetzt.[46] Hieraus erklärt sich auch die Wahl des Begriffs der Bösgläubigkeit, der so in der Markenrechtsrichtlinie verwendet wird.[47] Der Gesetzgeber verzichtete bewusst auf Begriffe wie rechtsmissbräuchlich oder

---

vorschriften der Mitgliedstaaten über die Marken (Markenrechtsreformgesetz)" wird im Folgenden „*Markenrechtsreformgesetz*" genannt.

41 Das „*Gesetz über den Schutz von Marken und sonstigen Kennzeichen (Markengesetz – MarkenG)*" wird im Folgenden „*Markengesetz*" genannt und mit „*MarkenG*" abgekürzt, vgl. die Fn. 4.

42 Vgl. Art. 50 Abs. 3 des Markenrechtsreformgesetzes, BGBl. 1994 Teil I, S. 3082, 3125.

43 Vgl. die Begründung zum Markenrechtsreformgesetz, BT-Drucksache 12/6581, S. 95.

44 Vgl. die Begründung zum Markenrechtsreformgesetz, BT-Drucksache 12/6581, S. 95 f.

45 ABl.-EG Nr. L 40 vom 11. Februar 1989, S. 1. Die „*Erste Richtlinie des Rates vom 21. Dezember 1988 zur Angleichung der Rechtsvorschriften der Mitgliedstaaten über die Marken (89/104/EWG)*" wurde unter dem 22. Oktober 2008 inhaltlich unverändert als „*Richtlinie 2008/95/EG des Europäischen Parlaments und des Rates vom 22. Oktober 2008 zur Angleichung der Rechtsvorschriften der Mitgliedstaaten über die Marken (kodifizierte Fassung)*" neu erlassen, ABl.-EU Nr. L 299 vom 8. November 2008, S. 25. Im Folgenden wird einheitlich auf die kodifizierte Fassung abgestellt, die „*Markenrechtsrichtlinie*" genannt und mit „*MRRL*" abgekürzt wird. Soweit im Folgenden ausnahmsweise die alte Fassung gemeint ist, wird dies mit dem Zusatz „*a.F.*" kenntlich gemacht.

46 Begründung zum Markenrechtsreformgesetz, BT-Drucksache 12/6581, S. 95.

47 Art. 3 Abs. 2 lit. d MRRL lautet: „*Jeder Mitgliedstaat kann vorsehen, daß eine Marke von der Eintragung ausgeschlossen ist oder im Falle der Eintragung der Ungültigerklärung unterliegt, wenn und soweit d) der Antragsteller die Eintragung der Marke bösgläubig beantragt hat.*"

sittenwidrig, weil er auf diese Weise die Verbindung des § 50 Abs. 1 Nr. 4 MarkenG a.F. zur Markenrechtsrichtlinie wahren wollte.[48] Wie sich aus dem Wortlaut des Art. 3 Abs. 2 lit. d MRRL („*kann*“)[49] ergibt, handelt es sich hierbei um eine fakultativ umzusetzende Regelung.[50] Der Gesetzgeber hätte die bösgläubige Markenanmeldung auch als Schutzhindernis in das neue Markengesetz aufnehmen können, da es der Richtliniengeber dem nationalen Gesetzgeber in Art. 3 Abs. 2 lit. d MRRL außerdem freigestellt hatte, die bösgläubige Markenanmeldung als ein Eintragungshindernis „*oder*“[51] als einen Ungültigkeitsgrund auszugestalten.[52]

3. Markengesetz in der Fassung vom 1. Juni 2004

Mit dem „*Gesetz zur Reform des Geschmacksmusterrechts (Geschmacksmusterreformgesetz)*“ vom 12. März 2004[53] machte der Gesetzgeber dann doch von der Option nach Art. 3 Abs. 2 lit. d MRRL Gebrauch, bösgläubige Markenanmeldungen schon von der Eintragung auszuschließen. Hierzu fügte der Gesetzgeber den Tatbestand der bösgläubigen Markenanmeldung als absolutes Schutzhindernis als Nr. 10 in § 8 Abs. 2 MarkenG hinzu.[54] Seit dem Inkrafttreten des Geschmacksmusterreformgesetzes zum 1. Juni 2004[55] lautet § 8 Abs. 2 Nr. 10 MarkenG n.F.[56]:

---

48 Begründung zum Markenrechtsreformgesetz, BT-Drucksache 12/6581, S. 95.

49 Zum Wortlaut des Art. 3 Abs. 2 lit. d MRRL siehe die Fn. 47.

50 So auch z.B. *Hacker* in: Ströbele/Hacker, Markengesetz, Einl. Rdnr. 25; *Winkler*, Festschrift für Mühlendahl, S. 279, 290; *Steinberg/Jaeckel*, MarkenR 2008, 296, 298; *Lerach*, GRUR 2009, 107.

51 Zum Wortlaut des Art. 3 Abs. 2 lit. d MRRL siehe die Fn. 47.

52 Die Markenrechtsrichtlinie enthält in Art. 4 Abs. 4 lit. g MRRL eine weitere Option, wonach jeder Mitgliedstaat vorsehen kann, dass eine Marke von der Eintragung ausgeschlossen ist oder im Falle der Eintragung der Ungültigerklärung unterliegt, wenn und soweit die Marke mit einer Marke verwechselt werden kann, die zum Zeitpunkt der Einreichung der Anmeldung im Ausland benutzt wurde und weiterhin dort benutzt wird, wenn der Anmelder die Anmeldung bösgläubig eingereicht hat. Der nationale Gesetzgeber war ersichtlich davon ausgegangen, dass es genügte, von der Option des Art. 3 Abs. 2 lit. d MRRL Gebrauch zu machen, um auch den Fall des Art. 4 Abs. 4 lit. g MRRL mit abzudecken, so *Helm*, GRUR 1996, 593, 594.

53 BGBl. 2004 Teil I, S. 390. Das „*Gesetz zur Reform des Geschmacksmusterrechts (Geschmacksmusterreformgesetz)*“ wird im Folgenden „*Geschmacksmusterreformgesetz*“ genannt.

54 Art. 2 Abs. 9 Nr. 1 lit. c des Geschmacksmusterreformgesetzes, BGBl. 2004 Teil I, S. 390, 405.

55 Vgl. Art. 6 Abs. 1 des Geschmacksmusterreformgesetzes, BGBl. 2004 Teil I, S. 390, 413.

56 Im Folgenden wird bei § 8 Abs. 2 Nr. 10 MarkenG auf den Zusatz „*n.F.*“ verzichtet.

„§ 8 Absolute Schutzhindernisse

(2) Von der Eintragung ausgeschlossen sind Marken,

10. die bösgläubig angemeldet worden sind."

Mit der Verankerung der bösgläubigen Markenanmeldung in § 8 Abs. 2 Nr. 10 MarkenG wurde § 50 Abs. 1 Nr. 4 MarkenG a.F. überflüssig, da auch eine allgemeine Bezugnahme in § 50 Abs. 1 MarkenG auf § 8 MarkenG die bösgläubige Markenanmeldung erfasst.[57] § 50 Abs. 1 MarkenG wurde deshalb wie folgt sprachlich neu gefasst:

„§ 50 Nichtigkeit wegen absoluter Schutzhindernisse

(1) Die Eintragung einer Marke wird auf Antrag wegen Nichtigkeit gelöscht, wenn sie entgegen den §§ 3, 7 oder 8 eingetragen worden ist."[58]

Die Einführung des § 8 Abs. 2 Nr. 10 MarkenG hat – abgesehen davon, dass die Bösgläubigkeit nun schon im Eintragungsverfahren zu berücksichtigen ist[59] – nichts am Inhalt des Begriffs der Bösgläubigkeit geändert.[60] Die Gesetzesänderung beruhte lediglich auf der Erkenntnis, dass bereits im Eintragungsverfahren in vielen Fällen hinreichende Anhaltspunkte für eine Bösgläubigkeit vorliegen. Der Gesetzesänderung lag das Bestreben zugrunde, schon frühzeitig der Entstehung ungerechtfertigter Monopolrechte im Interesse der Rechtssicherheit entgegenzuwirken und aufwändigen Löschungs- und Verletzungsverfahren vorzubeugen.[61] Auslöser für das Umdenken des Gesetzgebers waren die zunehmenden Anmeldungen von Namen und Bildnissen berühmter Persönlichkeiten durch Personen, die hierzu keine Berechtigung oder Erlaubnis hatten und auch in keiner sonstigen rechtlichen Verbindung zu der berühmten Persönlichkeit standen.[62]

57 Begründung zum Geschmacksmusterreformgesetz, BT-Drucksache 15/1075, S. 68; so auch *Fezer*, Markenrecht, § 8 MarkenG, Rdnr. 660.

58 Art. 2 Abs. 9 Nr. 5 lit. a des Geschmacksmusterreformgesetzes, BGBl. 2004 Teil I, S. 390, 405.

59 Unter der Geltung des Markengesetzes in der Fassung vom 1. Januar 1995 gab es keine Handhabe, um bösgläubige Markenanmeldungen schon im Eintragungsverfahren zurückzuweisen, *Hacker*, Markenrecht, § 9 Rdnr. 149; *Bous* in: Ekey/Klippel/Bender, Markenrecht, § 50 Rdnr. 7.

60 Vgl. die Begründung zum Geschmacksmusterreformgesetz, BT-Drucksache 15/1075, S. 67, die sich auf die zu § 50 Abs. 1 Nr. 4 MarkenG a.F. ergangene Rechtsprechung bezieht; vgl. auch *BGH* GRUR 2006, 850, 857 (Nr. 40) – *FUSSBALL WM 2006*; *BGH* BeckRS 2006, 09470 (Nr. 40) – *WM 2006*; *Ingerl/Rohnke*, Markengesetz, § 8 Rdnr. 295; *Grabrucker*, Mitt. 2008, 532, 534.

61 Begründung zum Geschmacksmusterreformgesetz, BT-Drucksache 15/1075, S. 67; *Ströbele* in: Ströbele/Hacker, Markengesetz, § 8 Rdnr. 662; *Fezer*, Markenrecht, § 8 Rdnr. 662.

62 *Grabrucker*, Mitt. 2008, 532, 533; *Schmidt*, MarkenR 2003, 1, 3. Die Gesetzesinitiative ging vom Freistaat Sachsen aus. In seiner Rede vor dem Bundesrat bezog sich der Staatsminister des Freistaats Sachsen *Manfred Kolbe* beispielhaft auf die Anmeldung der Marke *Theodor Fontane* sowie die Anmeldung der Marke *Johann Sebastian Bach* und das *Schokoladenmädchen von*

Grabrucker sah diesen Trend durch die zunehmende wirtschaftliche Bedeutung des Merchandisings bedingt.[63] Davon abgesehen waren Fälle aufgetreten, in denen der Markeninhaber beispielsweise den Erben einer berühmten Persönlichkeit die Marke zum Kauf oder Lizenzierung angeboten hatte.[64]

III. System und verfahrensrechtliche Behandlung der bösgläubigen Markenanmeldung im Überblick

1. Allgemeines

Mit der bösgläubigen Markenanmeldung sollen rechtsmissbräuchlich oder sittenwidrig angemeldete Marken bekämpft werden,[65] wobei der Tatbestand des § 8 Abs. 2 Nr. 10 MarkenG nach allgemeiner Meinung nur Fälle erfasst, in denen der Markenanmelder beim Erwerb des Markenschutzes bösgläubig gehandelt hat[66]. Demnach wurde in § 8 Abs. 2 Nr. 10 MarkenG das in der gesamten Rechtsordnung geltende allgemeine Verbot des unzulässigen Rechtserwerbs für das Markenrecht positiv normiert.[67] Bei dem allgemeinen Verbot des unzulässigen Rechtserwerbs wiederum handelt es sich um eine Ausprägung des allgemeinen Verbots des Rechtsmissbrauchs nach § 242 BGB, das über das Verbot des unzulässigen Rechtserwerbs hinaus vor allem auch das Verbot der unzulässigen Rechtsausübung umfasst.[68] Demzufolge handelt es sich bei der bösgläubigen Markenanmeldung um ein Teilsystem in dem größeren System des allgemeinen

---

Jean-Étienne Liotard, Stenographischer Bericht zur 760. Sitzung des Bundesrats am 9. März 2001, Plenarprotokoll 760, Tagesordnungspunkt 42.

63 So versuchten nach *Grabrucker* viele Personen, in diesen Geschäftsbereich einzusteigen und Gewinne mit allen möglichen Waren zu erzielen, beispielsweise mit Tassen oder T-Shirts, auf denen Namen oder Bildnisse berühmter Persönlichkeiten versehen waren, *Grabrucker*, Mitt. 2008, 532, 533.

64 So wurde beispielsweise die Marke *Lady Di* unmittelbar nach deren Unfalltod zur Eintragung in das Markenregister angemeldet und nur einen Monat nach der Eintragung den Erben zum Kauf angeboten, vgl. *BPatG* BeckRS 2008, 26492 – *Lady Di*.

65 Vgl. die Begründung zum Markenrechtsreformgesetz, BT-Drucksache 12/6581, S. 95.

66 Vgl. z.B. *Bous* in: Ekey/Klippel/Bender, Markenrecht, § 50 Rdnr. 8 und Rdnr. 10; *Ingerl/Rohnke*, Markengesetz, § 8 Rdnr. 302.

67 Vgl. *Bous* in: Ekey/Klippel/Bender, Markenrecht, § 50 Rdnr. 8; *Ingerl/Rohnke*, Markengesetz, § 8 Rdnr. 302; *Brink*, Markenhandel mit Gemeinschaftsmarken und deutschen Marken, S. 163 f.; *v. Linstow*, MarkenR 1999, 81, 83.

68 Vgl. z.B. *Schmidt-Kessel* in: Prütting/Wegen/Weinreich, BGB, § 242 Rdnr. 39 ff.; *Grüneberg* in: Palandt, BGB, § 242 Rdnr. 38 ff. und Rdnr. 42 ff.; vgl. auch *Ingerl/Rohnke*, Markengesetz, Vor §§ 14-19d Rdnr. 321.

Verbots des unzulässigen Rechtserwerbs, welches wiederum ein Teilsystem in dem noch größeren System des allgemeinen Verbots des Rechtsmissbrauchs darstellt. Somit kann die bösgläubige Markenanmeldung als ein Mosaikstein des allgemeinen Rechtsmissbrauchsverbots bezeichnet werden.

2. Markengesetz

Nach der aktuellen Rechtslage kann einer bösgläubig angemeldeten Marke schon (a) die Eintragung nach § 37 Abs. 1 i.V.m. § 8 Abs. 2 Nr. 10 MarkenG versagt werden. Trotz einer Bösgläubigkeit zur Eintragung gelangte Marken unterliegen (b) der Amtslöschung nach § 50 Abs. 3 i.V.m. § 8 Abs. 2 Nr. 10 MarkenG[69] und der Löschung auf Antrag eines Dritten nach §§ 54 Abs. 1, 50 Abs. 1 i.V.m. § 8 Abs. 2 Nr. 10 MarkenG.

a) Eintragungsverfahren

Die Markenstellen des *DPMA*[70] können eine nach § 8 Abs. 2 Nr. 10 MarkenG bösgläubig angemeldete Marke von der Eintragung in das Markenregister nach § 37 Abs. 1 MarkenG zurückweisen, wenn die Bösgläubigkeit des Markenanmelders nach § 37 Abs. 3 MarkenG ersichtlich ist. Das *DPMA* soll in den Fällen, in denen eindeutige Hinweise auf eine bösgläubige Markenanmeldung vorliegen, nicht verpflichtet sein, die Marke *„sehenden Auges“* einzutragen.[71] Die beschränkte Prüfungspflicht des *DPMA* soll sicherstellen, dass das registermäßige Eintragungsverfahren nicht unnötig belastet und den Markenstellen keine unangemessene Ermittlungstätigkeit aufgebürdet wird.[72]

---

69 Eine Löschung von Amts wegen war im Markengesetz in der Fassung vom 1. Januar 1995 nicht vorgesehen, *Fezer*, Markenrecht, § 8 Rdnr. 661; *Bous* in: Ekey/Klippel/Bender, Markenrecht, § 50 Rdnr. 7.

70 Das *DPMA* wird im Rahmen der Aufarbeitung der Rechtslage nach dem Markengesetz im Folgenden zur Vereinfachung einheitlich *DPMA* genannt, auch wenn die Umbenennung des *Deutschen Patentamts* in *Deutsches Patent- und Markenamt* erst zum 1. November 1998 erfolgte. Mit der Umbenennung sollte der zunehmenden Bedeutung des Markenrechts Rechnung getragen werden, http://www.dpma.de/amt/geschichte/index.html, zuletzt abgerufen am 8. Mai 2012.

71 Begründung zum Geschmacksmusterreformgesetz, BT-Drucksache 15/1075, S. 68.

72 Begründung zum Geschmacksmusterreformgesetz, BT-Drucksache 15/1075, S. 67; vgl. auch *Ströbele* in: Ströbele/Hacker, Markengesetz, § 8 Rdnr. 662. Teilweise wird diskutiert, ob der auf Ersichtlichkeit beschränkte Prüfungsmaßstab europarechtlichen Anforderungen genügt, weil die Markenrechtsrichtlinie einen beschränkten Prüfungsmaßstab nicht vorsieht. Nach *Lange* wird die Einschränkung des Prüfungsmaßstabs im Eintragungsverfahren dadurch ausgeglichen, dass die Bösgläubigkeit im Löschungsverfahren der umfassenden Prüfung unterliegt. Außerdem

Ersichtlich im Sinne des § 37 Abs. 3 MarkenG ist für den Prüfer das, was aus den Anmeldeunterlagen oder aufgrund seines Fachwissens und den üblichen Informationsquellen ohne weitere umfangreiche Ermittlungen erkennbar ist.[73] Ersichtlich ist beispielsweise, was sich aus der Presse entnehmen lässt oder aus anderen Verfahren bekannt ist.[74] Umfangreiche und zeitraubende Ermittlungen wie demoskopische Feststellungen über die Verkehrsauffassung sind ausgeschlossen.[75]

Angesichts der beschränkten Prüfungspflicht liegt der Hauptanwendungsbereich des § 8 Abs. 2 Nr. 10 MarkenG im Löschungsverfahren.[76]

b) Löschungsverfahren

Gelangt eine Marke trotz der Bösgläubigkeit des Markenanmelders zur Eintragung, so kommt eine Löschung von Amts wegen nach § 50 Abs. 3 i.V.m. § 8 Abs. 2 Nr. 10 MarkenG in Betracht. Nach § 50 Abs. 3 MarkenG ist eine Amtslöschung allerdings nur innerhalb von zwei Jahren nach der Eintragung möglich und setzt voraus, dass die Eintragung ersichtlich entgegen § 8 Abs. 2 Nr. 10 MarkenG vorgenommen wurde.[77] Der Begriff der Ersichtlichkeit in § 50 Abs. 3 MarkenG entspricht dem Begriff der Ersichtlichkeit in § 37 Abs. 3 MarkenG.[78]

---

stellt *Lange* auf den sechsten Erwägungsgrund der Markenrechtsrichtlinie ab, wonach es den Mitgliedstaaten freisteht, Verfahrensbestimmungen für die Eintragung zu erlassen. Zudem lasse die Markenrechtsrichtlinie für den Fall der bösgläubigen Markenanmeldung auch eine nationale Regelung nur für das Löschungsverfahren zu, weshalb der Markenrechtsrichtlinie eine Verpflichtung der Mitgliedstaaten zu einer Vollprüfung im Eintragungsverfahren nicht entnommen werden könne, *Lange*, Marken- und Kennzeichenrecht, § 3 Rdnr. 572 f.

73 Begründung zum Geschmacksmusterreformgesetz, BT-Drucksache 15/1075, S. 68.

74 *Grabrucker*, Mitt. 2008, 532, 534.

75 *Ströbele* in: Ströbele/Hacker, Markengesetz, § 8 Rdnr. 680.

76 *Ströbele* in: Ströbele/Hacker, Markengesetz, § 8 Rdnr. 680; *Hacker*, Markenrecht, § 9 Rdnr. 150; *Ströbele*, MarkenR 2010, 409; vgl. auch *Lange*, Marken- und Kennzeichenrecht, § 3 Rdnr. 1126; *Grabrucker*, Mitt. 2008, 532, 534.

77 Die Frage, zu welchem Zeitpunkt die Ersichtlichkeit bei einer Löschung von Amts wegen feststellbar sein muss, wird unterschiedlich beurteilt. Nach einer Ansicht muss die Ersichtlichkeit in dem für die Beurteilung der Bösgläubigkeit maßgeblichen Zeitpunkt feststellbar sein, vgl. *Grabrucker*, Mitt. 2008, 532, 535; *Ströbele* in: Ströbele/Hacker, Markengesetz, § 8 Rdnr. 679. Nach einer anderen Ansicht kann eine Marke auch dann von Amts wegen gelöscht werden, wenn sich die Ersichtlichkeit erst während des Löschungsverfahrens vor dem *DPMA* oder während des Löschungsbeschwerdeverfahrens vor dem *BPatG* herausstellt, so *Osterloh*, Festschrift für Ullmann, S. 347. Zum maßgeblichen Zeitpunkt für die Beurteilung der Bösgläubigkeit siehe 2. Kap. V.

78 Vgl. *Kirschneck* in: Ströbele/Hacker, Markengesetz, § 50 Rdnr. 20.

Außerdem unterliegt eine bösgläubig angemeldete Marke auf Antrag eines Dritten der Löschung nach §§ 54 Abs. 1, 50 Abs. 1 i.V.m. § 8 Abs. 2 Nr. 10 MarkenG. Die Löschung kann nach § 54 Abs. 1 Satz 2 MarkenG von jeder Person beantragt werden. Die Ausgestaltung des Löschungsantrags als ein Popularantrag zeigt, dass es hierbei um die Wahrung des öffentlichen Interesses an der Löschung ungerechtfertigter Markeneintragungen geht und nicht um die Wahrung eines Eigeninteresses des Dritten,[79] auch wenn der Dritte mit dem Löschungsantrag in der Regel ein Eigeninteresse verfolgen dürfte[80].

Der Antrag ist nach § 54 Abs. 1 Satz 1 MarkenG vor dem *DPMA* zu stellen. Die Antragstellung ist zeitlich unbegrenzt möglich, weil die Zehnjahresgrenze nach § 50 Abs. 2 Satz 2 MarkenG nicht für die bösgläubige Markenanmeldung nach § 8 Abs. 2 Nr. 10 MarkenG gilt.[81] Bei dem zeichenrechtlichen Löschungsverfahren vor dem *DPMA* handelt es sich um ein Verwaltungsverfahren.[82] Das *DPMA* ermittelt den Sachverhalt nach § 59 Abs. 1 MarkenG von Amts wegen und ist nicht an das Vorbringen und die Beweisanträge der Beteiligten gebunden.[83]

3. UWG/BGB

Unter der Geltung des Warenzeichengesetzes konnte ein Dritter die Löschung einer rechtsmissbräuchlichen oder sittenwidrigen Zeichenanmeldung ausschließlich mit dem außerkennzeichenrechtlichen Löschungsanspruch nach §§ 1 UWG a.F., 826 BGB geltend machen.[84] Seit dem Inkrafttreten des Markengeset-

---

79 *Kirschneck* in: Ströbele/Hacker, Markengesetz, § 54 Rdnr. 1; *Grabrucker*, Mitt. 2008, 532 f.; vgl. auch *Ingerl/Rohnke*, Markengesetz, § 50 Rdnr. 6.

80 *Grabrucker*, Mitt. 2008, 532 f.

81 Umkehrschluss aus § 50 Abs. 2 Satz 2 MarkenG, vgl. auch *Ströbele*, MarkenR 2010, 409, 411; *Grabrucker*, Mitt. 2008, 532, 535. Auch wenn die Stellung eines Löschungsantrags zehn Jahre nach der Eintragung immer noch zulässig ist, dürfte diese Möglichkeit nach einem so langen Zeitraum wegen der Schwierigkeiten in der Beweisführung, insbesondere in Bezug auf die Absicht, kaum praktisch relevant sein, *Grabrucker*, Mitt. 2008, 532, 535. Vor allem wegen dieser Beweisschwierigkeiten plädiert *Ströbele* dafür, die zehnjährige Ausschlussfrist in § 50 Abs. 2 Satz 2 MarkenG auf alle absoluten Schutzhindernisse einheitlich zu erstrecken, *Ströbele*, MarkenR 2010, 409, 412.

82 *Brötje*, Die bösgläubige Markenanmeldung, S. 141; *v. Linstow*, MarkenR 1999, 81, 83.

83 Soweit die Umstände für die Beurteilung der Bösgläubigkeit nicht von Amts wegen feststellbar sind, weil es sich um subjektive oder unternehmensinterne Umstände handelt, kann dem Dritten gegebenenfalls eine besondere Mitwirkungspflicht und Darlegungslast zukommen, *Ströbele* in: Ströbele/Hacker, Markengesetz, § 8 Rdnr. 664 mit weiteren Nachweisen.

84 Vgl. *Hacker*, Markenrecht, § 9 Rdnr. 149; zur Rechtslage unter der Geltung des Warenzeichengesetzes siehe 2. Kap. II 1.

zes am 1. Januar 1995 steht dem Dritten nun auch ein zeichenrechtliches Löschungsverfahren vor dem *DPMA* zur Verfügung.[85] Daher stellte sich die Frage nach dem Verhältnis zwischen dem zeichenrechtlichen Löschungsverfahren vor dem *DPMA* und dem außerkennzeichenrechtlichen Löschungsverfahren vor den ordentlichen Gerichten. Diese Frage kam nicht zuletzt deshalb auf, weil es sich bei dem außerkennzeichenrechtlichen Löschungsverfahren und dem zeichenrechtlichen Löschungsverfahren um vollkommen unterschiedliche Verfahren handelt. So ist das außerkennzeichenrechtliche Löschungsverfahren vor den ordentlichen Gerichten im Unterschied zum zeichenrechtlichen Löschungsverfahren[86] vor dem *DPMA* insbesondere durch den Beibringungsgrundsatz gekennzeichnet.[87] Deswegen obliegt es im außerkennzeichenrechtlichen Löschungsverfahren den Parteien, den Tatsachenstoff herbeizuschaffen; Tatsachen, die nicht vorgetragen sind, darf das Gericht nicht berücksichtigen.[88] Außerdem unterliegt das außerkennzeichenrechtliche Löschungsverfahren dem Dispositionsgrundsatz, wonach die Parteien über die Fortsetzung oder die Beendigung des Löschungsverfahrens entscheiden.[89]

In der insofern grundlegenden *Equi 2000*-Entscheidung aus dem Jahr 2000 entschied der *BGH*, dass das zeichenrechtliche Löschungsverfahren vor dem *DPMA* die Geltendmachung des außerkennzeichenrechtlichen Löschungsanspruchs nach §§ 1 UWG a.F., 826 BGB vor den ordentlichen Gerichten nicht ausschließt.[90] Zur Begründung führte der *BGH* an, dass der Gesetzgeber mit den Bestimmungen des Markengesetzes den unter der Geltung des Warenzeichengesetzes bestehenden ergänzenden wettbewerbsrechtlichen Schutz nach §§ 1 UWG a.F., 826 BGB vor den ordentlichen Gerichten nicht einengen und die grundsätzliche Verteilung der Zuständigkeiten zwischen dem *DPMA* und den ordentlichen Gerichten erhalten wollte. Zudem sei das Klageverfahren nach der Zivilprozessordnung vor den ordentlichen Gerichten besser als das Amtsermittlungsverfahren vor dem *DPMA* auf die Entscheidung der häufig streitigen und komplexen Sachverhalte zugeschnitten, die einer rechtsmissbräuchlichen oder sittenwidrigen Markenanmeldung zugrunde liegen. Außerdem diene die zivil-

---

85 § 54 Abs. 1 i.V.m. § 50 Abs. 1 Nr. 4 MarkenG a.F. bzw. §§ 54 Abs. 1, 50 Abs. 1 i.V.m. § 8 Abs. 2 Nr. 10 MarkenG; zur Einführung des zeichenrechtlichen Löschungsverfahrens siehe 2. Kap. II 2 und 2. Kap. II 3.

86 Zum zeichenrechtlichen Löschungsverfahren vor dem *DPMA* siehe 2. Kap. III 2 b.

87 *Brötje*, Die bösgläubige Markenanmeldung, S. 141.

88 *Brötje*, Die bösgläubige Markenanmeldung, S. 141; vgl. zum Beibringungsgrundsatz auch *Rauscher* in: MüKo, ZPO, Einl. Rdnr. 306 ff.; *Greger* in: Zöller, ZPO, Vor § 128 Rdnr. 10; *Reichold* in: Thomas/Putzo, ZPO, Einl. I Rdnr. 2.

89 *Grabrucker*, Mitt. 2008, 532, 534.

90 *BGH* GRUR 2000, 1032, 1034 – *Equi 2000*.

rechtliche Rechtsschutzmöglichkeit gegen rechtsmissbräuchliche Markenanmeldungen auch unter der Geltung des Markengesetzes der Verfahrensvereinfachung. Ein einheitlicher Sachverhalt werde nicht zur Entscheidung in unterschiedliche Zuständigkeiten zwischen dem *DPMA* und dem *BPatG* einerseits und den ordentlichen Gerichten andererseits aufgespalten.[91]

Auch in der Literatur wird ganz überwiegend die Auffassung vertreten, dass das zeichenrechtliche Löschungsverfahren vor dem *DPMA* die Geltendmachung eines außerkennzeichenrechtlichen Löschungsanspruchs nicht ausschließt.[92]

Die Frage dagegen, ob der Dritte lediglich ein Wahlrecht zwischen dem zeichenrechtlichen Löschungsverfahren vor dem *DPMA* nach §§ 54 Abs. 1, 50 Abs. 1 i.V.m. § 8 Abs. 2 Nr. 10 MarkenG und dem außerkennzeichenrechtlichen Löschungsverfahren vor den ordentlichen Gerichten nach §§ 1 UWG a.F., 826 BGB im Sinne eines *„Entweder-Oders"* hat, oder der Dritte die beiden Verfahren nacheinander oder sogar nebeneinander anstrengen kann und insofern sich widersprechende Entscheidungen des *DPMA* und der ordentlichen Gerichte möglich sind, wird insbesondere vom *BGH* in der *Equi 2000*-Entscheidung nicht thematisiert.[93]

Die Antwort dürfte sich aus allgemeinen Grundsätzen ergeben. So erwächst eine Entscheidung des *DPMA* im zeichenrechtlichen Löschungsverfahren inter partes entsprechend §§ 322, 325 ZPO in materieller Rechtskraft,[94] ebenso wie eine Entscheidung der ordentlichen Gerichte über den außerkennzeichenrechtlichen Löschungsanspruch gemäß §§ 322, 325 ZPO in materieller Rechtskraft erwächst. Die in materieller Rechtskraft erwachsende Entscheidung bindet nicht nur die ordentlichen Gerichte, sondern auch die Verwaltungsbehörden[95] und schließt eine erneute Verhandlung und Entscheidung über denselben Streitge-

---

91 So die Begründung des *BGH* in der *Equi-2000*-Entscheidung, *BGH* GRUR 2000, 1032, 1034 – *Equi 2000.*

92 So z.B. *Ingerl/Rohnke*, Markengesetz, § 55 Rdnr. 50; *Fezer* in: Fezer, UWG, Einl. Rdnr. 372; *Ohly* in: Piper/Ohly/Sosnitza, UWG, § 4 Rdnr. 10.78; *Hacker*, Markenrecht, § 9 Rdnr. 150; *Trepper* in: Götting/Meyer/Vormbrock, Gewerblicher Rechtsschutz, § 26 Rdnr. 378; *Jordan*, Festschrift für Helm, S. 187, 197 f.; *Helm*, GRUR 1996, 593, 600; *v. Linstow*, MarkenR 1999, 81, 83; *Steinberg/Jaeckel*, MarkenR 2008, 296, 308, die für die außerkennzeichenrechtliche Löschungsklage ferner anführen, dass neben dem Löschungsanspruch zugleich Folgeansprüche beispielsweise auf Auskunft, Rechnungslegung und Schadensersatz geltend gemacht werden können.

93 Vgl. *BGH* GRUR 2000, 1032, 1034 – *Equi 2000.*

94 *Bous* in: Ekey/Klippel/Bender, Markenrecht, § 54 Rdnr. 9; vgl. auch *Kirschneck* in: Ströbele/Hacker, Markengesetz, § 54 Rdnr. 9 zur Wiederholung eines rechtskräftig zurückgewiesenen Löschungsantrags. Auch der *BGH* sprach einer patentamtlichen Entscheidung nach § 10 Abs. 2 Nr. 2 WZG in der *Indorektal II*-Entscheidung materielle Rechtskraftwirkungen zu, *BGH* GRUR 1993, 969, 971 – *Indorektal II.*

95 *Gottwald* in: MüKo, ZPO, § 322 Rdnr. 66.

genstand aus[96]. Der Löschungsbegehrende kann somit nach einer rechtskräftigen Entscheidung über seinen Löschungsantrag durch die ordentlichen Gerichte nicht noch mit Erfolg die Löschung vor dem *DPMA* beantragen und umgekehrt.

Davon unberührt bleibt die Frage, ob die beiden Verfahren nebeneinander durchgeführt werden können, wenn also eine in materieller Rechtskraft erwachsende Entscheidung (noch) nicht vorliegt. Einem Nebeneinander der beiden Verfahren könnten bereits die Wirkungen der Rechtshängigkeit entgegenstehen. So kann eine Streitsache nach § 261 Abs. 1, Abs. 3 Nr. 1 ZPO während der Dauer der Rechtshängigkeit von keiner Partei anderweitig rechtshängig gemacht werden. Allerdings bezieht sich diese Regelung ihrem Wortlaut nach nur auf Klagen. Bei dem zeichenrechtlichen Löschungsverfahren vor dem *DPMA* nach §§ 54 Abs. 1, 50 Abs. 1 i.V.m. § 8 Abs. 2 Nr. 10 MarkenG handelt es sich dagegen um ein Verwaltungsverfahren.[97] In den allgemeinen Vorschriften über das Verfahren vor dem *DPMA*, den §§ 56 bis 65 MarkenG, findet sich gerade kein Verweis auf § 261 Abs. 1, Abs. 3 Nr. 1 ZPO. Dennoch sprechen die vorliegende Interessenlage sowie der Sinn und Zweck des Instituts der Rechtshängigkeit dafür, den Gedanken des § 261 Abs. 1, Abs. 3 Nr. 1 ZPO auf das Nebeneinander eines zeichenrechtlichen und eines außerkennzeichenrechtlichen Löschungsverfahrens zu übertragen. So dient das Institut der Rechtshängigkeit dazu, den ungestörten Ablauf des Verfahrens zu sichern und einen Wettlauf um die frühere rechtskräftige Entscheidung zu verhindern.[98] Da sowohl eine Entscheidung des *DPMA* als auch eine Entscheidung des ordentlichen Gerichts über die Löschung der Marke wegen Bösgläubigkeit in materieller Rechtskraft erwächst, besteht auch zwischen diesen beiden Verfahren ein Wettlauf um die frühere rechtskräftige Entscheidung. Dieser Wettlauf unterscheidet sich nicht von dem Wettlauf zwischen zwei Verfahren vor den ordentlichen Gerichten, den § 261 Abs. 1, Abs. 3 Nr. 1 ZPO gerade verhindern möchte. Insofern liegt es nahe, den Gedanken des § 261 Abs. 1, Abs. 3 Nr. 1 ZPO auf das Nebeneinander zwischen dem zeichenrechtlichen und dem außerkennzeichenrechtlichen Löschungsverfahren zu übertragen.

Lehnt man eine entsprechende Anwendung des § 261 Abs. 1, Abs. 3 Nr. 1 ZPO auf ein Nebeneinander dieser beiden Verfahren ab, so wird man dem Löschungsbegehrenden, der beide Verfahren anstrengt, im zeitlich später eingeleiteten Verfahren das Rechtsschutzbedürfnis absprechen müssen,[99] da die Interes-

---

96 Vgl. *Reichold* in: Thomas/Putzo, ZPO, § 322 Rdnr. 8 und Rdnr. 11.

97 Siehe die Nachweise in der Fn. 82.

98 *OLG München* NJW 1964, 979, 980; *Greger* in: Zöller, ZPO, § 261 Rdnr. 1.

99 Der Umstand, dass der Löschungsantrag nach § 54 Abs. 1 MarkenG einen Popularantrag darstellt, steht der Verneinung des Rechtsschutzbedürfnisses des konkreten Löschungsbegehrenden nicht entgegen, *Ingerl/Rohnke*, Markengesetz, § 54 Rdnr. 4.

sen des Löschungsbegehrenden durch die Durchführung des zeitlich früher eingeleiteten Verfahrens ausreichend gewahrt werden.

Die Feststellung des *BGH* in der *Equi 2000*-Entscheidung, dass das zeichenrechtliche Löschungsverfahren vor dem *DPMA* ein außerkennzeichenrechtliches Löschungsverfahren vor den ordentlichen Gerichten nicht ausschließt,[100] dürfte daher nur im Sinne eines *„Entweder-Oder"*-Wahlrechts des Löschungsbegehrenden zu verstehen sein.

Der außerkennzeichenrechtliche Löschungsanspruch ist seit dem Inkrafttreten des *„Gesetz*[es] *gegen den unlauteren Wettbewerb (UWG)"* vom 3. Juli 2004[101] am 8. Juli 2004[102] nunmehr in §§ 3, 4 Nr. 10 UWG n.F.[103], 826 BGB verankert.[104]

4. Einwand im Verletzungsverfahren

Auch im Verletzungsverfahren kann die Bösgläubigkeit des Markeninhabers bei der Markenanmeldung zu berücksichtigen sein. Der Verletzungsrichter ist zwar grundsätzlich an die Eintragung einer Marke gebunden, so dass die Löschungsreife einer eingetragenen Marke wegen absoluter Schutzhindernisse grundsätzlich nicht einredeweise im Verletzungsverfahren geltend gemacht werden kann.[105] Im Fall der bösgläubigen Markenanmeldung liegt jedoch auch ein Fall des Rechtsmissbrauchs in Form eines unzulässigen Rechtserwerbs vor,[106] so dass sich der Dritte mit dem Einwand des Rechtsmissbrauchs gegen die durch eine bösgläubige Markenanmeldung erworbenen Markenrechte zur Wehr setzen kann.[107]

---

100 *BGH* GRUR 2000, 1032, 1034 – *Equi 2000.*

101 BGBl. 2004 Teil I, S. 1414; siehe auch die Fn. 12.

102 Vgl. § 22 des *„Gesetz*[es] *gegen den unlauteren Wettbewerb (UWG)"* vom 3. Juli 2004, BGBl. 2004 Teil I, S. 1414, 1420.

103 Auf den Zusatz *„n.F."* wird bei §§ 3, 4 Nr. 10 UWG im Folgenden verzichtet.

104 Vgl. *Steinbeck*, 50 Jahre BPatG (2011), S. 777, 778.

105 *LG Hamburg* GRUR-RR 2010, 96, 97 – *hobbyfly*. Der Verletzungsprozess muss nach § 148 ZPO ausgesetzt werden, *Stuckel* in: v. Schultz, Markenrecht, § 50 Rdnr. 1; *Ingerl/Rohnke*, Markengesetz, § 50 Rdnr. 1.

106 Zur Stellung der bösgläubigen Markenanmeldung im System des allgemeinen Verbots des Rechtsmissbrauchs siehe 2. Kap. III 1.

107 Vgl. z.B. *BGH* GRUR 1998, 1034, 1037 – *Makalu*; *BGH* GRUR 2008, 917, 918 (Nr. 19) – *Eros*; *Ingerl/Rohnke*, Markengesetz, § 50 Rdnr. 1; *Fezer*, Markenrecht, § 8 Rdnr. 674; *Bous* in: Ekey/Klippel/Bender, Markenrecht, § 50 Rdnr. 9; *Köhler* in: Köhler/Bornkamm, UWG, § 4 Rdnr. 10.85; *Trepper* in: Götting/Meyer/Vormbrock, Gewerblicher Rechtsschutz, § 26 Rdnr. 378; *Ullmann*, GRUR 2009, 364, 365.

Ist dagegen nur die Geltendmachung der Markenrechte rechtsmissbräuchlich oder sittenwidrig, so kann der Dritte dem Markeninhaber immerhin noch den Einwand des Rechtsmissbrauchs in Form der unzulässigen Rechtsausübung entgegenhalten.[108] Daher kann es im Verletzungsprozess in der Regel dahingestellt bleiben, ob der Markeninhaber schon beim Erwerb oder erst bei der Ausübung des Markenrechts rechtsmissbräuchlich oder sittenwidrig gehandelt hat.[109]

IV. Auslegung des Begriffs der Bösgläubigkeit

1. Allgemeines

Bei dem Begriff der Bösgläubigkeit[110] im Sinne des § 8 Abs. 2 Nr. 10 MarkenG handelt es sich um einen unbestimmten Rechtsbegriff.[111] *Ingerl/Rohnke* beispielsweise bezeichnen diesen Begriff als *„gefährlich unbestimmt"* und prognostizierten bereits im Jahr 1994, also vor dem Inkrafttreten des Markengesetzes, dass dieser Begriff der Rechtsprechung noch einige Schwierigkeiten bereiten dürfte.[112] An anderer Stelle sprechen *Ingerl/Rohnke* von einem *„qualifizierten Tatbestand, der ein zusätzliches Element der Rechtsmissbräuchlichkeit oder Sittenwidrigkeit erfordert"*,[113] was aber keinen Aufschluss über den Inhalt des Begriffs gibt. Andere bezeichnen den Begriff der Bösgläubigkeit als *„wenig glücklich"*.[114]

---

108 Vgl. *Bous* in: Ekey/Klippel/Bender, Markenrecht, § 50 Rdnr. 10; *Köhler* in: Köhler/Bornkamm, UWG, § 4 Rdnr. 10.85.

109 So stellte der *BGH* in der *Classe E*-Entscheidung auf die Geltendmachung der Markenrechte ab, *BGH* GRUR 2001, 242, 245 – *Classe E*; vgl. auch *Jordan*, Festschrift für Helm, S. 187, 196.

110 Teilweise wird statt des Begriffs der Bösgläubigkeit der Begriff der Böswilligkeit verwendet, so z.B. in den folgenden Urteilen: *BPatG* GRUR-RR 2009, 131, 135 – *DRSB Deutsche Volksbank*; *BPatG* BeckRS 2009, 87087 – *AGPRO*; *BPatG* BeckRS 2010, 23964 – *Thermoroll*; *OLG Düsseldorf* MMR 2008, 107, 108 – *lastminute.eu*. Wie sich aus den jeweiligen Entscheidungsgründen ergibt, ist mit dem Begriff der Böswilligkeit kein inhaltlicher Unterschied verbunden. *Ingerl/Rohnke* geben den Gesetzeswortlaut von § 8 Abs. 2 Nr. 10 MarkenG sogar mit *„böswillig"* wieder, vgl. *Ingerl/Rohnke*, Markengesetz, § 8. In den Gesetzesmaterialien wird jedoch zweifelsfrei der Begriff der Bösgläubigkeit verwendet, vgl. Art. 2 Abs. 9 Nr. 1 lit. c des Geschmacksmusterreformgesetzes, BGBl. 2004 Teil I, S. 390, 405.

111 *Steinberg/Jaeckel*, MarkenR 2008, 296, 309; *Steinbeck*, 50 Jahre BPatG (2011), S. 777, 778.

112 *Ingerl/Rohnke*, NJW 1994, 1247, 1254.

113 *Ingerl/Rohnke*, Markengesetz, § 8 Rdnr. 296 unter Hinweis auf die Begründung zum Markenrechtsreformgesetz, BT-Drucksache 12/6581, S. 95.

114 So *v. Linstow,* MarkenR 1999, 81. Nach *v. Linstow* wäre das vom Richtlinien- und Gesetzgeber Gemeinte wesentlich treffender mit dem Begriff *„unlauter"* bezeichnet worden.

Eine fassbare Definition gibt es nicht.[115] Manche halten eine klare und abschließende Definition sogar für nicht möglich.[116] Teilweise werden sogar Bedenken gegen die Vereinbarkeit des Begriffs der Bösgläubigkeit mit dem verfassungsrechtlichen Bestimmtheitsgebot geäußert.[117]

Im Folgenden soll zunächst (2.) der Begriff der Bösgläubigkeit anhand der klassischen Auslegungsmethoden näher bestimmt werden. Darauf folgt (3.) eine richtlinienkonforme Auslegung dieses Begriffs, wiederum gefolgt von einer Auseinandersetzung mit (4.) der obersten Auslegungskompetenz und (5.) der Frage nach dem maßgeblichen Bezugspunkt für die Auslegung.

2. Klassische Auslegungsmethoden

Wenn sich der Inhalt des Begriffs – wie hier bei dem Begriff der Bösgläubigkeit – nicht auf Anhieb zweifelsfrei erschließt, ist der Versuch, den Begriff mittels der Auslegung zu konkretisieren, unerlässlich.[118] Üblicherweise erfolgt die Auslegung anhand der vier klassischen Auslegungsmethoden – (a) der Wortlautauslegung, (b) der historischen Auslegung sowie (c) der systematischen und (d) der teleologischen Auslegung.[119]

a) Wortlautauslegung

Gegenstand der Wortlautauslegung ist der Wortsinn und der Satzbau des auszulegenden Gesetzes.[120] Ausgangspunkt ist dabei zunächst der Sprachgebrauch des Gesetzes wie er in Legaldefinitionen zum Ausdruck kommt. Nachrangig kommt es für den Wortsinn auf den Sprachgebrauch an, wie er in der juristischen Fach-

115 Vgl. auch *Lerach*, GRUR 2009, 107, 108.

116 In den Schlussanträgen der Generalanwältin *Sharpston* zum Vorabentscheidungsersuchen des österreichischen *OGH* zu Art. 51 Abs. 1 lit. b GMV a.F. heißt es beispielsweise: *„Wahrscheinlich lässt sich Bösgläubigkeit auch gar nicht im Sinne einer genauen Abgrenzung definieren"*, Schlussanträge der Generalanwältin *Sharpston*, BeckRS 2009, 70282 (Nr. 35); so z.B. auch das *BPatG* BeckRS 2012, 02969 – *LIMES LOGISTIK*; *BPatG* BeckRS 2012, 22054; *Osterloh*, Festschrift für Ullmann, S. 347, 354.

117 So *Meessen*, GRUR 2003, 672, 673; *Osterloh*, Festschrift für Ullmann, S. 347, 354.

118 Bereits im Jahr 1840 sah *Friedrich Carl von Savigny* das oberste Ziel der Auslegung darin, sich *„in Gedanken auf den Standpunkt des Gesetzgebers* [zu] *versetzen und dessen Thätigkeit in sich künstlich* [zu] *wiederholen, also das Gesetz in ihrem Denken von Neuem entstehen* [zu] *lassen"*, *v. Savigny*, Römisches Recht, S. 213.

119 Vgl. *Bitter/Rauhut*, JuS 2009, 289, 292.

120 *Muthorst*, Grundlagen der Rechtswissenschaft, § 7 Rdnr. 9.

sprache üblich ist, und schließlich auf den allgemeinen Sprachgebrauch, also die Umgangssprache.[121]

§ 8 Abs. 2 Nr. 10 MarkenG definiert den Begriff der Bösgläubigkeit nicht legal. Auch im übrigen Markengesetz findet sich keine entsprechende Legaldefinition – auch nicht in § 21 Abs. 1 und Abs. 2 MarkenG, wo der Begriff *„bösgläubig"* ebenfalls verwendet wird.

Der Begriff der Bösgläubigkeit ist dem Zivilrecht jedoch nicht fremd. Zwar verwendet das BGB diesen Begriff nicht, sondern umschreibt ihn negativ mit *„nicht im guten Glauben"*, so beispielsweise beim Erwerb vom Nichtberechtigten nach §§ 932 Abs. 1 Satz 1, 932a HS. 1, 933, 934 BGB oder dem lastenfreien Erwerb nach § 936 Abs. 2 BGB.[122] Die genannten Normen greifen auf die Legaldefinition in § 932 Abs. 2 BGB zurück,[123] wonach der Erwerber nicht in gutem Glauben ist, wenn ihm bekannt oder infolge grober Fahrlässigkeit unbekannt ist, dass die Sache nicht dem Veräußerer gehört. Allerdings erteilte der Gesetzgeber einer Auslegung des Begriffs der Bösgläubigkeit wie in der übrigen Rechtsordnung eine Absage.[124] Demnach kommt der Bösgläubigkeit nach § 8 Abs. 2 Nr. 10 MarkenG eine eigenständige kennzeichenrechtliche Bedeutung zu.[125] Darüber hinaus lässt der Gesetzgeber den Rechtsanwender über den näheren Begriffsinhalt im Unklaren.

---

121 *Muthorst*, Grundlagen der Rechtswissenschaft, § 7 Rdnr. 10 f.; vgl. auch *Horn*, Einführung in die Rechtswissenschaft, § 7 Rdnr. 178.

122 Weiter findet sich die Umschreibung *„nicht in gutem Glauben"* in §§ 937 Abs. 2, 945 Satz 1, 955 Abs. 1 Satz 2, 990 Abs. 1, 1007 Abs. 1 und Abs. 3 Satz 1 sowie § 2024 Satz 1 BGB. Dagegen wird in § 366 Abs. 1 bis 3 HGB der Begriff *„guter Glaube"* und in Art. 16 Abs. 2 WechselG sowie Art. 21 ScheckG der Begriff *„böser Glaube"* verwendet. Vgl. auch *Helm*, GRUR 1996, 593, 594.

123 *Michalski* in: Erman, BGB, § 932 Rdnr. 5; vgl. auch *Wiegand* in: Staudinger, BGB, Vorbem. zu §§ 932-936 Rdnr. 26.

124 Begründung zum Markenrechtsreformgesetz, BT-Drucksache 12/6581, S. 79, 95; so auch die allgemeine Meinung, z.B. *BPatG* GRUR 2000, 809, 810 – *SSZ*; *BPatG* BeckRS 2012, 02969 – *LIMES LOGISTIK*; *OLG Koblenz* GRUR-RR 2006, 184, 186 – *Rosenmondnacht*; *Fezer*, Markenrecht, § 8 Rdnr. 664; *Bous* in: Ekey/Klippel/Bender, Markenrecht, § 50 Rdnr. 11; *Osterloh*, Festschrift für Ullmann, S. 347, 348; *Grabrucker*, Mitt. 2008, 532, 536.

125 Begründung zum Markenrechtsreformgesetz, BT-Drucksache 12/6581, S. 79, 95; so z.B. auch *BGH* GRUR 2000, 1032, 1033 – *Equi 2000*; *BPatG* BeckRS 2010, 29752 – *FONIMAP*; *OLG Koblenz* GRUR-RR 2006, 184, 186 – *Rosenmondnacht*; *Fezer*, Markenrecht, § 8 Rdnr. 664; *Bous* in: Ekey/Klippel/Bender, Markenrecht, § 50 Rdnr. 11; *Lange*, Marken- und Kennzeichenrecht, § 3 Rdnr. 1127; *Hacker*, Markenrecht, § 9 Rdnr. 150; *Schmidt*, MarkenR 2003, 1, 3.

Insofern bleibt im Rahmen der Wortlautauslegung nur noch der Rückgriff auf den allgemeinen Sprachgebrauch.[126] Allerdings ist der Begriff *„bösgläubig"* ebenso wie die Umschreibung dieses Begriffs mit *„böser Glaube"* im allgemeinen Sprachgebrauch nicht gebräuchlich. Ein Anhaltspunkt für die Auslegung dieses Begriffs kann sich somit allenfalls aus dem prägenden Element *„bös-"* ergeben. *„Böse"* kommt von *„bōsi"* aus dem Althochdeutschen und von *„bausja"* aus dem Vordeutschen.[127] Der Begriff *„bös-"* lässt sich mit *„gering"* und *„schlecht"*[128] oder auch mit *„moralisch schlecht"* und *„verwerflich"*[129] umschreiben. Demnach haftet dem Begriff *„bös-"* etwas Negatives an. Mit dieser Erkenntnis wird zwar eine grobe Tendenz erkennbar, in welche Richtung der Begriff *„bösgläubig"* auszulegen sein dürfte. Ein greifbarer Inhalt kann dieser Erkenntnis jedoch nicht entnommen werden.

b) Historische Auslegung

Gegenstand der historischen Auslegung ist die Entstehungsgeschichte der Regelung, insbesondere der ursprüngliche Regelungszweck, den der Gesetzgeber bei Erlass der Regelung verfolgt hat.[130]

Mit der Einführung des § 8 Abs. 2 Nr. 10 MarkenG wollte der Gesetzgeber dem *DPMA* ein Instrument zur Verfügung stellen, um eine Markenanmeldung bei eindeutiger Bösgläubigkeit schon im Eintragungsverfahren zurückweisen zu können. Der Gesetzgeber wollte verhindern, dass das *DPMA „sehenden Auges"* bösgläubig angemeldete Marken eintragen muss.[131] Hintergrund waren die zunehmenden Anmeldungen von Namen und Bildnissen berühmter Persönlichkeiten durch Personen, die hierzu ersichtlich nicht berechtigt waren.[132] Folglich ergibt die historische Auslegung, dass diese Fälle unter den Begriff der Bösgläubigkeit fallen sollen.

---

126 Vgl. *Muthorst*, Grundlagen der Rechtswissenschaft, § 7 Rdnr. 11; *Horn*, Einführung in die Rechtswissenschaft, § 7 Rdnr. 178; *Bitter/Rauhut*, JuS 2009, 289, 293.

127 *Seebold* in: Kluge, Etymologisches Wörterbuch, S. 143.

128 *Seebold* in: Kluge, Etymologisches Wörterbuch, S. 143.

129 *Duden*, Bedeutungswörterbuch, S. 234.

130 Vgl. *Rüthers/Fischer/Birk*, Rechtstheorie mit juristischer Methodenlehre, § 22 Rdnr. 780; *Bitter/Rauhut*, JuS 2009, 289, 294.

131 Begründung zum Geschmacksmusterreformgesetz, BT-Drucksache 15/1075, S. 67 f.

132 Stenographischer Bericht zur 760. Sitzung des Bundesrats am 9. März 2001, Plenarprotokoll 760, Tagesordnungspunkt 42; vgl. auch *Grabrucker*, Mitt. 2008, 532, 533; *Schmidt*, MarkenR 2003, 1, 3.

Im Übrigen knüpfte der Gesetzgeber zum Begriffsinhalt an § 50 Abs. 1 Nr. 4 MarkenG a.F. an.[133] Daher sind auch die Beweggründe zur Einführung des § 50 Abs. 1 Nr. 4 MarkenG a.F. in die historische Auslegung des § 8 Abs. 2 Nr. 10 MarkenG einzubeziehen. § 50 Abs. 1 Nr. 4 MarkenG a.F. wurde eingeführt, um einen markenrechtlichen Anspruch zur Verfügung zu stellen, damit rechtsmissbräuchlich oder sittenwidrig angemeldete Marken zur Löschung gebracht werden können.[134] Demzufolge bezog sich der Gesetzgeber inhaltlich auf die Rechtsgrundsätze, die der *BGH* unter der Geltung des Warenzeichengesetzes zum rechtsmissbräuchlichen und sittenwidrigen Erwerb einer formalen Rechtsstellung entwickelt hatte. Folglich ergibt die historische Auslegung insoweit, dass diese Rechtsgrundsätze in dem Begriff der Bösgläubigkeit aufgehen sollen.[135]

Nach dem Willen des Gesetzgebers diente die Einführung des § 50 Abs. 1 Nr. 4 MarkenG a.F. ferner als Korrektiv für den Wegfall des Geschäftsbetriebs als Eintragungsvoraussetzung.[136] Demnach wollte der Gesetzgeber den infolge der Abschaffung der Bindung der Marke an den Geschäftsbetrieb möglich gewordenen Missbrauchsfällen mit § 50 Abs. 1 Nr. 4 MarkenG a.F. begegnen. Somit prägen auch die Fälle den Begriff der Bösgläubigkeit, in denen der Anmelder die Marke nur mit dem Ziel hat eintragen lassen, Unterlassungs- und Geldersatzansprüche gegen Dritte durchzusetzen.[137]

Außerdem wurde mit § 50 Abs. 1 Nr. 4 MarkenG a.F. Art. 3 Abs. 2 lit. d MRRL umgesetzt,[138] so dass auch die Motive des Richtliniengebers im Rahmen der Auslegung einzubeziehen sind. Allerdings ergeben sich hieraus keine neuen Erkenntnisse, weil sich der Markenrechtsrichtlinie, insbesondere deren Erwägungsgründen, keine Hinweise auf den Begriffsinhalt der Bösgläubigkeit entnehmen lassen.[139]

---

133 Vgl. die Begründung zum Geschmacksmusterreformgesetz, BT-Drucksache 15/1075, S. 67; vgl. auch *Grabrucker*, Mitt. 2008, 532, 534.

134 Begründung zum Markenrechtsreformgesetz, BT-Drucksache 12/6581, S. 95.

135 Vgl. auch *Bous* in: Ekey/Klippel/Bender, Markenrecht, § 50 Rdnr. 11; *Fezer*, Markenrecht, § 8 Rdnr. 664; *Lange*, Marken- und Kennzeichenrecht, § 3 Rdnr. 1127; *Jordan*, Festschrift für Helm, S. 187, 190; *Grabrucker*, Mitt. 2008, 532, 536.

136 Begründung zum Markenrechtsreformgesetz, BT-Drucksache 12/6581, S. 95 f.; zum Wegfall des Geschäftsbetriebs als Eintragungsvoraussetzung siehe 3. Kap. II 2.

137 So die Begründung zum Geschmacksmusterreformgesetz zu § 50 Abs. 1 Nr. 4 MarkenG a.F., Begründung zum Geschmacksmusterreformgesetz, BT-Drucksache 15/1075, S. 67.

138 Begründung zum Markenrechtsreformgesetz, BT-Drucksache 12/6581, S. 95.

139 So auch *Brötje*, Die bösgläubige Markenanmeldung, S. 46; *Osterloh*, Festschrift für Ullmann, S. 347, 348.

c) Systematische Auslegung

Die systematische Auslegung untersucht den größeren Textzusammenhang, in dem die auszulegende Regelung steht. So steht eine Regelung nicht für sich, sondern je nach Einzelfall als ein Satz in einem Absatz eines Paragraphen in einem Abschnitt eines Gesetzes unter vielen Gesetzen.[140]

Die systematische Stellung der bösgläubigen Markenanmeldung als absolutes Schutzhindernis in § 8 Abs. 2 MarkenG könnte dafür sprechen, dass es sich bei dem absoluten Schutzhindernis der bösgläubigen Markenanmeldung um eine Ausnahmeregelung handelt. Nach dem Grundsatz zum Regel-Ausnahme-Verhältnis könnte dies für eine enge Auslegung des Begriffs der Bösgläubigkeit sprechen, da Ausnahmeregelungen im Zweifel eng auszulegen sind[141]. Zwar lässt sich für einen Ausnahmecharakter des § 8 Abs. 2 Nr. 10 MarkenG anführen, dass dem Eintragungsantrag nach § 33 Abs. 2 Satz 1 MarkenG grundsätzlich stattzugeben ist, es sei denn es stehen absolute Schutzhindernisse der Eintragung entgegen. Bei dem Grundsatz, dass Ausnahmen eng auszulegen sind, handelt es sich jedoch lediglich um eine Zweifelsregel,[142] die damit begründet wird, dass Ausnahmen von der gesetzgeberischen Grundwertung abweichen[143]. Diese Begründung trifft vorliegend nicht zu. Denn bei der bösgläubigen Markenanmeldung handelt es sich um eine Ausprägung des übergeordneten Verbots des Rechtsmissbrauchs.[144] Demzufolge verhilft § 8 Abs. 2 Nr. 10 MarkenG einem übergeordneten Rechtsgedanken zur Geltung, so dass die Zweifelsregel zur Auslegung von Ausnahmen selbst dann nicht zur Anwendung kommt, wenn man in § 8 Abs. 2 Nr. 10 MarkenG eine Ausnahmeregelung sieht.

Die systematische Stellung der bösgläubigen Markenanmeldung lässt im Rahmen der systematischen Auslegung noch einen anderen Blickwinkel zu: Bei der bösgläubigen Markenanmeldung handelt es sich systematisch gesehen um das letzte von insgesamt zehn absoluten Schutzhindernissen. Insofern könnte die systematische Stellung der bösgläubigen Markenanmeldung dafür sprechen, dass es sich hierbei um eine Art Auffangtatbestand handelt, der diejenigen Markenanmeldungen erfassen soll, die zwar nicht von den anderen absoluten Schutzhindernissen nach § 8 Abs. 2 Nr. 1 bis Nr. 9 MarkenG erfasst sind, deren Zurückweisung gemessen an dem Sinn und Zweck des Markenrechts aber gerechtfertigt

140 *Muthorst*, Grundlagen der Rechtswissenschaft, § 7 Rdnr. 12; vgl. *Röhl*, Allgemeine Rechtslehre, § 78 V; *Bitter/Rauhut*, JuS 2009, 289, 293.

141 *Bitter/Rauhut*, JuS 2009, 289, 293.

142 Vgl. *Bitter/Rauhut*, JuS 2009, 289, 293.

143 *Bitter/Rauhut*, JuS 2009, 289, 293.

144 Zur Stellung der bösgläubigen Markenanmeldung im System des allgemeinen Verbots des Rechtsmissbrauchs siehe 2. Kap. III 1.

ist.[145] Allerdings gibt es keinen Grundsatz, der besagt, dass Auffangtatbestände systematisch gesehen am Ende eines Absatzes, am Ende einer Regelung oder am Ende eines Gesetzes zu stehen haben. Zudem darf die Stellung der bösgläubigen Markenanmeldung als zehntes absolutes Schutzhindernis nicht überbewertet werden, da die systematische Stellung ebensogut durch rein praktische Erwägungen bedingt sein könnte. So wurde die bösgläubige Markenanmeldung als bislang letztes Schutzhindernis in den Katalog des § 8 Abs. 2 MarkenG aufgenommen. Somit ist durchaus denkbar, dass der Gesetzgeber die Nummern der bisherigen absoluten Schutzhindernisse nach § 8 Abs. 2 Nr. 1 bis 9 MarkenG schlichtweg beibehalten wollte und die bösgläubige Markenanmeldung nur deshalb als Nr. 10 hinten angefügt hat. Fest steht aber, dass eine Auslegung des Begriffs der Bösgläubigkeit jedenfalls dort ihre Grenze finden muss, wo andernfalls die Wertungen der übrigen absoluten Schutzhindernisse nach § 8 Abs. 2 Nr. 1 bis Nr. 9 MarkenG unterlaufen würden.[146] Das bedeutet, dass Markenanmeldungen, die die Tatbestände nach den Nummern 1 bis 9 nicht erfüllen, auch nicht dem Schutzhindernis nach § 8 Abs. 2 Nr. 10 MarkenG unterliegen dürfen, es sei denn es liegen besondere Umstände vor, die bei § 8 Abs. 2 Nr. 1 bis Nr. 9 MarkenG nicht zu berücksichtigen waren.

d) Teleologische Auslegung

Die teleologische Auslegung untersucht den Sinn und Zweck der Regelung und zielt dabei darauf ab, dem Regelungsverständnis zur Geltung zu verhelfen, das dem Sinn und Zweck der Regelung am nächsten kommt.[147]

§ 8 Abs. 2 Nr. 10 MarkenG dient der Bekämpfung von rechtsmissbräuchlichen oder sittenwidrigen Markenanmeldungen, so dass es sich bei der bösgläubigen Markenanmeldung letztendlich um einen Teilbereich des allgemeinen Rechtsmissbrauchsverbots handelt.[148] Erkenntnisse für den Begriffsinhalt als solchen ergeben sich hieraus zwar nicht. Jedoch spricht diese Zielsetzung des § 8 Abs. 2 Nr. 10 MarkenG dafür, die Regelung als nicht abschließend zu verstehen.[149]

---

145 Vgl. auch *Helm*, GRUR 1996, 593, 595 zu § 50 Abs. 1 Nr. 4 MarkenG a.F.

146 Vgl. *Ingerl/Rohnke*, Markengesetz, 2. Auflage 2003, § 50 Rdnr. 10 zur Rechtslage nach § 50 Abs. 1 Nr. 4 MarkenG a.F.

147 *Bitter/Rauhut*, JuS 2009, 289, 294.

148 Zur Stellung der bösgläubigen Markenanmeldung im System des allgemeinen Rechtsmissbrauchsverbots siehe 2. Kap. III 1.

149 Dafür, dass § 50 Abs. 1 Nr. 4 MarkenG a.F. bzw. § 8 Abs. 2 Nr. 10 MarkenG nicht abschließend ist, siehe z.B. auch *BGH* GRUR 2000, 1032, 1034 – *Equi 2000*; *BGH* GRUR 2001, 242,

Der nicht abschließende Charakter des § 8 Abs. 2 Nr. 10 MarkenG ist dabei in zweierlei Hinsicht als nicht abschließend zu verstehen, nämlich zum Einen dahin, dass der Tatbestand des § 8 Abs. 2 Nr. 10 MarkenG offen ist für neue Fallgruppen.[150] Dafür spricht neben dem Sinn und Zweck der Regelung auch, dass der Gesetzgeber mit dem Begriff der Bösgläubigkeit einen unbestimmten Rechtsbegriff verwendet hat und damit dem Rechtsanwender bewusst einen Beurteilungsspielraum zugestanden hat.

Zum Anderen ist der Tatbestand der Bösgläubigkeit dahin als nicht abschließend zu verstehen, als § 8 Abs. 2 Nr. 10 MarkenG nicht andere Tatbestände, insbesondere nicht §§ 3, 4 Nr. 10 UWG, 826 BGB und den allgemeinen Rechtsmissbrauchseinwand ausschließt[151]. Andernfalls könnten Fälle, in denen eine Bösgläubigkeit im Eintragungsverfahren[152] nicht nachgewiesen werden kann oder die Bösgläubigkeit erst nachträglich auftritt, nicht bekämpft werden.

e) Ergebnis

Am Ergiebigsten von den klassischen Auslegungsmethoden ist die historische Auslegung. Aus ihr ergibt sich, dass die vom *BGH* unter der Geltung des Warenzeichengesetzes entwickelten Rechtsgrundsätze zum rechtsmissbräuchlichen oder sittenwidrigen Zeichenerwerb in dem Begriff der Bösgläubigkeit aufgehen. Außerdem ergibt sich aus der historischen Auslegung, dass § 8 Abs. 2 Nr. 10 MarkenG auch die infolge der Abschaffung der Bindung der Marke an den Geschäftsbetrieb möglich gewordenen Missbrauchsfälle erfasst, insbesondere auch diejenigen Fälle, in denen Namen und Bildnisse berühmter Persönlichkeiten von ersichtlich nicht berechtigten Personen angemeldet werden.[153] Der systematischen Auslegung lässt sich entnehmen, dass eine Auslegung des Begriffs der Bösgläubigkeit jedenfalls dort ihre Grenze finden muss, wo andernfalls die Wertungen der übrigen absoluten Schutzhindernisse nach § 8 Abs. 2 Nr. 1 bis

---

244 – *Classe E*; *BPatG* GRUR 2000, 809, 810 f. – *SSZ*; *Bous* in: Ekey/Klippel/Bender, Markenrecht, § 50 Rdnr. 9; *v. Linstow*, MarkenR 1999, 81, 83; *Kiethe/Groeschke*, WRP 2002, 27, 28.

150 So ist durchaus denkbar, dass bislang noch nicht alle Fallgruppen, die den Vorwurf der Bösgläubigkeit rechtfertigen würden, in Erscheinung getreten sind, namentlich weil der Betroffene auf die gerichtliche Geltendmachung seiner Rechte verzichtet hat. Denkbar ist außerdem, dass beispielsweise infolge einer zukünftigen Gesetzesänderung neue Fallgruppen auftreten, vgl. nur die infolge der Abschaffung der Bindung der Marke an den Geschäftsbetrieb möglich gewordenen Missbrauchsfälle. Für einen nicht abschließenden Charakter der Fallgruppen im Ergebnis beispielsweise auch *Ingerl/Rohnke*, Markengesetz, § 8 Rdnr. 302.

151 Siehe hierzu auch 2. Kap. III 3 und 2. Kap. III 4.

152 Der für die Beurteilung der Bösgläubigkeit maßgebliche Zeitpunkt ist streitig, siehe 2. Kap. V.

153 Zur historischen Auslegung siehe 2. Kap. IV 2 b.

Nr. 9 MarkenG unterlaufen würden.[154] Aus der teleologischen Auslegung folgt, dass § 8 Abs. 2 Nr. 10 MarkenG nicht abschließend ist.[155] Aus der Wortlautauslegung dagegen ergibt sich lediglich die wenig weiterhelfende Erkenntnis, dass dem Begriff der Bösgläubigkeit etwas Negatives anhaftet.[156]

3. Richtlinienkonforme Auslegung

Nationale Regelungen, die in Umsetzung einer Richtlinie erlassen werden, sind grundsätzlich richtlinienkonform auszulegen.[157] Richtlinienkonforme Auslegung bedeutet, dass bei mehreren Auslegungsmöglichkeiten diejenige zu wählen ist, die der Richtlinie am Besten gerecht wird und umgekehrt, dass eine Auslegungsmöglichkeit, die der Richtlinie zuwiderläuft, ausgeschlossen wird.[158]

Bei Art. 3 Abs. 2 lit. d MRRL handelt es sich jedoch um eine fakultativ umzusetzende Regelung.[159] Teilweise wird die Pflicht zur richtlinienkonformen Auslegung bei einer fakultativ umgesetzten Regelung mit der Begründung abgelehnt, dass wenn der nationale Gesetzgeber schon in der Entscheidung frei ist, ob er die Regelung überhaupt umsetzen möchte, diese Freiheit erst recht auch für die Art einer möglichen Umsetzung gelten muss.[160] Der *EuGH* dagegen bejaht eine Pflicht zur richtlinienkonformen Auslegung mit der Begründung, der Mitgliedstaat habe nur insoweit eine Wahlmöglichkeit als es um die Frage geht, ob die Regelung überhaupt in das nationale Gesetz übernommen werden soll. Ein darüber hinausgehender Entscheidungsspielraum bestehe nicht.[161]

Der *BGH* hat sich klar für eine richtlinienkonforme Auslegung des § 8 Abs. 2 Nr. 10 MarkenG im Sinne von Art. 3 Abs. 2 lit. d MRRL ausgesprochen.[162] Auch in der Literatur wird ganz überwiegend für eine richtlinienkonforme Auslegung

---

154 Zur systematischen Auslegung siehe 2. Kap. IV 2 c.

155 Zur teleologischen Auslegung siehe 2. Kap. IV 2 d.

156 Zur Wortlautauslegung siehe 2. Kap. IV 2 a.

157 Vgl. z.B. *EuGH* Slg. 1984, 1891, 1909 (Nr. 26) – *v. Colson u. Kamann*; *EuGH* Slg. 1987, 3969, 3986 (Nr. 12) – *Kolpinghuis Nijmegen BV*; *EuGH* Slg. 1990, I-4135, 4159 (Nr. 8) – *Marleasing*; *Streinz*, Europarecht, Rdnr. 499.

158 *Brechmann*, Die richtlinienkonforme Auslegung, S. 259; vgl. *Arndt/Fischer/Fetzer*, Europarecht, Rdnr. 181.

159 Siehe hierzu die Nachweise in Fn. 50.

160 So z.B. *Hacker* in: Ströbele/Hacker, Markengesetz, Einl. Rdnr. 27.

161 Vgl. *EuGH* GRUR 2004, 58, 59 (Nr. 18 und Nr. 20) – *Adidas / Fitnessworld* zu Art. 5 Abs. 2 MRRL; so auch *Ingerl/Rohnke*, Markengesetz, Einl. Rdnr. 26.

162 Z.B. *BGH* GRUR 2009, 780, 782 (Nr. 18) – *Ivadal*; *BGH* GRUR 2009, 992, 993 (Nr. 27) – *Schuhverzierung*; so auch *BPatG* GRUR 2000, 809, 810 – *SSZ*.

plädiert.[163] Für eine richtlinienkonforme Auslegung des § 8 Abs. 2 Nr. 10 MarkenG spricht ganz entscheidend, dass der Gesetzgeber den Begriff der Bösgläubigkeit bewusst gewählt hat, um auf diese Weise eine Verbindung zur Markenrechtsrichtlinie zu schaffen[164], und damit eine richtlinienkonforme Auslegung selbst angeordnet hat.

Allerdings finden sich in der Markenrechtsrichtlinie, insbesondere in deren Erwägungsgründen, keine Hinweise auf den näheren Inhalt des Begriffs der Bösgläubigkeit. In anderen Sprachfassungen verwendet die Markenrechtsrichtlinie zwar vergleichbare Begriffe, so den Begriff *„bad faith"* in der englischen Fassung und *„mauvais foi"* in der französischen Fassung.[165] Aber auch diese Begriffe sind ähnlich konturenlos wie der deutsche Begriff.

4. Oberste Auslegungskompetenz

Da § 8 Abs. 2 Nr. 10 MarkenG im Sinne des Art. 3 Abs. 2 lit. d MRRL richtlinienkonform auszulegen ist, obliegt dem *EuGH* in Bezug auf den Begriff der Bösgläubigkeit die oberste Auslegungskompetenz.[166] Eine Entscheidung des *EuGH* zum Begriff der Bösgläubigkeit nach Art. 3 Abs. 2 lit. d MRRL ist somit für die nationalen Gerichte bindend.[167]

Dagegen sind die nationalen Gerichte bei der Auslegung des Markengesetzes nicht an die Entscheidungen des *EuGH* zur *„Verordnung (EG) Nr. 207/2009 des Rates vom 26. Februar 2009 über die Gemeinschaftsmarke (kodifizierte Fas-*

---

163 Allgemeine Meinung, z.B. *Fezer*, Markenrecht, § 8 Rdnr. 664; *v. Schultz* in: v. Schultz, Markenrecht, § 8 Rdnr. 166; *Ingerl/Rohnke*, Markengesetz, § 8 Rdnr. 12; *Hildebrandt*, Marken und andere Kennzeichen, § 4 Rdnr. 157 Fn. 705; *Jordan*, Festschrift für Helm, S. 187, 189; *Osterloh*, Festschrift für Ullmann, S. 347, 348; *Grabrucker*, Mitt. 2008, 532, 536.

164 Begründung zum Markenrechtsreformgesetz, BT-Drucksache 12/6581, S. 95.

165 OJ L 299, 8.11.2008, p. 25, 27 für die englische Fassung und JO L 299 du 8.11.2008, p. 25, 27 für die französische Fassung. Die Markenrechtsrichtlinie ist in allen Amtssprachen verbindlich, vgl. *Bleckmann*, ZGR 1992, 364, 366. Hieraus zieht beispielsweise *Weberndörfer* den Schluss, dass zur Auslegung der Markenrechtsrichtlinie nicht nur eine Sprachfassung heranzuziehen ist, sondern eine Gesamtbetrachtung der jeweiligen Regelung in allen Amtssprachen vorzunehmen ist, *Weberndörfer*, EG-Markenrechtsrichtlinie, S. 60; ähnlich *Will*, Der Markenschutz nach § 14 MarkenG, S. 70.

166 Vgl. z.B. *Ingerl/Rohnke*, Markengesetz, § 8 Rdnr. 12; *Brötje*, Die bösgläubige Markenanmeldung, S. 40; *Ullmann*, GRUR 2009, 364, 365; *Bölling*, GRUR 2011, 472, 476.

167 *Ingerl/Rohnke*, Markengesetz, § 8 Rdnr. 12; vgl. auch *Bölling*, GRUR 2011, 472, 476.

sung)"[168] gebunden.[169] Dennoch kommt den Entscheidungen des *EuGH* zur Gemeinschaftsmarkenverordnung ein erhebliches praktisches Gewicht zu, weil davon ausgegangen werden kann, dass der *EuGH* im Falle einer Vorlagenentscheidung zur Markenrechtsrichtlinie in gleicher Weise entscheiden würde.[170]

Auch die Gemeinschaftsmarkenverordnung kennt den Begriff der bösgläubigen Markenanmeldung, wobei die bösgläubige Markenanmeldung nach Art. 52 Abs. 1 lit. b GMV[171] als ein Löschungsgrund ausgestaltet ist.[172] Der Begriff der Bösgläubigkeit in der Gemeinschaftsmarkenverordnung einerseits und in der Markenrechtsrichtlinie sowie dem Markengesetz andererseits entsprechen sich inhaltlich.[173] Demnach sind auch Entscheidungen des *EuGH* zu Art. 52 Abs. 1 lit. b GMV bei der Auslegung des § 8 Abs. 2 Nr. 10 MarkenG im Sinne des Art. 3 Abs. 2 lit. d MRRL zu berücksichtigen.[174]

---

168 ABl.-EU Nr. L 78 vom 24. März 2009, S. 1. Die *„Verordnung (EG) Nr. 207/2009 des Rates vom 26. Februar 2009 über die Gemeinschaftsmarke (kodifizierte Fassung)"* wird im Folgenden *„Gemeinschaftsmarkenverordnung"* genannt und mit *„GMV"* abgekürzt. Die Gemeinschaftsmarkenverordnung löste die *„Verordnung (EG) Nr. 40/94 des Rates vom 20. Dezember 1993 über die Gemeinschaftsmarke"*, ABl.-EG Nr. L 11 vom 14. Januar 1994, S. 1, mit Wirkung zum 13. April 2009 ab, vgl. Art. 167 Abs. 1 GMV. Soweit im Folgenden Bezug auf die alte Rechtslage zum Gemeinschaftsmarkenrecht genommen wird, wird der Zusatz *„a.F."* verwendet.

169 Erst recht sind die nationalen Gerichte nicht an die Entscheidungen des *HABM* und des *EuG* zur Gemeinschaftsmarkenverordnung gebunden, *Ingerl/Rohnke*, Markengesetz, § 8 Rdnr. 12 und Rdnr. 14.

170 *Ingerl/Rohnke*, Markengesetz, § 8 Rdnr. 14.

171 Art. 52 Abs. 1 lit. b GMV lautet: *„Die Gemeinschaftsmarke wird auf Antrag beim Amt oder auf Widerklage im Verletzungsverfahren für nichtig erklärt,* [a) …] *b) wenn der Anmelder bei der Anmeldung der Marke bösgläubig war."* Unter der Geltung der Gemeinschaftsmarkenverordnung a.F. war die bösgläubige Markenanmeldung ebenfalls als Löschungsgrund in dem textgleichen Art. 51 Abs. 1 lit. b GMV a.F. verankert.

172 Daher kann die Bösgläubigkeit des Markenanmelders nach der Gemeinschaftsmarkenverordnung nicht schon im Eintragungsverfahren geltend gemacht werden, *Eisenführ* in: Eisenführ/Schennen, GMV, Art. 52 Rdnr. 15.

173 Allgemeine Meinung, z.B. *BGH* WRP 2005, 881, 883 – *The Colour of Elégance*; *BGH* GRUR 2009, 780, 782 (Nr. 18) – *Ivadal*; *BPatG* GRUR 2011, 68, 75 – *Goldhase in neutraler Aufmachung*; *Ingerl/Rohnke*, Markengesetz, § 8 Rdnr. 296; *Fezer*, Markenrecht, § 8 Rdnr. 663; *Ullmann*, GRUR 2009, 364, 365; *Ströbele*, MarkenR 2010, 409, 410; *Müller/Laudonio*, GRUR Int. 2012, 417.

174 Vgl. *Ingerl/Rohnke*, Markengesetz, § 8 Rdnr. 296.

5. Maßgeblichkeit für die Auslegung

Das absolute Schutzhindernis der bösgläubigen Markenanmeldung nach § 8 Abs. 2 Nr. 10 MarkenG weist im Vergleich zu den übrigen absoluten Schutzhindernissen nach § 8 Abs. 2 Nr. 1 bis 9 MarkenG insofern eine Besonderheit auf, als es bei der Beurteilung einer Markenanmeldung als bösgläubig ausschließlich auf die rechtlichen Positionen und Motive des Markenanmelders ankommt, während die Schutzfähigkeit der Marke selbst in aller Regel keine Rolle spielt.[175] Das führt dazu, dass die Anmeldung derselben Marke durch verschiedene Markenanmelder unterschiedlich zu beurteilen sein kann.[176] Im Unterschied hierzu beurteilt sich das Vorliegen der übrigen absoluten Schutzhindernisse allein anhand der Marke; auf die persönlichen Verhältnisse des Markenanmelders kommt es nicht an.[177]

Die Bösgläubigkeit des Markenanmelders haftet der Marke an und wird deswegen durch die Übertragung der Marke nicht beseitigt. Daher muss sich ein späterer Rechtsnachfolger des Markenanmelders die Bösgläubigkeit seines Rechtsvorgängers zurechnen lassen.[178]

V. Maßgeblicher Zeitpunkt für die Beurteilung der Bösgläubigkeit

Schutzhindernisse stehen der Eintragung einer Marke grundsätzlich entgegen, wenn sie im Zeitpunkt der Eintragung vorliegen,[179] weil sich das Vorliegen des jeweiligen Schutzhindernisses im Zeitpunkt der Eintragung in der Regel zuverlässiger feststellen lässt als im Zeitpunkt der Anmeldung.[180] Bei § 8 Abs. 2 Nr. 10 MarkenG dagegen herrscht bislang noch keine Einigkeit, ob die Bösgläubigkeit zum Zeitpunkt der Anmeldung oder zum Zeitpunkt der Eintragung zu beurteilen ist.

---

175 *Ströbele* in: Ströbele/Hacker, Markengesetz, § 8 Rdnr. 674; *Ströbele*, MarkenR 2010, 409, 410; vgl. auch *Jordan*, Festschrift für Helm, S. 187, 191 zur Rechtslage nach § 50 Abs. 1 Nr. 4 MarkenG a.F.

176 Vgl. *BPatG* GRUR 2006, 1032, 1033 – *E2*; *Ströbele* in: Ströbele/Hacker, Markengesetz, § 8 Rdnr. 674.

177 *Ströbele* in: Ströbele/Hacker, Markengesetz, § 8 Rdnr. 674; *Ströbele*, MarkenR 2010, 409, 410.

178 *BPatG* BeckRS 2007, 09565 – *Gives You Wings*; *BPatG* BeckRS 2007, 11834 – *DO*; *Ströbele* in: Ströbele/Hacker, Markengesetz, § 8 Rdnr. 674.

179 *Ströbele* in: Ströbele/Hacker, Markengesetz, § 8 Rdnr. 15 mit weiteren Nachweisen.

180 *Ströbele*, MarkenR 2010, 409, 410.

Das *BPatG*[181] und der überwiegende Teil der Literatur[182] sehen in dem Zeitpunkt der prioritätsbegründenden Anmeldung[183] den für § 8 Abs. 2 Nr. 10 MarkenG maßgeblichen Zeitpunkt, wobei das *BPatG* in seiner neueren Rechtsprechung[184] in Anlehnung an den *BGH* teilweise auch auf den Zeitpunkt der Eintragung abstellt. Der *BGH* begründete sein Abstellen auf den Zeitpunkt der Eintragung[185] in der *Ivadal*-Entscheidung aus dem Jahr 2009 mit dem Gesetzeswortlaut. So müsse die Bösgläubigkeit gemäß dem Gesetzeswortlaut im Zeitpunkt der Anmeldung gegeben sein.[186] Mit dem Zeitpunkt der Anmeldung meint der *BGH* jedoch nicht den prioritätsbegründenden Anmeldetag im Sinne der §§ 6 Abs. 2, 33 Abs. 1 MarkenG, sondern den Zeitpunkt der Entscheidung über die Eintragung. So führt der *BGH* in der *Ivadal*-Entscheidung weiter aus, dass mit dem Zeitpunkt der Anmeldung der Zeitpunkt der Entscheidung über die Eintragung gemeint ist und begründet dies wiederum damit, dass es sich bei der bösgläubi-

---

181 So z.B. *BPatG* BeckRS 2009, 00722 – *Queerbeet*; *BPatG* BeckRS 2009, 03868 – *Öl-Flämmchen*; *BPatG* BeckRS 2009, 03591 – *Pinocchio*; *BPatG* BeckRS 2007, 13721 – *NF IV*; *BPatG* BeckRS 2009, 01879 – *Russisches Schaumgebäck*; *BPatG* GRUR 2006, 1032 – *E2*; *BPatG* BeckRS 2009, 02979 – *Hypodrol*; *BPatG* BeckRS 2007, 18383 – *Stracke*; *BPatG* BeckRS 2007, 18379 – *S100*; *BPatG* BeckRS 2008, 10995 – *Martin's Bo-Disco*; *BPatG* BeckRS 2009, 26067 – *601 deluxe*; *BPatG* BeckRS 2009, 24552 – *Wellness-Mobil-Domin*; *BPatG* GRUR 2010, 431, 433 – *Flasche mit Grashalm*; *BPatG* BeckRS 2009, 23959 – *Petlas*; *BPatG* BeckRS 2010, 23964 – *Thermoroll*; *BPatG* BeckRS 2011, 08141 – *pjur*; *BPatG* BeckRS 2011, 23133 – *BEFA*; *BPatG* BeckRS 2011, 21117 – *PitLANE24*; *BPatG* BeckRS 2011, 25679 – *Entertainer.de*; *BPatG* BeckRS 2012, 09304 – *FAHRAD*; *BPatG* BeckRS 2012, 15417 – *mondland*; *BPatG* BeckRS 2012, 15586; *BPatG* BeckRS 2012, 15587; *BPatG* BeckRS 2012, 22054; *BPatG* BeckRS 2012, 23519 – *Sa Trincha*.

182 So z.B. *Ströbele* in: Ströbele/Hacker, Markengesetz, § 8 Rdnr. 676 f.; *Fezer*, Markenrecht, § 8 Rdnr. 661; *Ingerl/Rohnke*, Markengesetz, Vor §§ 14-19d Rdnr. 331; *Bous* in: Ekey/Klippel/Bender, Markenrecht, § 50 Rdnr. 10; *v. Gamm* in: Büscher/Dittmer/Schiwy, Gewerblicher Rechtsschutz, § 8 MarkenG Rdnr. 48; *Ticic*, Die bösgläubige Markenanmeldung als absolutes Schutzhindernis, S. 72; *Grabrucker*, Mitt. 2008, 532, 535; a.A. *Wiedmann*, Der Rechtsmissbrauch im Markenrecht, S. 136.

183 Mit dem Zeitpunkt der im Sinne des § 6 Abs. 2 MarkenG prioritätsbegründenden Anmeldung ist der Anmeldetag gemeint. Der Anmeldetag wiederum ist nach § 33 Abs. 1 MarkenG der Tag, an dem die Unterlagen mit den Angaben nach § 32 Abs. 2 MarkenG beim *DPMA* eingereicht werden.

184 So z.B. *BPatG* GRUR 2011, 68, 74 – *Goldhase in neutraler Aufmachung*; *BPatG* BeckRS 2010, 10244 – *Gelbe Seiten*; *BPatG* BeckRS 2010, 15357 – *Maxistrol*; *BPatG* BeckRS 2011, 08553 – *Simca*.

185 So z.B. *BGH* GRUR 2006, 850, 857 (Nr. 42) – *FUSSBALL WM 2006*; *BGH* BeckRS 2006, 09470 (Nr. 42) – *WM 2006*; *BGH* GRUR 2009, 780, 781 (Nr. 11) – *Ivadal*. Die Rechtsprechung des *BGH* ist jedoch nicht einheitlich. So stellte der *BGH* in der *Cordarone*-Entscheidung ohne nähere Begründung auf den Zeitpunkt der Anmeldung ab, *BGH* GRUR 2008, 160, 162 (Nr. 21) – *Cordarone*.

186 *BGH* GRUR 2009, 780, 781 (Nr. 11) – *Ivadal*.

gen Markenanmeldung um ein absolutes Eintragungshindernis handelt. Laut *BGH* ist einer Marke auch dann die Eintragung nach § 8 Abs. 2 Nr. 10 MarkenG zu versagen, wenn die Anmeldung erst im Zeitpunkt der Entscheidung über die Eintragung als bösgläubig zu beurteilen sei.[187] Folglich ist nach dem *BGH* eine am prioritätsbegründenden Anmeldetag vorliegende Bösgläubigkeit unschädlich und die Marke einzutragen, vorausgesetzt die Bösgläubigkeit ist spätestens bis zum Zeitpunkt der Entscheidung über die Eintragung entfallen.

Der *EuGH* dagegen entschied in der *Lindt*-Entscheidung aus dem Jahr 2009 zu Art. 51 Abs. 1 lit. b GMV a.F., dass es für die Beurteilung einer Markenanmeldung als bösgläubig auf den Zeitpunkt der prioritätsbegründenden Anmeldung ankommt.[188] Da davon auszugehen ist, dass der *EuGH* seine Auffassung zu Art. 51 Abs. 1 lit. b GMV a.F. auch Art. 3 Abs. 2 lit. d MRRL zugrunde legen wird und ihm für die Markenrechtsrichtlinie die oberste Auslegungskompetenz zukommt[189], dürfte die nationale Rechtsprechung in Zukunft ebenfalls einheitlich auf den Zeitpunkt der prioritätsbegründenden Anmeldung abstellen.[190]

Für ein Abstellen auf den Zeitpunkt der prioritätsbegründenden Anmeldung spricht bereits der Wortlaut des § 8 Abs. 2 Nr. 10 MarkenG (*„die bösgläubig angemeldet worden sind"*).[191] Außerdem würde ein Abstellen auf den Zeitpunkt der Eintragung zu zufälligen Ergebnissen führen. Denn wäre ein Markenanmelder bei der prioritätsbegründenden Anmeldung zunächst redlich und würde irgendwann nach dieser Anmeldung bösgläubig werden, hinge die Zulässigkeit der Eintragung lediglich davon ab, ob das *DPMA* zufälligerweise vor oder nach dem späteren Bösgläubigwerden des Markenanmelders über die Eintragung der Marke entscheidet. Abgesehen davon dürfte eine nach der prioritätsbegründenden Anmeldung erst begründete Bösgläubigkeit für die Markenstellen des *DPMA* kaum mehr ersichtlich im Sinne des § 37 Abs. 3 MarkenG sein.

---

187 *BGH* GRUR 2009, 780, 781 (Nr. 11) – *Ivadal.*

188 *EuGH* GRUR 2009, 763, 765 (Nr. 35) – *Lindt & Sprüngli / Franz Hauswirth.*

189 Siehe 2. Kap. IV 4.

190 Vgl. auch *Ströbele* in: Ströbele/Hacker, Markengesetz, § 8 Rdnr. 675; *Ströbele*, MarkenR 2010, 409, 410.

191 So z.B. auch *Ströbele* in: Ströbele/Hacker, Markengesetz, § 8 Rdnr. 676. Ähnlich wie der Wortlaut des § 8 Abs. 2 Nr. 10 MarkenG stellt auch der Wortlaut des Art. 3 Abs. 2 lit. d MRRL auf die Anmeldung und nicht die Eintragung ab (*„wenn und soweit der Antragsteller die Eintragung der Marke bösgläubig beantragt hat"*); zum Wortlaut des Art. 3 Abs. 2 lit. d MRRL siehe die Fn. 47. Ähnliche Formulierungen finden sich auch in anderen Sprachfassungen. So heißt es in der englischen Fassung: *„(d) the application for registration of the trade mark was made in bad faith by the applicant"*, OJ L 299, 8.11.2008, p. 25, 27. In der französischen Fassung heißt es ähnlich: *„d) la demande d'enregistrement de la marque a été faite de mauvaise foi par le demandeur"*, JO L 299 du 8.11.2008, p. 25, 27.

Gegen ein Abstellen auf den Zeitpunkt der prioritätsbegründenden Anmeldung lässt sich auch nicht die Begründung zum Geschmacksmusterreformgesetz anführen. Zwar findet sich dort die unglückliche Formulierung, dass bei der bösgläubigen Markenanmeldung auf den Zeitpunkt der Eintragung abzustellen ist.[192] Diese Aussage erfolgt jedoch nicht im Rahmen der Begründung zu § 8 Abs. 2 Nr. 10 MarkenG, sondern im Zusammenhang mit § 50 Abs. 2 MarkenG. Nach § 50 Abs. 2 MarkenG gilt der Grundsatz, dass eine entgegen § 8 Abs. 2 Nr. 1 bis 9 MarkenG eingetragene Marke nur gelöscht werden kann, wenn das Schutzhindernis auch noch im Zeitpunkt der Entscheidung über den Löschungsantrag besteht. Aus einem Umkehrschluss aus § 50 Abs. 2 Satz 1 MarkenG folgt, dass § 8 Abs. 2 Nr. 10 MarkenG hiervon ausgenommen ist. Damit liegt der Schluss nahe, dass mit der Begründung zum Geschmacksmusterreformgesetz lediglich – in Abgrenzung zu den übrigen absoluten Schutzhindernissen – klargestellt werden sollte, dass Umstände, die nach dem Eintragungsverfahren auftreten, einer Löschung nach § 8 Abs. 2 Nr. 10 MarkenG gerade nicht entgegenstehen.[193]

Demnach kommt es für den Tatbestand des § 8 Abs. 2 Nr. 10 MarkenG darauf an, ob der Markenanmelder im Zeitpunkt der prioritätsbegründenden Anmeldung bösgläubig handelt.[194] Wie sich aus einem Umkehrschluss aus § 50 Abs. 2 Satz 1 und Abs. 3 Nr. 2 MarkenG ergibt, ist nicht erforderlich, dass die Bösgläubigkeit bei der Eintragung der Marke oder bei der Entscheidung über den Antrag auf Löschung noch fortbesteht.[195] Die fehlende Heilbarkeit wird mit dem Sanktionscharakter des § 8 Abs. 2 Nr. 10 MarkenG begründet.[196]

---

192 Begründung zum Geschmacksmusterreformgesetz, BT-Drucksache 15/1075, S. 68.

193 So auch *Ströbele* in: Ströbele/Hacker, Markengesetz, § 8 Rdnr. 677; *Ströbele*, MarkenR 2010, 409, 411; a.A. der *BGH*, der sich zur Begründung seiner gegenteiligen Ansicht in der *Ivadal*-Entscheidung auf die Begründung zum Geschmacksmusterreformgesetz beruft, vgl. *BGH* GRUR 2009, 780, 781 (Nr. 11) – *Ivadal*.

194 Hierfür lässt sich auch das Prinzip der Einheit der Rechtsordnung anführen. Ein ähnliches Problem findet sich nämlich auch im Immobiliarsachenrecht. So stellt sich beim Rechtserwerb, für den die Eintragung ins Grundbuch erforderlich ist – wie beispielsweise nach § 873 Abs. 1 BGB beim Eigentumserwerb an einem Grundstück – die Frage, ab welchem Zeitpunkt – Antrag auf Eintragung oder Eintragung – der Erwerber kein Recht mehr erwerben kann, weil er Kenntnis von der Unrichtigkeit des Grundbuchs erlangt hat. Für das Immobiliarsachenrecht ergibt sich die Antwort aus § 892 Abs. 2 BGB, wonach es auf den Zeitpunkt des Antrags ankommt. Dies wird damit begründet, dass der Erwerber den Zeitpunkt der Eintragung nicht beeinflussen kann und ihm daher die mehr oder weniger lange Dauer des Eintragungsverfahrens nicht zum Nachteil gereichen soll, *Staudinger* in: HK, BGB, § 892 Rdnr. 21.

195 *Bous* in: Ekey/Klippel/Bender, Markenrecht, § 50 Rdnr. 10; so im Ergebnis auch *BPatG* BeckRS 2007, 09565 – *Gives You Wings*; *Fezer*, Markenrecht, § 8 Rdnr. 661; *Grabrucker*, Mitt. 2008, 532, 535.

196 *Bous* in: Ekey/Klippel/Bender, Markenrecht, § 50 Rdnr. 10.

VI. Fallgruppen im Überblick

1. Allgemeines

Schon unter der Geltung des Warenzeichengesetzes haben sich in der Rechtsprechung zur Konkretisierung der wenig handhabbaren Begriffe der rechtsmissbräuchlichen oder sittenwidrigen Zeichenanmeldung und damit zum außerkennzeichenrechtlichen Löschungsanspruch nach §§ 1 UWG a.F., 826 BGB im Wesentlichen zwei Fallgruppen herausgebildet: die Fallgruppe der Störung eines fremden schutzwürdigen Besitzstands und die Fallgruppe des zweckfremden Einsatzes der Marke als Mittel des Wettbewerbkampfes[197] – heute überwiegend zusammengefasst unter dem Begriff der Sperrmarke[198].

In ständiger Rechtsprechung[199] ist anerkannt, dass das Markengesetz mit dem Begriff der bösgläubigen Markenanmeldung an die Rechtsprechung zum außerkennzeichenrechtlichen Löschungsanspruch nach §§ 1 UWG a.F., 826 BGB unter der Geltung des Warenzeichengesetzes anknüpft und somit die hierzu entwickelten Rechtsgrundsätze in dem Begriff der Bösgläubigkeit aufgehen.[200] So geht der *BGH* von einer Bösgläubigkeit des Markenanmelders im Sinne des § 8 Abs. 2 Nr. 10 MarkenG aus,

> *„wenn die Anmeldung rechtsmissbräuchlich oder sittenwidrig erfolgt ist."*[201]

---

197 Vgl. z.B. *BGH* GRUR 1967, 490, 492 – *Pudelzeichen*; *BGH* GRUR 1967, 298, 300 f. – *Modess*; *BGH* GRUR 1967, 304, 305 f. – *Siroset*; *BGH* GRUR 1980, 110, 111 – *Torch*; *BGH* GRUR 1984, 210, 211 – *Arostar*; *BGH* GRUR 1986, 74, 76 f. – *Shamrock III.*

198 Siehe 2. Kap. VI 2 a.

199 Z.B. *BGH* GRUR 2000, 1032, 1033 – *Equi 2000*; *BGH* GRUR 2004, 510, 511 – *S100*; *BGH* GRUR 2009, 992 f. (Nr. 16) – *Schuhverzierung*; *BGH* GRUR 2010, 1034 f. (Nr. 13) – *LIMES LOGISTIK*; so auch das *BPatG* z.B. *BPatG* BeckRS 2009, 01903 – *Admiral Sportwetten*; *BPatG* BeckRS 2009, 00722 – *Queerbeet*; *BPatG* BeckRS 2007, 13721 – *NF IV*; *BPatG* BeckRS 2009, 01879 – *Russisches Schaumgebäck*; *BPatG* GRUR 2006, 1032, 1033 – *E2*; *BPatG* BeckRS 2007, 07519 – *PNB Nation*; *BPatG* BeckRS 2009, 02979 – *Hypodrol*; *BPatG* BeckRS 2007, 11834 – *DO*; *BPatG* BeckRS 2007, 18379 – *S100*; *BPatG* GRUR-RR 2008, 389 – *Salvatore Ricci/Nina Ricci*; *BPatG* BeckRS 2008, 10995 – *Martin's Bo-Disco*; *BPatG* BeckRS 2008, 10996 – *Bo-Disco*; *BPatG* BeckRS 2008, 12793 – *Pan Am*; *BPatG* ZUM-RD 2010, 652, 655 – *Krystallpalast*; *BPatG* BeckRS 2010, 29752 – *FONIMAP*; *BPatG* BeckRS 2011, 23133 – *BEFA*; *BPatG* BeckRS 2011, 25679 – *Entertainer.de*; *BPatG* BeckRS 2012, 15417 – *mondland*; *BPatG* BeckRS 2012, 15586; *BPatG* BeckRS 2012, 15587.

200 So auch das Ergebnis der historischen Auslegung, siehe 2. Kap. IV 2 b.

201 So der *BGH* in der *Equi 2000*- und *S100*-Entscheidung, *BGH* GRUR 2000, 1032, 1033 – *Equi 2000*; *BGH* GRUR 2004, 510, 511 – *S100*; siehe auch die weiteren Nachweise in der Fn. 199.

Demnach können die zu §§ 1 UWG a.F., 826 BGB bzw. zu §§ 3, 4 Nr. 10 UWG, 826 BGB ergangenen Entscheidungen bei der Beurteilung einer Markenanmeldung als bösgläubig im Sinne des § 8 Abs. 2 Nr. 10 MarkenG herangezogen werden – und umgekehrt.[202] Aus der Übertragbarkeit der zum UWG entwickelten Rechtsgrundsätze auf die markenrechtliche Bösgläubigkeit darf jedoch nicht geschlossen werden, dass der Markenanmelder und der Vorbenutzer oder sonstige Dritte in einem Wettbewerbsverhältnis stehen müssen – auch wenn ein Wettbewerbsverhältnis häufig vorliegen dürfte. Denn seinem Sinn und Zweck nach soll § 8 Abs. 2 Nr. 10 MarkenG gerade auch Fälle erfassen, in denen ein Wettbewerbsverhältnis noch nicht oder nicht mehr vorliegt.[203]

Der *EuGH* hatte erstmals in der *Lindt*-Entscheidung aus dem Jahr 2009 die Gelegenheit, Stellung zum Begriff der Bösgläubigkeit zu nehmen, wobei die Entscheidung nicht zu Art. 3 Abs. 2 lit. d MRRL, sondern zu Art. 51 Abs. 1 lit. b GMV a.F. erging.[204] In dem zusammenfassenden Leitsatz der *Lindt*-Entscheidung heißt es dabei, dass das nationale Gericht gehalten ist,

> *„alle erheblichen Faktoren zu berücksichtigen, die dem von ihm zu entscheidenden Fall eigen sind und zum Zeitpunkt der Einreichung der Anmeldung eines Zeichens als Gemeinschaftsmarke vorliegen, insbesondere*
>
> - *die Tatsache, dass der Anmelder weiß oder wissen muss, dass ein Dritter in mindestens einem Mitgliedstaat ein gleiches oder ähnliches Zeichen für eine gleiche oder mit dem angemeldeten Zeichen verwechselbar ähnliche Ware verwendet,*
> - *die Absicht des Anmelders, diesen Dritten an der weiteren Verwendung eines solchen Zeichens zu hindern, sowie*
> - *den Grad des rechtlichen Schutzes, den das Zeichen des Dritten und das angemeldete Zeichen genießen.“*[205]

Dem *EuGH* kommt es somit bei der Beurteilung der Bösgläubigkeit auf alle Umstände des Einzelfalls an.[206] Aus der Formulierung *„insbesondere“* ergibt sich

202 Vgl. z.B. *BGH* GRUR 2000, 1032, 1034 – *Equi 2000*; *BGH* GRUR 2004, 510, 511 – *S100*; *BGH* GRUR 2010, 1034, 1035 (Nr. 13) – *LIMES LOGISTIK*; *Ströbele* in: Ströbele/Hacker, Markengesetz, § 8 Rdnr. 672; *v. Schultz* in: v. Schultz, Markenrecht, § 8 Rdnr. 166; *Lange*, Marken- und Kennzeichenrecht, § 3 Rdnr. 1127; *Helm*, GRUR 1996, 593, 601.

203 *BPatG* BeckRS 2007, 09565 – *Gives You Wings*; vgl. auch *Bous* in: Ekey/Klippel/Bender, Markenrecht, § 50 Rdnr. 13.

204 Zur Bindungswirkung einer *EuGH*-Entscheidung zur Gemeinschaftsmarkenverordnung siehe 2. Kap. IV 4.

205 Leitsatz der *Lindt*-Entscheidung des *EuGH*, *EuGH* GRUR 2009, 763 – *Lindt & Sprüngli / Franz Hauswirth*.

206 Soweit thematisiert wird, ob die vom *BGH* zur Beurteilung der Bösgläubigkeit entwickelten Rechtsgrundsätze mit den Vorgaben des *EuGH* vereinbar sind, wird die Ansicht vertreten, dass die Rechtsprechung des *BGH* mit dem *EuGH* in Einklang steht, z.B. *BPatG* GRUR 2011, 68, 75

ferner, dass es sich bei der Aufzählung der relevanten Umstände um keine abschließende Aufzählung handelt.[207] Folglich verbietet sich eine schematische Beurteilung der Bösgläubigkeit.[208]

Gleichwohl wird an der Zusammenfassung der bisherigen Rechtsgrundsätze in Fallgruppen weiterhin festgehalten.[209] Im Allgemeinen wird heute bei den Fallgruppen zwischen den Fällen (2.) der Sperrmarke sowie (3.) der Spekulationsmarke und (4.) den Fällen der Markenerschleichung unterschieden.[210] Die Übergänge der einzelnen Fallgruppen sind fließend; teilweise sind Überschneidungen möglich.[211] Die Bildung von Fallgruppen ermöglicht es einerseits, den unbestimmten Rechtsbegriff der Bösgläubigkeit zu konkretisieren.[212] Andererseits aber birgt die Bildung von Fallgruppen die Gefahr, dass der Begriff der Bösgläubigkeit auf die Fallgruppen reduziert und damit in ungerechtfertigtem Maß eingeengt wird.[213] Daher verbietet es sich, die Fallgruppen als abschließend[214] oder als starres Schema zu verstehen und den Einzelfall aus den Augen zu verlieren, zumal der *EuGH* vorgegeben hat, dass alle Umstände des Einzel-

---

– *Goldhase in neutraler Aufmachung*; vgl. auch *BPatG* BeckRS 2010, 10244 – *Gelbe Seiten*; *OLG Frankfurt a.M.* BeckRS 2010, 29406; *Fabry*, GRUR 2010, 566, 571; *Müller/Laudonio*, GRUR Int. 2012, 417, 425.

207 Z.B. *v. Schultz* in: v. Schultz, Markenrecht, § 8 Rdnr. 214; *Müller/Laudonio*, GRUR Int. 2012, 417, 418.

208 Ähnlich heißt es auch in den Schlussanträgen der Generalanwältin *Sharpston* auf das Vorabentscheidungsersuchen des österreichischen *OGH* zu Art. 51 Abs. 2 lit. b GMV a.F., *„dass es keinen einfachen und absoluten Maßstab für die Entscheidung gibt, ob eine Markenanmeldung bösgläubig vorgenommen worden ist. Die verschiedenen Fallgestaltungen, die dem Gerichtshof zur abschließenden Bestimmung des Begriffs der Bösgläubigkeit vorgetragen worden sind, sind in Wirklichkeit Beispiele zur Veranschaulichung des Begriffs"*, Schlussanträge der Generalanwältin *Sharpston*, BeckRS 2009, 70282 (Nr. 75).

209 Z.B. *BPatG* BeckRS 2010, 10244 – *Gelbe Seiten*; *BPatG* BeckRS 2011, 08141 – *pjur*; vgl. auch z.B. *BGH* GRUR 2010, 1034 f. (Nr. 13) – *LIMES LOGISTIK*; *BPatG* BeckRS 2010, 23964 – *Thermoroll*; *BPatG* BeckRS 2010, 29752 – *FONIMAP*; *BPatG* BeckRS 2011, 00178 – *Sachsendampf*; *BPatG* BeckRS 2011, 06540 – *Xpress*; *BPatG* BeckRS 2011, 21117 – *PitLANE24*; vgl. auch *Ströbele* in: Ströbele/Hacker, Markengesetz, § 8 Rdnr. 668.

210 Die Fallgruppenbildung folgt *Bingener* in: Götting/Meyer/Vormbrock, Gewerblicher Rechtsschutz, § 22 Rdnr. 189 ff.; *Jordan*, Festschrift für Helm, S. 187, 189 ff.; *Steinberg/Jaeckel*, MarkenR 2008, 296, 300; *Schmidt*, MarkenR 2003, 1 f.; *Helm*, GRUR 1996, 593, 595 ff.

211 *Ströbele* in: Ströbele/Hacker, Markengesetz, § 8 Rdnr. 668; *v. Gamm* in: Büscher/Dittmer/Schiwy, Gewerblicher Rechtsschutz, § 8 MarkenG Rdnr. 48; vgl. auch *Steinbeck*, 50 Jahre BPatG (2011), S. 777, 780.

212 Vgl. *Steinbeck*, 50 Jahre BPatG (2011), S. 777, 780.

213 Auch *Steinbeck* äußert Bedenken gegen eine allzu schematische Betrachtung, *Steinbeck*, 50 Jahre BPatG (2011), S. 777, 780.

214 Für einen nicht abschließenden Charakter der Fallgruppen beispielsweise *Ströbele* in: Ströbele/Hacker, Markengesetz, § 8 Rdnr. 668; *Ingerl/Rohnke*, Markengesetz, § 8 Rdnr. 302.

falls in die Beurteilung der Markenanmeldung einzubeziehen sind. Vor diesem Hintergrund übernehmen die Fallgruppen eher die Funktion einer Orientierungshilfe.[215]

2. Sperrmarke

a) Allgemeines

Unter der Sperrmarke werden die Fälle der Störung eines fremden schutzwürdigen Besitzstands und des zweckfremden Einsatzes der Marke als Mittel des Wettbewerbkampfes jeweils als Unterfallgruppen zusammengefasst.[216] Die Sperrmarke ist dadurch gekennzeichnet, dass der Markenanmelder ein Zeichen zur Eintragung anmeldet, das ein anderer schon vorbenutzt.[217] Für beide Unterfallgruppen gilt, dass ein Markenanmelder nicht schon deshalb rechtsmissbräuchlich oder sittenwidrig handelt,

> *„weil er weiß, dass ein anderer dasselbe oder ein verwechselbares Zeichen für dieselben oder ähnliche Waren benutzt, ohne hierfür einen formalen Kennzeichenschutz erworben zu haben.“*[218]

---

215 So auch *Ingerl/Rohnke*, Markengesetz, § 8 Rdnr. 302.

216 *Bingener* in: Götting/Meyer/Vormbrock, Gewerblicher Rechtsschutz, § 22 Rdnr. 189; *Jordan*, Festschrift für Helm, S. 187, 190; *Steinberg/Jaeckel*, MarkenR 2008, 296, 308; *Helm*, GRUR 1996, 593, 597 ff. Teilweise wird darauf verzichtet, die Störung eines fremden schutzwürdigen Besitzstands und den zweckfremden Einsatz der Marke als Mittel des Wettbewerbkampfes als Unterfallgruppen der Sperrmarke zusammenzufassen, so *v. Gamm* in: Büscher/Dittmer/Schiwy, Gewerblicher Rechtsschutz, § 8 MarkenG Rdnr. 49 ff.; vgl. auch *Ströbele* in: Ströbele/Hacker, Markengesetz, § 8 Rdnr. 668; *Hildebrandt*, Marken und andere Kennzeichen, § 4 Rdnr. 158. Inhaltliche Unterschiede sind hiermit nicht verbunden.

217 Vgl. *Brötje*, Die bösgläubige Markenanmeldung, S. 91; *Ticic*, Die bösgläubige Markenanmeldung als absolutes Schutzhindernis, S. 29; *Jordan*, Festschrift für Helm, S. 187, 190.

218 *BGH* GRUR 2008, 917, 918 (Nr. 20) – *Eros*; so auch der *EuGH* in seiner *Lindt*-Entscheidung, *EuGH* GRUR 2009, 763, 765 (Nr. 40) – *Lindt & Sprüngli / Franz Hauswirth*; des Weiteren *BGH* GRUR 1998, 412, 414 – *Analgin*; *BGH* GRUR 1998, 1034, 1036 – *Makalu*; *BGH* GRUR 2000, 1032, 1034 – *Equi 2000*; *BGH* GRUR 2004, 510, 511 – *S100*; *BGH* GRUR 2004, 790, 793 – *Gegenabmahnung*; *BGH* WRP 2005, 881, 883 – *The Colour of Elégance*; so auch das *BPatG*, z.B. *BPatG* BeckRS 2009, 01903 – *Admiral Sportwetten*; *BPatG* BeckRS 2007, 13721 – *NF IV*; *BPatG* BeckRS 2008, 12973 – *AMINOBOL*; *BPatG* GRUR-RR 2008, 389, 390 – *Salvatore Ricci/Nina Ricci*; *BPatG* BeckRS 2008, 10996 – *Bo-Disco*; *BPatG* BeckRS 2008, 23885 – *Waldschatz*; *BPatG* BeckRS 2009, 11242 – *Oranex*; *BPatG* BeckRS 2009, 18238 – *Lightsüß HT*; *BPatG* BeckRS 2009, 22972 – *Brno*; *BPatG* GRUR 2010, 431, 433 – *Flasche mit Grashalm*; *BPatG* GRUR 2011, 68, 75 – *Goldhase in neutraler Aufmachung*; *BPatG* BeckRS 2010, 22009 – *CaliNails*; *BPatG* BeckRS 2011, 06540 – *Xpress*; so auch schon unter

Der Grundsatz, dass das Markenrecht kein Vorbenutzungsrecht kennt[219] und demnach auch die Kenntnis von der Vorbenutzung unschädlich ist, wird für den Fall durchbrochen, dass neben der Kenntnis von der Vorbenutzung eines Dritten

> *„auf seiten des Zeicheninhabers besondere Umstände vorliegen, die die Erwirkung der Zeicheneintragung als sittenwidrig* [...] *erscheinen lassen."* [220]

Diese besonderen Umstände lassen sich in die besagten Unterfallgruppen zusammenfassen.

b) Störung eines fremden schutzwürdigen Besitzstands

Nach ständiger Rechtsprechung liegen besondere Umstände, die die Markenanmeldung als bösgläubig im Sinne des § 8 Abs. 2 Nr. 10 MarkenG erscheinen lassen, vor, wenn

> *„der Zeicheninhaber in Kenntnis eines schutzwürdigen Besitzstandes des Vorbenutzers ohne zureichenden sachlichen Grund für gleiche oder gleichartige Waren die gleiche oder eine zum Verwechseln ähnliche Bezeichnung mit dem Ziel der Störung des Besitzstandes des Vorbenutzers oder in der Absicht, für diesen den Gebrauch der Bezeichnung zu sperren, als Kennzeichen hat eintragen lassen."*[221]

---

der Geltung des Warenzeichengesetzes z.B. *BGH* GRUR 1967, 298, 301 – *Modess*; *BGH* GRUR 1980, 110, 111 – *Torch*.

219 Allgemeine Meinung, vgl. die Nachweise in der Fn. 218. Schon in der *Dolex*-Entscheidung aus dem Jahr 1961 hatte der *BGH* ein Vorbenutzungsrecht mit der Begründung abgelehnt, dass der Gesetzgeber in Kenntnis des im Patentrecht in § 7 PatG a.F. (heute § 12 PatG) geregelten Vorbenutzungsrechts darauf verzichtet habe, ein ähnliches Vorbenutzungsrecht in das Warenzeichengesetz einzuführen. Nach dem Willen des Gesetzgebers sei ein nicht eingetragenes, aber vorbenutztes Zeichen nur dann zeichenrechtlich geschützt, wenn es Verkehrsgeltung erlangt hat, § 25 WZG, *BGH* GRUR 1961, 413, 416 – *Dolex*. Die Verneinung eines Vorbenutzungsrechts ist interessengerecht, weil es dem Vorbenutzer frei steht, sein Zeichen rechtzeitig zur Eintragung anzumelden und sich hierdurch seine Zeichenrechte zu sichern, ähnlich *v. Filseck*, GRUR 1961, 417.

220 *BGH* GRUR 1998, 412, 414 – *Analgin*; *BGH* GRUR 2000, 1032, 1034 – *Equi 2000*; *BGH* WRP 2005, 881, 883 – *The Colour of Elégance*; so auch z.B. *BPatG* BeckRS 2007, 13721 – *NF IV*; *OLG Koblenz* GRUR-RR 2006, 184, 186 – *Rosenmondnacht*; so schon unter der Geltung des Warenzeichengesetzes z.B. *BGH* GRUR 1980, 110, 111 – *Torch*.

221 *BGH* GRUR 2000, 1032, 1034 – *Equi 2000*; so auch z.B. *BGH* GRUR 2003, 428, 431 – *Big Bertha*; *BGH* GRUR 2004, 790, 793 – *Gegenabmahnung*; *BGH* WRP 2005, 881, 883 – *The Colour of Elégance*; *BGH* GRUR 2005, 414, 417 – *Russisches Schaumgebäck*; *BGH* GRUR 2008, 160, 161 (Nr. 18) – *Cordarone*; *BGH* GRUR 2008, 621, 623 (Nr. 21) – *Akademiks*; *BGH* GRUR 2008, 917, 918 (Nr. 20) – *Eros*; *BGH* GRUR 2009, 992, 993 (Nr. 16) – *Schuhverzierung*; *BGH* GRUR 2010, 1034, 1035 (Nr. 13) – *LIMES LOGISTIK*; so auch das *BPatG*, z.B. *BPatG* BeckRS 2007, 13721 – *NF IV*; *BPatG* GRUR 2006, 1032, 1033 – *E2*; *BPatG* BeckRS 2007, 18379 – *S100*; *BPatG* BeckRS 2008, 10995 – *Martin's Bo-Disco*; *BPatG* BeckRS 2008, 10996 – *Bo-Disco*; *BPatG* BeckRS 2009, 24552 – *Wellness-Mobil-Domin*;

Zwischen den einzelnen Kriterien besteht eine Wechselwirkung dergestalt, dass ein Mehr auf der einen Seite durch ein Weniger auf der anderen Seite ausgeglichen werden kann und umgekehrt.[222] So ist um so eher anzunehmen, dass der Markenanmelder mit dem Ziel der Störung des Besitzstands des Vorbenutzers handelt, je größer und schutzwürdiger der Besitzstand des Vorbenutzers ist und je weniger sich der Markenanmelder auf einen sachlichen Grund für die Markenanmeldung berufen kann.[223]

aa) Fremder schutzwürdiger Besitzstand

Da die bloße Vorbenutzung markenrechtlich nicht geschützt ist, ist zunächst erforderlich, dass der Vorbenutzer durch die Vorbenutzung einen schutzwürdigen Besitzstand erworben hat.[224] Die Beurteilung eines Besitzstands als wertvoll und damit schutzwürdig setzt voraus, dass das vorbenutzte Zeichen eine hinreichende Bekanntheit erlangt hat, wobei es neben den objektiven Feststellungen hinsichtlich des Umfangs und der Dauer der Verwendung auch darauf ankommen kann, welche Bedeutung das vorbenutzte Zeichen bei der konkreten geschäftlichen Betätigung des Vorbenutzers erlangt hat. Insoweit sind Umsatzzahlen, Dauer der Benutzung, Werbeaufwendungen, die erreichte Marktposition, bestehende Konkurrenzverhältnisse und damit Absatzchancen und Gewinnerwartungen auf dem jeweiligen Markt maßgeblich, ohne dass es auf die absoluten Stückzahlen verkaufter Waren ankäme.[225] Ein Besitzstand ist auch dann schutzwürdig, wenn er durch die Vorbenutzung eines Zeichens erworben wurde, das zur Zeit der Vor-

---

BPatG ZUM-RD 2010, 652, 655 – *Krystallpalast*; *BPatG* GRUR 2011, 68, 75 – *Goldhase in neutraler Aufmachung*; *BPatG* BeckRS 2010, 15357 – *Maxistrol*; *BPatG* BeckRS 2010, 22009 – *CaliNails*; *BPatG* BeckRS 2010, 26992 – *Post*; *BPatG* BeckRS 2010, 29752 – *FONIMAP*; *BPatG* BeckRS 2011, 00178 – *Sachsendampf*; *BPatG* BeckRS 2012, 16382 – *Speicher am Fischmarkt*; *BPatG* BeckRS 2012, 23519 – *Sa Trincha*; so auch schon unter der Geltung des Warenzeichengesetzes, vgl. z.B. *BGH* GRUR 1961, 413, 416 – *Dolex*; *BGH* GRUR 1967, 490, 492 – *Pudelzeichen*; *BGH* GRUR 1967, 298, 300 f. – *Modess*; *BGH* GRUR 1984, 210, 211 – *Arostar*; *BGH* GRUR 1986, 74, 76 f. – *Shamrock III*.

222 *Steinbeck*, 50 Jahre BPatG (2011), S. 777, 787; vgl. auch *BPatG* BeckRS 2012, 22054.

223 *Steinberg/Jaeckel*, MarkenR 2008, 296, 302; vgl. auch *Ohly* in: Piper/Ohly/Sosnitza, UWG, § 4 Rdnr. 10.80.

224 Vgl. z.B. *BGH* GRUR 1961, 413, 416 – *Dolex*: *„Der durch ‚Vorbenutzung' erworbene ältere Besitzstand"*.

225 Z.B. *BPatG* BeckRS 2007, 13721 – *NF IV*; *BPatG* BeckRS 2008, 12973 – *AMINOBOL*; *BPatG* BeckRS 2008, 10995 – *Martin's Bo-Disco*; *BPatG* BeckRS 2008, 10996 – *Bo-Disco*; *BPatG* BeckRS 2009, 24552 – *Wellness-Mobil-Domin*; *BPatG* BeckRS 2011, 23133 – *BEFA*; *BPatG* BeckRS 2012, 16382 – *Speicher am Fischmarkt*; vgl. zur Rechtslage nach dem Warenzeichengesetz z.B. *BGH* GRUR 1984, 210, 211 – *Arostar*.

benutzung nicht eintragungsfähig war.[226] Bloße Aufwendungen zur Vorbereitung einer Markenbenutzung dagegen begründen keinen schutzwürdigen Besitzstand.[227] Wegen des im Markengesetz geltenden Territorialitätsprinzips sind grundsätzlich nur solche Besitzstände relevant, die im Inland erworben wurden. Das Territorialitätsprinzip wird ausnahmsweise für den Fall durchbrochen, dass ein im Ausland vorbenutztes Zeichen eine überragende Verkehrsgeltung erlangt hat.[228]

Der Markenanmelder muss die Marke *„in Kenntnis eines schutzwürdigen Besitzstandes des Vorbenutzers“*[229] zur Eintragung in das Markenregister angemeldet haben. Bei der Kenntnis von dem schutzwürdigen Besitzstand des Vorbenutzers handelt es sich um ein subjektives Tatbestandsmerkmal, das in der Regel indirekt anhand objektiver Umstände festgestellt werden kann. Die Anforderungen an den Nachweis der Kenntnis dürfen nicht überspannt werden.[230] Somit kann auch ein Kennenmüssen für eine Bösgläubigkeit im Sinne des § 8 Abs. 2 Nr. 10 MarkenG ausreichen, wobei sich das Kennenmüssen vor allem nach der Dauer der Vorbenutzung beurteilt.[231] Wurde der schutzwürdige Besitzstand im Ausland begründet, so ist zunächst erforderlich, dass der inländische Markenanmelder weiß oder wissen muss, dass das Zeichen im Ausland benutzt wird, wobei diese Kenntnis an sich wegen des im Markenrecht geltenden Territorialitätsprinzips rechtlich unbedenklich ist.[232] Zusätzlich muss dem Markenanmelder daher bekannt sein oder es sich ihm zumindest aufdrängen, dass der ausländische Vorbenutzer die Absicht hat, das Zeichen in absehbarer Zeit auch im Inland zu benutzen.[233]

---

226 Zur Begründung führte der *BGH* im Wesentlichen an, dass dem Vorbenutzer in diesem Fall nicht vorgeworfen werden kann, er habe es versäumt, die Marke rechtzeitig zur Eintragung anzumelden, *BGH* GRUR 2004, 510, 511 – *S100*; *BPatG* BeckRS 2007, 18379 – *S100*; vgl. auch *Berlit*, LMK 2004, 134, 135 f. zur *S100*-Entscheidung des *BGH*; vgl. des Weiteren *BPatG* GRUR 2010, 431, 433 – *Flasche mit Grashalm*.

227 *BPatG* GRUR 2006, 1032, 1033 – *E2*; *BPat* BeckRS 2009, 11242 – *Oranex*; *BPatG* BeckRS 2009, 18238 – *Lightsüß HT*.

228 *BGH* GRUR 2009, 780, 781 (Nr. 15) – *Ivadal*; vgl. auch *BGH* GRUR 2008, 621, 623 (Nr. 22) – *Akademiks*. Dieser Rechtsgrundsatz geht zurück auf die *Modess*-Entscheidung des *BGH* aus dem Jahr 1966, vgl. *BGH* GRUR 1967, 298, 301 – *Modess*.

229 Siehe die Nachweise in der Fn. 221.

230 *Ströbele* in: Ströbele/Hacker, Markengesetz, § 8 Rdnr. 697 mit weiteren Nachweisen.

231 Vgl. *EuGH* GRUR 2009, 763, 765 (Nr. 38) – *Lindt & Sprüngli / Franz Hauswirth*; *Ströbele* in: Ströbele/Hacker, Markengesetz, § 8 Rdnr. 697.

232 Z.B. *BGH* GRUR 2008, 160, 162 (Nr. 19) – *Cordarone*; *BGH* GRUR 2008, 621, 623 (Nr. 21) – *Akademiks*; so schon unter der Geltung des Warenzeichengesetzes *BGH* GRUR 1987, 292, 294 – *KLINT*.

233 Vgl. *BGH* GRUR 2008, 160, 162 (Nr. 21) – *Cordarone*; *BGH* GRUR 2008, 621, 623 f. (Nr. 26) – *Akademiks*; *BGH* GRUR 2009, 780, 781 (Nr. 15) – *Ivadal*; vgl. auch *BPatG* LMuR 2009, 202,

bb) Störung des Besitzstands als Ziel

Ferner muss der Markenanmelder die Marke *„mit dem Ziel der Störung des Besitzstandes des Vorbenutzers“* [234] angemeldet haben. Eine Störung des Besitzstands liegt bei jedem ungerechtfertigten Eingriff in den schutzwürdigen Besitzstand des Vorbenutzers vor.[235] Ein ungerechtfertigter Eingriff in einen Besitzstand setzt voraus, dass das angemeldete Zeichen und das vorbenutzte Zeichen identisch oder zum Verwechseln ähnlich sind und das angemeldete Zeichen für identische oder ähnliche Waren oder Dienstleistungen angemeldet wird.[236] Ein ungerechtfertigter Eingriff kann selbst dann vorliegen, wenn zwei Marken etwa wegen einer Zeitrangverschiebung nach § 156 Abs. 1 und Abs. 3 MarkenG den gleichen Zeitrang genießen. Zwar kann dem Vorbenutzer die Benutzung seiner zeitranggleichen Marke wegen § 6 Abs. 4 MarkenG nicht untersagt werden. Die Beeinträchtigung des Vorbenutzers liegt jedoch darin, dass auch er seinerseits die Benutzung der anderen zeitranggleichen Marke ebenfalls wegen § 6 Abs. 4 MarkenG nicht verbieten kann, und damit unter der anderen zeitranggleichen Marke dieselben Waren vertrieben oder dieselben Dienstleistungen erbracht werden können, für die sich der Vorbenutzer möglicherweise einen besonderen Ruf erarbeitet hat.[237]

Neben dem ungerechtfertigten Eingriff in den schutzwürdigen Besitzstand in objektiver Hinsicht muss der Markenanmelder in subjektiver Hinsicht in der Absicht gehandelt haben, diesen Besitzstand zu stören. Diese Behinderungsabsicht beurteilt sich aufgrund der objektiven Umstände des Einzelfalls.[238] Die Anforderungen an den Nachweis der Behinderungsabsicht dürfen nicht überspannt werden.[239] Es reicht aus, wenn sich die Behinderungsabsicht nach der allgemeinen

203 – *Hamidiye*; so auch schon unter der Geltung des Warenzeichengesetzes, vgl. z.B. *BGH* GRUR 1967, 298 – *Modess*; *BGH* GRUR 1987, 292, 294 – *KLINT*.

234 Siehe die Nachweise in der Fn. 221.

235 Vgl. *Ströbele* in: Ströbele/Hacker, Markengesetz, § 8 Rdnr. 702.

236 Siehe die Nachweise in der Fn. 221.

237 Vgl. *Ströbele* in: Ströbele/Hacker, Markengesetz, § 8 Rdnr. 702 mit weiteren Nachweisen; vgl. auch *Fuchs-Wissemann* in: Ekey/Klippel/Bender, Markenrecht, § 6 Rdnr. 5 f.

238 Vgl. z.B. *EuGH* GRUR 2009, 763, 765 (Nr. 41 f.) – *Lindt & Sprüngli / Franz Hauswirth* sowie die Schlussanträge der Generalanwältin *Sharpston* BeckRS 2009, 70282 (Nr. 57); *BGH* GRUR 2009, 780, 782 (Nr. 18) – *Ivadal*; *BPatG* GRUR 2006, 1032, 1033 – *E2*; *BPatG* GRUR 2010, 435, 436 – *Käse in Blütenform III*; *BPatG* BeckRS 2011, 21114 – *Берёзка*; *Ingerl/Rohnke*, Markengesetz, § 8 Rdnr. 298; *Steinbeck*, 50 Jahre BPatG (2011), S. 777, 781. *Klinkert/Schwab* beispielsweise befürworten eine Beurteilung der Behinderungsabsicht anhand eines dreifachen Behinderungsindizes, nämlich eine Beurteilung der Behinderungsabsicht in quantitativer, qualitativer und temporaler Hinsicht, *Klinkert/Schwab*, GRUR 1999, 1067, 1072.

239 Z.B. *BPatG* GRUR 2000, 809, 811 – *SSZ*; *BPatG* BeckRS 2007, 11834 – *DO*; *BPatG* BeckRS 2008, 23885 – *Waldschatz*; *BPatG* BeckRS 2009, 23959 – *Petlas*; *BPatG* ZUM-

Lebenserfahrung aufdrängt.[240] Die Maßgeblichkeit des Anmeldezeitpunkts schließt es nicht aus, aus zeitlich späteren Umständen Rückschlüsse auf die Behinderungsabsicht des Markenanmelders bei der Anmeldung zu ziehen.[241] Die Behinderungsabsicht braucht nicht das alleinige Motiv für die Markenanmeldung gewesen zu sein, solange sie wesentliches Motiv war.[242] Kannte der Markenanmelder den schutzwürdigen Besitzstand positiv, kann die Behinderungsabsicht gegebenenfalls schon aus der Kenntnis der Vorbenutzung abgeleitet werden.[243]

cc) Ohne zureichenden sachlichen Grund

Neben dem Vorliegen eines fremden schutzwürdigen Besitzstands und der gezielten Störung dieses Besitzstands setzt die Bösgläubigkeit nach § 8 Abs. 2 Nr. 10 MarkenG in diesem Zusammenhang voraus, dass der Markenanmelder die Marke *„ohne zureichenden sachlichen Grund"*[244] zur Eintragung in das Markenregister angemeldet hat. An dieser Voraussetzung fehlt es, wenn der Markenanmelder ein eigenes schutzwürdiges Interesse an der Erwirkung von Markenschutz hat, also wenn nicht die Störung des fremden schutzwürdigen Besitzstands im Vordergrund steht, sondern die Förderung der eigenen Wettbewerbssituation.[245]

Der Markenanmelder hat beispielsweise ein eigenes schutzwürdiges Interesse an der Erwirkung von Markenschutz, wenn er das Zeichen selbst in beachtlichem Umfang benutzt und das Zeichen nun markenrechtlich gegenüber Dritten absi-

---

RD 2010, 652, 655 – *Krystallpalast*; *BPatG* BeckRS 2010, 22009 – *CaliNails*; *BPatG* BeckRS 2012, 02969 – *LIMES LOGISTIK*; so schon unter der Geltung des Warenzeichengesetzes, *BGH* GRUR 1986, 74, 77 – *Shamrock III*.

240 *BPatG* BeckRS 2009, 23959 – *Petlas*; vgl. auch *BGH* GRUR 1986, 74, 77 – *Shamrock III*.

241 *BGH* GRUR 2009, 780, 781 (Nr. 11) – *Ivadal*; *Ströbele* in: Ströbele/Hacker, Markengesetz, § 8 Rdnr. 678; *Ingerl/Rohnke*, Markengesetz, Vor §§ 14-19d Rdnr. 331.

242 *BGH* GRUR 1998, 412, 414 – *Analgin*; *BGH* GRUR 2000, 1032, 1034 – *Equi 2000*; *BGH* GRUR 2008, 621, 624 (Nr. 32) – *Akademiks*; so auch das *BPatG*, z.B. *BPatG* GRUR 2006, 1032, 1034 – *E2*; *BPatG* BeckRS 2007, 09565 – *Gives You Wings*; *BPatG* BeckRS 2007, 11834 – *DO*; *BPatG* LMuR 2009, 202, 204 – *Hamidiye*; *BPatG* BeckRS 2009, 23959 – *Petlas*; *BPatG* GRUR 2010, 435, 436 – *Käse in Blütenform III*; *BPatG* ZUM-RD 2010, 652, 655 – *Krystallpalast*; *BPatG* BeckRS 2010, 22009 – *CaliNails*; *BPatG* BeckRS 2011, 06540 – *Xpress*; *BPatG* BeckRS 2012, 02969 – *LIMES LOGISTIK*; *BPatG* BeckRS 2011, 21117 – *PitLANE24*; so auch *OLG Hamburg* GRUR 1995, 816, 817 – *Xtensions*; so schon unter der Geltung des Warenzeichengesetzes, *BGH* GRUR 1986, 74, 77 – *Shamrock III*.

243 Z.B. *BGH* GRUR 1987, 74, 77 – *Shamrock III*; *BPatG* BeckRS 2008, 23885 – *Waldschatz*; *Helm*, GRUR 1996, 593, 598.

244 Siehe die Nachweise in der Fn. 221.

245 *Ströbele* in: Ströbele/Hacker, Markengesetz, § 8 Rdnr. 703 mit weiteren Nachweisen.

chern möchte,[246] insbesondere wenn der Markenanmelder schon einen eigenen relevanten Besitzstand erworben hat.[247] Ein eigenes schutzwürdiges Interesse an der Erwirkung von Markenschutz liegt auch vor, wenn der Markenanmelder mit der Anmeldung seine eigene Markenfamilie fortschreiben möchte, da in diesem Fall die Tendenz im Vordergrund steht, einen Einbruch fremder Bezeichnungen in den eigenen Markenbestand zu verhindern.[248] Hingegen kann sich der Markenanmelder nicht auf sein an sich schutzwürdiges Interesse an der Erwirkung von Markenschutz berufen, wenn die Gefahr besteht, dass er seine formale Rechtsposition benutzen wird, um aus der Eintragung zusätzliche Vorteile zu ziehen, für die er kein schutzwürdiges Interesse mehr hat.[249]

c) Zweckfremder Einsatz der Marke als Mittel des Wettbewerbkampfes

Das Vorliegen eines fremden schutzwürdigen Besitzstands ist für die Beurteilung einer Markenanmeldung als bösgläubig nicht zwingend erforderlich.[250] Besondere Umstände, die eine Markenanmeldung als bösgläubig erscheinen lassen, können auch darin liegen,

> *„dass der Zeichenanmelder die mit der Eintragung des Zeichens kraft Markenrechts entstehende und wettbewerbsrechtlich an sich unbedenkliche Sperrwirkung zweckfremd als Mittel des Wettbewerbkampfes einsetzt* [...].“[251]

---

246 Z.B. *BPatG* BeckRS 2009, 00722 – *Queerbeet*; *BPatG* BeckRS 2008, 10995 – *Martin's Bo-Disco*; *BPatG* BeckRS 2008, 10996 – *Bo-Disco*; *BPatG* BeckRS 2009, 22972 – *Brno*; *BPatG* BeckRS 2011, 25679 – *Entertainer.de*; *BPatG* BeckRS 2012, 15417 – *mondland*; *BPatG* BeckRS 2012, 15586; *BPatG* BeckRS 2012, 15587.

247 *BPatG* GRUR 2011, 68, 75 – *Goldhase in neutraler Aufmachung*.

248 *BGH* WRP 2005, 881, 884 – *The Colour of Elégance*; *BPatG* BeckRS 2007, 09734 – *Slimy*; *Ströbele* in: Ströbele/Hacker, Markengesetz, § 8 Rdnr. 703.

249 *BGH* GRUR 2004, 510, 512 – *S100*; zur *S100*-Entscheidung siehe auch 4. Kap. III 1 b.

250 Z.B. *BGH* GRUR 1998, 412, 414 – *Analgin*; *BGH* GRUR 1998, 1034, 1037 – *Makalu*; *BGH* GRUR 2000, 1032, 1034 – *Equi 2000*; *BGH* GRUR 2005, 414, 417 – *Russisches Schaumgebäck*; so auch das *BPatG*, z.B. *BPatG* GRUR 2006, 1032, 1033 – *E2*; *BPatG* BeckRS 2008, 10995 – *Martin's Bo-Disco*; *BPatG* BeckRS 2008, 10996 – *Bo-Disco*; *BPatG* BeckRS 2009, 24552 – *Wellness-Mobil-Domin*; so auch *OLG Hamburg* GRUR 1995, 816, 817 – *XTensions*; *OLG München* WRP 1996, 1056, 1057 – *DOYUM*; so schon unter der Geltung des Warenzeichengesetzes z.B. *BGH* GRUR 1967, 304, 306 – *Siroset*.

251 *BGH* GRUR 2008, 917, 918 (Nr. 20) – *Eros*; so auch z.B. *BGH* GRUR 1998, 412, 414 – *Analgin*; *BGH* GRUR 1998, 1034, 1037 – *Makalu*; *BGH* GRUR 2000, 1032, 1034 – *Equi 2000*; *BGH* GRUR 2003, 428, 431 – *Big Bertha*; *BGH* GRUR 2004, 790, 793 – *Gegenabmahnung*; *BGH* WRP 2005, 881, 883 – *The Colour of Elégance*; *BGH* GRUR 2005, 414, 417 – *Russisches Schaumgebäck*; *BGH* GRUR 2008, 160, 161 (Nr. 18) – *Cordarone*; *BGH* GRUR 2008, 621, 623 (Nr. 21) – *Akademiks*; so auch das *BPatG*, z.B. *BPatG* BeckRS 2007, 13721 – *NF IV*; *BPatG* BeckRS 2009, 01879 – *Russisches Schaumgebäck*; *BPatG* GRUR 2006, 1032, 1033 – *E2*; *BPatG* BeckRS 2007, 07519 – *PNB Nation*; *BPatG* BeckRS 2009, 02979 – *Hypodrol*; *BPatG*

aa) Zweckfremder Einsatz als Mittel des Wettbewerbkampfes

Die angemeldete Marke muss zunächst objektiv geeignet sein, eine Sperrwirkung zu entfalten und als Mittel des Wettbewerbkampfes eingesetzt zu werden.[252] Besteht die angemeldete Marke in der Gesamtform und Gesamtaufmachung einer Ware wie beispielsweise einem Schokoladenhasen, so ist die Marke objektiv geeignet, eine Sperrwirkung zu entfalten, wenn die Wettbewerber in ihrer Wahlfreiheit hinsichtlich Form und Aufmachung der Ware auf Grund technischer Erwägungen so beschränkt werden, dass der Markenanmelder die Wettbewerber nicht nur daran hindern kann, ein gleiches oder ähnliches Zeichen zu verwenden, sondern auch daran, vergleichbare Waren zu vermarkten.[253]

Ferner muss der Markenanmelder bei der Anmeldung in Behinderungsabsicht gehandelt haben.[254] Allerdings liegen sowohl die Sperrwirkung als auch der Wettbewerbskampf in der Natur der Marke als ein Ausschließlichkeitsrecht.[255] Deswegen kann das für die Bösgläubigkeit maßgebliche Kriterium nur in dem zweckfremden Einsatz der Marke liegen.[256] Zur Abgrenzung hat sich der Rechtsgrundsatz herausgebildet, dass

---

BeckRS 2007, 11834 – *DO*; *BPatG* GRUR-RR 2008, 389, 390 – *Salvatore Ricci/Nina Ricci*; *BPatG* BeckRS 2008, 10995 – *Martin's Bo-Disco*; *BPatG* BeckRS 2008, 10996 – *Bo-Disco*; *BPatG* BeckRS 2008, 12793 – *Pan Am*; *BPatG* BeckRS 2008, 23885 – *Waldschatz*; *BPatG* BeckRS 2009, 24552 – *Wellness-Mobil-Domin*; *BPatG* GRUR 2010, 431, 434 – *Flasche mit Grashalm*; *BPatG* ZUM-RD 2010, 652, 655 – *Krystallpalast*; *BPatG* GRUR 2011, 68, 75 – *Goldhase in neutraler Aufmachung*; *BPatG* BeckRS 2010, 22009 – *CaliNails*; *BPatG* BeckRS 2010, 26992 – *Post*; *BPatG* BeckRS 2010, 29752 – *FONIMAP*; *BPatG* BeckRS 2011, 00178 – *Sachsendampf*; *BPatG* BeckRS 2011, 21114 – *Берёзка*; *BPatG* BeckRS 2012, 23519 – *Sa Trincha*; so auch schon unter der Geltung des Warenzeichengesetzes z.B. *BGH* GRUR 1967, 304, 306 – *Siroset*; *BGH* GRUR 1980, 110, 111 – *Torch*.

252 Vgl. z.B. *BGH* WRP 2005, 881, 883 – *The Colour of Elégance*; *Köhler* in: Köhler/Bornkamm, UWG, § 4 Rdnr. 10.84a.

253 *EuGH* GRUR 2009, 763, 765 (Nr. 50) – *Lindt & Sprüngli / Franz Hauswirth*; vgl. auch *BGH* GRUR 2005, 414, 417 – *Russisches Schaumgebäck*, wo die streitbefangene dreidimensionale Marke exakt der Form eines traditionellen Schaumgebäcks entsprach, das ausländische Hersteller bereits vor der Markenanmeldung nach Deutschland importierten und dessen Form in Erfüllung bestimmter staatlicher Standards verwendet wurde. Der *BGH* bejahte eine Sperrwirkung, weil die ausländischen Hersteller durch die Eintragung der dreidimensionalen Marke am Vertrieb des Schaumgebäcks im Inland gehindert würden.

254 Vgl. z.B. *BGH* WRP 2005, 881, 883 – *The Colour of Elégance*; *BPatG* BeckRS 2007, 13721 – *NF IV*; *BPatG* BeckRS 2008, 10995 – *Martin's Bo-Disco*; *BPatG* BeckRS 2008, 10996 – *Bo-Disco*; *BPatG* BeckRS 2009, 24552 – *Wellness-Mobil-Domin*; so schon unter der Geltung des Warenzeichengesetzes *BGH* GRUR 1980, 110, 111 – *Torch*.

255 *Ströbele* in: Ströbele/Hacker, Markengesetz, § 8 Rdnr. 705; vgl. auch *Jänich*, MarkenR 2009, 469, 470.

256 *Ströbele* in: Ströbele/Hacker, Markengesetz, § 8 Rdnr. 705.

„[d]ie Schwelle der als bloße Folge des Wettbewerbs hinzunehmenden Behinderung [...] *erst überschritten* [ist], *wenn das betreffende Verhalten bei objektiver Würdigung der Umstände auf die Beeinträchtigung der wettbewerblichen Entfaltung des Mitbewerbers und nicht in erster Linie auf die Förderung des eigenen Wettbewerbs gerichtet ist.“*[257]

So kann allein aus dem Umstand, dass der Markeninhaber aus der betreffenden Marke gegen einen Dritten vorgeht, noch nicht auf eine relevante Behinderungsabsicht geschlossen werden, da die Geltendmachung der Markenrechte allein sich grundsätzlich im Rahmen der Wahrnehmung rechtlich geschützter Rechtspositionen bewegt.[258] Im Übrigen gilt für die Behinderungsabsicht in Bezug auf den zweckfremden Einsatz der Marke als Mittel des Wettbewerbkampfes nichts anderes als bei der Behinderungsabsicht in Bezug auf die Störung eines fremden schutzwürdigen Besitzstands.[259]

bb) Ohne zureichenden sachlichen Grund

Eine Bösgläubigkeit unter dem Gesichtspunkt des zweckfremden Einsatzes der Marke als Mittel des Wettbewerbkampfes scheidet aus, soweit der Markenanmelder ein eigenes schutzwürdiges Interesse an der Eintragung der Marke hat.[260] Auch hier gilt nichts anderes als bei der Unterfallgruppe der Störung eines fremden schutzwürdigen Besitzstands.[261]

---

257 *BGH* GRUR 2008, 917, 918 (Nr. 23) – *Eros*; so auch z.B. *BGH* WRP 2005, 881, 884 – *The Colour of Elégance*; *BGH* GRUR 2007, 800, 802 (Nr. 23) – *Außendienstmitarbeiter*; *BGH* GRUR 2008, 621, 624 (Nr. 32) – *Akademiks*; so auch das *BPatG*, z.B. *BPatG* BeckRS 2007, 13721 – *NF IV*; *BPatG* BeckRS 2008, 10995 – *Martin's Bo-Disco*; *BPatG* BeckRS 2008, 10996 – *Bo-Disco*; *BPatG* BeckRS 2009, 11242 – *Oranex*; *BPatG* BeckRS 2009, 22972 – *Brno*; *BPatG* GRUR 2010, 431, 434 – *Flasche mit Grashalm*; *BPatG* BeckRS 2011, 00178 – *Sachsendampf*; *BPatG* BeckRS 2012, 11956 – *MARSECCO*; *BPatG* BeckRS 2011, 21117 – *PitLANE24*.

258 *Ströbele* in: Ströbele/Hacker, Markengesetz, § 8 Rdnr. 708; vgl. auch *BPatG* BeckRS 2007, 13721 – *NF IV*; *BPatG* BeckRS 2008, 12973 – *AMINOBOL*; *BPatG* GRUR 2011, 68, 75 – *Goldhase in neutraler Aufmachung*; *BPatG* BeckRS 2010, 26992 – *Post*; *BPatG* BeckRS 2011, 08141 – *pjur*; *BPatG* BeckRS 2011, 21396 – *AKSARAY-Döner*; *BPatG* BeckRS 2011, 21113 – *ORDU-Döner*; so schon unter der Geltung des Warenzeichengesetzes *BGH* GRUR 1970, 138, 139 – *Alemite*.

259 Siehe 2. Kap. VI 2 b bb).

260 Vgl. *EuGH* GRUR 2009, 763, 765 (Nr. 47 f.) – *Lindt & Sprüngli / Franz Hauswirth*; *BGH* WRP 2005, 881, 884 – *The Colour of Elégance*.

261 Siehe 2. Kap. VI 2 b cc).

3. Spekulationsmarke

Die Fallgruppe der Spekulationsmarke steht für die Missbrauchsfälle, die infolge der Abschaffung der Bindung der Marke an den Geschäftsbetrieb[262] auftraten.[263] Die Spekulationsmarke kann somit als eine Begleiterscheinung der Liberalisierung des Markenrechts bezeichnet werden. Demzufolge ist für die Spekulationsmarke charakteristisch, dass der Markenanmelder nicht auf dem eingetragenen Waren- oder Dienstleistungsgebiet tätig ist.[264] Außerdem ist für die Spekulationsmarke kennzeichnend, dass die Marke als Mittel eingesetzt wird, um einen Dritten unter Druck zu setzen oder zu erpressen.[265] Im Allgemeinen werden insofern unter Spekulationsmarken Marken verstanden, deren Anmeldung zu dem Zweck erfolgt, sie an gutgläubige Dritte zu veräußern oder zu lizenzieren oder gutgläubige Dritte im Kollisionsfall mit Unterlassungs- und Schadensersatzan-

262 Zur Aufgabe der Bindung der Marke an den Geschäftsbetrieb siehe 3. Kap. II 2.

263 Vgl. *Jordan*, Festschrift für Helm, S. 187, 190. Soweit ersichtlich wurde der Begriff der Spekulationsmarke von *Füllkrug*, GRUR 1994, 679 geprägt, vgl. *Meister*, WRP 1995, 1005, 1007. Ebenfalls den Begriff der Spekulationsmarke verwendend, z.B. *Hildebrandt*, Marken und andere Kennzeichen, § 4 Rdnr. 168 ff.; *Jordan*, Festschrift für Helm, S. 187, 190; *Steinberg/Jaeckel*, MarkenR 2008, 296, 307. Teilweise wird statt des Begriffs der Spekulationsmarke der Begriff der Hinterhaltsmarke verwendet, so z.B. *Köhler* in: Köhler/Bornkamm, UWG, § 4 Rdnr. 10.86; *Osterloh*, Festschrift für Ullmann, S. 347, 351; *Helm*, GRUR 1996, 593, 599; *Kiethe/Groeschke*, WRP 1997, 269, 273; *Schmieder*, NJW 2001, 2134, 2141. Inhaltliche Unterschiede sind mit den Begriffen der Spekulations- und Hinterhaltsmarke nicht verbunden, vgl. auch *Schmidt*, MarkenR 2003, 1, 2; *Steinberg/Jaeckel*, MarkenR 2008, 296, 307. *Brink* dagegen verwendet den Begriff der Agressionsmarke, *Brink*, Markenhandel mit Gemeinschaftsmarken und deutschen Marken, S. 172, wobei auch mit dieser Begriffswahl keine inhaltlichen Unterschiede verbunden sind. *Brötje* prägte für die Spekulationsmarke den Begriff der Marke mit zukünftigem Behinderungspotential, wobei sich auch hieraus keine inhaltlichen Änderungen ergeben, vgl. *Brötje*, Die bösgläubige Markenanmeldung, S. 90 ff. *Wiedmann* dagegen unterscheidet zwischen der Hinterhalts- und Spekulationsmarke, wobei der Unterschied darin bestehen soll, dass bei der Hinterhaltsmarke der Dritte, der unter Druck gesetzt werden soll, noch nicht feststeht, während der Dritte bei der Spekulationsmarke bereits konkretisiert ist, *Wiedmann*, Der Rechtsmissbrauch im Markenrecht, S. 186. Im Folgenden wird einheitlich der Begriff der Spekulationsmarke verwendet.

264 Vgl. *Helm*, GRUR 1996, 593, 599; vgl. auch *Ticic*, der das Charakteristische der Spekulationsmarke enger fasst, indem er auf Markenanmeldungen von Privatpersonen abstellt, die nicht auf dem eingetragenen Waren- oder Dienstleistungsgebiet tätig sind, *Ticic*, Die bösgläubige Markenanmeldung als absolutes Schutzhindernis, S. 29. Die *Ivadal*-Entscheidung zeigt jedoch, dass gerade auch Markenagenturen versuchen, aus der Abschaffung des Akzessorietätsprinzips Profit zu eigenen Gunsten auf Kosten Dritter zu ziehen, vgl. *BGH* GRUR 2009, 780 – *Ivadal*; zur *Ivadal*-Entscheidung siehe 3. Kap. IV 1 b bb).

265 Vgl. z.B. *Bingener*, Markenrecht, Teil 3 Rdnr. 251; *Ticic*, Die bösgläubige Markenanmeldung als absolutes Schutzhindernis, S. 29; *Schmidt*, MarkenR 2003, 1, 2; *Helm*, GRUR 1996, 593, 599.

sprüchen zu überziehen.[266] Ferner fehlt es bei Spekulationsmarken nicht nur an einer markenmäßigen Benutzung, sondern auch an einem Benutzungswillen.[267]

Die Spekulationsmarke unterscheidet sich von der Sperrmarke dadurch, dass bei der Sperrmarke der Dritte die Marke schon vorbenutzt hat, während bei der Spekulationsmarke ein Zeichen gewählt wird, an deren Nutzung ein Dritter alsbald interessiert sein könnte.[268] Dabei erfüllt das bloße Im-Trend-Liegen einer Marke für sich betrachtet noch nicht den Tatbestand der bösgläubigen Markenanmeldung. Denn bei der Anmeldung einer im-Trend-liegenden Marke war der Markenanmelder lediglich schneller als andere.[269]

4. Markenerschleichung

Eine bösgläubige Markenanmeldung durch Markenerschleichung liegt vor, wenn der Markenanmelder bei der Markenanmeldung gegenüber dem *DPMA* bewusst falsche Angaben macht, beispielsweise gefälschte Verkehrsbefragungen vorlegt, oder bewusst wichtige Umstände verschweigt und damit ungerechtfertigt die Eintragung einer Marke erreicht.[270] Die Fallgruppe der Markenerschleichung ist in der Praxis wenig relevant,[271] zumal die Marke bei einem Fehlen der Eintragungsvoraussetzungen ohnehin bereits der Löschung nach § 50 Abs. 1 MarkenG in Verbindung mit den übrigen Schutzhindernissen unterliegen dürfte.[272]

---

266 Vgl. z.B. *BGH* GRUR 2001, 242, 244 – *Classe E*; *BGH* GRUR 2006, 850, 857 (Nr. 41) – *FUSSBALL WM 2006*; *BGH* BeckRS 2006, 09470 (Nr. 41) – *WM 2006*; vgl. z.B. auch *Ströbele* in: Ströbele/Hacker, Markengesetz, § 8 Rdnr. 668; *Ticic*, Die bösgläubige Markenanmeldung als absolutes Schutzhindernis, S. 29; *Jordan*, Festschrift für Helm, S. 187, 190; *Steinberg/Jaeckel*, MarkenR 2008, 296, 307. *Treudler* dagegen sieht in dem Begriff der Spekulationsmarke einen unklaren Rechtsbegriff, aus dem sich für den Markeninhaber eine ausufernde Rechtsunsicherheit ergebe, *Treudler*, MarkenR 2000, 193, 197; zu *Treudler* siehe 3. Kap. IV 2 d.

267 *BGH* GRUR 2001, 242, 244 – *Classe E*; *BPatG* BeckRS 2011, 08141 – *pjur*; vgl. auch *BGH* GRUR 2009, 780, 782 f. (Nr. 16 ff.) – *Ivadal*; *Ströbele* in: Ströbele/Hacker, Markengesetz, § 8 Rdnr. 688; *Ingerl/Rohnke*, Markengesetz, Vor §§ 14-19d Rdnr. 363; *Bingener*, Markenrecht, Teil 3 Rdnr. 251; *Wiedmann*, Der Rechtsmissbrauch im Markenrecht, S. 186.

268 *Ticic*, Die bösgläubige Markenanmeldung als absolutes Schutzhindernis, S. 29; *Brötje*, Die bösgläubige Markenanmeldung, S. 91; vgl. auch *Jordan*, Festschrift für Helm, S. 187, 190.

269 Vgl. *BPatG* GRUR 2007, 240 f. – *Seid bereit.*

270 *BPatG* BeckRS 2007, 08093 – *WM 2006*; *v. Gamm* in: Büscher/Dittmer/Schiwy, Gewerblicher Rechtsschutz, § 8 MarkenG Rdnr. 52; *Helm*, GRUR 1996, 593, 595 f.; *Steinberg/Jaeckel*, MarkenR 2008, 296, 308; *v. Linstow*, MarkenR 1999, 81 f.; *Schmidt*, MarkenR 2003, 1.

271 *Jordan*, Festschrift für Helm, S. 187, 189; *Steinberg/Jaeckel*, MarkenR 2008, 296, 308; *Steinbeck*, 50 Jahre BPatG (2011), S. 777, 778 Fn. 13.

272 So auch *Meessen* zur Rechtslage nach § 50 Abs. 1 Nr. 4 MarkenG a.F., *Meessen*, GRUR 2003, 672.

VII. Ergebnis

Als Ergebnis der vorstehenden Untersuchung der Grundlagen einer bösgläubigen Markenanmeldung lässt sich Folgendes zusammenfassen: Die bösgläubige Markenanmeldung wurde zunächst als ein Löschungsgrund nach § 50 Abs. 1 Nr. 4 MarkenG a.F. und später als ein absolutes Schutzhindernis nach § 8 Abs. 2 Nr. 10 MarkenG in das Markengesetz aufgenommen, um rechtsmissbräuchliche oder sittenwidrige Markenanmeldungen zu bekämpfen.[273] Bei der bösgläubigen Markenanmeldung handelt es sich um einen Teilaspekt des allgemeinen Verbots des Rechtsmissbrauchs.[274] § 8 Abs. 2 Nr. 10 MarkenG schließt Ansprüche aus §§ 3, 4 Nr. 10 UWG, 826 BGB oder den Einwand des Rechtsmissbrauchs nicht aus.[275]

Zur Konkretisierung des unbestimmten Rechtsbegriffs der Bösgläubigkeit haben sich in der Rechtsprechung drei Fallgruppen herausgebildet: die Sperrmarke mit den Unterfallgruppen der Störung eines fremden schutzwürdigen Besitzstands und dem zweckfremden Einsatz der Marke als Mittel des Wettbewerbkampfes, die Spekulationsmarke und die Fallgruppe der Markenerschleichung. Angesichts der Vorgabe des *EuGH*, dass bei einer Beurteilung der Bösgläubigkeit alle Umstände des Einzelfalls im Rahmen einer Gesamtabwägung zu berücksichtigen sind, können die Fallgruppen jedoch allenfalls eine Orientierungshilfe bieten. Eine schematische Betrachtung der Bösgläubigkeit verbietet sich.[276]

Die Bösgläubigkeit beurteilt sich im Zeitpunkt der Anmeldung.[277]

273 Siehe 2. Kap. II.

274 Siehe 2. Kap. III 1.

275 Siehe 2. Kap. III 3 und 2. Kap. III 4.

276 Siehe 2. Kap. VI.

277 Siehe 2. Kap. V.

Drittes Kapitel: Spekulationsmarke

I. Aufgabenstellung

Im vorliegenden Kapitel soll der Frage nachgegangen werden, ob schon das Fehlen des Benutzungswillens allein die Annahme einer Bösgläubigkeit im Sinne von § 8 Abs. 2 Nr. 10 MarkenG rechtfertigt und der Benutzungswille damit ein hinreichendes Kriterium ist, um eine nach § 8 Abs. 2 Nr. 10 MarkenG bösgläubige Markenanmeldung in Form der Spekulationsmarke von einer legitimen Markenanmeldung abzugrenzen. Diese Frage ist bedeutsam, weil es sich beim Fehlen des Benutzungswillens um ein Wesensmerkmal der Spekulationsmarke handelt.[278] Auf den ersten Blick scheint diese Frage schlicht mit *„ja"*, *„nein"* oder wie bei den Juristen üblich mit *„es kommt darauf an"* zu beantworten zu sein. Eine kurze Betrachtung des rechtshistorischen Hintergrunds zeigt jedoch, dass tragende Grundsätze wie beispielsweise der Benutzungszwang und die Abschaffung des Akzessorietätsprinzips in die Untersuchung dieser Frage einzubeziehen und miteinander in Einklang zu bringen sind.

Bei der Spekulationsmarke handelt es sich um eine Begleiterscheinung des Paradigmenwechsels, den das Markenrecht mit dem Inkrafttreten des Markengesetzes am 1. Januar 1995 erfahren hat.[279] So war das zuvor geltende Warenzeichenrecht von dem Prinzip geprägt, dass das Zeichenrecht in der Entstehung, dem Fortbestand und bei der Übertragung untrennbar mit einem bestimmten, zu den angemeldeten Waren oder Dienstleistungen gehörenden Geschäftsbetrieb verbunden sein musste.[280] Zudem musste der Zeicheninhaber über einen Benutzungswillen verfügen, der darauf gerichtet sein musste, das Zeichen in seinem Geschäftsbetrieb zur Unterscheidung seiner Waren von den Waren anderer zu benutzen.[281] Sowohl die Bindung des Zeichens an den Geschäftsbetrieb als auch das Merkmal des Benutzungswillens wurden zunächst aus § 1 WZG a.F. und

---

278 Siehe hierzu die Nachweise in der Fn. 267.

279 Zur Spekulationsmarke siehe 2. Kap. VI 3.

280 Zum Prinzip der strengen Akzessorietät siehe 3. Kap. II 2 a.

281 Zum Inhalt des Benutzungswillens unter der Geltung des Warenzeichengesetzes siehe 3. Kap. III 2.

später aus dem inhaltsgleichen § 1 Abs. 1 WZG n.F.[282] entnommen.[283] Mit dem Inkrafttreten des Markengesetzes wurde die Bindung des Zeichens an den Geschäftsbetrieb sodann vollständig aufgegeben.[284] Da das Markengesetz keine dem § 1 WZG entsprechende Regelung kennt,[285] entfiel somit auch die gesetzliche Normierung des Benutzungswillens.

Mit der Aufgabe der Bindung der Marke an den Geschäftsbetrieb können nun insbesondere auch Privatpersonen Markenschutz erwirken[286] – scheinbar ohne Beschränkung in Bezug auf die eigene Person, sei es über das Merkmal des Geschäftsbetriebs oder sei es über das Merkmal des Benutzungswillens. In der Literatur werden in diesem Zusammenhang überspitzt Markenanmeldungen von Studenten und Hausfrauen genannt.[287] Dieser weite Kreis an möglichen Markeninhabern, der kaum weiter gezogen werden könnte,[288] birgt ein erhebliches Missbrauchspotential.[289] So könnte sich der ein oder andere veranlasst sehen, Marken nur deshalb zur Eintragung anzumelden, um beispielsweise aus der Marke wirtschaftliche Vorteile auf Kosten Dritter zu ziehen, die diese Marke dringend zur Kennzeichnung ihrer Waren oder Dienstleistungen benötigen.[290] Der Gesetzgeber hat dieses Problem gesehen und die bösgläubige Markenanmeldung als

> *„geeignetes Korrektiv zum Wegfall des Erfordernisses eines Geschäftsbetriebs als Eintragungsvoraussetzung“*[291]

zunächst als Löschungsgrund nach § 50 Abs. 1 Nr. 4 MarkenG a.F.[292] und später als absolutes Schutzhindernis nach § 8 Abs. 2 Nr. 10 MarkenG[293] eingeführt.

---

282 § 1 WZG a.F. entspricht § 1 Abs. 1 WZG n.F. Die Gesetzesänderung war der Einführung der Dienstleistungsmarke mit dem *„Gesetz über die Eintragung von Dienstleistungsmarken“* vom 29. Januar 1979 in § 1 Abs. 2 WZG n.F. geschuldet, BGBl. 1979 Teil I, S. 125. Im Folgenden wird einheitlich auf § 1 WZG abgestellt.

283 Zur Bindung des Zeichens an den Geschäftsbetrieb z.B. *Baumbach/Hefermehl*, Warenzeichenrecht, § 1 Rdnr. 4 ff.; zur Rechtsgrundlage des Benutzungswillens siehe 3. Kap. III 1.

284 Siehe 3. Kap. II 2 c.

285 Vgl. *Meister*, MarkenR 1993, 214.

286 Siehe 3. Kap. II 2 c.

287 So z.B. *Meister*, Marke und Recht, S. 32; *Wiedmann*, Der Rechtsmissbrauch im Markenrecht, S. 184; *Füllkrug*, GRUR 1994, 679; *Helm*, GRUR 1996, 593, 599.

288 Vgl. auch *Meister*, Marke und Recht, S. 31 f.; *Meister*, WRP 1995, 1005, 1007.

289 Auf das Missbrauchspotential, welches sich aus der Aufgabe der Bindung der Marke an den Geschäftsbetrieb ergab, wurde in der Literatur vielfach hingewiesen, vgl. z.B. *Meister*, Marke und Recht, S. 32 ff.; *Meister*, WRP 1995, 1005, 1007; *Füllkrug*, WRP 1995, 378.

290 In diese Richtung auch *Füllkrug*, GRUR 1994, 679.

291 Begründung zum Markenrechtsreformgesetz, BT-Drucksache 12/6581, S. 95 f.

292 Siehe 2. Kap. II 2.

293 Siehe 2. Kap. II 3.

Eine einheitliche Linie, wie eine bösgläubige Markenanmeldung in Form einer Spekulationsmarke von einer legitimen Markenanmeldung abzugrenzen ist, hat sich – abgesehen von einer groben Tendenz – bislang nicht herausgebildet. Die einzelnen Lösungsansätze unterscheiden sich teilweise erheblich, wobei das Merkmal des Benutzungswillens in der Mehrzahl der Lösungsansätze entweder im Zentrum steht oder wenigstens am Rande in den Lösungsansatz miteinbezogen wird.[294] So sah der *BGH* in der *Classe E*-Entscheidung aus dem Jahr 2000 im Benutzungswillen das entscheidende Kriterium, um eine Spekulationsmarke von einer legitimen Marke abzugrenzen, wobei er den Benutzungswillen ausdrücklich sogar als eine allgemeine Schutzvoraussetzung einordnete.[295] In der *Ivadal*-Entscheidung aus dem Jahr 2009 gab der *BGH* nunmehr zu verstehen, im Fehlen eines Benutzungswillens immerhin ein Indiz für eine bösgläubige Markenanmeldung in Form der Spekulationsmarke zu sehen.[296] Auch in der Literatur wird der Benutzungswille als Abgrenzungskriterium – wenn auch kontrovers – diskutiert.[297]

Die Idee, das Merkmal des Benutzungswillens als Abgrenzungskriterium heranzuziehen, ist auf den ersten Blick nicht von der Hand zu weisen. Denn immerhin könnte man vertreten, dass ein Markenanmelder, der schon weiß, dass er seine Marke nicht markenmäßig benutzen wird, keinen Markenschutz verdient.[298] Grundvoraussetzung für die Eignung des Benutzungswillens als hinreichendes Abgrenzungskriterium ist aber, dass dieses Merkmal dem Willen des Gesetzgebers, die Bindung der Marke an den Geschäftsbetrieb aufzugeben, einerseits Raum lässt und andererseits aber auch eine wirksame Bekämpfung von Missbrauchsfällen ermöglicht.

Bei der Untersuchung ist zunächst (II.) die rechtshistorische Entwicklung der Regelungen und Prinzipien zu beleuchten, die unmittelbar oder mittelbar auf das Merkmal des Benutzungswillens ausstrahlen. Denn eventuell lässt sich aus dem Sinn und Zweck der Regelungen oder den Regelungen selbst eine Basis für eine spätere Argumentation gewinnen. In einem zweiten Schritt soll (III.) die Rechtslage zum Benutzungswillen unter der Geltung des Warenzeichengesetzes untersucht werden. Denn der Umstand, dass das Markengesetz keine dem § 1 WZG entsprechende Regelung vorsieht, spricht dafür, dass dem Benutzungswillen unter der Geltung des Markengesetzes, wenn überhaupt, dann zumindest keine größere Bedeutung zukommen kann als unter der Geltung des Warenzeichengesetzes. Bei der Untersuchung der Rechtslage nach dem Warenzeichengesetz ist

294 Siehe 3. Kap. IV.
295 Siehe 3. Kap. IV 1 a aa).
296 Siehe 3. Kap. IV 1 b bb).
297 Siehe 3. Kap. IV 2.
298 *Schoene*, Der Benutzungszwang im Markengesetz, S. 145.

ein besonderes Augenmerk auf die Vorrats- und Defensivzeichen zu legen, da es sich bei den Vorrats- und Defensivzeichen ähnlich wie bei der nach dem Inkrafttreten des Markengesetzes neu aufgetretenen Spekulationsmarke um unbenutzte Zeichen handelt.[299] Folglich erschöpfte sich das Dasein der Vorrats- und Defensivzeichen ähnlich wie bei der Spekulationsmarke in erster Linie in der bloßen Eintragung. Den Abschluss dieser Untersuchung bildet die Aufarbeitung (IV.) der Rechtslage nach dem Markengesetz, wobei insbesondere auch der europarechtliche Hintergrund des § 8 Abs. 2 Nr. 10 MarkenG Berücksichtigung finden soll. Für den Fall, dass die Untersuchung ergeben sollte, dass das Fehlen eines Benutzungswillens allein den Vorwurf der Bösgläubigkeit nicht rechtfertigt und damit der Benutzungswille kein hinreichendes Kriterium ist, um eine bösgläubige Markenanmeldung in Form der Spekulationsmarke von einer legitimen Markenanmeldung abzugrenzen, soll nach einem alternativen Abgrenzungskriterium gesucht werden.

II. Rechtshistorische Entwicklung des Benutzungszwangs und Abschaffung des Akzessorietätsprinzips

Bei der nachfolgenden Untersuchung der rechtshistorischen Entwicklung des Benutzungszwangs und der Abschaffung des Akzessorietätsprinzips sollen zunächst die näheren Umstände (1.) der Einführung des Benutzungszwangs sowie die einschlägigen Regelungen im Überblick beleuchtet werden. Denn während das Merkmal des Benutzungswillens vor der Einführung des Benutzungszwangs herangezogen wurde, um unbillige Ergebnisse bei unbenutzten Zeichen zu vermeiden, verlor der Benutzungswille mit der Einführung des Benutzungszwangs zunächst an Bedeutung, weil der Zeicheninhaber durch den Benutzungszwang gezwungen wurde, seinen Benutzungswillen zu verwirklichen.[300] Zur aktuellen Rechtslage werden aus den Regelungen zum Benutzungszwang in Bezug auf den Benutzungswillen kontroverse Schlüsse gezogen. So wird in den Regelungen zum Benutzungszwang teilweise ein Argument für[301] und teilweise ein Argument gegen[302] das Erfordernis eines Benutzungswillens gesehen. Zudem könnten sich

299 Für die Vorrats- und Defensivzeichen *Althammer*, Warenzeichengesetz, § 1 Rdnr. 32; *v. Kreisler/Ruprecht*, GRUR 1954, 434, 435; *Hefermehl*, GRUR 1968, 486; zur Spekulationsmarke siehe 2. Kap. VI 3.

300 Zur Rechtslage bei unbenutzten Zeichen unter der Geltung des Warenzeichengesetzes vor und nach der Einführung des Benutzungszwangs siehe 3. Kap. III 5.

301 So *Müller* in: Spindler/Schuster, Recht der elektronischen Medien, § 3 MarkenG Rdnr. 15.

302 So *Ingerl/Rohnke*, Markengesetz, § 3 Rdnr. 12.

aus den Regelungen zum Benutzungszwang, insbesondere zur Benutzung als solcher, Hinweise auf einen möglichen Inhalt des Benutzungswillens ergeben.

Anschließend erfolgt eine Auseinandersetzung mit (2.) der Abschaffung des Akzessorietätsprinzips. Denn die in dem vorliegenden Kapitel zu untersuchende Frage[303] trat letztendlich erst mit der Abschaffung des Akzessorietätsprinzips auf.

1. Einführung des Benutzungszwangs und dessen Übernahme in das Markengesetz

a) Einführung des Benutzungszwangs in das Warenzeichengesetz

Vor der Einführung des Benutzungszwangs in das Warenzeichengesetz stand es dem Zeicheninhaber ohne Rechtsverlust frei, sein Zeichen zu benutzen.[304] Das Warenzeichengesetz verlangte in § 1 WZG für den Erwerb eines Zeichenrechts lediglich, dass sich der Zeicheninhaber in seinem Geschäftsbetrieb zur Unterscheidung seiner Waren von den Waren anderer eines Zeichens bedienen wollte.[305] Es war weder erforderlich, dass der Zeicheninhaber das Zeichen vor der Eintragung schon benutzt hat[306] noch setzte der Fortbestand des Zeichenrechts eine Benutzung voraus.[307]

---

303 Siehe 3. Kap. I.

304 Vgl. *Tetzner*, Warenzeichengesetz, § 1 Rdnr. 47; *Baumbach/Hefermehl*, Warenzeichenrecht, § 1 Rdnr. 42; *Reimer*, Wettbewerbs- und Warenzeichenrecht, 4. Kap. Rdnr. 20. Einschränkungen wurden allenfalls für sehr lange Zeit unbenutzte Zeichen gemacht, siehe 3. Kap. III 5.

305 *Tetzner*, Warenzeichengesetz, § 1 Rdnr. 47; *v. Kreisler/Ruprecht*, GRUR 1954, 434; vgl. auch *Hartgen*, Warenzeichengesetz, Einf. Rdnr. 29.

306 Vgl. *Baumbach/Hefermehl*, Warenzeichenrecht, § 1 Rdnr. 42; *v. Kreisler/Ruprecht*, GRUR 1954, 434.

307 So stellte der *BGH* in der *Odorex*-Entscheidung aus dem Jahr 1956 fest, dass es nicht zu den Schutzvoraussetzungen gehört, dass das Zeichen innerhalb einer angemessenen Frist nach dessen Eintragung benutzt wird. Es würde zu einer großen Rechtsunsicherheit führen, wenn man im Wege der Rechtsprechung die Wirksamkeit eines Zeichenrechts von der Benutzung in angemessener Frist abhängig machen wollte. Allgemeine Grundsätze, welcher Zeitraum insoweit als angemessen anzusehen sei, ließen sich nicht aufstellen. Die Entscheidung könne daher nur auf die besonderen Umstände des Einzelfalles gestützt werden. Der Inhaber eines fünf, zehn oder zwölf Jahre alten Vorratszeichens hätte somit keine Sicherheit, ob sein Zeichen noch gelte oder ob es schon zu einem Scheinzeichen ohne Schutz geworden sei. Eine gesetzliche Regelung zur zeitlichen Begrenzung der Nichtbenutzung sei bei der drohenden Verstopfung der Zeichenrolle zwar empfehlenswert. Eine solche Regelung könne jedoch nur vom Gesetzgeber getroffen werden, denn sie bedeute die Einführung eines indirekten Zwangs zur Benutzung des Zeichens, *BGH* GRUR 1957, 224 – *Odorex*; vgl. auch *v. Gamm*, Warenzeichengesetz, § 1 Rdnr. 47;

Dieser Rechtszustand wurde als unbefriedigend kritisiert, insbesondere weil die unbeschränkte Zulassung unbenutzter Zeichen zu einer Überfüllung der Zeichenrolle geführt hatte.[308] Zudem wurde bemängelt, dass unbenutzte Zeichen den Sinn und Zweck des Zeichens verfehlten, der darin bestehe, benutzt zu werden, um im Verkehr Geltung zu erlangen. Gerade um diese Entwicklung zu begünstigen werde einem Zeichen schon kraft seiner Eintragung förmlicher Schutz gewährt. Diesem Zweck widerspreche es, die Hortung unbenutzter Zeichen zum Nachteil des freien Wettbewerbs unbeschränkt zuzulassen.[309] Deswegen wurde gefordert, den Schutz unbenutzter Zeichen durch Gesetz zeitlich zu begrenzen.[310]

Mit dem *„Gesetz zur Änderung des Patentgesetzes, des Warenzeichengesetzes und weiterer Gesetze"*[311] vom 4. September 1967 wurde schließlich mit Wirkung zum 1. Januar 1968[312] ein Benutzungszwang in das Warenzeichengesetz eingeführt.[313] Die Einführung erfolgte, um der Überfüllung der Zeichenrolle entgegenzuwirken und der Wirtschaft neue Möglichkeiten für die Eintragung von Zeichen zu geben. Zudem sollte die Geltendmachung nur formaler Zeichenrechte bekämpft werden.[314] Nach den Regelungen zum Benutzungszwang stand es dem Zeicheninhaber zwar weiterhin frei, sein Zeichen zu benutzen. Benutzte der Zei-

---

Baumbach/Hefermehl, Warenzeichenrecht, § 1 Rdnr. 42; *Reimer*, Wettbewerbs- und Warenzeichenrecht, 4. Kap. Rdnr. 20.

308 Z.B. *BGH* GRUR 1957, 224 – *Odorex*; *Baumbach/Hefermehl*, Warenzeichenrecht, § 1 Rdnr. 42. *Hartgen* beispielsweise wies darauf hin, dass angesichts der Menge der bereits eingetragenen Zeichen das Finden eines noch freien geeigneten Zeichens und insbesondere die erfolgreiche Durchführung einer Neuanmeldung sehr schwierig und oft auch kostspielig geworden sei, insbesondere weil umfangreiche Vorermittlungen und Kosten verursachende Vergleiche mit den Inhabern älterer Zeichen erforderlich geworden seien, *Hartgen*, Warenzeichengesetz, Einf. Rdnr. 29.

309 So z.B. *Baumbach/Hefermehl*, Warenzeichenrecht, § 1 Rdnr. 42.

310 *v. Kreisler/Ruprecht* schlugen vor, den Schutz unbenutzter Zeichen auf die Dauer von zehn Jahren zu begrenzen. Dies entspreche der Schutzdauer der Eintragung. Das Patentamt würde nicht mit zusätzlichen Arbeitsgängen belastet, wenn der Zeicheninhaber die Benutzung des Zeichens bei seiner Erneuerung nachweisen müsse, *v. Kreisler/Ruprecht*, GRUR 1954, 434, 439; für die Einführung eines Benutzungszwangs z.B. auch *Baumbach/Hefermehl*, Warenzeichenrecht, § 1 Rdnr. 42.

311 BGBl. 1967 Teil I, S. 953. Das *„Gesetz zur Änderung des Patentgesetzes, des Warenzeichengesetzes und weiterer Gesetze"* vom 4. September 1967 wird im Folgenden *„Vorabgesetz"* genannt.

312 Vgl. § 6 Abs. 2 des Vorabgesetzes, BGBl. 1967 Teil I, S. 953, 962.

313 Vgl. Art. 2 Abs. 4, 12 und 14 des Vorabgesetzes, BGBl. 1967 Teil I, S. 953, 958.

314 *Neumann*, Warenzeichengesetz, § 5 S. 44; *Baumbach/Hefermehl*, Warenzeichenrecht, § 1 Rdnr. 42; *Busse/Starck*, Warenzeichengesetz, § 5 Rdnr. 48; vgl. auch *v. Gamm*, GRUR 1977, 517, 521; *Althammer*, Warenzeichengesetz, § 1 Rdnr. 35. Außerdem sollte das *Patentamt* entlastet werden, um so die Dauer des Eintragungsverfahrens im Interesse der Wirtschaft zu verkürzen, Begründung zum Vorabgesetz, BlPMZ 1967, S. 244, 248; *Hefermehl*, GRUR 1968, 486.

cheninhaber das Zeichen für die Dauer von fünf Jahren jedoch nicht, so wurde ihm der Zeichenschutz versagt.[315] Dieser Benutzungszwang wurde als *„aufgeschobener“*[316], *„bedingter“*[317], *„relativer“*[318] oder *„mittelbarer“*[319] Benutzungszwang bezeichnet. Angesichts der konkreten Ausgestaltung des Benutzungszwangs wäre allerdings der Begriff der *„Benutzungsobliegenheit“* treffender gewesen.[320] Da sich der Begriff des Benutzungszwangs jedoch von seiner Einführung an eingebürgert hat,[321] wird auch im Folgenden der Begriff des Benutzungszwangs verwendet.

Mit der Einführung des Benutzungszwangs unterlagen Zeichen somit nach § 11 Abs. 1 Nr. 4 Satz 1 WZG der Löschung mit Wirkung ex nunc[322] durch die ordentlichen Gerichte, wenn der Zeicheninhaber das Zeichen innerhalb von fünf Jahren vor dem Löschungsantrag nicht benutzt hat und das Zeichen seit mindestens fünf Jahren eingetragen war.[323] Außerdem konnte der Zeicheninhaber im Löschungsverfahren vor den ordentlichen Gerichten nicht aus einem wegen Nichtbenutzung löschungsreifen Zeichen gegen ein prioritätsjüngeres Zeichen vorgehen, § 11 Abs. 6 i.V.m. Abs. 1 Nr. 1 WZG. Auch im patentamtlichen Widerspruchsverfahren konnte der Zeicheninhaber einen Widerspruch nicht auf ein wegen Nichtbenutzung löschungsreifes Zeichen stützen, § 5 Abs. 7 Satz 1 WZG. Machte der Zeicheninhaber Ansprüche wegen der Verletzung seines löschungsreifen Zeichens geltend, konnte ihm die Löschungseinrede entgegengehalten werden, die gesetzlich zwar nicht normiert, aber von der Rechtsprechung anerkannt war.[324]

Ebenfalls nicht geregelt war, welche Anforderungen eine Benutzungshandlung erfüllen musste, damit sie geeignet war, um die Wirkungen des Benut-

---

315 Vgl. z.B. *v. Gamm*, Warenzeichenänderungsgesetz, Einf. Rdnr. 3.

316 *BGH* GRUR 1971, 251, 252 – *Oldtimer*; *v. Gamm*, Warenzeichenänderungsgesetz, Einf. Rdnr. 3.

317 *Althammer*, Warenzeichengesetz, § 1 Rdnr. 35.

318 *Jordan*, Festschrift für Piper, S. 563, 568.

319 *BGH* GRUR 1970, 27, 28 – *Eintannen*.

320 Vgl. auch *Schoene*, Der Benutzungszwang im Markengesetz, S. 23; *Fezer*, Der Benutzungszwang, S. 22 f.; *Schricker*, GRUR Int. 1969, 14, 15.

321 Vgl. z.B. die Begründung zum Vorabgesetz, BlPMZ 1967, S. 244, 248; *BGH* GRUR 1970, 27, 28 – *Eintannen*; *BGH* GRUR 1971, 251, 252 – *Oldtimer*.

322 *Fezer*, Der Benutzungszwang, S. 55; *Hefermehl*, GRUR 1968, 486, 489.

323 Nach § 11 Abs. 1 Nr. 4 Satz 1 HS. 2 WZG konnte der Zeicheninhaber geltend machen, dass Umstände vorlagen, unter denen ihm die Benutzung während der fünf Jahre nicht zumutbar war. Im Ergebnis für eine enge Auslegung dieser Ausnahmeregelung vgl. *Kraft*, GRUR 1968, 123, 127; so auch angedeutet bei *Bökel*, GRUR 1970, 391, 397.

324 Vgl. z.B. *BGH* GRUR 1969, 604 – *Slip*; *BGH* GRUR 1978, 642, 644 – *Silva*; *BGH* GRUR 1984, 813, 814 – *Ski-Delial*; vgl. auch *Baumbach/Hefermehl*, Warenzeichenrecht, § 11 Rdnr. 17.

zungszwangs zu vermeiden.[325] Aus der Begründung zum Vorabgesetz ergab sich lediglich, dass die Benutzungshandlungen nach Art, Umfang und Dauer dem Zweck der Einführung des Benutzungszwangs entsprechen sollten und Scheinhandlungen nicht berücksichtigt werden durften.[326] Der Zweck des Benutzungszwangs bestand in erster Linie darin, das Zeichen seiner bestimmungsgemäßen Verwendung zuzuführen und die Geltendmachung nur formaler Rechte zu unterbinden. Daher bildete sich in der Rechtsprechung und der Literatur die Ansicht heraus, dass eine Benutzung im Sinne des Benutzungszwangs nur vorlag, wenn der Zeicheninhaber das Zeichen funktionsgerecht benutzte, also zur Kennzeichnung eigener Waren und damit zur Unterscheidung eigener Waren von den Waren anderer.[327]

Da das Warenzeichengesetz eine Amtslöschung wegen Nichtbenutzung nicht kannte, sondern die Löschung den Antrag eines Dritten nach § 11 Abs. 1 Nr. 4 WZG voraussetzte, hatte eine fünfjährige Nichtbenutzung keine unmittelbaren Folgen.[328] Der Zeichenschutz wurde lediglich in seinen Wirkungen beschränkt. So blieb das Zeichen auch nach dem Ablauf der Benutzungsfrist rechtsbeständig und konnte bei Ablauf der zehnjährigen Schutzdauer sogar verlängert werden. *Heydt* bezeichnete diesen Zustand als *„Dornröschen-Schlaf"*.[329] Aus diesem

325 Der Begriff der Benutzung wurde bewusst nicht durch zusätzliche Tatbestandsmerkmale konkretisiert, um dem *Patentamt* und den ordentlichen Gerichten die Freiheit zu eröffnen, den Begriff der Benutzung so auszulegen und anzuwenden, dass der gesetzgeberische Zweck der Einführung des Benutzungszwangs erreicht wird, *Miosga*, Benutzungszwang für Warenzeichen, S. 22; vgl. auch *Althammer*, Warenzeichengesetz, § 5 Rdnr. 37.

326 Begründung zum Vorabgesetz, BlPMZ 1967, S. 244, 265; vgl. auch *Althammer*, Warenzeichengesetz, § 5 Rdnr. 37; *Kraft*, GRUR 1968, 123, 124.

327 Vgl. z.B. *BGH* GRUR 1979, 551, 552 –*Iamod*; *BGH* GRUR 1979, 707, 708 – *Haller*; *BGH* GRUR 1980, 52, 53 – *Contiflex*; so auch die Begründung zum Markenrechtsreformgesetz über die Rechtslage unter der Geltung des Warenzeichengesetzes, BT-Drucksache 12/6581, S. 82; vgl. auch *Baumbach/Hefermehl*, Warenzeichenrecht, § 5 Rdnr. 35. Nach der unter dem Warenzeichengesetz anerkannten traditionellen Funktionenlehre war nur die Herkunftsfunktion geschützt. Andere Funktionen wie beispielsweise die Qualitäts- und Werbefunktion waren zwar als ökonomische Markenfunktionen anerkannt. Rechtlich waren diese Funktionen dagegen nicht oder allenfalls in den Grenzen der Herkunftsfunktion geschützt, *Hacker* in: Ströbele/Hacker, Markengesetz, Einl. Rdnr. 31 f.

328 Die unschädliche Gesamtfrist der Nichtbenutzung konnte daher fünf Jahre erheblich übersteigen, wenn sich kein Löschungskläger fand oder der Zeicheninhaber die Zeichenbenutzung noch rechtzeitig aufnahm, *v. Gamm*, Warenzeichenänderungsgesetz, Einf. Rdnr. 4; vgl. auch *Baumbach/Hefermehl*, Warenzeichenrecht, § 1 Rdnr. 43; *Miosga*, GRUR 1970, 439, 442.

329 *Heydt*, Festschrift für Hefermehl, S. 59, 63.

„Dornröschen-Schlaf“ konnte der Zeicheninhaber das Zeichen – unter bestimmten Voraussetzungen[330] – erwecken, indem er es in Benutzung nahm.[331]

b) Übernahme des Benutzungszwangs in das Markengesetz

Auch das am 1. Januar 1995 in Kraft getretene Markengesetz sieht einen Benutzungszwang in Form eines bedingten Benutzungszwangs vor.[332] Die Übernahme des Benutzungszwangs in das Markengesetz erfolgte in Umsetzung der bindenden Bestimmungen der Art. 10, 11 Abs. 1 und Abs. 4, 12 Abs. 1 MRRL und der fakultativen Bestimmungen des Art. 11 Abs. 2 und Abs. 3 MRRL,[333] weshalb die einschlägigen Regelungen richtlinienkonform auszulegen sind[334].

Die Regelungen zum Benutzungszwang im Markengesetz entsprechen inhaltlich im Wesentlichen den Regelungen des ehemaligen Warenzeichengesetzes.[335] So ist eine Marke nach § 49 Abs. 1 Satz 1 MarkenG löschungsreif, wenn sie nach dem Tag der Eintragung innerhalb eines Zeitraums von fünf Jahren nicht benutzt worden ist. Die Löschung erfolgt nicht von Amts wegen, sondern nur, wenn ein Dritter nach § 53 Abs. 1 MarkenG einen Löschungsantrag vor dem *DPMA* oder den ordentlichen Gerichten nach § 55 Abs. 1, Abs. 2 Nr. 1 MarkenG stellt.[336] Daher hat der Ablauf der Benutzungsschonfrist nach der aktuellen Rechtslage ebenfalls keine unmittelbaren Folgen. Die Marke fällt vielmehr – wie im Warenzeichenrecht – in einen *„Dornröschenschlaf“*, aus dem sie durch die Aufnahme der Benutzung wieder erweckt werden kann.[337]

---

330 Der Zeicheninhaber konnte sich im Widerspruchsverfahren nur auf die Benutzung berufen, wenn er die Benutzung vor der Bekanntmachung des angemeldeten Zeichens aufgenommen hatte, § 5 Abs. 7 Satz 1 WZG. Im Löschungsverfahren musste der Zeicheninhaber die Benutzung vor der Androhung eines Löschungsantrags aufgenommen haben, § 11 Abs. 5 Nr. 1 WZG.

331 *Heydt*, Festschrift für Hefermehl, S. 59, 63.

332 So heißt es in der Begründung zum Markenrechtsreformgesetz, es gehöre *„zu den inzwischen traditionell gewordenen Schranken des Markenschutzes* [...], *daß eingetragene Marken ihrer Funktion entsprechend im geschäftlichen Verkehr benutzt werden müssen, um aufrechterhalten werden zu können oder um gegen die Entstehung oder den Bestand von kollidierenden Rechten durchgesetzt werden zu können“*, Begründung zum Markenrechtsreformgesetz, BT-Drucksache 12/6581, S. 82.

333 Begründung zum Markenrechtsreformgesetz, BT-Drucksache 12/6581, S. 82 f.; *Ströbele* in: Ströbele/Hacker, Markengesetz, § 26 Rdnr. 1; *Lückenbach*, GRUR 2000, 7.

334 Begründung zum Markenrechtsreformgesetz, BT-Drucksache 12/6581, S. 83; vgl. *EuGH* GRUR 2003, 425, 427 (Nr. 25-31) – *Ansul / Ajax*; *EuGH* GRUR 2007, 702, 704 f (Nr. 42-45) – *Armin Häupl / Lidl*; *Lückenbach*, GRUR 2000, 7.

335 *Fezer*, Markenrecht, Vorb. § 25 Rdnr. 6.

336 *Ingerl/Rohnke*, Markengesetz, § 49 Rdnr. 11.

337 So *Heydt* schon zur Rechtslage nach dem Warenzeichengesetz, *Heydt*, Festschrift für Hefermehl, S. 59, 63. *Schoene* bezeichnet den Zustand eines Zeichens nach Ablauf der Fünfjahresfrist

Des Weiteren kann der Markeninhaber aus einer wegen Nichtbenutzung löschungsreifen Marke nicht im patentamtlichen Widerspruchsverfahren gegen Neuanmeldungen oder im Löschungsverfahren vor den ordentlichen Gerichten gegen prioritätsjüngere Marken vorgehen, §§ 43 Abs. 1 Satz 1, 55 Abs. 3 Satz 1 MarkenG. Die Einrede der Löschungsreife im Verletzungsverfahren wegen fünfjähriger Nichtbenutzung wurde nun mit der Neufassung des Markengesetzes in § 25 Abs. 1 MarkenG normiert. Der angebliche Verletzer muss die Einrede nach § 25 Abs. 2 Satz 1 MarkenG erheben.[338]

Im Zentrum der Regelungen über den Benutzungszwang steht § 26 Abs. 1 MarkenG, der – im Unterschied zur Rechtslage nach dem Warenzeichengesetz – fünf Anforderungen an eine Benutzungshandlung stellt. So muss (1.) die Marke (2.) von ihrem Inhaber (3.) für die Waren oder Dienstleistungen, für die sie eingetragen ist, (4.) im Inland (5.) ernsthaft benutzt worden sein, es sei denn, dass berechtigte Gründe für die Nichtbenutzung vorliegen. Dagegen regelt § 26 Abs. 1 MarkenG nicht, wann die Verwendung einer Marke überhaupt eine *„Benutzung"* der Marke im Sinne des § 26 Abs. 1 MarkenG darstellt. Die Benutzung als solche ist auch weder an anderer Stelle im Markengesetz noch in der Markenrechtsrichtlinie legaldefiniert.[339] Ein Hinweis auf den Inhalt der Benutzung findet sich aber in der Begründung zum Markenrechtsreformgesetz. So heißt es dort,

> *„daß eingetragene Marken ihrer Funktion entsprechend im geschäftlichen Verkehr benutzt werden müssen, um aufrechterhalten werden zu können oder um gegen die Entstehung oder den Bestand von kollidierenden Rechten durchgesetzt werden zu können."*[340]

Demnach setzt die rechtserhaltende Benutzung auch unter der Geltung des Markengesetzes voraus, dass die Marke funktionsgerecht benutzt wird.[341] Da der Rechtserwerb zuallererst die Eignung zur Herkunftsunterscheidung im Sinne der Gewährleistung der Ursprungsidentität der Ware oder Dienstleistung voraussetzt (§§ 3, 8 Abs. 2 Nr. 1, 2 MarkenG), kann nur eine in diesem Sinne herkunftshin-

---

in Anlehnung an *Heydt*, GRUR 1973, 179 als *„schwebend unwirksam"*, *Schoene*, Der Benutzungszwang im Markengesetz, S. 25.

338 Begründung zum Markenrechtsreformgesetz, BT-Drucksache 12/6581, S. 82.

339 So auch *Ingerl/Rohnke*, Markengesetz, § 26 Rdnr. 24; *Schoene*, Der Benutzungszwang im Markengesetz, S. 46.

340 Begründung zum Markenrechtsreformgesetz, BT-Drucksache 12/6581, S. 82. An anderer Stelle heißt es, dass *„die Marke* [...] *als Marke benutzt werden* [muss ...]. *Notwendig und ausreichend ist eine funktionsgerechte Verwendung der Marke"*, Begründung zum Markenrechtsreformgesetz, BT-Drucksache 12/6581, S. 83.

341 Z.B. *Ströbele* in: Ströbele/Hacker, Markengesetz, § 26 Rdnr. 17; *Speckmann*, Wettbewerbsrecht, Rdnr. 2582; vgl. auch *Schoene*, Der Benutzungszwang im Markengesetz, S. 46 f.

weisende tatsächliche Verwendung die Fortdauer des Schutzes legitimeren.[342] Folglich wirkt eine Benutzung nur dann rechtserhaltend im Sinne des § 26 Abs. 1 MarkenG, wenn sie der Hauptfunktion der Marke entspricht, dem Verkehr die Ursprungsidentität der Ware oder Dienstleistung zu garantieren, indem sie ihm ermöglicht, die Waren oder Dienstleistungen von den Waren oder Dienstleistungen anderer Herkunft zu unterscheiden.[343]

Das Ziel des Benutzungszwangs besteht nach der Markenrechtsrichtlinie darin,

> *„die Gesamtzahl der in der Gemeinschaft eingetragenen und geschützten Marken und damit die Anzahl der zwischen ihnen möglichen Konflikte zu verringern."*[344]

Um dieses Ziel zu erreichen, müssen eingetragene Marken tatsächlich benutzt werden, damit sich der Markeninhaber weiterhin auf Markenschutz berufen kann.[345] Darüber hinaus wird der Sinn und Zweck des Benutzungszwangs – wie unter der Geltung des Warenzeichenrechts – darin gesehen, das Markenregister im Interesse der Allgemeinheit von unbenutzten Marken freizuhalten, um es

---

342 So *Ingerl/Rohnke*, Markengesetz, § 26 Rdnr. 7. Zur Begründung führen *Ingerl/Rohnke* an, dass der Benutzungszwang die Dauerhaftigkeit des Markenschutzes legitimieren soll. *Ingerl/Rohnke* sprechen dabei von einer Parallelität der Zweckrichtungen der originären Schutzvoraussetzungen und des Benutzungszwangs, *Ingerl/Rohnke*, Markengesetz, § 26 Rdnr. 5 und Rdnr. 7.

343 Vgl. z.B. *EuGH* GRUR 2003, 425, 427 (Nr. 36) – *Ansul / Ajax*; *EuGH* GRUR 2006, 582, 584 (Nr. 70) – *VITAFRUIT*; *EuGH* GRUR 2008, 343, 346 (Nr. 72) – *Il Ponte Finanziara Spa / HABM*; *EuGH* GRUR 2009, 156, 157 (Nr. 13) – *Radetzky-Orden / BKFR*; *EuGH* GRUR 2009, 410 (Nr. 17) – *Silberquelle / Maselli*; so auch der *BGH*, z.B. *BGH* GRUR 2005, 1047, 1049 – *Otto*; *BGH* GRUR 2008, 616, 617 (Nr. 10) – *Akzenta*; vgl. für die Literatur z.B. *Ströbele* in: Ströbele/Hacker, Markengesetz, § 26 Rdnr. 17; *Ingerl/Rohnke*, Markengesetz, § 26 Rdnr. 7; *Götting*, Gewerblicher Rechtsschutz, § 52 Rdnr. 60. Andere Markenfunktionen spielen dagegen bei der rechtserhaltenden Benutzung im Sinne des § 26 MarkenG anders als bei den Verletzungs- und Kollisionstatbeständen keine Rolle, vgl. *Ingerl/Rohnke*, Markengesetz, § 26 Rdnr. 7; *Ströbele* in: Ströbele/Hacker, Markengesetz, § 26 Rdnr. 17.

344 9. Erwägungsgrund der Markenrechtsrichtlinie, ABl.-EU Nr. L 299 vom 8. November 2008, S. 25, 26. *Ingerl/Rohnke* bezeichnen den Benutzungszwang als das auch heute noch wichtigste Korrektiv dafür, dass Markenschutz schon mit der Eintragung nach § 4 Nr. 1 MarkenG entsteht. Letztendlich handele es sich bei dem Benutzungszwang um eine besondere markenrechtliche Ausprägung des Rechtsmissbrauchsverbots für die Fälle, in denen die Schutzgewährung ausweislich der längerfristig unterbliebenen Benutzung nicht mehr durch ein berechtigtes Interesse des Markeninhabers legitimiert ist und daher die Gefahr besteht, dass die eingetragene Marke als Behinderungsinstrument, nicht aber bestimmungsgemäß als eigenes Kennzeichnungsmittel eingesetzt wird, *Ingerl/Rohnke*, Markengesetz, § 26 Rdnr. 9.

345 Vgl. 9. Erwägungsgrund der Markenrechtsrichtlinie, ABl.-EU Nr. L 299 vom 8. November 2008, S. 25, 26.

Dritten zu ermöglichen, diese oder ähnliche Marken für sich eintragen zu lassen.[346]

2. Abschaffung des Akzessorietätsprinzips

a) Prinzip der strengen Akzessorietät

Im Warenzeichengesetz galt zunächst das Prinzip der strengen Akzessorietät. Danach war das Zeichenrecht untrennbar mit einem bestimmten, zu den angemeldeten Waren gehörenden Geschäftsbetrieb verbunden.[347] So setzte bereits die Entstehung des Zeichenrechts nach § 1 WZG zum Einen voraus, dass der Zeichenanmelder über einen Geschäftsbetrieb verfügte und zum Anderen, dass sich der Geschäftsbetrieb und die angemeldeten Waren deckten.[348] Nach § 11 Abs. 1 Nr. 2 WZG unterlag das Zeichen der Löschung, wenn der Geschäftsbetrieb, zu dem das Warenzeichen gehörte, vom Zeicheninhaber nicht mehr fortgesetzt wurde. Die Übertragung des Zeichens war nach § 8 Abs. 1 Satz 2 WZG a.F. nur möglich, wenn der Geschäftsbetrieb, zu dem das Warenzeichen gehörte, ebenfalls auf den neuen Zeichenerwerber überging.[349]

Die strenge Akzessorietät zwischen dem Zeichen und dem Geschäftsbetrieb diente der rechtlichen Sicherung der Herkunftsfunktion. Mit ihr sollte eine Täuschung der Allgemeinheit verhindert werden.[350] Dies wurde damit begründet,

346 *BGH* GRUR 1997, 747, 749 – *Cirkulin*; *BGH* GRUR 2000, 890, 891 – *IMMUNINE/IMUKIN*; *BGH* GRUR 2002, 59, 63 – *ISCO*; vgl. auch *Ingerl/Rohnke*, Markengesetz, § 26 Rdnr. 12.

347 *Fezer*, Markenrecht, § 3 Rdnr. 183 f. und Rdnr. 186, § 27 Rdnr. 7.

348 Vgl. z.B. *BGH* GRUR 1965, 86, 88 – *Schwarzer Kater*; *BGH* GRUR 1975, 487 488 – *WMF-Mondmännchen*; *Baumbach/Hefermehl*, Warenzeichenrecht, Einl. Rdnr. 16 und § 1 Rdnr. 5; *v. Gamm*, Warenzeichengesetz, § 1 Rdnr. 30; vgl. auch *Meister*, Marke und Recht, S. 39.

349 Die Bindung des Zeichens an den Geschäftsbetrieb bei der Zeichenübertragung nach § 8 Abs. 1 Satz 2 WZG a.F. wurde kritisiert, so z.B. von *Baumbach/Hefermehl*. *Baumbach/Hefermehl* sahen zwar den Sinn und Zweck des § 8 Abs. 1 Satz 2 WZG a.F. wie die Rechtsprechung in dem Schutz der Allgemeinheit vor Täuschungen. Nach *Baumbach/Hefermehl* passte dieser Schutzzweck jedoch von vornherein nicht auf Zeichen, bei denen das Publikum keine Vorstellung über die Herkunft der Ware hat, beispielsweise bei unbenutzten Zeichen. Außerdem könne das Verbot der Zeichenübertragung ohne Übertragung des Geschäftsbetriebs leicht umgangen werden. Der Veräußerer könne das Zeichen löschen lassen und der Erwerber die Eintragung des Zeichens beantragen, *Baumbach/Hefermehl*, Warenzeichenrecht, § 8 Rdnr. 2.

350 Vgl. z.B. *BGH* GRUR 1967, 89, 92 – *Rose*; *BGH* GRUR 1971, 573, 574 – *Nocado*; *BGH* GRUR 1973, 363, 365 – *Baader*, jeweils zu § 8 Abs. 1 WZG a.F.; *Baumbach/Hefermehl*, Warenzeichenrecht, Einl. Rdnr. 16. *Fezer* spricht in diesem Zusammenhang von einer *„Überbetonung der Herkunftsfunktion"* und einer unberechtigten Sorge vor einer Irreführung der Verbraucher bei der freien Übertragbarkeit der Marke, *Fezer*, Markenrecht, § 3 Rdnr. 181.

dass der Verbraucher die Vorstellung habe, die mit einem übereinstimmenden Zeichen gekennzeichneten Waren stammten aus demselben Betrieb und der Zeicheninhaber stehe hinter der Ware und bekenne sich zu ihr als der seinigen.[351]

Wegen der strengen Akzessorietät war der Zeichenhandel dem Warenzeichengesetz fremd.[352]

b) Lockerung des Prinzips der strengen Akzessorietät

Mit dem *„Gesetz über die Erstreckung von gewerblichen Schutzrechten (Erstreckungsgesetz – ErstrG)“* [353] vom 23. April 1992, in Kraft getreten am 1. Mai 1992[354], lockerte der Gesetzgeber in § 47 ErstrG das Prinzip der strengen Akzessorietät.[355] So verzichtete der Gesetzgeber in § 2 Abs. 1 Satz 3 WZG n.F. in formeller Hinsicht auf die Angabe des Geschäftsbetriebs bei der Anmeldung. In materieller Hinsicht hob der Gesetzgeber den Wegfall des Geschäftsbetriebs als Löschungsgrund durch die Streichung des § 11 Abs. 1 Nr. 2 WZG auf. Außerdem wurde in § 8 Abs. 1 Satz 1 WZG n.F. die freie Übertragbarkeit des Zeichens eingeführt.[356]

Infolge dieser Änderungen konnte an dem Erfordernis eines bestimmten, zu den angemeldeten Waren oder Dienstleistungen gehörenden Geschäftsbetriebs nicht mehr festgehalten werden, auch wenn § 1 WZG in seinem Wortlaut durch das Erstreckungsgesetz unberührt blieb. Deswegen wurde § 1 WZG nach dem Inkrafttreten des Erstreckungsgesetzes dahin ausgelegt, dass es für die Erlangung des Zeichenschutzes ausreichte, wenn der Zeicheninhaber über irgendeinen Geschäftsbetrieb verfügte.[357]

Die Lockerung des Akzessorietätsprinzips durch das Erstreckungsgesetz war vor allem dem Umstand geschuldet, dass das *„Gesetz über Warenkennzeichen“*

---

351 *BGH* GRUR 1966, 45, 46 – *Markenbenzin.*

352 *Fezer*, Markenrecht, § 27 Rdnr. 7; vgl. *Tetzner*, Warenzeichengesetz, § 1 Rdnr. 15.

353 BGBl. 1992 Teil I, S. 938. Das *„Gesetz über die Erstreckung von gewerblichen Schutzrechten (Erstreckungsgesetz – ErstrG)“* vom 23. April 1992 wird im Folgenden *„Erstreckungsgesetz“* genannt und mit *„ErstrG“* abgekürzt.

354 Vgl. § 55 des Erstreckungsgesetzes, BGBl. 1992 Teil I, S. 938, 948.

355 *Kunz-Hallstein* spricht in diesem Zusammenhang von einer *„einschneidende*[n] *Änderung des Warenzeichengesetzes“*, *Kunz-Hallstein*, GRUR 1993, 439.

356 § 47 Nr. 2 bis Nr. 4 ErstrG, BGBl. 1992 Teil I, S. 938, 947.

357 So die Vorgabe in der Begründung zum Erstreckungsgesetz, BT-Drucksache 12/1399, S. 69; vgl. auch *Fezer*, Markenrecht, § 3 Rdnr. 187; *Schaeffer*, GRUR 1993, 457; *Kunz-Hallstein*, GRUR 1993, 439, 440.

der DDR vom 30. November 1984[358] eine Bindung des Zeichens an den Geschäftsbetrieb nicht kannte.[359] Das DDR-Warenkennzeichengesetz blieb auch nach der Wiedervereinigung auf Zeichenrechte, die vor dem 3. Oktober 1990 in der ehemaligen DDR begründet worden waren, zunächst anwendbar.[360] Daraus folgte, dass Zeichen mit DDR-Ursprung frei übertragen werden konnten, nicht aber solche mit dem Ursprung im bisherigen Bundesgebiet. Die Lockerung des Akzessorietätsprinzips durch das Erstreckungsgesetz diente insofern der Schaffung von Rechtseinheit in Bezug auf Altrechte.[361]

Außerdem wollte der Gesetzgeber mit der Lockerung des Akzessorietätsprinzips internationalen Entwicklungen Rechnung tragen, wonach das Zeichenrecht zunehmend zu einem selbständigen Vermögensrecht, vergleichbar mit sonstigen Schutzrechten, wurde.[362] Hinzu kam, dass es als unbefriedigend empfunden wurde, dass Unternehmen, deren Geschäftsbetrieb sich im Wesentlichen auf die Vermarktung von Zeichen beschränkte, unter der Geltung der strengen Akzessorietät keine Zeichenrechte erwerben konnten.[363] Dies galt in gleicher Weise für Holding-Gesellschaften, deren Zeichenerwerb daran scheiterte, dass sich ihr Geschäftsbetrieb nicht mit den angemeldeten Waren oder Dienstleistungen deckte.

---

358 GBl. DDR 1984 Teil I, S. 397, abgedruckt in *GRUR* 1990, 945. Das *„Gesetz über Warenkennzeichen"* der DDR vom 30. November 1984 wird im Folgenden *„DDR-Warenkennzeichengesetz"* genannt und mit *„DDR-WZG"* abgekürzt.

359 Insbesondere waren DDR-Zeichen nach § 17 Abs. 1 DDR-WZG ohne Geschäftsbetrieb frei übertragbar, vgl. auch die Begründung zum Erstreckungsgesetz, BT-Drucksache 12/1399, S. 69; *Schaeffer*, GRUR 1993, 457.

360 Zwar wurde mit Art. 8 des Einigungsvertrags auch das Warenzeichengesetz im Gebiet der ehemaligen DDR in Kraft gesetzt. Die Vereinheitlichung erfolgte aber nur für ab dem 3. Oktober 1990 neu begründete Zeichenrechte, Anlage I Kapitel III Sachgebiet E Abschnitt II Nr. 1 § 2 des Einigungsvertrags, BGBl. 1990 Teil II, S. 885, 961. Zeichenrechte, die vor dem 3. Oktober 1990 in der BRD oder der ehemaligen DDR begründet worden waren, sollten zwar für das jeweilige Schutzgebiet aufrechterhalten werden und weiterhin den bisher für sie geltenden Regelungen unterliegen, Anlage I Kapitel III Sachgebiet E Abschnitt II Nr. 1 § 3 des Einigungsvertrags, BGBl. 1990 Teil II, S. 885, 961. Eine Vereinheitlichung auch der Altrechte war bei Abschluss des Einigungsvertrags nicht möglich, weil die Fragen im Zusammenhang mit der Erstreckung der Zeichenrechte und den dabei auftretenden Kollisionsfällen nicht in der Kürze der Zeit gelöst werden konnten, Begründung zum Erstreckungsgesetz, BT-Drucksache 12/1399, S. 17.

361 Begründung zum Erstreckungsgesetz, BT-Drucksache 12/1399, S. 69.

362 So wurde die Bindung des Zeichens an den Geschäftsbetrieb auch in anderen Markenrechtsordnungen und im internationalen Markenrecht zunehmend aufgegeben. Für die Gemeinschaftsmarke ergibt sich die freie Übertragbarkeit aus Art. 17 Abs. 1 GMV. Die Markenrechtsrichtlinie dagegen enthält den Grundsatz der freien Übertragbarkeit nicht, da darüber zwischen den Mitgliedstaaten kein Einvernehmen zu erzielen war, Begründung zum Erstreckungsgesetz, BT-Drucksache 12/1399, S. 69.

363 Begründung zum Erstreckungsgesetz, BT-Drucksache 12/1399, S. 68.

Damit war eine kaufmännische Zeichenpolitik *„aus einer Hand"* formaljuristisch ausgeschlossen.[364]

Obwohl damit gute Gründe für eine weitergehende Liberalisierung bestanden, beschränkte sich das Erstreckungsgesetz auf Änderungen des Warenzeichengesetzes, die zwingend erforderlich waren, um die Diskrepanz zwischen dem Warenzeichengesetz und dem DDR-Warenkennzeichengesetz im Hinblick auf die Akzessorietät des Zeichens zu beseitigen. Alle übrigen Reformbestrebungen sollten mit dem Markenrechtsreformgesetz realisiert werden, das zum damaligen Zeitpunkt schon in Vorbereitung war.[365]

Die Lockerung des Akzessorietätsprinzips und die erweiterte Auslegung des § 1 WZG führten insbesondere dazu, dass der Erwerb von Zeichen durch Holding-Gesellschaften zulässig wurde.[366] Auch Werbeagenturen, die im Auftrag eines Unternehmens ein Zeichen entwarfen, konnten dieses nun zur Eintragung in die Zeichenrolle anmelden und das Zeichen später auf das jeweilige Unternehmen übertragen.[367]

Bereits damals war die Befürchtung geäußert worden, dass es infolge des erweiterten Kreises potentieller Zeicheninhaber vermehrt zu rechtsmissbräuchlichen Zeichenanmeldungen kommen könnte.[368] Diese Befürchtungen wurden jedoch mit dem Hinweis auf den Benutzungszwang und ähnlich liberale Markenrechtsordnungen beiseite geschoben. Im Übrigen böten die Regelungen des Gesetzes gegen den unlauteren Wettbewerb und die allgemeinen Missbrauchstatbestände des Bürgerlichen Rechts eine ausreichende Handhabe, möglicherweise auftretenden Missbräuchen entgegenzuwirken.[369]

c) Aufgabe des Akzessorietätsprinzips

Mit dem Markenrechtsreformgesetz, in Kraft getreten am 1. Januar 1995, hob der Gesetzgeber die Akzessorietät zwischen der Marke und dem Geschäftsbetrieb des Markeninhabers schließlich vollständig auf, indem er im Markengesetz keine

---

364 *Meister*, MarkenR 1993, 214, 215; vgl. auch die Begründung zum Erstreckungsgesetz, BT-Drucksache 12/1399, S. 68.

365 Bereits zum damaligen Zeitpunkt hatten sich die am Markenrecht interessierten Kreise auf die Abschaffung der Bindung des Zeichens an den Geschäftsbetrieb geeinigt, Begründung zum Erstreckungsgesetz, BT-Drucksache 12/1399, S. 69.

366 Begründung zum Erstreckungsgesetz, BT-Drucksache 12/1399, S. 69.

367 Vgl. die Begründung zum Erstreckungsgesetz, BT-Drucksache 12/1399, S. 69.

368 Vgl. *Meister*, MarkenR 1993, 214 f.; vgl. auch die Begründung zum Erstreckungsgesetz, BT-Drucksache 12/1399, S. 69.

369 Begründung zum Erstreckungsgesetz, BT-Drucksache 12/1399, S. 69 f.

dem § 1 WZG entsprechende Regelung vorsah. In der Begründung zum Markenrechtsreformgesetz heißt es ausdrücklich, dass

> „[f]*ür den Erwerb des Markenschutzes durch Eintragung* [...] *künftig auf das Vorhandensein eines Geschäftsbetriebs verzichtet werden* [soll]. "[370]

Nach § 7 MarkenG können sowohl natürliche und juristische Personen als auch rechtsfähige Personengesellschaften Markeninhaber sein.[371] Das Markengesetz verlangt in § 3 Abs. 1 MarkenG nunmehr lediglich, dass das Zeichen, das als Marke geschützt werden soll, geeignet ist, Waren oder Dienstleistungen eines Unternehmens von denjenigen anderer Unternehmen zu unterscheiden. Demnach können seit dem Inkrafttreten des Markengesetzes auch Privatpersonen Markenschutz erwirken.[372]

Um infolge des Wegfalls des Geschäftsbetriebs als Eintragungsvoraussetzung möglich gewordenen Missbrauchsfällen entgegenzuwirken, wurde mit § 50 Abs. 1 Nr. 4 MarkenG a.F. die bösgläubige Markenanmeldung als Löschungsgrund in das Markengesetz eingeführt.[373]

3. Ergebnis und Schlussfolgerung

Das Markengesetz sieht – wie das Warenzeichenrecht – nur einen bedingten Benutzungszwang vor. Das bedeutet, dass die Entstehung des Markenschutzes eine Benutzung der Marke nicht voraussetzt. Nur der Fortbestand des Markenschutzes ist von einer Benutzung abhängig, da das Markengesetz Marken, die länger als fünf Jahre nicht benutzt wurden, den Markenschutz versagt. Der Sinn und

370 Begründung zum Markenrechtsreformgesetz, BT-Drucksache 12/6581, S. 56; vgl. auch *Fezer*, Markenrecht, § 3 Rdnr. 192 f.; *Füllkrug*, GRUR 1994, 679.

371 In der Begründung zu § 7 MarkenG heißt es, dass „[d]*ie im geltenden Recht weiter bestehende Voraussetzung, dass der Anmelder oder Inhaber einer Marke Inhaber eines Geschäftsbetriebs sein muss (§ 1 WZG),* [...] *nicht in das neue Markengesetz übernommen werden* [soll]", Begründung zum Markenrechtsreformgesetz, BT-Drucksache 12/6581, S. 69.

372 Z.B. *Ingerl/Rohnke*, Markengesetz, § 8 Rdnr. 303; *Wiedmann*, Der Rechtsmissbrauch im Markenrecht, S. 184; *Brink*, Markenhandel mit Gemeinschaftsmarken und deutschen Marken, S. 166; *Kiethe/Groeschke*, WRP 2002, 27, 28; *Steinberg/Jaeckel*, MarkenR 2008, 296; *Helm*, GRUR 1996, 593, 599. Vgl. auch die Begründung zum Referentenentwurf für ein Geschmacksmusterreformgesetz, BMJ 3660/1 – 31 99/2002, S. 132 sowie die Begründung zum Geschmacksmusterreformgesetz, BT-Drucksache 15/1075, S. 67, wo auch die Markenanmeldungen von Privatpersonen dem Anwendungsbereich des § 8 Abs. 2 Nr. 10 MarkenG unterstellt werden. Dies wäre nicht erforderlich gewesen, könnten Privatpersonen von vornherein keinen Markenschutz erwirken.

373 Begründung zum Markenrechtsreformgesetz, BT-Drucksache 12/6581, S. 95 f; zur Einführung der bösgläubigen Markenanmeldung nach § 50 Abs. 1 Nr. 4 MarkenG a.F. siehe 2. Kap. II 2.

Zweck des Benutzungszwangs besteht vornehmlich darin, der Geltendmachung nur formaler Rechte entgegenzuwirken.[374]

Die Entstehung von Markenschutz nach dem Markengesetz setzt – im Unterschied zum Warenzeichengesetz – nicht mehr voraus, dass der Markeninhaber über einen Geschäftsbetrieb verfügt.[375] Hieraus lässt sich für die vorliegende Arbeit der Schluss ziehen, dass das Fehlen des Geschäftsbetriebs allein den Vorwurf einer bösgläubigen Markenanmeldung nicht zu begründen vermag. Andernfalls würde die bewusste Aufgabe des Akzessorietätsprinzips unterwandert werden.[376]

III. Rechtslage nach dem Warenzeichengesetz

Nachfolgend soll die Rechtslage zum Benutzungswillen unter der Geltung des Warenzeichengesetzes untersucht werden. Denn schon damals wurde versucht, den Zeichenschutz über das Merkmal des Benutzungswillens zur Vermeidung unbilliger Ergebnisse einzuschränken. Eine Einschränkung war vor allem vor der Einführung des Benutzungszwangs erforderlich geworden, weil unbenutzte Zeichen die Zeichenrolle verstopften und die Geltendmachung von Zeichenrechten aus einem langjährig unbenutzten Zeichen zu unbilligen Ergebnissen führte.[377] Aus der Rechtslage zum Warenzeichengesetz können sich daher durchaus Erkenntnisse für die Frage ergeben, ob der Benutzungswille nach der aktuellen Rechtslage ein hinreichendes Kriterium ist, um eine nach § 8 Abs. 2 Nr. 10 MarkenG bösgläubige Markenanmeldung in Form einer Spekulationsmarke von einer legitimen Markenanmeldung abzugrenzen.

Bei der Untersuchung der Rechtslage nach dem Warenzeichengesetz sollen zunächst (1.) die Rechtsgrundlage des Benutzungswillens sowie (2.) der Inhalt des Benutzungswillens näher beleuchtet werden. Daran schließt sich eine Untersuchung darüber an, (3.) wie der Benutzungswille als subjektives Merkmal festgestellt werden kann, gefolgt von einer Auseinandersetzung mit (4.) den Rechtsfolgen eines fehlenden Benutzungswillens. Den Abschluss der Untersuchung

---

374 Siehe 3. Kap. II 1 b.

375 Siehe 3. Kap. II 2 c.

376 Vgl. z.B. auch *Ströbele* in: Ströbele/Hacker, Markengesetz, § 8 Rdnr. 682; *Ingerl/Rohnke*, Markengesetz, § 8 Rdnr. 303; *Bous* in: Ekey/Klippel/Bender, Markenrecht, § 50 Rdnr. 21; *Brötje*, Die bösgläubige Markenanmeldung, S. 89; *Wiedmann*, Der Rechtsmissbrauch im Markenrecht, S. 178; *Brink*, Markenhandel mit Gemeinschaftsmarken und deutschen Marken, S. 167; *Jordan*, Festschrift für Helm, S. 187, 189; *Steinberg/Jaeckel*, MarkenR 2008, 296, 307; *Schmidt*, MarkenR 2003, 1, 4; *v. Linstow*, MarkenR 1999, 81, 82; *Lerach*, GRUR 2009, 107, 109.

377 Siehe 3. Kap. III 5.

bildet eine Auseinandersetzung mit (5.) den unbenutzten Zeichen in Form der Vorrats- und Defensivzeichen, die mit den heutigen Spekulationsmarken gemeinsam haben, dass sich ihr Dasein in erster Linie in der bloßen Eintragung erschöpfte.[378] Angesichts dieser Gemeinsamkeit können die Vorrats- und Defensivzeichen quasi als Vorläufer der Spekulationsmarke bezeichnet werden.[379] Dies gilt in besonderem Maße für die Defensivzeichen, die auch in Zukunft nicht benutzt werden sollten.[380]

1. Rechtsgrundlage des Benutzungswillens

Das Warenzeichengesetz enthielt keine gesonderte Regelung zum Merkmal des Benutzungswillens. Vielmehr wurde der Benutzungswille lediglich beiläufig in § 1 WZG[381] erwähnt. So lautete § 1 WZG:

> *„Wer sich in seinem Geschäftsbetrieb zur Unterscheidung seiner Waren von den Waren anderer eines Warenzeichens bedienen will, kann dieses Zeichen zur Eintragung in die Zeichenrolle anmelden.“*

Dem Wortlaut *„Wer sich [...] bedienen will“* entnahmen die Rechtsprechung[382] und die Literatur[383], dass der Zeichenanmelder über einen Benutzungswillen verfügen musste.

§ 1 WZG blieb von der Einführung des Benutzungszwangs durch das Vorabgesetz mit Wirkung zum 1. Januar 1968 unberührt,[384] so dass sowohl die Rechtsprechung[385] als auch der überwiegende Teil der Literatur[386] weiterhin von dem

---

378 Siehe 3. Kap. III 5.

379 So auch *Ticic*, Die bösgläubige Markenanmeldung als absolutes Schutzhindernis, S. 30.

380 Siehe 3. Kap. III 5 c.

381 Zu § 1 WZG a.F. und § 1 Abs. 1 WZG n.F. siehe die Fn. 282.

382 Vgl. z.B. *BGH* GRUR 1953, 486, 487 – *Nordona*; *BGH* GRUR 1957, 224 – *Odorex*; *BGH* GRUR 1964, 454, 456 – *Palmolive*; *BGH* GRUR 1973, 523, 524 – *Fleischer-Fachgeschäft*; *BGH* GRUR 1975, 487, 488 – *WMF-Mondmännchen*.

383 Vgl. z.B. *Baumbach/Hefermehl*, Warenzeichenrecht, § 1 Rdnr. 42; *Hartgen*, Warenzeichengesetz, § 1 Rdnr. 22; *Tetzner*, Warenzeichengesetz, § 1 Rdnr. 28; *v. Gamm*, Warenzeichengesetz, Einl. Rdnr. 52 und § 1 Rdnr. 47; *v. Kreisler/Ruprecht*, GRUR 1954, 434.

384 Vgl. Art. 2 des Vorabgesetzes, BGBl. 1967 Teil I, S. 953, 958.

385 So z.B. *BGH* GRUR 1969, 604, 605 – *Slip*; *BGH* GRUR 1970, 27, 28 – *Eintannen*; *BGH* GRUR 1971, 251, 252 – *Oldtimer*; *BGH* GRUR 1971, 409, 410 – *Stallmeister*; *BGH* GRUR 1973, 523, 524 – *Fleischer-Fachgeschäft*; *BGH* GRUR 1974, 276, 277 – *King*; *BGH* GRUR 1975, 487, 488 – *WMF-Mondmännchen*; *BGH* GRUR 1988, 820, 821 – *Oil of ...*

386 Z.B. *Neumann*, Warenzeichengesetz, § 1 S. 24 f.; *Busse/Starck*, Warenzeichengesetz, § 1 Rdnr. 42; *Baumbach/Hefermehl*, Warenzeichenrecht, § 1 Rdnr. 42 und Rdnr. 53. Lediglich *Krieger* vertrat die Ansicht, dass mit der Einführung des Benutzungszwangs nicht mehr auf den

Erfordernis eines Benutzungswillens ausgingen. *Fezer* beispielsweise begründete das Festhalten an dem Merkmal des Benutzungswillens nach § 1 WZG damit, dass der Benutzungszwang lediglich die Aufnahme der Benutzung innerhalb der Schonfrist erfordere und Rechtsfolgen erst für den Ablauf der Fünfjahresfrist anordne. Das Vorabgesetz sehe gerade keinen absoluten Benutzungszwang dahin vor, dass allgemein das Entstehen und der Fortbestand des Zeichenschutzes von der Benutzung abhingen. Daher berühre der Benutzungszwang auch nicht das Problem des Benutzungswillens bei der Eintragung oder während der Benutzungsfrist.[387] Die Rechtslage nach der Einführung des Benutzungszwangs wurde demnach dahin verstanden, dass dem Zeicheninhaber zur Realisierung seines Benutzungswillens nunmehr eine Frist von fünf Jahren gewährt wurde.[388]

2. Inhalt des Benutzungswillens

Auch wenn das Warenzeichengesetz den Benutzungswillen nicht im Einzelnen konkretisierte, so ließ sich dem Wortlaut des § 1 WZG immerhin entnehmen, dass die Benutzung des Zeichens *„in seinem Geschäftsbetrieb“* und *„zur Unterscheidung seiner Waren von den Waren anderer“* erfolgen musste. Demzufolge musste der Benutzungswille einen Bezug zum eigenen Geschäftsbetrieb aufweisen. Außerdem musste der Benutzungswille auf eine Benutzung des Zeichens zur Unterscheidung der eigenen Waren von den Waren anderer gerichtet sein.[389] Somit war der Inhalt des Benutzungswillens dem Wesen des Zeichenrechts als ein Unterscheidungszeichen und damit der Herkunftsfunktion geschuldet.[390] Hieran

---

Benutzungswillen zurückgegriffen werden dürfe, um eine Einschränkung des Warenzeichengesetzes zu rechtfertigen. Ein Rückgriff auf das Merkmal des Benutzungswillens verbiete sich, weil der Gesetzgeber das subjektive Merkmal des Benutzungswillens mit der Einführung des Benutzungszwangs durch das objektive Merkmal der Benutzung ersetzt habe. Der Gesetzgeber habe durch das Vorabgesetz den unverändert gelassenen § 1 WZG dahin konkretisiert, dass der Benutzungswille bei der Anmeldung und Eintragung des Zeichens unterstellt und bis zum Ablauf der Fünfjahresfrist für die Ingebrauchnahme des Zeichens vermutet werde. Daher dürfe während der Fünfjahresfrist nicht nach dem Benutzungswillen gefragt werden, *Krieger*, GRUR 1972, 311, 313.

387 *Fezer*, Der Benutzungszwang, S. 154.

388 *v. Gamm*, Warenzeichenänderungsgesetz, Einf. Rdnr. 3; vgl. auch *Hartgen*, Warenzeichengesetz, § 1 Rdnr. 23; *Fezer*, Der Benutzungszwang, S. 156.

389 Nachdem das Warenzeichengesetz bereits außer Kraft getreten war, prägte der *BGH* in der *Classe E*-Entscheidung aus dem Jahr 2001 für den Benutzungswillen im Sinne des § 1 WZG den Begriff des *„individuellen Benutzungswillens“*, vgl. *BGH* GRUR 2001, 242, 244 – *Classe E*.

390 *v. Gamm*, Warenzeichengesetz, § 1 Rdnr. 47, allerdings ohne Begründung; vgl. auch *Busse/Starck*, Warenzeichengesetz, § 1 Rdnr. 42.

hat sich durch die Einführung des Benutzungszwangs nichts geändert.[391] Da sich die Ansicht herausgebildet hatte, dass eine Benutzung im Sinne des Benutzungszwangs nur vorlag, wenn der Zeicheninhaber das Zeichen funktionsgerecht – also zur Kennzeichnung eigener Waren und damit zur Unterscheidung eigener Waren von den Waren anderer – benutzte,[392] musste der Benutzungswille auf die Verwirklichung der Herkunftsfunktion gerichtet sein. Wegen der auf das Inland beschränkten Zeicheneintragung und Zeichenwirksamkeit musste sich der Benutzungswille zudem auf eine Zeichenbenutzung im Inland beziehen.[393]

3. Feststellung des Benutzungswillens

Die Feststellung des Benutzungswillens bereitete in den Fällen keine Schwierigkeiten, in denen der Zeicheninhaber das Zeichen bereits vor der Anmeldung benutzt hatte. Denn in diesen Fällen manifestierte sich der Benutzungswille in der objektiv nachprüfbaren Benutzung. Meist wurde der Warenvertrieb aber erst nach der Eintragung des Zeichens aufgenommen, so dass die Feststellung des Benutzungswillens als ein subjektives Merkmal im Allgemeinen Schwierigkeiten bereitete.[394] Daher wurde bei einer ordnungsgemäßen Anmeldung vermutet, dass der Zeichenanmelder das Zeichen in der vom Gesetz als Regelfall angenommenen Weise verwenden wollte, nämlich zur Kennzeichnung von Waren aus seinem Geschäftsbetrieb.[395] Der Zeichenanmelder brauchte sich somit im Allgemeinen nicht zu seinem Benutzungswillen zu erklären.[396] Wenn der Zeicheninhaber

391 Vgl. z.B. *BGH* GRUR 1973, 523, 524 – *Fleischer-Fachgeschäft*, wo der *BGH* das Vorliegen eines Benutzungswillens verneinte, weil das Zeichen schon objektiv ungeeignet war, als Herkunftszeichen mit Unterscheidungsfunktion für die Waren des Zeicheninhabers zu dienen. Vgl. auch *BGH* GRUR 1975, 487, 488 – *WMF-Mondmännchen*.

392 Siehe 3. Kap. II 1 a.

393 *v. Gamm*, Warenzeichengesetz, § 1 Rdnr. 49.

394 *Baumbach/Hefermehl*, Warenzeichenrecht, § 1 Rdnr. 42; vgl. auch *BGH* GRUR 1988, 820, 821 – *Oil of ...*; *Busse/Starck*, Warenzeichengesetz, § 1 Rdnr. 42; *v. Gamm*, Warenzeichengesetz, Einf. Rdnr. 79.

395 *BGH* GRUR 1988, 820, 821 – *Oil of ...*; vgl. z.B. auch *BGH* GRUR 1957, 224 – *Odorex*; *BGH* NJW 1958, 300, 301 – *Whipp*; *BGH* GRUR 1971, 251, 252 – *Oldtimer*; *BGH* GRUR 1971, 409, 410 – *Stallmeister*; *BGH* GRUR 1974, 276, 277 – *King*; *Busse/Starck*, Warenzeichengesetz, § 1 Rdnr. 42; *Baumbach/Hefermehl*, Warenzeichenrecht, § 1 Rdnr. 42.

396 Nach *v. Gamm* war eine ausdrückliche Erklärung des Anmelders über seinen Benutzungswillen einzuholen, wenn zahlreiche, einander ähnliche oder voneinander oder einem Hauptzeichen abgewandelte Zeichen angemeldet wurden. Denn eine Vielzahl solcher Anmeldungen könne auf einen fehlenden Benutzungswillen deuten, wenn die Vielzahl der angemeldeten Zeichen im Verhältnis zu Art und Umfang des Geschäftsbetriebs unter Berücksichtigung einer angemesse-

das Zeichen zunächst benutzt und die Benutzung später eingestellt hatte, so wurde vermutet, dass er die Benutzung wieder aufnehmen wollte.[397]

An der Vermutung und deren Widerlegbarkeit änderte sich auch nach der Einführung des Benutzungszwangs nichts.[398] Eine unwiderlegliche Vermutung hätte nach *Fezer* dazu geführt, der fünfjährigen Benutzungsfrist eine Funktion beizumessen, die ihr nicht zugedacht war. Die Benutzungsfrist sei lediglich das rechtstechnische Mittel, die Rechtsfolgen der Nichtbenutzung aufzuschieben und zu einem genau bestimmten Zeitpunkt eintreten zu lassen. Hätte der Gesetzgeber für den Zeitraum der Benutzungsfrist den Benutzungswillen unwiderlegbar fingieren wollen, hätte er nach *Fezer* eine ausdrückliche Regelung getroffen.[399]

Die Widerlegung des vermuteten Benutzungswillens setzte entsprechende Feststellungen voraus, an die nicht zu geringe Anforderungen gestellt werden durften.[400] Demzufolge ging der *BGH* nur in eindeutigen Fällen von einer Widerlegung der Vermutung aus.[401] So beruhte die Feststellung des fehlenden Benutzungswillens in der *Palmolive*-Entscheidung aus dem Jahr 1963 auf einer entsprechenden Erklärung des Zeicheninhabers.[402] In der *Fleischer-Fachgeschäft*-Entscheidung aus dem Jahr 1972 sah der *BGH* die Vermutung des Benutzungswillens als widerlegt an, weil das Zeichen objektiv ungeeignet war, als Herkunftshinweis zu dienen.[403] In der *Oil of ...*-Entscheidung aus dem Jahr 1987, ging der *BGH* von einer Widerlegung der Vermutung aus, weil das Zeichen lediglich zur Abwehr diente, ohne dass jedoch die Voraussetzungen für ein Defensivzeichen vorlagen.[404]

---

nen Unternehmensentwicklung eine tatsächliche Zeichenbenutzung ausgeschlossen erscheinen lasse, *v. Gamm*, Warenzeichengesetz, § 1 Rdnr. 50.

397 *BGH* GRUR 1974, 276, 277 – *King*.

398 Vgl. *Hartgen*, Warenzeichengesetz, § 1 Rdnr. 22; *Fezer*, Der Benutzungszwang, S. 156; a.A. *Krieger*, GRUR 1972, 311, 313, der die Ansicht vertrat, dass das Merkmal des Benutzungswillens mit der Einführung des Benutzungswillens insgesamt hinfällig geworden war; siehe hierzu auch die Fn. 386.

399 *Fezer*, Der Benutzungszwang, S. 156.

400 *BGH* GRUR 1988, 820, 821 – *Oil of ...*; *Busse/Starck*, Warenzeichengesetz, § 1 Rdnr. 42.

401 So das *BPatG* über die Rechtsprechung des *BGH* zur Widerlegung des Benutzungswillens unter der Geltung des Warenzeichengesetzes, *BPatG* GRUR 2007, 324, 326 – *kinder (schwarz-rot)*.

402 *BGH* GRUR 1964, 454, 456 – *Palmolive*.

403 *BGH* GRUR 1973, 523, 524 – *Fleischer-Fachgeschäft*.

404 *BGH* GRUR 1988, 820, 821 – *Oil of ...*; zu den Defensivzeichen siehe 3. Kap. III 5 c.

4. Rechtsfolgen des fehlenden Benutzungswillens

Das Warenzeichengesetz enthielt keine Regelung zu den Rechtsfolgen, sollte der Benutzungswille fehlen. Daher hingen diese Rechtsfolgen maßgeblich davon ab, wie man das Merkmal des Benutzungswillens rechtlich einordnete. Verstand man den Benutzungswillen als eine materielle Voraussetzung für die Erlangung von Zeichenschutz, so war sein Fehlen schon im patentamtlichen Eintragungsverfahren zu berücksichtigen. Lehnte man hingegen eine Einordnung des Benutzungswillens als materielle Voraussetzung für die Erlangung von Zeichenschutz ab, so musste der Benutzungswille im Eintragungsverfahren vor dem *Patentamt* dahingestellt bleiben.[405]

a) Rechtliche Einordnung des Benutzungswillens

In der *Nordona*-Entscheidung aus dem Jahr 1953 deutete der *BGH* zunächst an, dass das Fehlen eines Benutzungswillens eine zeichenrechtliche Löschungsreife begründen könne. Damit deutete der *BGH* zugleich an, den Benutzungswillen als eine materielle Voraussetzung für die Erlangung von Zeichenschutz einzuordnen.[406]

In der *Dreitannen*-Entscheidung aus dem Jahr 1960 lehnte der *BGH* die Einordnung des Benutzungswillens als allgemeine Schutzvoraussetzung jedoch ausdrücklich ab. In den Entscheidungsgründen ist zu lesen:

> *„Es ist aber nicht angängig, den Staatsakt der Erteilung eines Warenzeichens von einer inneren Einstellung des Anmelders, nämlich seinem Benutzungswillen, abhängig zu machen, da dieser sich einer zuverlässigen Feststellung durch Behörden und Gerichte entzieht und überdies jederzeitiger Abänderung durch bloßen Willensentschluß des Zeichenanmelders oder Zeicheninhabers unterworfen ist.“*[407]

In der Konsequenz verneinte der *BGH* einen zeichenrechtlichen Löschungsanspruch und wich auf den Einwand der unzulässigen Rechtsausübung aus. So heißt es in Bezug auf die Rechtsfolgen in der *Dreitannen*-Entscheidung weiter:

> *„Somit rechtfertigt sich aus der Natur der Sache die Auffassung, daß der Nachweis eines Benutzungswillens weder Voraussetzung für die Erlangung noch Voraussetzung für den Fortbestand eines Warenzeichens ist. Folgerichtig ist im WZG der fehlende Benutzungswille des Anmelders oder Zeicheninhabers nicht als Versagungs- oder Löschungsgrund anerkannt. Selbst wenn sich durch längeren Nichtgebrauch ein Beweisanzeichen dafür ergibt, daß dem Zeicheninhaber der Benutzungswille fehlt, so* […] *kann nur im Einzelfall die Frage auftauchen,*

405 Vgl. *v. Gamm*, Warenzeichengesetz, § 1 Rdnr. 50.
406 *BGH* GRUR 1953, 486, 487 – *Nordona*.
407 *BGH* GRUR 1961, 33, 35 – *Dreitannen*.

inwieweit die Geltendmachung des Ausschließungsrechts aus diesem Abwehrzeichen einen von der Rechtsordnung mißbilligten Rechtsmißbrauch darstellt."[408]

Bereits in der *Palmolive*-Entscheidung aus dem Jahr 1963 deutete der *BGH* an, den Benutzungswillen nun doch als eine materielle Voraussetzung für die Erlangung von Zeichenschutz anzuerkennen, auch wenn es der *BGH* nicht ausdrücklich aussprach.[409] So bekannte sich der *BGH* dazu, dass § 1 WZG von einem Benutzungswillen des Zeichenanmelders ausging und allein der Wille, mit dem eingetragenen Zeichen, Eingriffe in andere Rechte abzuwehren, die Eintragung eines Zeichens nicht zu rechtfertigen vermochte.[410]

In der *Stallmeister*-Entscheidung aus dem Jahr 1971 ging der *BGH* sodann wie selbstverständlich und ohne nähere Begründung von einer zeichenrechtlichen Löschungsreife eines Zeichens auf Grund eines fehlenden Benutzungswillens aus. Hier heißt es:

„*Nach dem im Zeichenrecht allgemein geltenden Prioritätsgrundsatz kann sich der Inhaber des zuvor (auf Grund fehlenden Benutzungswillens) löschungsreifen Zeichens gegenüber einem während der Löschungsreife erwachsenen Zeichenrecht eines anderen nicht auf seine ältere Priorität stützen, wenn er erst nachträglich das löschungsreife Zeichen in Benutzung genommen hat.*"[411]

Noch deutlicher hob der *BGH* die rechtliche Einordnung des Benutzungswillens als allgemeine Eintragungsvoraussetzung in der *Fleischer-Fachgeschäft*-Entscheidung aus dem Jahr 1972 hervor, wo er das Fehlen des Benutzungswillens ausdrücklich dem Löschungsgrund nach § 10 Abs. 2 Nr. 2 WZG unterstellte. So heißt es:

„[...] *so daß es zwangsläufig auch an einem entsprechenden, zeichenrechtlich relevanten Benutzungswillen fehlt. Damit ist aber ein die Zeichenlöschung nach § 10 Abs. 2 Nr. 2 WZG rechtfertigender Eintragungsversagungsgrund gegeben; die Warenzeicheneintragung war nicht durch die Vorschrift des § 1 WZG gedeckt.*"[412]

Folglich erkannte der *BGH* den Benutzungswillen letzten Endes ausdrücklich als eine materielle Voraussetzung für die Erlangung von Zeichenschutz an. Diese

---

408 *BGH* GRUR 1961, 33, 35 – *Dreitannen*. In der *Epigran I*- und der *Rose*-Entscheidung äußerte der *BGH* selbst Bedenken gegen die Verneinung eines zeichenrechtlichen Löschungsanspruchs, vgl. *BGH* GRUR 1966, 432, 434 – *Epigran I*; *BGH* GRUR 1967, 89, 93 – *Rose*.

409 Vgl. *BGH* GRUR 1964, 454, 456 – *Palmolive*; vgl. auch *v. Gamm*, Warenzeichengesetz, § 1 Rdnr. 48.

410 Letztendlich brauchte der *BGH* die Frage nach der rechtlichen Einordnung des Benutzungswillens in der *Palmolive*-Entscheidung nicht abschließend zu klären, weil dem Zeichen die Unterscheidungskraft fehlte und der *BGH* somit die Eintragung des Zeichens nach § 4 Abs. 2 Nr. 1 WZG zurückweisen konnte, *BGH* GRUR 1964, 454, 456 – *Palmolive*.

411 *BGH* GRUR 1971, 409, 410 – *Stallmeister*.

412 *BGH* GRUR 1973, 523, 524 – *Fleischer-Fachgeschäft*.

rechtliche Einordnung wurde von der Literatur geteilt.[413] Nach *v. Gamm* eröffnete § 1 WZG nicht nur die gesetzliche Möglichkeit zur Anmeldung eines Zeichens, sondern legte darüber hinaus positiv die materiellen Voraussetzungen der Zeichenanmeldung fest. Es sei kein Grund ersichtlich, weshalb der Benutzungswille anders als die anderen Schutzvoraussetzungen nach § 1 WZG behandelt werden sollte.[414]

b) Rechtsfolgen des fehlenden Benutzungswillens als eine materielle Schutzvoraussetzung

Infolge der Einordnung des Benutzungswillens als eine materielle Voraussetzung für die Erlangung von Zeichenschutz war das *Patentamt* zur Prüfung des Benutzungswillens berechtigt und verpflichtet.[415] Verfügte der Zeichenanmelder über einen Benutzungswillen oder war die Vermutung des Benutzungswillens zumindest nicht widerlegt, wurde das Zeichen eingetragen und genoss grundsätzlich vollen Zeichenschutz.[416] Der volle Zeichenschutz wurde jedoch nicht schrankenlos gewährt. Eine Versagung des Zeichenschutzes war ausnahmsweise für den Fall möglich, dass die Anmeldung und Eintragung des Zeichens schon lange Zeit zurücklag und der Zeicheninhaber seinen Benutzungswillen immer noch nicht verwirklicht hatte.[417]

War die Vermutung des Benutzungswillens nach Ansicht des *Patentamts* dagegen schon im Eintragungsverfahren widerlegt, weil der Zeichenanmelder bei der Erwirkung des Zeichenschutzes über keinen Benutzungswillen verfügte, und handelte es sich nicht um ein Defensivzeichen[418], so versagte das *Patentamt* nach §§ 12 Abs. 1 WZG, 48 PatG i.V.m. § 1 WZG bereits die Eintragung des Zeichens.[419] Gelangte das Zeichen dennoch zur Eintragung, konnte das Zeichen nach § 10 Abs. 2 Nr. 2 WZG von Amts wegen durch das *Patentamt* gelöscht

---

413 Z.B. *v. Gamm*, Warenzeichengesetz, § 1 Rdnr. 48; *Baumbach/Hefermehl*, Warenzeichenrecht, § 1 Rdnr. 51 und Rdnr. 53; *Hartgen*, Warenzeichengesetz, § 1 Rdnr. 22 f.; *Busse/Starck*, Warenzeichengesetz, § 1 Rdnr. 42; *Tetzner*, Warenzeichengesetz, § 1 Rdnr. 47.

414 *v. Gamm*, Warenzeichengesetz, § 1 Rdnr. 48.

415 *v. Gamm*, Warenzeichengesetz, § 1 Rdnr. 50. Nach *Tetzner* war das *Patentamt* nicht zur Prüfung des Benutzungswillens verpflichtet, sondern nur zur Prüfung berechtigt, *Tetzner*, Warenzeichengesetz, § 1 Rdnr. 29.

416 Vgl. z.B. *Baumbach/Hefermehl*, Warenzeichenrecht, § 1 Rdnr. 42.

417 Siehe 3. Kap. III 5, insbesondere 3. Kap. III 5 b.

418 Defensivzeichen genossen eine Sonderstellung; zu den Defensivzeichen siehe 3. Kap. III 5 c.

419 Vgl. *BGH* GRUR 1988, 820, 821 – *Oil of*...; so schon angedeutet in *BGH* GRUR 1965, 454, 456 – *Palmolive*; vgl. auch *Busse/Starck*, Warenzeichengesetz, § 1 Rdnr. 42; *Tetzner*, Warenzeichengesetz, § 1 Rdnr. 30 und Rdnr. 47; *Hartgen*, Warenzeichengesetz, § 1 Rdnr. 22; *v. Gamm*, Warenzeichengesetz, § 1 Rdnr. 50.

werden.[420] Eine zeichenrechtliche Löschungsklage durch einen Dritten schied jedoch aus, da das Fehlen eines Benutzungswillens nicht als Löschungsgrund in § 11 Abs. 1 WZG vorgesehen war.[421] Nach der Einführung des Benutzungszwangs konnte der Dritte wenigstens mittelbar wegen des fehlenden Benutzungswillens eine zeichenrechtliche Löschungsklage erheben, nämlich nach § 11 Abs. 1 Nr. 4 WZG wenn der Zeicheninhaber das Zeichen für die Dauer von fünf Jahren nicht benutzt hatte.[422] Während der Fünfjahresfrist konnte der Dritte somit nur auf die außerkennzeichenrechtliche Löschungsklage nach §§ 1 UWG a.F, 826 BGB zurückgreifen.[423] Ging der Zeicheninhaber aus einem löschungsreifen Zeichen gegen einen Dritten vor, so konnte der Dritte ihm den Einwand der unzulässigen Rechtsausübung entgegenhalten.[424]

Verfügte der Zeicheninhaber bei der Zeichenanmeldung zunächst über einen Benutzungswillen und entfiel der Benutzungswille später, so entfiel die Möglichkeit einer Löschung von Amts wegen nach § 10 Abs. 2 Nr. 2 WZG, weil die Eintragung wegen des ursprünglich vorhandenen Benutzungswillens nicht hätte versagt werden dürfen. Es blieben die zeichenrechtliche Löschungsklage eines Dritten nach § 11 Abs. 1 Nr. 4 WZG, wenn der Zeicheninhaber das Zeichen für die Dauer von fünf Jahren nicht benutzt hatte, sowie die außerkennzeichenrechtliche Löschungsklage nach §§ 1 UWG a.F, 826 BGB[425] und der Einwand der unzulässigen Rechtsausübung, wenn der Zeicheninhaber aus seinem löschungsreifen Zeichen Rechte gegen den Dritten geltend machte[426].

---

420 *BGH* GRUR 1973, 523, 524 – *Fleischer-Fachgeschäft*; *BGH* GRUR 1988, 820, 821 – *Oil of...*; *Tetzner*, Warenzeichengesetz, § 1 Rdnr. 30; *Hartgen*, Warenzeichengesetz, § 1 Rdnr. 22; *Busse/Starck*, Warenzeichengesetz, § 1 Rdnr. 42.

421 So auch *Fezer*, Der Benutzungszwang, S. 55 Fn. 7; eine Löschungsklage durch einen Dritten befürwortend *Friedrich*, GRUR 1961, 38.

422 Die Löschung nach § 11 Abs. 1 Nr. 4 WZG erfolgte mit Wirkung ex nunc, *Fezer*, Der Benutzungszwang, S. 55; *Hefermehl*, GRUR 1968, 486, 489.

423 Vgl. *v. Gamm*, Warenzeichengesetz, § 10 Rdnr. 19 und § 11 Rdnr. 27; *Fezer*, Der Benutzungszwang, S. 55 Fn. 7.

424 Vgl. z.B. *BGH* GRUR 1965, 86, 90 – *Schwarzer Kater*; *Althammer*, Warenzeichengesetz, § 24 Rdnr. 10.

425 *v. Gamm*, Warenzeichengesetz, § 11 Rdnr. 27; vgl. auch *Baumbach/Hefermehl*, Warenzeichenrecht, § 11 Rdnr. 9; *Fezer*, Der Benutzungszwang, S. 55 Fn. 7.

426 Vgl. *Busse/Starck*, Warenzeichengesetz, § 24 Rdnr. 16.

5. Unbenutzte Zeichen

a) Allgemeines

Da die Entstehung des Zeichenschutzes nach § 1 WZG nur einen Benutzungswillen voraussetzte, nicht aber, dass das Zeichen tatsächlich benutzt wurde,[427] konnte einem Zeicheninhaber allein aus der Nichtbenutzung kein Vorwurf gemacht werden.[428] Schon unter der Geltung des Warenzeichengesetzes wurde bei den unbenutzten Zeichen zwischen Vorrats- und Defensivzeichen unterschieden,[429] wobei die Abgrenzung anhand des Benutzungswillens erfolgte.[430] Die Vorrats- und Defensivzeichen waren nicht im Warenzeichengesetz geregelt.[431]

Zunächst wurden unbenutzte Zeichen – Vorrats- wie Defensivzeichen – großzügig zur Eintragung in die Zeichenrolle zugelassen, was zu einer zunehmenden Überfüllung der Zeichenrolle führte.[432] Diese Überfüllung wiederum hatte zur Folge, dass die Wettbewerber immer stärker in der freien Zeichenwahl beschränkt wurden.[433] Hierin lag ein erhebliches Missbrauchspotential.[434]

---

427 Z.B. *BGH* GRUR 1957, 224 – *Odorex*; *Tetzner*, Warenzeichengesetz, § 1 Rdnr. 47; *Busse/Starck*, Warenzeichengesetz, § 1 Rdnr. 42; *v. Kreisler/Ruprecht*, GRUR 1954, 434; vgl. auch *v. Gamm*, Warenzeichengesetz, § 1 Rdnr. 47. Auch nach der Einführung des Benutzungszwangs war die Benutzung keine Voraussetzung für die Erlangung von Zeichenschutz, z.B. *Hefermehl*, GRUR 1968, 486.

428 Vgl. z.B. *BGH* GRUR 1953, 486, 487 – *Nordona*; *BGH* GRUR 1969, 604, 605 – *Slip*.

429 *Althammer*, Warenzeichengesetz, § 1 Rdnr. 32; *v. Kreisler/Ruprecht*, GRUR 1954, 434, 435; *Hefermehl*, GRUR 1968, 486.

430 *Baumbach/Hefermehl*, Warenzeichenrecht, § 1 Rdnr. 50; *v. Gamm*, Warenzeichengesetz, § 1 Rdnr. 15; *Reimer*, Wettbewerbs- und Warenzeichenrecht, 4. Kap. Rdnr. 18.

431 *Baumbach/Hefermehl*, Warenzeichenrecht, § 1 Rdnr. 50; *Thiele*, GRUR 1949, 268; vgl. zu den Vorratszeichen auch *Reimer*, Wettbewerbs- und Warenzeichenrecht, 16. Kap. Rdnr. 2.

432 Vgl. z.B. *Althammer*, Warenzeichengesetz, § 1 Rdnr. 35. Nach *Hartgen* stellte die Gruppe der unbenutzten Zeichen im Vergleich zu der Gruppe der benutzten Zeichen die deutlich größere Gruppe dar. Nach fachkundigen Schätzungen sollen im Jahr 1968 in der pharmazeutischen und der kosmetischen Industrie nur rund 20 % der eingetragenen Zeichen tatsächlich benutzt worden sein, während es sich bei dem übrigen Teil von rund 80 % der eingetragenen Zeichen um unbenutzte Vorrats- und Defensivzeichen gehandelt haben soll, zitiert nach *Hartgen*, Warenzeichengesetz, Einf. Rdnr. 29.

433 So z.B. *Althammer*, Warenzeichengesetz, § 1 Rdnr. 35; *Hartgen*, Warenzeichengesetz, Einf. Rdnr. 29. *Thiele* äußerte im Hinblick auf eine drohende Überfüllung der Zeichenrolle bereits im Jahr 1949 Bedenken insbesondere gegen eine großzügige Anerkennung von unbenutzten Zeichen in Form von Defensivzeichen. So heißt es bei *Thiele*: *„Läßt man also weiterhin Mengen von nichtgebrauchten Abwehrzeichen zu, so wird der Tag nicht mehr fern sein, an dem auch der fähigste Unternehmer nur noch mit allergrößten Schwierigkeiten ein neues Zeichen finden wird. Die Freiheit des wettbewerblichen Verkehrs verlangt angesichts der Tatsache, daß die bereits eingetragenen Warenzeichen das Vielfache unseres gesamten Wort- und Begriffsschatzes dar-*

Deswegen ging die Rechtsprechung dazu über, die Zulässigkeit von (b) Vorrats- und (c) Defensivzeichen einzuschränken, indem sie diese Zeichen wettbewerbsrechtlichen Schranken unterstellte. Die wettbewerbsrechtlichen Schranken strahlten somit auf das Warenzeichenrecht als ein Bestandteil des Wettbewerbsrechts aus.[435] Eine weitere Einschränkung erfuhren die unbenutzten Zeichen schließlich mit der Einführung des Benutzungszwangs durch das Vorabgesetz mit Wirkung zum 1. Januar 1968. So wurde unbenutzten Zeichen mit Ablauf der Fünfjahresfrist der Zeichenschutz verwehrt, insbesondere unterlagen die unbenutzten Zeichen nun nach fünf Jahren der Löschung nach § 11 Abs. 1 Nr. 4 WZG.[436]

b) Vorratszeichen[437]

aa) Definition

Unter Vorratszeichen wurden Zeichen verstanden, die der Zeichenanmelder nicht sofort benutzen, sondern für eine zukünftige Benutzung vorrätig halten wollte. Der Inhaber eines Vorratszeichens verfügte somit grundsätzlich über einen Benutzungswillen, auch wenn der Benutzungswille – im Unterschied zu den benutzten Zeichen – nicht auf eine aktuelle, sondern auf eine zukünftige Benutzung

---

stellen, daß nicht unnütz Zeichen für gar nicht vorhandene Zwecke belegt werden und damit die Findung und Benutzung geeigneter Zeichen erschwert wird", *Thiele*, GRUR 1949, 268.

434 Vgl. *Baumbach/Hefermehl*, Warenzeichenrecht, § 1 Rdnr. 44; *Thiele*, GRUR 1949, 268, 269.

435 Vgl. z.B. *Reimer*, Wettbewerbs- und Warenzeichenrecht, 4. Kap. Rdnr. 20; *Schulze zur Wiesche*, GRUR 1966, 359, 360.

436 Zur Einführung des Benutzungszwangs in das Warenzeichengesetz siehe 3. Kap. II 1 a.

437 Die Vorratszeichen waren von den Vorratswaren zu unterscheiden. Unter Vorratswaren wurden Waren verstanden, die der Zeicheninhaber in seinem Geschäftsbetrieb noch nicht führte, aber in Zukunft ernsthaft führen wollte. Der Zeicheninhaber verfügte somit über einen Benutzungswillen bezogen auf die zukünftige Führung der Waren in seinem Geschäftsbetrieb. Die Eintragung von Vorratswaren war unter der Geltung des Warenzeichengesetzes zulässig, vgl. *BGH* GRUR 1957, 125, 126 – *Troika*; *BGH* GRUR 1958, 544, 546 – *Colonia*; *BGH* GRUR 1965, 86, 89 – *Schwarzer Kater*; *Baumbach/Hefermehl*, Warenzeichenrecht, § 1 Rdnr. 36; *Busse/Starck*, Warenzeichengesetz, § 1 Rdnr. 26; *Neumann*, Warenzeichengesetz, § 1 S. 25. Der Wille, die Vorratswaren in Zukunft tatsächlich in dem Geschäftsbetrieb zu führen, wurde – wie der Zeichenbenutzungswille – widerlegbar vermutet, *Baumbach/Hefermehl*, Warenzeichenrecht, § 1 Rdnr. 37; *v. Gamm*, Warenzeichengesetz, § 1 Rdnr. 45. Der Zeicheninhaber musste die Waren innerhalb angemessener Frist führen. Andernfalls unterlag das Zeichen in Bezug auf die betreffenden Waren der Teillöschung nach § 11 Abs. 1 Nr. 2 WZG, vgl. *BGH* GRUR 1958, 544, 547 – *Colonia*; *Baumbach/Hefermehl*, Warenzeichenrecht, § 11 Rdnr. 32. Nach der Einführung des Benutzungszwangs war die angemessene Frist auf fünf Jahre begrenzt, *Busse/Starck*, Warenzeichengesetz, § 1 Rdnr. 26.

gerichtet war.[438] Da es nach der Rechtslage zum Warenzeichengesetz für die Erlangung von Zeichenschutz ausreichte, dass der Zeicheninhaber grundsätzlich über einen Benutzungswillen verfügte, gewährten sowohl die Rechtsprechung[439] als auch die Literatur[440] den Vorratszeichen vollen Zeichenschutz.[441] Im Laufe der Zeit wurde die Zulässigkeit der Vorratszeichen schließlich eingeschränkt:

bb) Rechtslage bis zur Einführung des Benutzungszwangs

In seiner ersten Entscheidung zu den Vorratszeichen – der *Nordona*-Entscheidung aus dem Jahr 1953 – sprach der *BGH* den Vorratszeichen zunächst noch vollen Zeichenschutz zu.[442] Das Gesetz kenne keine Benutzungspflicht, sondern gehe in § 1 WZG von einem Benutzungswillen aus, welcher bei Vorratszeichen grundsätzlich anzunehmen sei.[443] Für die Zulassung von Vorratszeichen bestehe ein Bedürfnis des Verkehrs. So habe der Verkehr ein Interesse daran, für den Fall der Einführung neuer Waren sofort auf ein bereits eingetragenes Zeichen zu-

438 Z.B. *Neumann*, Warenzeichengesetz, § 1 S. 25; *Kleinmann*, Warenzeichenrecht, S. 8 f.; *v. Gamm*, Warenzeichengesetz, § 1 Rdnr. 15; vgl. auch *Baumbach/Hefermehl*, Warenzeichenrecht, § 1 Rdnr. 44. Auch zunächst benutzte Zeichen konnten zu Vorratszeichen werden, nämlich wenn das Zeichen zunächst benutzt und die Benutzung anschließend eingestellt wurde, aber in Zukunft wieder aufgenommen werden sollte, *Baumbach/Hefermehl*, Warenzeichenrecht, § 1 Rdnr. 47; *Hefermehl*, GRUR 1968, 486, 488.

439 Z.B. *BGH* GRUR 1953, 486, 487 – *Nordona*; *BGH* GRUR 1957, 224 – *Odorex*; *BGH* GRUR 1957, 228, 230 – *Astrawolle*; *BGH* NJW 1958, 300, 301 – *Whipp*; *BGH* GRUR 1963, 553, 554 – *Windboy*; *BGH* GRUR 1965, 665, 667 – *Liquiderma*; *BGH* GRUR 1969, 604, 606 – *Slip*.

440 Z.B. *Baumbach/Hefermehl*, Warenzeichenrecht, § 1 Rdnr. 44 ff.; *Neumann*, Warenzeichengesetz, § 1 S. 25; *Althammer*, Warenzeichengesetz, § 1 Rdnr. 33; *v. Gamm*, Warenzeichengesetz, § 1 Rdnr. 15; *Hartgen*, Warenzeichengesetz, Einf. Rdnr. 30; *Tetzner*, Warenzeichengesetz, § 1 Rdnr. 31; *Busse/Starck*, Warenzeichengesetz, § 1 Rdnr. 41; *Reimer*, Wettbewerbs- und Warenzeichenrecht, 16. Kap. Rdnr. 2; *Fezer*, Der Benutzungszwang, S. 158; *Schulze zur Wiesche*, GRUR 1966, 359; *Hefermehl*, GRUR 1968, 486, 487; *v. Kreisler/Ruprecht*, GRUR 1954, 434, 437; a.A. *Thiele*, GRUR 1949, 268, 269.

441 Wie bei benutzten Zeichen galt der Zeichenschutz nicht unbeschränkt. So konnte einem schutzwürdigen Vorratszeichen ebenso wie einem benutzten Zeichen der Einwand des Rechtsmissbrauchs entgegengehalten werden, *Schulze zur Wiesche*, GRUR 1966, 359, 363; vgl. auch *Reimer*, Wettbewerbs- und Warenzeichenrecht, 16. Kap. Rdnr. 3. Die Frage, ob dem Zeicheninhaber bei der Berufung auf seine formale Rechtsstellung der Einwand des Rechtsmissbrauchs entgegengehalten werden konnte, stellte sich jedoch erst im Anschluss an die Frage, ob das Vorratszeichen überhaupt schutzwürdig war und aus dem Vorratszeichen gegen Dritte vorgegangen werden konnte, *Schulze zur Wiesche*, GRUR 1966, 359, 363.

442 *BGH* GRUR 1953, 486, 487 – *Nordona*.

443 Z.B. *BGH* GRUR 1953, 486, 487 – *Nordona*; *BGH* NJW 1958, 300, 301 – *Whipp*.

rückgreifen zu können und dadurch das Risiko zu mindern, für ein nicht schutzfähiges Zeichen Aufwendungen zu machen.[444]

Angesichts der zunehmenden Überfüllung der Zeichenrolle infolge der Anerkennung von Vorratszeichen schränkte der *BGH* den Schutz von Vorratszeichen ein, deren Eintragung bereits lange Zeit zurücklag und deren Benutzung der Zeicheninhaber immer noch nicht aufgenommen hatte: So forderte der *BGH* in der *Odorex*-Entscheidung aus dem Jahr 1956, dass der Inhaber eines jahrzehntelang nicht benutzten Zeichens nachwies, dass er an der Aufrechterhaltung des Zeichens immer noch ein schutzwürdiges Interesse hat. Denn irgendwann – jedenfalls nach nahezu dreißig Jahren – erscheine die Berufung auf den Benutzungswillen als Missbrauch eines nur formalen Rechts, außer der Zeicheninhaber weise nach, dass er an der Aufrechterhaltung des Vorratszeichens noch ein schutzwürdiges Interesse hat.[445] So heißt es in der *Odorex*-Entscheidung:

> *„Der für die Rechtswirksamkeit eines Vorratszeichens erforderliche Benutzungswille des Zeicheninhabers ist* [...] *nach allgemeiner Rechtsauffassung ohne weiteres als gegeben anzusehen, so daß grundsätzlich der Verletzer den Gegenbeweis führen muss* [...]. *Wenn jedoch diese für den Benutzungswillen des Zeicheninhabers sprechende tatsächliche Vermutung durch jahrzehntelange Nichtbenutzung des Zeichens an Kraft verloren hat,* [...] *so ist es Sache des Zeicheninhabers darzulegen und zu beweisen, daß er an der Aufrechterhaltung des Zeichens jetzt noch ein schutzwürdiges Interesse hat."*[446]

Für das schutzwürdige Interesse waren nach dem *BGH* die konkreten Betriebsverhältnisse des Zeicheninhabers, insbesondere die Art und Größe des Betriebs sowie Art und Umfang der Vorratszeichen und deren Eignung zur Kennzeich-

444 Z.B. *BGH* GRUR 1963, 553, 554 – *Windboy*; *BGH* GRUR 1965, 665, 667 – *Liquiderma*; *BGH* GRUR 1969, 604, 605 – *Slip*; vgl. auch *Busse/Starck*, Warenzeichengesetz, § 1 Rdnr. 41 zum schutzwürdigen Bedürfnis an Vorratszeichen vor allem in der chemisch-pharmazeutischen oder kosmetischen Industrie; *Hartgen*, Warenzeichengesetz, Einf. Rdnr. 29; *Tetzner*, Warenzeichengesetz, § 1 Rdnr. 31; *Reimer*, Wettbewerbs- und Warenzeichenrecht, 16. Kap. Rdnr. 2; *Hefermehl*, GRUR 1968, 486, 487. Teilweise wurde das schutzwürdige Bedürfnis des Verkehrs an der Eintragung von Zeichen auch mit der langen Dauer des Eintragungsverfahrens begründet, so z.B. *Hartgen*, Warenzeichengesetz, Einf. Rdnr. 29. *Thiele* dagegen hielt die Begründung, dass Vorratszeichen wegen der Schwierigkeiten, sich schnell leistungsfähige Zeichen zu beschaffen, erforderlich seien, für nicht stichhaltig. Denn je weniger Zeichen auf *„Vorrat"* und zur *„Defensive"* eingetragen seien, umso größer seien die noch vorhandenen Möglichkeiten, originelle und durchschlagende Zeichen zu finden. Deswegen sprach sich *Thiele* gegen die Zulässigkeit von Vorratszeichen aus, *Thiele*, GRUR 1949, 268, 269.

445 *BGH* GRUR 1957, 224, 225 – *Odorex.*

446 *BGH* GRUR 1957, 224, 225 – *Odorex*; so in der Folgezeit auch z.B. *BGH* GRUR 1957, 228, 230 – *Astrawolle*; *BGH* GRUR 1963, 553, 554 – *Windboy*; *BGH* GRUR 1965, 665, 668 – *Liquiderma*; *BGH* GRUR 1969, 604, 605 – *Slip*; *BGH* GRUR 1971, 409, 410 – *Stallmeister.*

nung der Waren maßgeblich.[447] Demzufolge führte die langjährige Nichtbenutzung nicht dazu, dass dem Vorratszeichen von vornherein der Schutz zu versagen war. Die langjährige Nichtbenutzung hatte lediglich zur Folge, dass sich der Zeicheninhaber nicht mehr auf die Vermutung des Benutzungswillens berufen konnte und es nun ihm oblag, seinen Benutzungswillen und sein schützenswertes Interesse an der Aufrechterhaltung des Vorratszeichens darzulegen und zu beweisen.[448]

In der *Windboy*-Entscheidung aus dem Jahr 1963 erteilte der *BGH* der Forderung, angesichts der weiter zunehmenden Überfüllung der Zeichenrolle die Anforderungen an den Schutz von Vorratszeichen über die Anforderungen aus der *Odorex*-Entscheidung hinaus weiter zu verschärfen, eine Absage.[449] Denn dem gesteigerten Interesse des Verkehrs an der Wahl neuer Zeichen stehe das durch das Anwachsen der Zahl eingetragener Zeichen ebenfalls gestiegene Bedürfnis des Verkehrs gegenüber, für den Fall der Einführung neuer Waren sofort auf ein bereits eingetragenes Zeichen zurückgreifen zu können.[450]

Eine allgemeingültige Grenze, ab wann von einem Beweisanzeichen für die Widerlegung des vermuteten Benutzungswillens auszugehen war, und der Zeicheninhaber daher seinen Benutzungswillen und sein schutzwürdiges Interesse an der Aufrechterhaltung des Zeichenschutzes darlegen und beweisen musste, gab es nicht. Vielmehr beurteilte sich die Zeitgrenze anhand der Umstände des Einzelfalls.[451] In der *Stallmeister*-Entscheidung aus dem Jahr 1971 stellte der *BGH* lediglich den Grundsatz auf, dass der Zeitraum, nach dessen Ablauf der Zeicheninhaber die Darlegungs- und Beweislast für seinen Benutzungswillen

447 *BGH* GRUR 1957, 224, 225 – *Odorex*; so in der Folgezeit auch z.B. *BGH* GRUR 1969, 604, 605 – *Slip*.

448 *BGH* GRUR 1957, 224, 225 – *Odorex*. Die *Odorex*-Entscheidung war insofern missverständlich als der *BGH* bei einer langjährigen Nichtbenutzung des Zeichens nicht den Nachweis eines fortbestehenden Benutzungswillens verlangte, sondern einen Nachweis dahin, dass der Zeicheninhaber trotz der langjährigen Nichtbenutzung ein schutzwürdiges Interesse an der Aufrechterhaltung des Zeichenschutzes hat, *BGH* GRUR 1957, 224, 225 – *Odorex*. In der *Windboy*- und der *Slip*-Entscheidung stellte der *BGH* klar, dass dem Zeicheninhaber sowohl der Nachweis des Benutzungswillens als auch der Nachweis eines schutzwürdigen Interesses oblag, vgl. *BGH* GRUR 1963, 553, 554 – *Windboy*; *BGH* GRUR 1969, 604, 605 – *Slip*. Demzufolge waren der Benutzungswille und das schutzwürdige Interesse nicht gleichbedeutend. Selbst wenn der Zeicheninhaber tatsächlich über einen Benutzungswillen verfügte, hieß das nicht zugleich, dass er über ein schutzwürdiges Interesse an der Aufrechterhaltung des Vorratszeichens verfügte. Umgekehrt bedeutete das Vorliegen eines schutzwürdigen Interesses nicht, dass der Zeicheninhaber sein schutzwürdiges Interesse durch die Benutzung des Zeichens tatsächlich verwirklichen wollte.

449 *BGH* GRUR 1963, 553, 554 – *Windboy*.

450 *BGH* GRUR 1963, 553, 554 – *Windboy*.

451 *BGH* GRUR 1971, 409, 410 – *Stallmeister*; *BGH* 1974, 276, 277 – *King*.

und sein Aufrechterhaltungsinteresse traf, grundsätzlich erheblich enger zu bemessen war als der Zeitraum, für den auf Grund besonderer Umstände noch sein Interesse an der Aufrechterhaltung seines Vorratszeichens als schutzwürdig anzuerkennen war.[452] Der *BGH* bejahte erst bei einer längeren Nichtbenutzung ein Beweisanzeichen für die Widerlegung des Benutzungswillens und damit eine Darlegungs- und Beweispflicht des Zeicheninhabers: So ging der *BGH* in der *Odorex*-Entscheidung jedenfalls nach einer nahezu dreißigjährigen Nichtbenutzung und in der *Windboy*-Entscheidung nach rund fünfzehn Jahren von einer Darlegungs- und Beweispflicht des Zeicheninhabers aus.[453]

cc) Rechtslage nach der Einführung des Benutzungszwangs

Die Einführung des Benutzungszwangs änderte nichts an der grundsätzlichen Zulässigkeit von Vorratszeichen.[454] Aus der fünfjährigen Benutzungsfrist[455] schloss der *BGH* in der *Oldtimer*-Entscheidung aus dem Jahr 1971, dass es für die Schutzwürdigkeit von Vorratszeichen nunmehr eine feste Zeitgrenze gab. Hierzu heißt es:

> *„Aus der Neuregelung kann jedenfalls nicht entnommen werden, daß Vorratszeichen nunmehr überhaupt unzulässig sein sollten oder auch nur für ihren Bestand eine erheblich geringere Frist als die nach der Neuregelung vorgesehene 5-Jahresfrist maßgebend sein sollte* [...].

---

452 *BGH* GRUR 1971, 409, 411 – *Stallmeister*.

453 *BGH* GRUR 1957, 224 – *Odorex*; *BGH* GRUR 1963, 553, 554 – *Windboy*, wobei das Zeichen in der *Windboy*-Entscheidung tatsächlich knapp siebenundzwanzig Jahre nicht benutzt worden war. Der *BGH* berücksichtigte jedoch zu Gunsten des Zeicheninhabers, dass eine Zeichenbenutzung infolge des Weltkriegs und der Nachkriegszeit für einen Zeitraum von rund zwölf Jahren nicht möglich gewesen war, vgl. hierzu auch *Schulze zur Wiesche*, GRUR 1966, 359, 361.

454 *BGH* GRUR 1971, 251, 252 – *Oldtimer*.

455 Art. 7 Abs. 2 des Vorabgesetzes, BGBl. 1967 Teil I, S. 953, 961, sah vor, dass die Fünfjahresfrist am 1. Januar 1968 für die Benutzung der bis zu diesem Zeitpunkt eingetragenen Zeichen begann. Streitig war, ob mit dieser Regelung allen Zeicheninhabern eine allgemeine Schonfrist gewährt werden sollte. Ging man von einer allgemeinen Schonfrist aus, bedeutete dies, dass einem Vorratszeichen ab dem 1. Januar 1968 nicht mehr der Schutz wegen Nichtbenutzung versagt werden konnte, weil der Zeicheninhaber bei einer allgemeinen Schonfrist die Benutzung noch bis zum 1. Januar 1973 aufnehmen konnte, so angedeutet bei *Kraft*, GRUR 1968, 123, 128; *Miosga*, GRUR 1968, 237, 241. Der *BGH* und der überwiegende Teil der Literatur dagegen vertraten die Ansicht, dass die Schonfrist vom 1. Januar 1968 bis 1. Januar 1973 nur für *„unbelastete"* Zeichen anwendbar war. Es könne nicht Sinn der Übergangsregelung sein, schutzunwürdige Vorratszeichen zu begünstigen, z.B. *BGH* GRUR 1969, 604, 605 – *Slip*; *BGH* GRUR 1975, 135, 137 – *KIM-Mohr*; *Baumbach/Hefermehl*, Warenzeichenrecht, § 1 Rdnr. 48; *Althammer*, Warenzeichengesetz, § 1 Rdnr. 36; *Fezer*, Der Benutzungszwang, S. 159 f.; *Hefermehl*, GRUR 1968, 486, 488; *Bökel*, BB 1971, 1033, 1037; *Utescher*, GRUR 1969, 606 f.

Vielmehr ist davon auszugehen, daß der angemessene Zeitraum zur tatsächlichen Benutzungsaufnahme nunmehr grundsätzlich fünf Jahre beträgt."[456]

Folglich erübrigte sich der Nachweis eines schutzwürdigen Interesses an der Aufrechterhaltung des Zeichenschutzes bei langjährig nicht benutzten Zeichen.[457] Die zeitliche Schutzbegrenzung unbenutzter Zeichen führte zu einer erheblichen Einschränkung des Zeichenschutzes aus Vorratszeichen, weil die Vorratszeichen nach Ablauf der Fünfjahresfrist nach § 11 Abs. 1 Nr. 4 WZG der Löschung unterlagen und zwar ohne Rücksicht darauf, dass deren Schutzwürdigkeit nach früheren Grundsätzen erst nach einer wesentlich längeren Zeitdauer als der Fünfjahresfrist des Benutzungszwangs verneint worden war.[458]

Teilweise wurde aus der Einführung des Benutzungszwangs der Schluss gezogen, dass die wettbewerbsrechtlichen Schranken des Zeichenschutzes überhaupt keine Geltung mehr beanspruchten. Die Fünfjahresfrist wurde von den Vertretern dieser Ansicht als eine generelle Schonfrist verstanden, während der ein Zeichenschutz nicht versagt werden durfte.[459] Eine andere Ansicht hielt die wettbewerbsrechtlichen Schranken, die letztendlich zu einer Einschränkung des Zeichenschutzes führten, auch vor Ablauf der Fünfjahresfrist weiterhin für anwendbar. Als Begründung wurde angeführt, dass es sich bei dem Warenzeichenrecht um ein Teilgebiet des allgemeinen Wettbewerbsrechts handele und der Zeicheninhaber seine Zeichenrechte nicht wettbewerbswidrig ausüben dürfe. Die Einführung des Benutzungszwangs schließe lediglich aus, vor Ablauf der Fünfjahresfrist die Schutzunwürdigkeit des Vorratszeichens mit der Dauer der Nichtbenutzung zu begründen und deshalb das Vorratsinteresse als ungerechtfertigt zu

456 *BGH* GRUR 1971, 251, 252 – *Oldtimer*; so in der Folgezeit z.B. auch *BGH* GRUR 1971, 409, 411 – *Stallmeister*; *BGH* GRUR 1974, 276, 277 – *King*. Diese Auffassung wurde von der Literatur geteilt, so z.B. von *Baumbach/Hefermehl*, Warenzeichenrecht, § 1 Rdnr. 46; *Althammer*, Warenzeichengesetz, § 1 Rdnr. 36.

457 *BGH* GRUR 1971, 251, 252 – *Oldtimer*; *Fezer*, Der Benutzungszwang, S. 159; vgl. auch *Baumbach/Hefermehl*, Warenzeichenrecht, § 1 Rdnr. 47; *Utescher*, GRUR 1969, 606, 607.

458 *Baumbach/Hefermehl*, Warenzeichenrecht, § 1 Rdnr. 47; *Fezer*, Der Benutzungszwang, S. 158 f.; *Hefermehl*, GRUR 1968, 486, 488. Nur ausnahmsweise konnte dem Zeicheninhaber über die Fünfjahresfrist hinaus Zeichenschutz zugestanden werden, nämlich wenn Umstände im Sinne des § 11 Abs. 1 Nr. 4 Satz 1 HS. 2 WZG vorlagen, unter denen dem Zeicheninhaber die Benutzung des Zeichens während der Fünfjahresfrist nicht zumutbar war. Die Anforderungen hieran waren gemessen an dem gesetzgeberischen Zweck der Einführung des Benutzungszwangs streng, *Hefermehl*, GRUR 1968, 486, 488. So reichte ein Interesse des Zeicheninhabers an der sofortigen Verfügbarkeit des Zeichens nicht aus, um eine Schutzrechtsverlängerung nach § 11 Abs. 1 Nr. 4 Satz 1 HS. 2 WZG zu begründen, *Baumbach/Hefermehl*, Warenzeichenrecht, § 1 Rdnr. 47; *Hefermehl*, GRUR 1968, 486, 488.

459 So *Bökel*, BB 1971, 1033, 1037.

bewerten. Eine wettbewerbsrechtliche Unzulässigkeit könne sich aber beispielsweise aus einem übermäßigen Horten von Vorratszeichen ergeben.[460]

c) Defensivzeichen[461]

aa) Definition

Unter Defensivzeichen[462] wurden Zeichen verstanden, die nicht zur zeichenmäßigen Benutzung vorgesehen waren, sondern dazu dienten, den Schutzbereich eines benutzten oder zur Benutzung vorgesehenen Hauptzeichens zu ergänzen oder zu erweitern.[463] So errichteten viele Inhaber von benutzten oder zur Benutzung vorgesehenen Hauptzeichen einen Schutzwall aus Defensivzeichen um das Hauptzeichen.[464]

---

460 *Fezer*, Der Benutzungszwang S. 159; vgl. auch *Hefermehl*, GRUR 1968, 486, 488; *Schricker*, GRUR Int. 1969, 14, 28; in diese Richtung auch *Uekermann*, Der Benutzungszwang im Warenzeichenrecht, S. 229.

461 Die Defensivzeichen waren von den Defensivwaren zu unterscheiden. Unter Defensivwaren wurden Waren verstanden, die lediglich dazu dienten, den Schutzumfang des Zeichens zu erweitern und die der Zeichenanmelder in seinem Geschäftsbetrieb überhaupt nicht zu führen beabsichtigte. Damit fehlte es bei Defensivwaren an einem Willen, die Waren in einem Geschäftsbetrieb zu führen. Defensivwaren waren nicht eintragungsfähig, vgl. *BGH* GRUR 1956, 172, 175 – *Magirus*; *v. Gamm*, Warenzeichengesetz, § 1 Rdnr. 46; *Baumbach/Hefermehl*, Warenzeichenrecht, § 1 Rdnr. 35; *Bökel*, BB 1971, 1033, 1037. Gelangten Defensivwaren dennoch zur Eintragung, so unterlagen sie der Teillöschungsklage nach § 11 Abs. 1 Nr. 2 WZG. Unter Umständen konnten sie auch von Amts wegen nach § 10 Abs. 2 Nr. 2 WZG gelöscht werden, *Baumbach/Hefermehl*, Warenzeichenrecht, § 1 Rdnr. 35.

462 Teilweise wurde statt des Begriffs des Defensivzeichens auch der Begriff des Abwehrzeichens verwendet, so z.B. *BGH* GRUR 1961, 33, 35 – *Dreitannen*; *BGH* GRUR 1970, 27 – *Eintannen*; *Baumbach/Hefermehl*, Warenzeichenrecht, § 1 Rdnr. 50; *Kreye*, Benutzungszwang für Warenzeichen, S. 2; *Thiele*, GRUR 1949, 268; *Friedrich*, GRUR 1961, 38. Inhaltliche Unterschiede waren mit den unterschiedlichen Begriffen nicht verbunden. Im Folgenden wird einheitlich der Begriff des Defensivzeichens verwendet.

463 Z.B. *Althammer*, Warenzeichengesetz, § 1 Rdnr. 34; *Kleinmann*, Warenzeichenrecht, S. 8; *Baumbach/Hefermehl*, Warenzeichenrecht, § 1 Rdnr. 50; *Busse/Starck*, Warenzeichengesetz, § 1 Rdnr. 39; *Neumann*, Warenzeichengesetz, § 1 S. 25; *v. Gamm*, Warenzeichengesetz, § 1 Rdnr. 16; *Hartgen*, Warenzeichengesetz, Einf. Rdnr. 32; *Tetzner*, Warenzeichengesetz, § 1 Rdnr. 36; *Reimer*, Wettbewerbs- und Warenzeichenrecht, 16. Kap. Rdnr. 5; *Kreye*, Benutzungszwang für Warenzeichen, S. 17; *Fezer*; Der Benutzungszwang, S. 153; vgl. auch *Thiele*, GRUR 1949, 268; *Schulze zur Wiesche*, GRUR 1966, 359; *Hefermehl*, GRUR 1968, 486; *v. Kreisler/Ruprecht*, GRUR 1954, 434, 437.

464 *Althammer*, Warenzeichengesetz, § 1 Rdnr. 34. Bereits im Jahr 1902 bestand um das Zeichen *Odol* ein Schutzwall von 24 und um das Zeichen *Maggi* ein Schutzwall von 26 Defensivzeichen. Das Zeichen *o.b.* wurde sogar von 44 Defensivzeichen verteidigt, so *Tetzner*, Warenzeichengesetz, § 1 Rdnr. 36.

Die Defensivzeichen unterschieden sich von den Vorratszeichen dadurch, dass der Inhaber eines Defensivzeichens über keinen Benutzungswillen verfügte.[465] Obwohl der Benutzungswille nach § 1 WZG eine materielle Voraussetzung für die Erlangung von Zeichenschutz war[466] und dieser bei den Defensivzeichen gerade fehlte, gewährte die Rechtsprechung Defensivzeichen dennoch unter gewissen – im Laufe der Zeit verschärften – Voraussetzungen vollen Zeichenschutz.[467] Die Anerkennung der Defensivzeichen wurde mit dem engherzigen Schutz begründet, den die Rechtsprechung den Zeichen jahrzehntelang gewährte, indem sie den Begriff der Verwechslungsgefahr sehr eng fasste.[468]

---

465 Z.B. *BGH* GRUR 1953, 486, 487 – *Nordona*; *Baumbach/Hefermehl*, Warenzeichenrecht, § 1 Rdnr. 44; *Neumann*, Warenzeichengesetz, § 1 S. 25; *Tetzner*, Warenzeichengesetz, § 1 Rdnr. 36.

466 Siehe 3. Kap. III 4 a.

467 Z.B. *BGH* GRUR 1953, 486, 487 f. – *Nordona*; *BGH* GRUR 1957, 228, 230 – *Astrawolle*; *BGH* GRUR 1961, 33, 35 – *Dreitannen*; vgl. auch *Busse/Starck*, Warenzeichengesetz, § 1 Rdnr. 39; *Hartgen*, Warenzeichengesetz, Einf. Rdnr. 33 f.; *Reimer*, Wettbewerbs- und Warenzeichenrecht, 4. Kap. Rdnr. 18 f.

468 *Baumbach/Hefermehl*, Warenzeichenrecht, § 1 Rdnr. 50. *Baumbach/Hefermehl* dürfte hierbei die Rechtsprechung der ersten Hälfte des vergangenen Jahrhunderts im Blick gehabt haben. Im Warenzeichenrecht wurde bei der Verwechslungsgefahr zwischen der Verwechslungsgefahr im engeren und der Verwechslungsgefahr im weiteren Sinne unterschieden, wobei bei der Verwechslungsgefahr im engeren Sinne wiederum zwischen der unmittelbaren und der mittelbaren Verwechslungsgefahr differenziert wurde, *Baumbach/Hefermehl*, Warenzeichenrecht, § 31 Rdnr. 22 ff. Während der Verkehr bei der Verwechslungsgefahr im engeren Sinne annahm, dass die Waren aus demselben Unternehmen stammten, erkannte der Verkehr bei der Verwechslungsgefahr im weiteren Sinne zwar, dass es sich um zwei verschiedene Unternehmen handelte. Der Verkehr schloss aber aus der Ähnlichkeit der Bezeichnungen, dass diese Unternehmen in Beziehung geschäftlicher, wirtschaftlicher oder organisatorischer Art standen, *Baumbach/Hefermehl*, Warenzeichenrecht, § 31 Rdnr. 99. Die Rechtsprechung hatte den Begriff der Verwechslungsgefahr im weiteren Sinne zunächst für den Schutz von Unternehmenskennzeichen nach §§ 12 BGB, 16 UWG a.F. entwickelt. Später ging die Rechtsprechung dazu über, diesen Begriff auch für die zeichenrechtliche Beurteilung der Verwechslungsgefahr bei Warenzeichen und Ausstattungen unter der Voraussetzung der Warengleichartigkeit zu verwenden, *Baumbach/Hefermehl*, Warenzeichenrecht, § 31 Rdnr. 99. Spätestens seit Beginn der 50-er des vergangenen Jahrhunderts kann dies als gefestigte Rechtsprechung bezeichnet werden, vgl. z.B. *BGH* GRUR 1952, 35, 37 – *Widia / Ardia*; *BGH* GRUR 1955, 95, 96 – *Buchgemeinschaft*; *BGH* GRUR 1955, 579, 584 – *Sunpearl*; *BGH* GRUR 1957, 339, 342 – *Venostasin / Topostasin*; *BGH* GRUR 1957, 435, 437 – *Eucerin / Estarin*; *BGH* GRUR 1959, 420, 422 – *Opal*.

Nach *Baumbach/Hefermehl* musste früher, *„wer nicht vogelfrei sein wollte"* sich wegen des engen Verständnisses der Verwechslungsgefahr alle annähernd verwechslungsfähigen Zeichen als Defensivzeichen eintragen lassen, *Baumbach/Hefermehl*, Warenzeichenrecht, § 1 Rdnr. 50; vgl. auch *Reimer*, Wettbewerbs- und Warenzeichenrecht, 16. Kap. Rdnr. 6; *v. Gamm*, Warenzeichengesetz, § 1 Rdnr. 16; *Hefermehl*, GRUR 1968, 486.

bb) Rechtslage bis zur Einführung des Benutzungszwangs

In der *Nordona*-Entscheidung aus dem Jahr 1953 räumte der *BGH* zwar ein, dass reine Defensivzeichen nicht den Erfordernissen des § 1 WZG entsprachen, weil sie nicht zur Kennzeichnung von Waren bestimmt waren und der Zeicheninhaber nicht einmal über die Absicht verfügte, das Zeichen zu seinem bestimmungsgemäßen Gebrauch zu verwenden.[469] Dies hielt den *BGH* jedoch nicht davon ab, Defensivzeichen anzuerkennen. Der *BGH* verlangte lediglich, dass der Zeicheninhaber ein zusätzliches Schutzbedürfnis für das Hauptzeichen nachwies. Dabei kam es nach dem *BGH* nicht darauf an, ob es sich bei dem Hauptzeichen um ein benutztes oder unbenutztes Zeichen handelte. Demnach ließ der *BGH* sogar Defensivzeichen für Vorratszeichen zu.[470]

In der *Dreitannen*-Entscheidung aus dem Jahr 1960 schränkte der *BGH* die Zulässigkeit von Defensivzeichen sodann doch ein, weil mit den bisherigen Rechtsgrundsätzen dem zunehmenden Missbrauch der Zeichenrechte nicht ausreichend begegnet werden konnte. So erkannte der *BGH* Defensivzeichen nur noch für solche Hauptzeichen an, die noch jung und in der Entwicklung begriffen waren, so dass ihr eigener Schutzbereich noch nicht den Umfang erreicht hatte, der ihnen bei normaler Verkehrsdurchsetzung zukam. Somit durfte der Zeicheninhaber aus einem Defensivzeichen gegen dritte Zeichen vorgehen, vorausgesetzt, das dritte Zeichen fiel nach der noch nicht erreichten, aber zu erwartenden normalen Verkehrsdurchsetzung des Hauptzeichens voraussichtlich in dessen Schutzbereich. Der mit einem Defensivzeichen schützbare Ähnlichkeitsbereich des Hauptzeichens entsprach demnach nur noch dem Schutzumfang des Hauptzeichens, wie er sich bei einer normalen Verkehrsdurchsetzung durch Benutzung darstellte. Der *BGH* sah für eine darüber hinausgehende Anerkennung von Defensivzeichen keine Notwendigkeit mehr, weil die (damals) aktuelle Rechtsprechung zur Verwechslungsgefahr[471] dem Inhaber eines benutzten und im Verkehr eingebürgerten Zeichens vollen Schutz gegen Verwechslungen gewährte. Insofern bestand nach dem *BGH* nach Ablauf einer normalen Einführungszeit kein schutzwürdiges Interesse mehr an der Freihaltung eines zusätzlichen, theoretischen Ähnlichkeitsbereiches.[472] Mit der Einschränkung der Zulässigkeit der Defensivzeichen wertete der *BGH* das Interesse von Neuanmeldern an der Erlangung eines eigenen Zeichenschutzes auf und damit einhergehend das widerstreitende Interesse des Inhabers des Haupt- und Defensivzeichens ab.[473]

469 *BGH* GRUR 1953, 486, 487 – *Nordona.*
470 Vgl. *BGH* GRUR 1953, 486, 488 – *Nordona.*
471 Vgl. die Fn. 468.
472 *BGH* GRUR 1961, 33, 35 – *Dreitannen.*
473 Vgl. *BGH* GRUR 1961, 33, 35 – *Dreitannen.*

In der *Palmolive*-Entscheidung aus dem Jahr 1963 ging der *BGH* noch einen Schritt weiter und versagte dem Zeichenanmelder bereits den Anspruch auf Erwerb eines Defensivzeichens, wenn sich das benutzte Hauptzeichen zum Zeitpunkt der Anmeldung des Defensivzeichens bereits im Verkehr durchgesetzt hatte. Eine bereits im Verkehr durchgesetzte Ware bedürfe keiner Entwicklungshilfe mehr.[474]

Die Anerkennung von Defensivzeichen durch die Rechtsprechung stieß in der Literatur überwiegend auf Ablehnung.[475] *Baumbach/Hefermehl* beispielsweise bezeichneten die Defensivzeichen als eine *„Schöpfung der Praxis"*, die angesichts der zahlreichen Eintragungen und damit einhergehenden Überfüllung der Zeichenrolle *„bald ein großes Übel"* wurden.[476] *Tetzner* beschrieb die Defensivzeichen als Zeichen, bei denen *„die Kernfunktion des Warenzeichens, zur Kennzeichnung von Waren zu dienen, absolut verkümmert"* sei.[477] Defensivzeichen brächten *„die Gefahr ungesunder, unzulässiger Marktversperrung"*.[478] In erster Linie wurde die Ablehnung der Defensivzeichen mit § 1 WZG begründet, weil Defensivzeichen gerade dadurch gekennzeichnet waren, dass der nach § 1 WZG erforderliche Benutzungswille fehlte.[479] *Baumbach/Hefermehl* begründeten die Ablehnung von Defensivzeichen auch damit, dass das Warenzeichengesetz den Zeichenschutz in § 31 WZG auf das Vorliegen einer Verwechslungsgefahr begrenzte. Es widerspreche dieser Wertung des Warenzeichengesetzes, den Schutzbereich des Hauptzeichens durch die Anerkennung von Defensivzeichen zu vergrößern.[480] Zudem habe die (damals) aktuelle Rechtsprechung, die den Begriff der Verwechslungsgefahr weit fasste, die Defensivzeichen überflüssig ge-

474 *BGH* GRUR 1964, 454, 456 – *Palmolive.*

475 Z.B. *Baumbach/Hefermehl*, Warenzeichenrecht, § 1 Rdnr. 50; *v. Gamm*, Warenzeichengesetz, § 1 Rdnr. 16; *Tetzner*, Warenzeichengesetz, § 1 Rdnr. 37 ff.; *Neumann*, Warenzeichengesetz, § 1 S. 25; *Kreye*, Benutzungszwang für Warenzeichen, S. 34; *Heydt*, Festschrift für Hefermehl, S. 59, 63; *Hefermehl*, GRUR 1968, 486; *Becher*, GRUR 1958, 324, 330; a.A. *Krieger*, GRUR 1072, 311, 313.

476 *Baumbach/Hefermehl*, Warenzeichenrecht, § 1 Rdnr. 50. *Baumbach/Hefermehl* bezogen sich dabei auf die *Kofra*-Entscheidung des *Reichsgerichts*. Das Hauptzeichen lautete *Kornfrank*, das Defensivzeichen *Kofra*. Mit dem Defensivzeichen *Kofra* konnte nun das Zeichen *Koffea* vernichtet werden, vgl. RGZ 112, 160 ff. – *Kofra.*

477 *Tetzner*, Warenzeichengesetz, § 1 Rdnr. 36.

478 *Tetzner*, Warenzeichengesetz, § 1 Rdnr. 37.

479 *v. Gamm*, Warenzeichengesetz, § 1 Rdnr. 16; *Baumbach/Hefermehl*, Warenzeichenrecht, § 1 Rdnr. 50; *Tetzner*, Warenzeichengesetz, § 1 Rdnr. 37 ff.; *Neumann*, Warenzeichengesetz, § 1 S. 25; *Kreye*, Benutzungszwang für Warenzeichen, S. 34; *Hefermehl*, GRUR 1968, 486.

480 *Baumbach/Hefermehl*, Warenzeichenrecht, § 1 Rdnr. 51; so auch schon *Thiele*, GRUR 1949, 268, 269.

macht.[481] In diesem Zusammenhang gab *Tetzner* darüber hinaus zu bedenken, dass bei einem weiten Verständnis der Verwechslungsgefahr, Defensivzeichen besonders hinderlich würden. Denn auch den Defensivzeichen käme die Ausdehnung zugute.[482]

cc) Rechtslage nach der Einführung des Benutzungszwangs

Ähnlich wie die Einführung des Benutzungszwangs bei den Vorratszeichen dazu führte, dass die Schutzwürdigkeit eines Vorratszeichens nun auf die Dauer von fünf Jahren begrenzt war,[483] führte die Einführung des Benutzungszwangs bei den Defensivzeichen wegen § 11 Abs. 1 Nr. 4 WZG letztendlich dazu, dass die Dauer einer zulässigen Entwicklungshilfe auf fünf Jahre beschränkt wurde,[484] vorausgesetzt man hielt Defensivzeichen – wie die Rechtsprechung[485] – überhaupt für zulässig.

Losgelöst von der Frage nach dem rechtlichen Schicksal eines Defensivzeichens nach Ablauf der Fünfjahresfrist stellte sich bei den Defensivzeichen – ähnlich wie bei den Vorratszeichen – die Frage, ob die von der Rechtsprechung zu den Defensivzeichen entwickelten Rechtsgrundsätze zur Einschränkung des Zeichenschutzes während der Fünfjahresfrist weiterhin anwendbar waren oder Defensivzeichen bis zum Ablauf der Fünfjahresfrist grundsätzlich vollen Schutz wie benutzte Zeichen genossen. In der *Eintannen*-Entscheidung aus dem Jahr 1969 entschied der *BGH*, dass Defensivzeichen, die bereits vor der Einführung des Benutzungszwangs dem Einwand des Rechtsmissbrauchs ausgesetzt waren, diesem Einwand ausgesetzt blieben und ihnen die allgemeine Schonfrist vom 1. Januar 1968 bis 1. Januar 1973 nicht zu Gute kam.[486] Da die Umstände, die in der *Eintannen*-Entscheidung zur Bejahung des Rechtsmissbrauchseinwands geführt hatten, schon vor dem Inkrafttreten des Vorabgesetzes vorlagen, blieb in der *Eintannen*-Entscheidung letztendlich offen, ob nach dem 1. Januar 1968 zur Eintragung gelangte Defensivzeichen während der Fünfjahresfrist weiterhin den einschränkenden Rechtsgrundsätzen unterlagen oder sie grundsätzlich vollen Zeichenschutz genossen.

---

481 *Baumbach/Hefermehl*, Warenzeichenrecht, § 1 Rdnr. 50; *v. Gamm*, Warenzeichengesetz, § 1 Rdnr. 16; *Tetzner*, Warenzeichengesetz, § 1 Rdnr. 37.

482 *Tetzner*, Warenzeichengesetz, § 1 Rdnr. 43.

483 Zur Rechtslage bei den Vorratszeichen nach der Einführung des Benutzungszwangs siehe 3. Kap. III 5 b cc).

484 Z.B. *Althammer*, Warenzeichengesetz, § 1 Rdnr. 37; *Fezer*, Der Benutzungszwang, S. 157.

485 Siehe die Nachweise in der Fn. 467.

486 *BGH* GRUR 1970, 27, 29 – *Eintannen*.

In der Literatur wurde überwiegend die Ansicht vertreten, dass sowohl vor als auch nach dem 1. Januar 1968 eingetragene Defensivzeichen – deren grundsätzliche Zulässigkeit unterstellt – durch die Einführung der Fünfjahresfrist keine Besserstellung dahingehend erfahren hätten, dass ihnen während der Fünfjahresfrist voller Schutz zustünde. Zweck der Fünfjahresfrist sei lediglich, die Schwierigkeiten, die sich aus der Überfüllung der Zeichenrolle ergaben, allmählich zu beheben, nicht aber, Defensivzeichen aufzuwerten.[487] Daraus wurde in der Literatur die Konsequenz gezogen, dass einem Hauptzeichen längstens für fünf Jahre Entwicklungsschutz gewährt werden konnte, wobei die Dauer für die Entwicklungshilfe unter Umständen auch kürzer sein konnte.[488]

6. Ergebnis und Schlussfolgerung

Unter der Geltung des Warenzeichengesetzes wurde der Benutzungswille als eine materielle Voraussetzung für die Erlangung von Zeichenschutz nach § 1 WZG verstanden.[489] Der Benutzungswille musste sich auf die Kennzeichnung der Waren aus dem eigenen Geschäftsbetrieb zur Unterscheidung von den Waren anderer beziehen.[490] Der Benutzungswille wurde widerlegbar vermutet.[491] Eine Benutzung des Zeichens dagegen war für die Erlangung von Zeichenschutz nicht erforderlich. Infolgedessen überfüllten unbenutzte Zeichen die Zeichenrolle.[492] Um dieser Entwicklung und dem Missbrauchspotential unbenutzter Zeichen entgegenzuwirken, schränkte die Rechtsprechung den Zeichenschutz von unbenutzten Zeichen ein, indem sie diese Zeichen wettbewerbsrechtlichen Schranken unterstellte, wobei dies für Vorrats- und Defensivzeichen gleichermaßen galt.[493]

Die Untersuchung der Rechtslage zu den Vorratszeichen vor der Einführung des Benutzungszwangs hat gezeigt, dass das Merkmal des Benutzungswillens allein nicht ausreichte, um einer Überfüllung der Zeichenrolle entgegenzuwirken und Missbrauchsfälle wirksam zu bekämpfen. Vielmehr mussten zusätzlich zum Benutzungswillen das Kriterium des schutzwürdigen Interesses und später die Regelungen zum Benutzungszwang bemüht werden, um einer Ausuferung des

487 Z.B. *Baumbach/Hefermehl*, Warenzeichenrecht, § 1 Rdnr. 53; *Fezer*, Der Benutzungszwang, S. 157; *Hefermehl*, GRUR 1968, 486, 487; vgl. auch *Schricker*, GRUR Int. 1969, 14, 28.

488 *Althammer*, Warenzeichengesetz, § 1 Rdnr. 37.

489 Siehe 3. Kap. III 4 a.

490 Siehe 3. Kap. III 2.

491 Siehe 3. Kap. III 3.

492 Siehe 2. Kap. III 5 a.

493 Siehe 3. Kap. III 5.

Zeichenschutzes entgegenzuwirken.[494] Demnach zeigte sich das Merkmal des Benutzungswillens allein – also vor der Einführung des Benutzungszwangs – als ein zahnloser Tiger bei der Bereinigung der Zeichenrolle und der Bekämpfung von Missbrauchsfällen. Mit der Einführung des Benutzungszwangs relativierte sich diese Schwäche insofern, als Zeichen, die länger als fünf Jahre nicht benutzt wurden, keinen Zeichenschutz mehr genossen[495].

Auf der anderen Seite muss aber auch berücksichtigt werden, dass das Erfordernis des Benutzungswillens als eine materielle Schutzvoraussetzung insbesondere von der Rechtsprechung nicht konsequent umgesetzt wurde, da die Rechtsprechung Defensivzeichen zur Eintragung in die Zeichenrolle zuließ, obwohl der Inhaber eines Defensivzeichens über keinen Benutzungswillen verfügte.[496] Dies darf dem Merkmal des Benutzungswillens nicht angelastet werden.

Für die in diesem Kapitel zu untersuchende Frage, ob das Merkmal des Benutzungswillens hinreichend geeignet ist, um eine nach § 8 Abs. 2 Nr. 10 MarkenG bösgläubige Markenanmeldung in Form der Spekulationsmarke von einer legitimen Markenanmeldung abzugrenzen und Missbrauchsfälle effektiv zu bekämpfen, ergibt sich somit Folgendes: Es kann nach wie vor vertreten werden, dass ein Markenanmelder, der schon weiß, dass er seine Marke nicht markenmäßig benutzen wird, von vornherein keinen Markenschutz verdient[497]. Die Schwäche des Benutzungswillens als effektives Mittel zur Bekämpfung von Missbrauchsfällen kann unter der Geltung des Markengesetzes durch den Benutzungszwang – zumindest teilweise – kompensiert werden, da das Markengesetz einen dem Warenzeichengesetz vergleichbaren Benutzungszwang vorsieht[498]. Insofern könnte das Merkmal des Benutzungswillens gemeinsam mit den Regelungen zum Benutzungszwang durchaus seinen Beitrag bei der Bekämpfung von Missbrauchsfällen leisten. Das bedeutet, dass das Merkmal des Benutzungswillens jedenfalls nicht von vornherein als Abgrenzungskriterium ausscheidet.

IV. Rechtslage nach dem Markengesetz

In dem vorliegenden Abschnitt soll der eigentlichen Frage nachgegangen werden, nämlich der Frage, ob schon das Fehlen des Benutzungswillens allein die Annahme der Bösgläubigkeit rechtfertigt und der Benutzungswille damit ein hin-

494 Siehe 3. Kap. III 5 b.
495 Siehe 3. Kap. II 1 a.
496 Siehe 3. Kap. III 5 c.
497 Siehe auch den Nachweis in der Fn. 298.
498 Siehe 3. Kap. II 1 b.

reichendes Kriterium ist, um eine nach § 8 Abs. 2 Nr. 10 MarkenG bösgläubige Markenanmeldung in Form der Spekulationsmarke[499] von einer legitimen Markenanmeldung abzugrenzen. Der Benutzungswille ist jedoch nur dann als hinreichendes Abgrenzungskriterium geeignet, wenn der Benutzungswille auf der einen Seite dem Willen des Gesetzgebers, die Bindung der Marke an den Geschäftsbetrieb aufzugeben, Raum lässt. Auf der anderen Seite muss das Abgrenzungskriterium aber auch eine wirksame Bekämpfung von Missbrauchsfällen ermöglichen.[500]

Zu Beginn der Untersuchung erfolgt zunächst (1.) eine Auseinandersetzung mit der Rechtsprechung, insbesondere der Rechtsprechung des *BGH*. Daran schließt sich (2.) eine Aufarbeitung der in der Literatur vorgeschlagenen Lösungswege an. Auf Grund der dort gefundenen Erkenntnisse wird anschließend (3.) ein alternativer Lösungsvorschlag unterbreitet. Da die Rechtslage zu den Vorrats- und Defensivzeichen unter der Geltung des Warenzeichengesetzes untersucht wurde, soll der Vollständigkeit halber auch (4.) die aktuelle Rechtslage zu den Vorrats- und Defensivmarken beleuchtet werden, wobei die aus den vorstehenden Untersuchungen gewonnenen Erkenntnisse, insbesondere zum Benutzungswillen, Berücksichtigung finden sollen.

1. Rechtsprechung

Die Rechtsprechung zieht das Merkmal des Benutzungswillens heran, um eine Spekulationsmarke von einer legitimen Marke abzugrenzen. Dabei ordnete der *BGH* den Benutzungswillen zunächst als (a) eine allgemeine Schutzvoraussetzung für die Erlangung von Zeichenschutz ein. Später gab der *BGH* zu verstehen, in dem Fehlen des Benutzungswillens (b) ein wesentliches Indiz für eine bösgläubige Markenanmeldung in Form der Spekulationsmarke zu sehen, ohne dass der *BGH* von seiner früheren Einordnung des Benutzungswillens als allgemeine Schutzvoraussetzung ausdrücklich Abstand nahm:

a) Benutzungswille als allgemeine Schutzvoraussetzung

Im Sinne einer stark an der Rechtslage zum Warenzeichengesetz orientierten Sichtweise ordnete der *BGH* das Merkmal des Benutzungswillens in der *Classe E*-Entscheidung zunächst als eine allgemeine Schutzvoraussetzung für die Erlangung von Markenschutz ein.

---

499 Zu den charakteristischen Merkmalen der Spekulationsmarke siehe 2. Kap. VI 3.

500 Siehe hierzu im Einzelnen die Aufgabenstellung unter 3. Kap. I.

aa) Classe E-Entscheidung des BGH

In der *Classe E*-Entscheidung[501] aus dem Jahr 2000 setzte sich der *BGH* erstmals mit einer Spekulationsmarke auseinander. Im Wesentlichen ging es dabei um die Frage, unter welchen Voraussetzungen einem Markeninhaber, der über keinen Geschäftsbetrieb verfügt, der Markenschutz wegen unzulässiger Rechtsausübung zu versagen ist, und zwar obwohl der Gesetzgeber die Bindung der Marke an einen Geschäftsbetrieb bewusst aufgegeben hat. Da der *BGH* hierbei nicht als Rechtsmittelgericht über das *BPatG* entschied, sondern als Rechtsmittelgericht über die ordentlichen Verletzungsgerichte,[502] hatte der *BGH* nur über den Einwand der unzulässigen Rechtsausübung zu befinden und nicht darüber, ob der Tatbestand des damals geltenden § 50 Abs. 1 Nr. 4 MarkenG a.F. erfüllt war. Die vom *BGH* in diesem Zusammenhang zur unzulässigen Rechtsausübung entwickelten Rechtsgrundsätze können jedoch auf den Tatbestand der bösgläubigen Markenanmeldung übertragen werden.[503]

(1) Sachverhalt

Bei dem Markeninhaber handelte es sich um einen Privatmann, der im Jahr 1992 eine Vielzahl an Marken, unter anderem die Marke *Classe E* für die Warenklasse 12 *„véhicules"* in Frankreich und später international mit Schutzgewährung für Deutschland und die Schweiz registrieren ließ. Der Markeninhaber verfügte über keinen warenbezogenen Geschäftsbetrieb und verrichtete nur Gelegenheitsarbeiten.

Die DaimlerChrysler AG verwendete für ihre Fahrzeuge zum damaligen Zeitpunkt bereits seit über zwanzig Jahren Kombinationen aus Zahlen und Buchstaben als Modell- und Typenbezeichnung, so die Marke *C-Klasse* und *S-Klasse.* Seit Mitte des Jahres 1993 verwendete die DaimlerChrysler AG für die Fahrzeuge ihrer mittleren Baureihe in der Werbung und ihren Preislisten die Bezeichnung *Klasse E* und in französisch- und italienischsprachigen Texten die Bezeichnung *Classe E.*

Kurz darauf trat der Markeninhaber unter Hinweis auf seine Marke *Classe E* an die DaimlerChrylser AG heran und bot ihr seine Marke zum Kauf oder Lizenzierung an. Nachdem die DaimlerChrysler AG zunächst auf das Angebot des Markeninhabers eingegangen war, steigerte dieser die Preise. Daraufhin erhob

501 *BGH* GRUR 2001, 242 – *Classe E.*

502 Vgl. die Angabe *„BGH, Urt. v. 23.11.2000 – I ZR 93/98 (Frankfurt a.M.)"* in *BGH* GRUR 2001, 242 – *Classe E.*

503 Zum Einwand der bösgläubigen Markenanmeldung im Verletzungsprozess siehe 2. Kap. III 4.

die DaimlerChrysler AG Feststellungsklage mit dem Antrag, dass dem Markeninhaber gegen die DaimlerChrysler AG keine Ansprüche aus der Marke *Classe E* zustehen.[504]

(2) Entscheidungsgründe

Nach dem *BGH* war der Sachverhalt, der der *Classe E*-Entscheidung zugrunde lag, mit den bisher unter dem Begriff der Sperrmarke diskutierten Fallgruppen nicht vergleichbar.[505] Daher stellte der *BGH* einen neuen Rechtsgrundsatz auf, unter welchen Voraussetzungen ein Markeninhaber bei der Ausübung seiner formalen Rechtsstellung rechtsmissbräuchlich handelt. So liegt nach dem *BGH* eine rechtsmissbräuchliche Ausübung einer formalen Rechtsstellung vor,

> *„wenn ein Markeninhaber (1) eine Vielzahl von Marken für unterschiedliche Waren oder Dienstleistungen anmeldet, (2) hinsichtlich der in Rede stehenden Marken keinen ernsthaften Benutzungswillen hat – vor allem zur Benutzung in einem eigenen Geschäftsbetrieb oder für dritte Unternehmen auf Grund eines bestehenden oder potentiellen konkreten Benutzungskonzepts – und (3) die Marken im Wesentlichen zu dem Zweck gehortet werden, Dritte, die identische oder ähnliche Bezeichnungen verwenden, mit Unterlassungs- und Schadensersatzansprüche zu überziehen“.*[506]

504 *BGH* GRUR 2001, 242 f. – *Classe E.* Außerhalb des Rechtsstreits soll sich der Markeninhaber dahin geäußert haben: *„Sie können sich wohl vorstellen, wie ich mich gefreut habe, als* [Sie] *eine Marke von mir nahmen“*, *Auto-Bild* vom 13. Januar 1996, zitiert nach *Wiedmann*, Der Rechtsmissbrauch im Markenrecht, S. 182 f.; *Helm*, GRUR 1996, 593, 600. Gegenüber dem *Spiegel* soll sich der Markeninhaber dahin geäußert haben: *„Wenn jemand einen* [freien Namen] *findet, dann kostet das was.* […] *Klar ist nur, ich bin kein kleiner Indiojunge, der ein paar Glasperlen bekommt und dann glücklich ist. Wenn die Sache abgeschlossen ist, kann ich nicht nur Frau und Kinder, sondern auch noch ein paar Waisenkinder ernähren“*, *Der Spiegel* vom 8. Januar 1996, zitiert nach *Wiedmann*, Der Rechtsmissbrauch im Markenrecht, S. 183 Fn. 174.

505 Der *BGH* lehnte eine Anwendbarkeit der Rechtsgrundsätze zur Störung eines fremden schutzwürdigen Besitzstands ohne zureichenden Grund ab, weil weder eine zeitlich ältere Vorbenutzung noch eine ursprünglich zeitgleiche Berechtigung gegenüber dem streitbefangenen Markenrecht in Frage stand. Vielmehr war das vom Markeninhaber in Anspruch genommene Markenrecht an der Bezeichnung *Classe E* zeitlich älter als die Benutzung der Bezeichnung durch die DaimlerChrysler AG. Eine Anwendbarkeit der Rechtsgrundsätze zum zweckfremden Einsatz des Markenrechts als Mittel des Wettbewerbkampfes lehnte der *BGH* mit der Begründung ab, es lägen keine Anhaltspunkte dafür vor, dass der Markeninhaber auf unlautere Weise Kenntnis von der bevorstehenden Benutzung der Bezeichnung durch die DaimlerChrysler AG erlangt hat, *BGH* GRUR 2001, 242, 244 – *Classe E.*

506 *BGH* GRUR 2001, 242, 244 – *Classe E.*

Im Zusammenhang mit dem Benutzungswillen stellte der *BGH* zunächst darauf ab, dass das Erfordernis eines Benutzungswillens bereits in der Rechtsprechung zum Warenzeichenrecht anerkannt war.[507] Es handele sich dabei um eine

> *„allgemeine Schutzvoraussetzung für das Entstehen des Markenrechts“,*[508]

das sich aus dem Wesen der Marke als ein Unterscheidungszeichen ergebe. Daher habe der im Markengesetz verwirklichte Grundsatz des freien Rechtserwerbs und der freien Rechtsübertragung grundsätzlich nichts an dem Erfordernis eines Benutzungswillens geändert.[509]

Wegen der Nichtakzessorietät der Marke müsse das Erfordernis des Benutzungswillens jedoch inhaltlich erweitert werden. Während der Markenanmelder nach der Rechtslage nach dem Warenzeichengesetz einen individuellen Benutzungswillen, also den Willen haben musste, die Marke als Unterscheidungszeichen selbst zu benutzen,[510] genüge nunmehr ein genereller Benutzungswille, also der Wille, die Marke als Unternehmenskennzeichen im geschäftlichen Verkehr selbst zu nutzen oder sie der Benutzung durch einen Dritten durch Lizenzierung oder durch Übertragung zuzuführen. Ein genereller Benutzungswille sei beispielsweise bei Werbeagenturen und Markendesignern gegeben, die im Rahmen einer bestehenden oder potentiellen Beratungsleistung Marken entwerfen, um diese ihren Kunden für deren spezielle Vermarktungsbedürfnisse zur Verfügung zu stellen. Nach dem *BGH* handeln sie in diesem Fall grundsätzlich weder bei der Markenanmeldung noch bei der Ausübung des Markenrechts rechtsmissbräuchlich.[511]

Weiter stellte der *BGH* fest, dass die Prüfung des Benutzungswillens als eine subjektive Voraussetzung regelmäßig Schwierigkeiten bereiten dürfte. Deswegen werde der generelle Benutzungswille auch nach dem Wegfall des Geschäftsbetriebs als Schutzvoraussetzung vermutet – so wie unter der Geltung des Warenzeichengesetzes der individuelle Benutzungswille. Diese Vermutung könne widerlegt werden.[512] Von einer solchen Widerlegung des Benutzungswillens ging der *BGH* in der *Classe E*-Entscheidung aus: Dies begründete der *BGH* damit, dass eine Benutzung der Marke weder erfolgt noch ernsthaft geplant war. Vage

---

507 *BGH* GRUR 2001, 242, 244 – *Classe E*; zum Benutzungswillen unter der Geltung des Warenzeichengesetzes siehe 3. Kap. III.

508 *BGH* GRUR 2001, 242, 244 – *Classe E.*

509 *BGH* GRUR 2001, 242, 244 – *Classe E.*

510 Zum Inhalt des Benutzungswillens unter der Geltung des Warenzeichengesetzes siehe 3. Kap. III 2.

511 *BGH* GRUR 2001, 242, 244 f. – *Classe E.*

512 *BGH* GRUR 2001, 242, 244 f. – *Classe E*; zur Feststellung des Benutzungswillens unter der Geltung des Warenzeichengesetzes siehe 3. Kap. III 3.

Absichtserklärungen, eine Existenz gründen zu wollen, genügten nicht. Der *BGH* sah auch den Willen, die Marke der Benutzung durch Dritte zuzuführen, als widerlegt an. Der *BGH* berücksichtigte zwar, dass die Anmeldung einer Vielzahl von Marken an sich für eine Betätigung als Markendesigner sprechen könne. Der Wille, die Marke der Benutzung durch Dritte zuzuführen war jedoch nach dem *BGH* widerlegt, weil der Markeninhaber insbesondere über kein Marketingkonzept verfügte und nur wahllos an verschiedene Unternehmer herangetreten war.[513]

Zur Begründung des Rechtsmissbrauchseinwands zog der *BGH* außerdem den Umstand heran, dass der Markeninhaber zahlreiche Marken für unterschiedliche Waren hat eintragen lassen und diese hortete, um Dritte, die identische oder ähnliche Bezeichnungen verwenden, mit Ansprüchen zu überziehen.[514] Die Frage, ob der Markeninhaber schon im Zeitpunkt der Markenanmeldung rechtsmissbräuchlich und damit korrespondierend bösgläubig im Sinne des § 50 Abs. 1 Nr. 4 MarkenG a.F. handelte, konnte der *BGH* offen lassen,[515] da dem Rechtsstreit kein Löschungsverfahren zugrunde lag, sondern eine Feststellungsklage

---

513 *BGH* GRUR 2001, 242, 245 – *Classe E.*

514 Der *BGH* wird häufig auch dahin verstanden, dass die Anmeldung einer Vielzahl von Marken sowie die Hortung von Marken zu dem Zweck, Dritte mit Ansprüchen zu überziehen, Indizien gegen einen generellen Benutzungswillen darstellen, so z.B. *BPatG* GRUR-RR 2009, 131, 135 – *DRSB Deutsche Volksbank*; *OLG Düsseldorf* BeckRS 2010, 27988; *Ströbele* in: Ströbele/Hacker, Markengesetz, § 8 Rdnr. 684; *Fezer*, Markenrecht, § 8 Rdnr. 678; *Lerach*, GRUR 2009, 107, 109. Den Entscheidungsgründen lässt sich jedoch entnehmen, dass der *BGH* in den genannten Umständen zusätzliche Umstände sah, die er neben dem Fehlen des Benutzungswillens heranzog, um den Einwand der unzulässigen Rechtsausübung zu bejahen. So heißt es in den Entscheidungsgründen, dass eine rechtsmissbräuchliche Ausübung der formalen Rechtsstellung vorliegt, *„wenn ein Markeninhaber (1) eine Vielzahl von Marken* [...] *anmeldet, (2) hinsichtlich der in Rede stehenden Marken keinen ernsthaften Benutzungswillen hat* [...] *und (3) die Marken im Wesentlichen zu dem Zweck gehortet werden, Dritte* [...] *mit Unterlassungs- und Schadensersatzansprüchen zu überziehen"*, *BGH* GRUR 2001, 242, 244 – *Classe E.* Dass der *BGH* in der Anmeldung einer Vielzahl von Marken sowie deren Hortung zu dem Zweck, Dritte mit Ansprüchen zu überziehen, zusätzliche Umstände sah, ergibt sich auch aus der Begründung des *BGH* zur Widerlegung des Benutzungswillens. Denn der *BGH* begründete die Widerlegung des generellen Benutzungswillens gerade nicht mit den genannten Umständen. Im Gegenteil deutete der *BGH* sogar an, dass die Anmeldung einer Vielzahl von Marken unter Umständen für einen Geschäftsbetrieb als Markendesigner sprechen könnte, *BGH* GRUR 2001, 242, 245 – *Classe E.* Für eine solche Auslegung der *Classe E*-Entscheidung siehe auch *BPatG* GRUR 2007, 324, 325 f. – *kinder (schwarz-rot)*; *Ingerl/Rohnke*, Markengesetz, Vor §§ 14-19d Rdnr. 364; *Ticic*, Die bösgläubige Markenanmeldung als absolutes Schutzhindernis, S. 33 f.

515 So auch *Bous* in: Ekey/Klippel/Bender, Markenrecht, § 50 Rdnr. 23.

dahin, dass dem Markeninhaber gegen die DaimlerChrysler AG keine Ansprüche aus der Marke *Classe E* zustehen.[516]

bb) Meinungsstand zu der Classe E-Entscheidung in der Literatur

Ein Teil der Literatur vertritt ebenso wie der *BGH* in der *Classe E*-Entscheidung die Ansicht, dass es sich bei dem Benutzungswillen des Markeninhabers auch nach dem Inkrafttreten des Markengesetzes weiterhin um eine allgemeine Schutzvoraussetzung für die Entstehung des Markenrechts handelt.[517] *Müller* beispielsweise begründet das Erfordernis des generellen Benutzungswillens als Schutzvoraussetzung mit der Benutzungsschonfrist nach § 49 Abs. 1 MarkenG. Die Eintragung eines markenfähigen Zeichens ohne einen Benutzungswillen bewirke eine Blockadewirkung gegenüber solchen Zeichen, die tatsächlich verwendet werden sollen. Eine solche Blockadewirkung sei nicht mit § 242 BGB vereinbar.[518]

Fezer dagegen leitet das Erfordernis des Benutzungswillens als eine allgemeine Schutzvoraussetzung aus allgemeinen Grundsätzen des Markenrechts ab. Das Erfordernis des Benutzungswillens ergebe sich aus dem Wesen der Marke als ein Unterscheidungszeichen. Das Wesen der Marke als Unterscheidungszeichen wiederum folge aus § 3 Abs. 1 MarkenG, wonach alle Zeichen als Marke geschützt werden können, die geeignet sind, Waren oder Dienstleistungen eines Unternehmens von denjenigen anderer Unternehmen zu unterscheiden. Daher habe der im Markengesetz verwirklichte Grundsatz des freien Rechtserwerbs und der freien Rechtsübertragung grundsätzlich nichts an dem rechtlichen Erfordernis eines Benutzungswillens geändert.[519] Ferner begründet *Fezer* das Erfordernis des Benutzungswillens mit der Rechtslage nach der Markenrechtsrichtlinie. So stelle die Markenfunktionalität der Benutzung nach der Markenrechtsrichtlinie ein allgemeines Beurteilungskriterium für eine rechtserhebliche Benutzung dar. Dies gelte auch für die Rechtsbegründung des Registermarkenschutzes durch konstitutive Eintragung des Zeichens als Marke. Der Anwendungsbereich der Markenrechtsrichtlinie bestimme sich somit ebenfalls nach der Verwendung einer Marke

---

516 Vgl. den Sachverhalt zur *Classe E*-Entscheidung, *BGH* GRUR 2001, 242 f. – *Classe E*; vgl. auch *Grabrucker*, Mitt. 2008, 532, 538; *Kiethe/Groeschke*, WRP 2002, 27, 28.

517 So z.B. *Fezer*, Markenrecht, § 3 Rdnr. 228; *Müller* in: Spindler/Schuster, Recht der elektronischen Medien, § 3 MarkenG Rdnr. 15; *Lange*, Marken- und Kennzeichenrecht, § 3 Rdnr. 555; *Brötje*, Die bösgläubige Markenanmeldung, S. 94; *Brink*, Markenhandel mit Gemeinschaftsmarken und deutschen Marken, S. 114 f.

518 *Müller* in: Spindler/Schuster, Recht der elektronischen Medien, § 3 MarkenG Rdnr. 15.

519 *Fezer*, Markenrecht, § 3 Rdnr. 228; ebenso auf § 3 MarkenG abstellend *Brötje*, Die bösgläubige Markenanmeldung, S. 94.

zum Zwecke der Unterscheidung von Waren oder Dienstleistungen. Daraus folge, dass das Fehlen eines Benutzungswillens eine Fallgruppe des Fehlens der Markenfähigkeit darstelle und daher im Eintragungsverfahren zu berücksichtigen sei.[520]

Das Erfordernis des Benutzungswillens als allgemeine Schutzvoraussetzung stieß in der Literatur nicht nur auf Zustimmung. *Kirschneck* und *Ströbele* beispielsweise wenden gegen eine rechtliche Einordnung des Benutzungswillens als subjektives Merkmal der Markenfähigkeit nach § 3 Abs. 1 MarkenG ein, dass die in Art. 2 MRRL abschließend geregelten Kriterien der Markenfähigkeit einen Hinweis auf einen Benutzungswillen nicht enthalten.[521]

Nach *Ingerl/Rohnke* fehlt es für die Postulierung einer außergesetzlichen Schutzvoraussetzung schon an einer Regelungslücke, die die Aufstellung eines weiteren Eintragungserfordernisses außerhalb des Gesetzeswortlauts rechtfertigen könnte.[522] Denn mit der Einführung der bösgläubigen Markenanmeldung als Löschungsgrund nach § 50 Abs. 1 Nr. 4 MarkenG a.F. und später als absolutes Schutzhindernis nach § 8 Abs. 2 Nr. 10 MarkenG können die Fälle eines fehlenden Benutzungswillens nach *Ingerl/Rohnke* dort angesiedelt werden.[523] Könne die Bösgläubigkeit bei der Anmeldung im Einzelfall nicht nachgewiesen werden, käme immerhin noch die Einrede der rechtsmissbräuchlichen Ausübung einer formalen Rechtsstellung in Betracht.[524] Außerdem wird gegen den Benutzungswillen als eine allgemeine Schutzvoraussetzung eingewandt, dass die Widerlegung des Benutzungswillens mit Unsicherheiten belastet sei, da bisher nur ansatzweise erkennbar sei, durch welche Indizien der Benutzungswille widerlegt werden könne.[525] Während *Müller* in dem Erfordernis einer ernsthaften Benutzung nach § 49 Abs. 1 MarkenG ein Argument für den Benutzungswillen als allgemeine Schutzvoraussetzung sieht,[526] sehen *Ingerl/Rohnke* hierhin gerade ein Argument gegen den Benutzungswillen als allgemeine Schutzvoraussetzung. So sei das Erfordernis der rechtserhaltenden Benutzung innerhalb der fünfjährigen Benutzungsschonfrist ausreichend, um Benutzungen sicherzustellen und das

520 *Fezer*, Markenrecht, § 3 Rdnr. 229.

521 *Kirschneck* in: Ströbele/Hacker, Markengesetz, § 3 Rdnr. 27; *Ströbele* in: Ströbele/Hacker, Markengesetz, § 8 Rdnr. 681; so auch z.B. das *BPatG* in *BPatG* GRUR 2007, 324, 325 – *kinder (schwarz-rot)*.

522 *Ingerl/Rohnke*, Markengesetz, § 3 Rdnr. 14 unter Verweis auf *Ingerl/Rohnke*, Markengesetz, 2. Auflage 2003, § 3 Rdnr. 13.

523 *Ingerl/Rohnke*, Markengesetz, § 3 Rdnr. 14; zur alten Fassung des Markengesetzes siehe *Ingerl/Rohnke*, Markengesetz, 2. Auflage 2003, § 3 Rdnr. 13.

524 *Ingerl/Rohnke*, Markengesetz, § 3 Rdnr. 14 unter Verweis auf *Ingerl/Rohnke*, Markengesetz, 2. Auflage 2003, § 3 Rdnr. 13.

525 *Ingerl/Rohnke*, Markengesetz, § 3 Rdnr. 13.

526 Siehe den Nachweis in der Fn. 518.

Markenregister von nichtbenutzten Marken befreien zu können.[527] *Ingerl/Rohnke* wenden außerdem gegen die Einordnung des Benutzungswillens als allgemeine Schutzvoraussetzung ein, dass sich bei diesem Verständnis des Benutzungswillens der Löschungsgrund konsequenterweise aus § 50 Abs. 1 Nr. 1 MarkenG a.F. ergeben müsste und damit der Tatbestand des § 50 Abs. 1 Nr. 4 MarkenG a.F., insbesondere das Erfordernis der Behinderung, in vielen Fällen leerliefe.[528]

b) Fehlender Benutzungswille als Indiz für eine bösgläubige Markenanmeldung

Nachdem der *BGH* den Benutzungswillen in der *Classe E*-Entscheidung zunächst als eine allgemeine Schutzvoraussetzung eingeordnet und hierfür neben Zustimmung auch heftige Kritik geerntet hat, scheint der *BGH* diese rechtliche Einordnung nun nicht mehr aufrechterhalten zu wollen. Immerhin sieht der *BGH* (bb) in der *Ivadal*-Entscheidung aus dem Jahr 2009 in dem Fehlen eines Benutzungswillens noch ein wesentliches Indiz für eine nach § 8 Abs. 2 Nr. 10 MarkenG bösgläubige Markenanmeldung in Form der Spekulationsmarke, wobei er von seiner früheren Auffassung zur rechtlichen Einordnung des Benutzungswillens nicht ausdrücklich Abstand nimmt. Auch das *BPatG* sprach sich schon im Jahr 2006 (aa) in der *kinder (schwarz-rot)*-Entscheidung dafür aus, ein Fehlen des Benutzungswillens unter § 8 Abs. 2 Nr. 10 MarkenG zu berücksichtigen.

aa) kinder (schwarz-rot)-Entscheidung des BPatG

In der *kinder (schwarz-rot)*-Entscheidung[529] aus dem Jahr 2006 setzte sich auch das *BPatG* mit der rechtlichen Einordnung des Benutzungswillens auseinander, wobei das *BPatG* das Merkmal des Benutzungswillens als solches nicht in Frage stellte. Nach dem *BPatG* war *„allenfalls die rechtliche Einordnung dieses Erfordernisses"* als allgemeine Schutzvoraussetzung klärungsbedürftig. Eine materiell-rechtliche Qualität des Benutzungswillens, der – ähnlich wie unter § 1 WZG – als subjektives Merkmal bei der Frage der Markenfähigkeit zu prüfen sei, erscheine *„nicht unproblematisch"*, weil die Markenrechtsrichtlinie bei der abschließenden Festlegung der Kriterien der Markenfähigkeit in Art. 2 MRRL keinen Hinweis auf einen solchen Benutzungswillen enthalte. Daher regte das *BPatG* an, das Fehlen des Benutzungswillens in Zukunft unter dem Gesichts-

527 *Ingerl/Rohnke*, Markengesetz, § 3 Rdnr. 12.
528 *Ingerl/Rohnke*, Markengesetz, 2. Auflage 2003, § 50 Rdnr. 11.
529 *BPatG* GRUR 2007, 324 – *kinder (schwarz-rot)*.

punkt der bösgläubigen Markenanmeldung nach § 8 Abs. 2 Nr. 10 MarkenG zu thematisieren. Hierzu heißt es in der *kinder (schwarz-rot)*-Entscheidung:

> *„Insoweit könnte es sich eher anbieten, die Frage des Benutzungswillens nunmehr unter dem Gesichtspunkt der bösgläubigen Anmeldung zu prüfen"*.[530]

Angesichts der weichen Formulierungen und des Konjunktivs im Zusammenhang mit der rechtlichen Einordnung des Benutzungswillens, legte sich das *BPatG* dennoch nicht abschließend fest.[531] Letztendlich konnte die Frage nach der rechtlichen Einordnung des Benutzungswillens und die Frage, ob zusätzlich zum Fehlen des Benutzungswillens weitere Umstände für eine Bösgläubigkeit im Sinne des § 8 Abs. 2 Nr. 10 MarkenG erforderlich sind, dahingestellt bleiben, da der Markeninhaber die Marke benutzt und damit seinen Benutzungswillen verwirklicht hatte.[532]

bb) Ivadal-Entscheidung des BGH

In der *Ivadal*-Entscheidung[533] aus dem Jahr 2009 zu § 8 Abs. 2 Nr. 10 MarkenG setzte sich der *BGH* erneut mit der Spekulationsmarke und dem Merkmal des Benutzungswillens auseinander. Im Kern ging es in dieser Entscheidung um die Frage, wann bei einer Markenagentur die Vermutung eines generellen Benutzungswillens widerlegt ist, weil die Markenagentur bei der Markenanmeldung in rechtsmissbräuchlicher Verwendungsabsicht handelte. Außerdem gab der *BGH* zu verstehen, dass er in dem Fehlen des Benutzungswillens nunmehr ein wesentliches Indiz für die Beurteilung einer Markenanmeldung als bösgläubig sieht.

(1) Sachverhalt

Bei dem Markeninhaber handelte es sich um eine Markenagentur, zu deren Geschäftsprinzip es gehörte, Marken für Arzneimittel anzumelden, die im Ausland für Arzneimittel geschützt sind, nicht aber im Inland. So vertrieb der Hersteller seine Arzneimittel im Ausland unter der dort für ihn eingetragenen Marke *Ivadal*, während er seine Arzneimittel im Inland unter der Bezeichnung *Stilnox* ver-

---

530 *BPatG* GRUR 2007, 324, 325 – *kinder (schwarz-rot)*.

531 *Ticic* dagegen sieht in der *kinder (schwarz-rot)*-Entscheidung des *BPatG* sogar eine bewusste Abkehr des *BPatG* vom *BGH*, *Ticic*, Die bösgläubige Markenanmeldung als absolutes Schutzhindernis, S. 44.

532 Vgl. *BPatG* GRUR 2007, 324, 326 – *kinder (schwarz-rot)*.

533 *BGH* GRUR 2009, 780 – *Ivadal*; siehe auch die textgleichen Entscheidungen *BGH* BeckRS 2009, 13397 – *Flixotide* und *BGH* PharmR 2009, 469 – *Cordarone II*. Im Folgenden wird nur die *Ivadal*-Entscheidung zitiert.

trieb. Außerdem wurden die Arzneimittel des Herstellers parallelimportiert. Die Parallelimporteure vertrieben die Arzneimittel im Inland unter Beibehaltung der ausländischen Kennzeichnung, ohne dass die ausländische Kennzeichnung für einen der Parallelimporteure oder den Hersteller im Inland eingetragen war. Der Markeninhaber ließ die Marke *Ivadal* für Arzneimittel für sich in das Markenregister eintragen. Der Markeninhaber wollte die Marke *Ivadal* nicht selbst benutzen, sondern sie veräußern oder lizenzieren. Der Hersteller der Arzneimittel begehrte die Löschung der für den Markeninhaber eingetragenen Marke nach §§ 50 Abs. 1, 8 Abs. 2 Nr. 10 MarkenG.[534]

(2) Entscheidungsgründe

Der Schwerpunkt der Entscheidungsgründe liegt bei der Frage, wann die Vermutung eines generellen Benutzungswillens bei einer Markenagentur widerlegt ist, weil die Markenagentur bei der Markenanmeldung in rechtsmissbräuchlicher Verwendungsabsicht handelte. Der *BGH* gab zu verstehen, dass er in dem Fehlen eines Benutzungswillens ein wesentliches Indiz für eine bösgläubige Markenanmeldung nach § 8 Abs. 2 Nr. 10 MarkenG sieht, auch wenn er sich nicht ausdrücklich von seiner früheren Einordnung des Benutzungswillens als allgemeine Schutzvoraussetzung distanzierte. So heißt es in der *Ivadal*-Entscheidung:

> *„In erster Linie sollen* [mit § 8 Abs. 2 Nr. 10 MarkenG] *Fälle erfasst werden, bei denen die Anmeldung der Marke nur dem Ziel dient, Unterlassungs- oder Geldersatzansprüche gegen Dritte durchzusetzen* […]. *Mit dem Schutzhindernis des § 8 II Nr. 10 MarkenG soll den Fällen begegnet werden, in denen Privat- oder Geschäftsleute bestimmte Bezeichnungen als „Hinterhaltsmarken" schützen lassen, um ihre formelle Rechtsposition zur Geltendmachung ungerechtfertigter Lizenz- oder Abmahnkostenerstattungsansprüche auszunutzen* […].*"*[535]

Nach dem *BGH* kann das Fehlen eines generellen Benutzungswillens den Schluss nahelegen, dass es dem Markeninhaber bei der Markenanmeldung nur darum geht, Ansprüche gegen einen Dritten durchzusetzen. Hierzu heißt es in der *Ivadal*-Entscheidung weiter:

> *„Auch das Fehlen eines ernsthaften Benutzungswillens des Anmelders kann jedoch die Annahme nahelegen, er wolle die Marke zu dem Zweck verwenden, Dritte, die identische oder ähnliche Bezeichnungen verwenden, in rechtsmissbräuchlicher Weise mit Unterlassungs- und Schadensersatzansprüchen zu überziehen* […].*"*[536]

---

534 *BGH* GRUR 2009, 780 – *Ivadal.*
535 *BGH* GRUR 2009, 780, 781 (Nr. 10) – *Ivadal.*
536 *BGH* GRUR 2009, 780, 782 (Nr. 16) – *Ivadal.*

Und:

„Die Anmeldung einer Marke ist grundsätzlich bösgläubig, wenn sie in der Absicht vorgenommen wird, die Marke nicht selbst zu benutzen, sondern (nur) andere an ihrer Benutzung zu hindern.“[537]

In Bezug auf den Inhalt des Benutzungswillens hält der *BGH* weiterhin daran fest, dass wegen der Abschaffung der Bindung der Marke an den Geschäftsbetrieb ein genereller Benutzungswille genügt. Über einen solchen können nach dem *BGH* auch Markenagenturen verfügen, wenn sie im Rahmen einer bestehenden oder potentiellen Geschäftsverbindung zu ihren Kunden Marken anmelden, um sie diesen für deren spezielle Vermarktungsbedürfnisse zur Verfügung zu stellen. Die Vermutung, dass die Marke jedenfalls der Benutzung durch Dritte zugeführt werden soll, gelte auch für Markenagenturen. Nach dem *BGH* ist diese Vermutung nicht schon dann widerlegt, wenn bloß denkbare künftige unlautere Handlungen, für die es im Zeitpunkt der Anmeldung noch keine greifbaren Anhaltspunkte gibt, für die Zukunft nicht ausgeschlossen sind. Andererseits müsse für die Bejahung der Bösgläubigkeit nicht jede – auch noch so theoretische – Möglichkeit, die Marke in rechtlich unbedenklicher Weise zu benutzen, ausgeschlossen sein. Entscheidend sei vielmehr, welche Benutzungshandlungen – aus der Sicht der im Zeitpunkt der Anmeldung gegebenen Umstände – nach der Lebenserfahrung naheliegen. Dabei sei davon auszugehen, dass der Anmelder nur von einer für ihn wirtschaftlich sinnvollen Verwendung der Marke Gebrauch machen wird.[538] Nach dem *BGH* sind hierzu alle Umstände des Einzelfalls heranzuziehen:

„Die Feststellung, ob der Anmelder die Eintragung der Marke bösgläubig beantragt hat, erfordert eine Beurteilung unter Berücksichtigung aller sich aus den relevanten Umständen des Einzelfalls ergebenden Anhaltspunkte [...]. *Soweit der – einheitliche nationale und gemeinschaftsrechtliche* [...] *– Begriff der Bösgläubigkeit der Anmeldung eine subjektive Einstellung des Anmelders im Sinne einer unredlichen Absicht oder eines sonstigen unlauteren Motivs voraussetzt, ist darauf aus den relevanten objektiven Umständen zu schließen* [...]. *“*[539]

Nach dem *BGH* war zu berücksichtigen, dass es sich bei dem Markeninhaber um eine Markenagentur handelte. Deswegen kam von vornherein nur eine Benutzung der Marke durch Veräußerung oder Lizenzierung an Dritte in Betracht. Für den *BGH* war ausschlaggebend, dass die Dritten im Zeitpunkt der Markenanmeldung bereits bestimmt waren und deren Interesse an dem Erwerb der Markenrechte im Wesentlichen nur durch die Markenanmeldung zugunsten des Markeninhabers begründet wurde. So heißt es in den *Ivadal*-Entscheidung ferner:

---

537 *BGH* GRUR 2009, 780, 782 (Nr. 19) – *Ivadal.*

538 *BGH* GRUR 2009, 780, 782 (Nr. 19 ff.) – *Ivadal.*

539 *BGH* GRUR 2009, 780, 782 (Nr. 18) – *Ivadal.*

„Kommt wegen des Unternehmensgegenstands des Anmelders – wie hier – nur eine Benutzung der Marke durch Lizenzierung oder Veräußerung an Dritte in Betracht, kann bereits die Anmeldung als bösgläubig zu beurteilen sein, wenn nach den tatsächlichen Umständen des Falls der Schluss gerechtfertigt ist, der Anmelder werde in rechtsmissbräuchlicher Weise versuchen, Dritte zum Erwerb der Markenrechte zu veranlassen. Die tatsächliche Vermutung, der Anmelder werde unter rechtsmissbräuchlichem Einsatz seiner aus der Marke folgenden Ausschließlichkeitsrechte zum Zwecke der Lizenzierung oder Veräußerung der Marke auf Dritte einwirken, kann insbesondere dann begründet sein, wenn Marken nicht im Hinblick auf eine Vielzahl in Betracht kommender, im Einzelnen noch unbestimmter [...] *Interessenten auf Vorrat angemeldet werden, sondern im Zeitpunkt der Anmeldung die Veräußerung an einzelne, bereits bestimmte Dritte naheliegt, deren Interesse an einem Erwerb der Markenrechte jedoch im Wesentlichen nur durch den Umstand begründet wird, dass sie in Folge der Eintragung der Marke auf den Anmelder an der Verwendung der bislang ungeschützten Kennzeichnung gehindert werden können."*[540]

Nach dem *BGH* kamen von vornherein nur der Hersteller und die Parallelimporteure als potentielle Interessenten in Betracht. Deren Interesse an der Marke sei erst durch die Eintragung der Marke zugunsten der Markenagentur begründet worden. So habe der Hersteller der Arzneimittel im Zeitpunkt der Anmeldung kein Interesse an einer eigenen inländischen Marke für die Bezeichnung *Ivadal* gehabt, weil er die Arzneimittel im Inland unter der Bezeichnung *Stilnox* vertrieben habe. Ein solches Interesse könne sich aber zukünftig für den Fall ergeben, dass der Hersteller etwa aus Gründen der Kosteneinsparung oder eines einheitlichen Marktauftritts beabsichtige, die Arzneimittel in allen Ländern unter derselben Bezeichnung zu vertreiben. Daran wäre er wegen der Markeneintragung zu Gunsten der Markenagentur gehindert. Die Parallelimporteure, die die Arzneimittel im Inland unter Beibehaltung der Bezeichnung *Ivadal* vertrieben, benötigten im Zeitpunkt der Markenanmeldung durch die Markenagentur ebenfalls keine eigenen Markenrechte an dieser Bezeichnung. Erst mit der Eintragung der Marke zu Gunsten der Markenagentur sei für die Parallelimporteure ein Bedürfnis entstanden, eigenen Markenschutz zu erwerben, weil mit der Markeneintragung die Gefahr verbunden sei, dass der weitere Parallelimport unter der bisherigen Bezeichnung *Ivadal* von der Markenagentur unter Berufung auf ihre formale Rechtsstellung untersagt werden könnte. Davon, dass die Markenagentur die Marke zumindest auch in der Absicht angemeldet hat, um nach deren Eintragung die aus der Marke folgenden Ausschließlichkeitsrechte gegenüber Dritten geltend zu machen, sei nach der Lebenserfahrung auszugehen. Daraus folge die objektiv naheliegende Gefahr, dass die Markenagentur ihre Markenrechte einzelnen

540 *BGH* GRUR 2009, 780, 782 (Nr. 20) – *Ivadal.*

Parallelimporteuren gegenüber nur zu dem Zweck geltend macht, sich die Rechte von dem in Anspruch genommenen Parallelimporteur abkaufen zu lassen.[541]

Vor diesem Hintergrund sah der *BGH* die Vermutung eines generellen Benutzungswillens als widerlegt an und bejahte eine rechtsmissbräuchliche Verwendungsabsicht der Markenagentur. Damit sei der Schluss begründet, die Markenagentur habe bei der Markenanmeldung bösgläubig im Sinne des § 8 Abs. 2 Nr. 10 MarkenG gehandelt.[542]

cc) Meinungsstand zur kinder (schwarz-rot)- und Ivadal-Entscheidung in der Literatur

Die zunächst vom *BPatG* angedeutete und später vom *BGH* vertretene Auffassung, dass das Fehlen eines Benutzungswillens unter § 8 Abs. 2 Nr. 10 MarkenG zu berücksichtigen ist,[543] wird von einem Großteil der Literatur geteilt.[544] So hält beispielsweise *Ströbele* eine Markenanmeldung grundsätzlich für bösgläubig im

541 *BGH* GRUR 2009, 780, 782 f. (Nr. 23 ff.) – *Ivadal*. Soweit der *BGH* die Widerlegung des generellen Benutzungswillens einer Markenagentur damit begründet hat, dass bei der Anmeldung einer im Ausland für den Hersteller geschützten Bezeichnung nur ein Erwerb durch den Hersteller oder Parallelimporteure in Betracht kommt, halten *Ingerl/Rohnke* diese Sichtweise für problematisch, weil sie die Anmeldung sämtlicher nur im Ausland geschützter Arzneimittelbezeichnungen als Marke für Dritte blockiere, da ein Erstreckungsinteresse des Herstellers – sei es zur Vereinheitlichung oder zur Erschließung des deutschen Markts – in der Regel nicht ausgeschlossen werden könne, *Ingerl/Rohnke*, Markengesetz, Vor §§ 14-19d Rdnr. 366.

542 *BGH* GRUR 2009, 780, 783 (Nr. 26) – *Ivadal*.

543 Vereinzelt wird das Merkmal des Benutzungswillens einerseits weiterhin als allgemeine Schutzvoraussetzung bezeichnet und gleichzeitig andererseits unter dem Gesichtspunkt der bösgläubigen Markenanmeldung geprüft, vgl. *BPatG* BeckRS 2011, 01032 – *arztrente*; *OLG Düsseldorf* BeckRS 2010, 27988.

544 Vgl. z.B. *Ströbele* in: Ströbele/Hacker, Markengesetz, § 8 Rdnr. 681; *Ingerl/Rohnke*, Markengesetz, § 3 Rdnr. 14; vgl. auch z.B. *Bingener* in: Götting/Meyer/Vormbrock, Gewerblicher Rechtsschutz, § 22 Rdnr. 190; *Bingener*, Markenrecht, Teil 3 Rdnr. 248 ff., insbesondere Rdnr. 251; *Nordemann*, Wettbewerbs- und Markenrecht, Rdnr. 1311; *Hacker*, Markenrecht, § 9 Rdnr. 154. *Helm* beispielsweise thematisierte das Fehlen des Benutzungswillens schon vor der *Ivadal*-Entscheidung des *BGH* unter dem Gesichtspunkt der bösgläubigen Markenanmeldung. So ging *Helm* schon früher von einer bösgläubigen Markenanmeldung aus, wenn der Markeninhaber seine Marke nicht selbst benutzen oder Dritten zur Benutzung anbieten wollte, sondern es ihm allein oder überwiegend darum ging, gutgläubige Dritte, die zufällig in den Schutzbereich seiner Marke gelangen, unter Druck zu setzen und diese Situation finanziell auszunutzen. In einem solchen Fall eines *„Piratenakts"* fehle es von vornherein an einem legitimen Benutzungswillen, selbst wenn im Einzelfall die Marke schlussendlich übertragen oder lizenziert werden sollte. Denn dies ändere nichts daran, dass das ausschlaggebende Motiv für die Markenanmeldung der Einsatz der Marke als Erpressungswerkzeug gewesen sei, *Helm*, GRUR 1996, 593, 599.

Sinne des § 8 Abs. 2 Nr. 10 MarkenG, wenn sie in der Absicht vorgenommen wird, die Marke nicht selbst zu benutzen, sondern nur, um andere an ihrer Benutzung zu hindern, wobei das Fehlen eines generellen Benutzungswillens für sich gesehen noch nicht zwangsläufig den Tatbestand der bösgläubigen Markenanmeldung erfülle. Zur Begründung führt *Ströbele* an, es unterliege grundsätzlich der unternehmerischen Entscheidungsfreiheit eines jeden Markeninhabers, ob und inwieweit er seine Marken benutzt. Eine Nichtbenutzung könne zwar gegebenenfalls zu einer Löschung wegen Verfalls nach § 49 Abs. 1 MarkenG führen. Die Nichtbenutzung begründe für sich alleine gesehen allerdings noch kein Unwerturteil. Daher seien für § 8 Abs. 2 Nr. 10 MarkenG zusätzliche Umstände erforderlich, die bei einem Fehlen des Benutzungswillens die Markenanmeldung als bösgläubig erscheinen lassen.[545]

Auch *Ingerl/Rohnke* schlagen einen ähnlichen Weg ein. Allerdings sprechen *Ingerl/Rohnke* dem Benutzungswillen nur eine indizielle Bedeutung zu.[546] *Ingerl/Rohnke* beziehen sich hierbei auf die vom *EuGH* geforderte umfassende Beurteilung aller Umstände des Einzelfalls.[547]

Soweit die Fälle des fehlenden Benutzungswillens in § 8 Abs. 2 Nr. 10 MarkenG angesiedelt und zusätzliche Umstände für die Bösgläubigkeit verlangt werden, wird in der Behinderungsabsicht das wesentliche Tatbestandsmerkmal des § 8 Abs. 2 Nr. 10 MarkenG gesehen.[548] Die Behinderungsabsicht wird dahin konkretisiert, dass sie sich nicht gegen bestimmte Mitbewerber richten muss, sondern sich auch auf eine Mehrzahl von noch nicht im Einzelnen bekannter

---

545 *Ströbele* in: Ströbele/Hacker, Markengesetz, § 8 Rdnr. 686 f.; vgl. z.B. auch *Ingerl/Rohnke*, Markengesetz, § 8 Rdnr. 303; *Bous* in: Ekey/Klippel/Bender, Markenrecht, § 50 Rdnr. 23; *Ohly* in: Piper/Ohly/Sosnitza, UWG, § 4 Rdnr. 10.81; *Bingener* in: Götting/Meyer/Vormbrock, Gewerblicher Rechtsschutz, § 22 Rdnr. 190; *Nordemann*, Wettbewerbs- und Markenrecht, Rdnr. 1311; *Hacker*, Markenrecht, § 9 Rdnr. 154; *Steinberg/Jaeckel*, MarkenR 2008, 296, 307.

546 Vor allem im Zusammenhang mit Lizenzforderungen gegen ungeschützte Vorbenutzer könne der fehlende Benutzungswille ein Indiz für eine Bösgläubigkeit sein. Umgekehrt könne die tatsächliche oder beabsichtigte Benutzung durch den Markeninhaber ein Indiz gegen die Bösgläubigkeit darstellen, *Ingerl/Rohnke*, Markengesetz, § 8 Rdnr. 303.

547 *Ingerl/Rohnke*, Markengesetz, § 8 Rdnr. 303; ebenfalls auf eine Gesamtabwägung abstellend z.B. *Bous* in: Ekey/Klippel/Bender, Markenrecht, § 50 Rdnr. 21; vgl. auch *Steinbeck*, 50 Jahre BPatG (2011), S. 777.

548 So z.B. *Ströbele* in: Ströbele/Hacker, Markengesetz, § 8 Rdnr. 687, wobei Ströbele in diesem Zusammenhang auch davon spricht, dass der Markeninhaber den Dritten mit der Spekulationsmarke zum Erwerb der Markenrechte nötigt, *Ströbele* in: Ströbele/Hacker, Markengesetz, § 8 Rdnr. 688 f. Zur Behinderungsabsicht als wesentliches Tatbestandsmerkmal des § 8 Abs. 2 Nr. 10 MarkenG siehe auch z.B. *Ingerl/Rohnke*, Markengesetz, § 8 Rdnr. 298; vgl. auch *Bous* in: Ekey/Klippel/Bender, Markenrecht, § 50 Rdnr. 23 f.; ähnlich bereits vor der *Ivadal*-Entscheidung *Jordan*, Festschrift für Helm, S. 187, 194 f.

Dritter beziehen kann.[549] Die Behinderungsabsicht müsse auch nicht der einzige Beweggrund für die Anmeldung sein. Es genüge, wenn die Behinderungsabsicht wesentliches Motiv für die Markenanmeldung war.[550] Da es sich bei der Behinderungsabsicht um ein subjektives Merkmal handele, müsse sie anhand objektiver Umstände bestimmt werden.[551] Die entsprechenden Feststellungen könnten im Einzelfall schwierig sein, wobei die Anforderungen an den Nachweis der Behinderungsabsicht nicht überspannt werden dürften.[552] So sei von einer Behinderungsabsicht auszugehen, wenn sich ihr Vorliegen nach der Lebenserfahrung aufdränge.[553]

Treudler dagegen spricht sich gegen das Tatbestandsmerkmal der Behinderungsabsicht aus. Es sei neben der Werbe- und Herkunftsfunktion Sinn und Zweck einer Markenanmeldung, andere in der Benutzung der Marke zu behindern und der Konkurrenz die Vermarktung ihrer Waren oder Dienstleistungen zu erschweren. Insofern behindere jede Marke. Die Marke sei im übertragenen Sinne ein Boxhandschuh, um den Absatz der eigenen Waren oder Dienstleistungen zu fördern.[554]

c) Stellungnahme zur Rechtsprechung des *BGH*

Die vorstehende Untersuchung hat gezeigt, dass der *BGH* den Benutzungswillen heranzieht, um eine Spekulationsmarke von einer legitimen Marke abzugrenzen. Während der *BGH* den Benutzungswillen zunächst in der *Classe E*-Entscheidung

---

549 Z.B. *Ströbele* in: Ströbele/Hacker, Markengesetz, § 8 Rdnr. 687; *Bous* in: Ekey/Klippel/Bender, Markenrecht, § 50 Rdnr. 24; *Helm*, GRUR 1996, 593, 600; *Steinberg/Jaeckel*, MarkenR 2008, 296, 307.

550 Z.B. *Ströbele* in: Ströbele/Hacker, Markengesetz, § 8 Rdnr. 687; *Helm*, GRUR 1996, 593, 600; *Steinberg/Jaeckel*, MarkenR 2008, 296, 307.

551 Z.B. *Ströbele* in: Ströbele/Hacker, Markengesetz, § 8 Rdnr. 687; *Ingerl/Rohnke*, Markengesetz, § 8 Rdnr. 298.

552 Z.B. *Ströbele* in: Ströbele/Hacker, Markengesetz, § 8 Rdnr. 687; *Bous* in: Ekey/Klippel/Bender, Markenrecht, § 50 Rdnr. 24; *Helm*, GRUR 1996, 593, 600.

553 *Ströbele* in: Ströbele/Hacker, Markengesetz, § 8 Rdnr. 687. Nach *Helm* liegt ein wesentliches Indiz für eine *„hinterhältige Absicht"* beispielsweise vor, wenn der Anmelder noch eine Vielzahl anderer Marken hat eintragen lassen, ohne dass dies durch einen Geschäftsbetrieb begründet sei oder Marken für unterschiedliche Waren oder für häufig wechselnde Warenverzeichnisse angemeldet hat. Weitere Indizien können nach *Helm* auch in gleichartigen Behinderungsmaßnahmen gegenüber weiteren Unternehmen zu sehen sein, die einen Rückschluss auf die hinter einer früheren Anmeldung stehende Absicht zulassen oder wenn der Markenanmelder keine ernsthaften Maßnahmen ergreift, um die Marke Dritten zur Lizenzierung anzubieten, sondern offensichtlich abwartet, dass gutgläubige Dritte in seinen Hinterhalt laufen, *Helm*, GRUR 1996, 593, 600 mit weiteren Nachweisen in der Rechtsprechung.

554 *Treudler*, MarkenR 2000, 193, 197; zur Ansicht von *Treudler* siehe 3. Kap. IV 2 d.

noch als allgemeine Schutzvoraussetzung einordnete,[555] sieht er in dem Fehlen des Benutzungswillens in der *Ivadal*-Entscheidung immerhin noch ein wesentliches Indiz für eine bösgläubige Markenanmeldung nach § 8 Abs. 2 Nr. 10 MarkenG, ohne dass er die rechtliche Einordnung des Benutzungswillens als allgemeine Schutzvoraussetzung ausdrücklich aufgab[556].

Diese Rechtsprechung soll nachfolgend einer Bewertung unterzogen werden. Hierzu soll zunächst als Vorfrage geklärt werden, ob (aa) das Merkmal des Benutzungswillens dem Markengesetz überhaupt immanent ist. Denn wenn der Benutzungswille einem Fremdkörper im Markenrecht gleichkommt, dürfte sich daraus der Schluss ergeben, dass der Benutzungswille von vornherein nicht geeignet ist, um eine nach § 8 Abs. 2 Nr. 10 MarkenG bösgläubige Markenanmeldung in Form der Spekulationsmarke von einer legitimen Markenanmeldung abzugrenzen. Für den Fall, dass der Benutzungswille dem Markengesetz immanent ist, schließt sich hieran eine Untersuchung der Frage an, ob (bb) es sich bei dem Benutzungswillen um eine allgemeine Schutzvoraussetzung handelt. Denn wenn es sich bei dem Benutzungswillen um eine allgemeine Schutzvoraussetzung handeln sollte, läge es nahe, dass die Anmeldung der betreffenden Marke bei einem Fehlen des Benutzungswillens schon nach § 3 Abs. 1 MarkenG oder einer anderen Regelung zurückzuweisen wäre, jedenfalls nicht nach § 8 Abs. 2 Nr. 10 MarkenG. Für den Fall, dass es sich bei dem Benutzungswillen nicht um eine allgemeine Schutzvoraussetzung handelt, soll untersucht werden, ob (cc) das Fehlen des Benutzungswillens tatsächlich nach § 8 Abs. 2 Nr. 10 MarkenG zu berücksichtigen ist. Hierbei ist insbesondere auch der europarechtliche Hintergrund des § 8 Abs. 2 Nr. 10 MarkenG zu berücksichtigen.

aa) Grundsätzliche Bedeutung des Benutzungswillens im Markengesetz

Gegen die Ansicht, dass das Merkmal des Benutzungswillens dem Markengesetz immanent ist, ließe sich anführen, dass weder das Markengesetz noch die Markenrechtsrichtlinie eine Regelung zum Benutzungswillen enthalten.[557] So sieht § 7 MarkenG zur Inhaberschaft vor, dass Markeninhaber jede natürliche oder juristische Person sowie jede rechtsfähige Personengesellschaft sein kann und zwar ohne weitere Einschränkung in Bezug auf die Person, insbesondere in Bezug auf eine konkrete Motivation zum Markenerwerb wie den Benutzungswillen. Außerdem gab der Gesetzgeber die Führung eines Geschäftsbetriebs als zwingende

555 Zur *Classe E*-Entscheidung siehe 3. Kap. IV 1 a aa).

556 Zur *Ivadal*-Entscheidung siehe 3. Kap. IV 1 b bb).

557 Vgl. BGBl. 1994 Teil I, S. 3082 für das Markengesetz und ABl.-EU Nr. L 299 vom 8. November 2008, S. 25 für die Markenrechtsrichtlinie; vgl. auch *Ströbele* in: Ströbele/Hacker, Markengesetz, § 8 Rdnr. 681; *Schoene*, Der Benutzungszwang im Markengesetz, S. 145.

Voraussetzung für die Erlangung von Markenschutz bewusst auf.[558] Diese gesetzgeberische Entscheidung scheint auf den ersten Blick durch das Merkmal des Benutzungswillens unterlaufen zu werden. Denn es erscheint widersinnig, einerseits auf das Erfordernis eines Geschäftsbetriebs zu verzichten, andererseits aber von dem Markeninhaber zu verlangen, dass er über einen Benutzungswillen verfügt, der auf die Unterscheidung eigener Waren oder Dienstleistungen von den Waren oder Dienstleistungen anderer gerichtet sein muss. Dieser Wertungswiderspruch lässt sich jedoch beseitigen, indem man – wie der *BGH* – das Merkmal des Benutzungswillens dahin modifiziert, dass nicht ein individueller Benutzungswille erforderlich ist, sondern ein genereller Benutzungswille ausreicht.[559] Demzufolge spricht die Abschaffung des Akzessorietätsprinzips nicht zwingend gegen die Ansicht, dass der Benutzungswille dem Markengesetz immanent ist.

Auf der anderen Seite spricht die herausragende Bedeutung, die der Benutzung im Markengesetz zukommt, maßgeblich dafür, den Benutzungswillen als ein dem Markengesetz immanentes Merkmal zu verstehen.[560] So besteht der Zweck des Markenschutzes darin, *„insbesondere die Herkunftsfunktion der Marke* [zu] *gewährleisten"*.[561] Die Herkunftsfunktion ist in Art. 2 MRRL und § 3 Abs. 1 MarkenG dahingehend angelegt, dass Zeichen als Marke geschützt werden können, soweit sie geeignet sind, Waren oder Dienstleistungen eines Unternehmens von denjenigen eines anderen Unternehmens zu unterscheiden.[562] Marken können jedoch nur der Kennzeichnung und Unterscheidung von Waren oder Dienstleistungen dienen, wenn sich ihr Dasein nicht in einer bloßen Eintragung im Markenregister erschöpft, sondern sie im Verkehr zur Kennzeichnung der Waren oder Dienstleistungen – zumindest irgendwann – benutzt werden. Folglich ist die Benutzung der Herkunftsfunktion, die als die Hauptfunktion der Marke angesehen wird,[563] geschuldet. Aber auch die anderen Funktionen der Marke

---

558 Begründung zum Markenrechtsreformgesetz, BT-Drucksache 12/6581, S. 56 und S. 69; zur Abschaffung des Akzessorietätsprinzips siehe 3. Kap. II 2.

559 Vgl. *BGH* GRUR 2001, 242, 244 – *Classe E*; *BGH* GRUR 2009, 780, 782 (Nr. 19) – *Ivadal*; vgl. zur Beseitigung des Wertungswiderspruchs auch *Jordan*, Festschrift für Helm, S. 187, 194.

560 Der *BGH* und *Fezer* beispielsweise sprechen in diesem Zusammenhang vom *„Wesen der Marke"*, *BGH* GRUR 2001, 242, 244 – *Classe E*; *Fezer*, Markenrecht, § 3 Rdnr. 226.

561 11. Erwägungsgrund der Markenrechtsrichtlinie, ABl.-EU Nr. L 299 vom 8. November 2008, S. 25, 26.

562 Vgl. *Kirschneck* in: Ströbele/Hacker, Markengesetz, § 3 Rdnr. 5; *Ingerl/Rohnke*, Markengesetz, Einl. Rdnr. 72.

563 Insbesondere der *EuGH* und der *BGH* sehen in der Herkunftsfunktion die Hauptfunktion der Marke z.B. *EuGH* GRUR 2001, 1148, 1149 (Nr. 22) – *Bravo*; *EuGH* GRUR 2003, 55, 57 (Nr. 48) – *Arsenal Football Club*; *EuGH* GRUR 2003, 604, 608 (Nr. 62) – *Libertel*; *EuGH* GRUR 2004, 428, 429 f. (Nr. 30) – *Henkel*; *EuGH* GRUR 2004, 943, 944 (Nr. 23) – *SAT.2*; *EuGH* GRUR 2005, 1042, 1043 (Nr. 23) – *THOMSON LIFE*; *BGH* GRUR 2005, 1047, 1049 –

wie insbesondere die Qualitäts- und Werbefunktion sind auf eine Benutzung der Marke angelegt, da die Marke auch diese Funktionen nur erfüllen kann, wenn die Marke im Verkehr als Kennzeichen für Waren oder Dienstleistungen benutzt wird. Ähnlich heißt es beispielsweise bei *Füllkrug*:

> *„Da die Marke nicht nur Registerrecht ist, sondern der Kommunikation im Markt dient, ist ihr rechtliches Schicksal in starkem Maße von der Benutzung abhängig, ‚das Markenrecht ist auf Benutzung angelegt'."*[564]

Dass die Benutzung ein tragender Gedanke des Markenrechts ist und der Bestand der Marke von ihrer Benutzung abhängt, folgt vor allem auch aus den Regelungen zum Benutzungszwang. So müssen Marken nach dem Willen des Gesetzgebers benutzt werden, um auch nach Ablauf der Fünfjahresfrist weiterhin Markenschutz zu genießen. Der Gesetzgeber zwingt den Markenbenutzer somit in die Benutzung und begnügt sich dabei nicht mit bloßen Scheinbenutzungshandlungen, sondern gewährt einen Markenschutz nach Ablauf der Fünfjahresfrist nur, wenn die Benutzungshandlungen *„ernsthaft"* im Sinne des § 26 Abs. 1 MarkenG sind.[565]

Auch in den Erwägungsgründen der Markenrechtsrichtlinie wird die besondere Bedeutung der Benutzung hervorgehoben. So muss nach der Markenrechtsrichtlinie verlangt werden,

> *„dass eingetragene Marken tatsächlich benutzt werden, um nicht zu verfallen",*[566]

Otto; vgl. auch *Hacker*, Markenrecht, § 6 Rdnr. 60; *Schell* in: Götting/Meyer/Vormbrock, Gewerblicher Rechtsschutz, § 22 Rdnr. 57; *Ilzhöfer/Engels*, Patent-, Marken- und Urheberrecht, Rdnr. 608.

564 *Füllkrug*, WRP 2006, 664, 665. Zur Rechtslage nach dem Warenzeichengesetz heißt es bei *Baumbach/Hefermehl* beispielsweise: *„Der Sinn eines Warenzeichens ist nur erfüllt, wenn es auch tatsächlich benutzt wird, um im Verkehr Geltung zu erlangen"*, *Baumbach/Hefermehl*, Warenzeichenrecht, § 1 Rdnr. 42. Auch *Fezer* hebt die besondere Bedeutung der Benutzung hervor: *„Es kann kein Zweifel daran bestehen, daß Leitbild des Warenzeichenrechts, insbesondere nach Einführung des Benutzungszwangs, das benutzte und insoweit mit Leben erfüllte Warenzeichen ist, bzw. unter Einbeziehung der Benutzungsfrist dasjenige Zeichen, das in Benutzung genommen werden soll"*, *Fezer*, Der Benutzungszwang, S. 155.

565 Begründung zum Markenrechtsreformgesetz, BT-Drucksache 12/6581, S. 83; zum Benutzungszwang siehe 3. Kap. II 1 b. Die besondere Bedeutung der Benutzung ergibt sich beispielsweise auch aus § 4 Nr. 2 MarkenG, wonach Markenschutz auch ohne Eintragung durch die bloße Benutzung der Marke erwirkt werden kann sowie aus § 8 Abs. 3 MarkenG, wonach Zeichen, die sich infolge ihrer Benutzung in den beteiligten Verkehrskreisen durchgesetzt haben, in das Markenregister eingetragen werden können, obwohl sie eigentlich nicht eintragungsfähig sind, vgl. auch *Füllkrug*, WRP 2006, 664, 665.

566 9. Erwägungsgrund der Markenrechtsrichtlinie, ABl.-EU Nr. L 299 vom 8. November 2008, S. 25, 26.

um so

> *„die Gesamtzahl der in der Gemeinschaft eingetragenen und geschützten Marken und damit die Anzahl der zwischen ihnen möglichen Konflikte zu verringern“.*[567]

Dem Markengesetz und der Markenrechtsrichtlinie lässt sich somit entnehmen, dass der Benutzung eine herausragende Bedeutung im Markenrecht zukommt. Jede Benutzungshandlung setzt denknotwendig einen entsprechenden Willensentschluss voraus. Auch wenn das Markengesetz und die Markenrechtsrichtlinie diesen Willen nicht ausdrücklich regeln, muss der Markeninhaber daher – zumindest irgendwann vor der Benutzung – einen auf die Vornahme entsprechender Handlungen gerichteten Willen gebildet haben. Damit bildet der Benutzungswille quasi ein notwendiges Durchgangsstadium zu der anschließenden Benutzung. Der Benutzungswille manifestiert sich schließlich in der Benutzung. Demnach ist das Merkmal des Benutzungswillens dem Markengesetz – unabhängig von dessen rechtlicher Einordnung – immanent. Daraus wiederum folgt, dass der Benutzungswille grundsätzlich als ein Kriterium in Betracht kommt, um eine nach § 8 Abs. 2 Nr. 10 MarkenG bösgläubige Markenanmeldung in Form der Spekulationsmarke von einer legitimen Markenanmeldung abzugrenzen.

Nachdem der Gesetzgeber die Bindung der Marke an den Geschäftsbetrieb mit dem Markenrechtsreformgesetz bewusst aufgegeben hat,[568] kann jedoch an dem unter dem Warenzeichengesetz geltenden Verständnis eines Benutzungswillens nicht mehr festgehalten werden.[569] Daher ist mit dem *BGH* von einem erweiterten Verständnis eines Benutzungswillens auszugehen, nämlich dahin, dass der Markeninhaber über einen Benutzungswillen verfügt, wenn er entweder die Marke selbst benutzen oder sie der Benutzung durch einen Dritten im Wege der Übertragung oder Lizenzierung zuführen möchte.[570] Der Benutzungswille muss sich dabei auf eine Benutzung der Marke zur Kennzeichnung der Waren

---

567 9. Erwägungsgrund der Markenrechtsrichtlinie, ABl.-EU Nr. L 299 vom 8. November 2008, S. 25, 26.

568 Begründung zum Markenrechtsreformgesetz, BT-Drucksache 12/6581, S. 56 und S. 69; zur Abschaffung des Akzessorietätsprinzips siehe 3. Kap. II 2.

569 Unter der Geltung des Warenzeichengesetzes musste der Markeninhaber über einen individuellen Benutzungswillen verfügen, siehe 3. Kap. III 2.

570 Vgl. *BGH* GRUR 2001, 242, 244 – *Classe E.* Soweit das Merkmal des Benutzungswillens unter der Geltung des Markengesetzes anerkannt ist, herrscht – abgesehen von der rechtlichen Einordnung – insoweit Einigkeit, als dass ein genereller Benutzungswille ausreicht, z.B. *BPatG* GRUR-RR 2009, 131, 135 – *DRSB Deutsche Volksbank*; *BPatG* BeckRS 2010, 23964 – *Thermoroll*; *OLG Frankfurt a.M.* GRUR-RR 2005, 184, 185 – *Depo-Provera*; *Fezer*, Markenrecht, § 3 Rdnr. 226; *Ströbele* in: Ströbele/Hacker, Markengesetz, § 8 Rdnr. 682; *Bous* in: Ekey/Klippel/Bender, Markenrecht, § 50 Rdnr. 21; *Brötje*, Die bösgläubige Markenanmeldung, S. 94; *Jordan*, Festschrift für Helm, S. 187, 194; *Füllkrug*, WRP 2006, 664, 668.

oder Dienstleistungen zu ihrer Unterscheidung von den Waren oder Dienstleistungen anderer beziehen – sei es, dass die Benutzung durch den Markeninhaber selbst oder durch einen Dritten erfolgt.[571] Denn nur dann ist der Benutzungswille auf eine rechtserhaltende Benutzung im Sinne des Benutzungszwangs gerichtet.[572]

bb) Benutzungswille als allgemeine Schutzvoraussetzung

Nachdem nun feststeht, dass das Merkmal des Benutzungswillens dem Markengesetz immanent ist und der Benutzungswille daher grundsätzlich als ein Kriterium zur Abgrenzung von Spekulationsmarken von legitimen Marken in Betracht kommt, schließt sich hieran die Frage an, ob es sich bei dem Benutzungswillen um eine allgemeine Schutzvoraussetzung handelt. Sollte dies der Fall sein, läge es nahe, die Anmeldung der betreffenden Marke bei einem Fehlen des Benutzungswillens schon nach § 3 Abs. 1 MarkenG oder einer anderen Regelung zurückzuweisen, jedenfalls aber nicht nach § 8 Abs. 2 Nr. 10 MarkenG.[573]

Der *BGH* begründete die Einordnung des Benutzungswillens als allgemeine Schutzvoraussetzung in der *Classe E*-Entscheidung mit dem *„Wesen der Marke"* als ein Unterscheidungszeichen.[574] Dieses Wesen der Marke sei in § 3 Abs. 1 MarkenG verankert,[575] der in Umsetzung von Art. 2 MRRL eingeführt wurde[576]. Das *BPatG* und *Ströbele* wenden gegen eine rechtliche Einordnung des Benutzungswillens als allgemeine Schutzvoraussetzung ein, Art. 2 MRRL regele die

---

571 So auch *Fezer*, Markenrecht, § 3 Rdnr. 226; vgl. auch *Füllkrug*, WRP 2006, 664, 673.

572 Zur rechtserhaltenden Benutzung unter der Geltung des Markengesetzes siehe 3. Kap. II 1 b.

573 Dies ist ein Punkt, weshalb die *Classe E*-Entscheidung des *BGH* so heftiger Kritik ausgesetzt ist. So werfen Kritiker dem *BGH* mangelnde Konsequenz vor, weil er dem Benutzungswillen einerseits eine materiell-rechtliche Qualität zusprach, andererseits aber auf den Einwand der unzulässigen Rechtsausübung abstellte anstatt von einer Löschungsreife nach § 50 Abs. 1 Nr. 1 a.F. i.V.m. § 3 Abs. 1 MarkenG auszugehen, so *Ingerl/Rohnke*, Markengesetz, 2. Auflage 2003, § 50 Rdnr. 11; vgl. auch *Ticic*, Die bösgläubige Markenanmeldung als absolutes Schutzhindernis, S. 46.

Dieser Kritik ist entgegenzuhalten, dass der *Classe E*-Entscheidung kein Löschungsverfahren zugrunde lag, sondern eine Feststellungsklage. Im Kern ging es um die Frage, ob der Markeninhaber die aus der Marke *Classe E* resultierenden Ausschließlichkeitsrechte gegen die DaimlerChrysler AG durchsetzen kann oder ob die DaimlerChrysler AG hiergegen Einwendungen oder Einreden erheben kann. Insofern kam es gerade auf den Einwand der unzulässigen Rechtsausübung an, während die Löschungsreife der Marke nicht zu thematisieren war – und zwar weder nach § 50 Abs. 1 Nr. 1 a.F. i.V.m. § 3 Abs. 1 MarkenG noch nach § 50 Abs. 1 Nr. 4 MarkenG a.F.; zur *Classe E*-Entscheidung siehe 3. Kap. IV 1 a aa).

574 *BGH* GRUR 2001, 242, 244 – *Classe E.*

575 *Fezer*, Markenrecht, § 3 Rdnr. 228.

576 *Fezer*, Markenrecht, § 3 Rdnr. 4.

Kriterien der Markenfähigkeit abschließend und enthalte gerade keinen Hinweis auf einen Benutzungswillen.[577] Soweit man streng auf den Wortlaut des § 3 Abs. 1 MarkenG und Art. 2 MRRL abstellt, kann diesem Einwand nichts entgegengesetzt werden. Soweit man aber – wie der *BGH* – den Hinweis auf den Benutzungswillen in der Umschreibung der Marke als ein Unterscheidungszeichen sieht, relativieren sich die Einwände des *BPatG* und von *Ströbele* wieder.

Nichtsdestotrotz spricht gegen den Benutzungswillen als allgemeine Schutzvoraussetzung nach § 3 Abs. 1 MarkenG, dass § 3 Abs. 1 MarkenG die Markenfähigkeit nur abstrakt regelt.[578] Es genügt, wenn die Marke geeignet ist, irgendeine Art von Waren oder Dienstleistungen zu unterscheiden.[579] Die Prüfung der abstrakten Unterscheidungseignung erfolgt also losgelöst von dem konkreten Waren- oder Dienstleistungsverzeichnis.[580] Da das konkrete Waren- oder Dienstleistungsverzeichnis außer Betracht bleibt, muss auch ein entsprechender Benutzungswille bei der Prüfung des § 3 Abs. 1 MarkenG außer Betracht bleiben. Denn das Vorliegen eines Benutzungswillens beurteilt sich danach, ob der Markeninhaber die Marke zur Kennzeichnung der Waren oder Dienstleistungen zu ihrer Unterscheidung von den Waren oder Dienstleistungen anderer benutzen möchte,[581] so dass der Benutzungswille nicht losgelöst von den konkreten Waren oder Dienstleistungen beurteilt werden kann. Insofern spricht die Gesetzesbegründung zu § 3 Abs. 1 MarkenG gegen die Einordnung des Benutzungswillens als ein Kriterium der Markenfähigkeit.

Die Erkenntnis, dass es sich bei dem Benutzungswillen um kein Kriterium der Markenfähigkeit und damit nicht um eine allgemeine Schutzvoraussetzung nach § 3 Abs. 1 MarkenG handelt, schließt nicht zwingend aus, den Benutzungswillen als eine allgemeine – außergesetzliche – Schutzvoraussetzung zu verstehen. Gerade die herausragende Bedeutung, die der Benutzung im Markengesetz zu-

---

577 *BPatG* GRUR 2007, 324, 325 – *kinder (schwarz-rot)*; *Ströbele* in: Ströbele/Hacker, Markengesetz, § 8 Rdnr. 681.

578 Begründung zum Markenrechtsreformgesetz, BT-Drucksache 12/6581, S. 65; *Fuchs-Wissemann* in: Ekey/Klippel/Bender, Markenrecht, § 3 Rdnr. 1; *Meister*, Marke und Recht, S. 38; *Meister*, WRP 1995, 1005, 1008; *Helm*, GRUR 1996, 593, 597.

579 *Sambuc*, GRUR 2009, 333, 334; vgl. auch *Meister*, Marke und Recht, S. 38. *Meister* prägte für diese Systematik den Begriff des *„Zwei-Schritt-Modells"*. In einem ersten Schritt werde das Zeichen auf abstrakte Markenfähigkeit nach § 3 MarkenG geprüft. In einem zweiten Schritt folge eine Prüfung der Schutzfähigkeit des Zeichens in Bezug auf die konkret angemeldeten Waren oder Dienstleistungen nach § 8 MarkenG. Das bedeute, dass es Fälle geben kann, in denen ein Zeichen im Allgemeinen markenfähig ist, nur eben nicht im speziellen Fall für die konkret benannten Waren oder Dienstleistungen, oder weil es anderen Schutzvoraussetzungen des § 8 MarkenG nicht entspricht, *Meister*, WRP 1995, 1005, 1008.

580 *Meister*, Marke und Recht, S. 38.

581 Siehe 3. Kap. IV 1 c aa) am Ende.

kommt, könnte für eine rechtliche Einordnung des Benutzungswillens als eine allgemeine – außergesetzliche –Schutzvoraussetzung sprechen. So hat der Gesetzgeber die Benutzung für so wichtig erachtet, dass er einen Benutzungszwang in das Markengesetz eingeführt hat. Da die Benutzungshandlung zwingend einen entsprechenden Willensentschluss voraussetzt,[582] spricht dies auf den ersten Blick dafür, dem Benutzungswillen eine möglichst große Bedeutung zuzumessen, so wie es bei einer rechtlichen Einordnung des Benutzungswillens als allgemeine – außergesetzliche – Schutzvoraussetzung der Fall wäre. Allerdings ergibt sich gerade aus den Regelungen zum Benutzungszwang, dass es dem Gesetzgeber ausschließlich auf die Benutzung als solche ankommt. Denn nur eine ernsthafte Benutzung im Sinne des § 26 Abs. 1 MarkenG kann die Rechtsfolgen des Benutzungszwangs verhindern.[583] Der bloße Benutzungswille bewirkt in diesem Zusammenhang nichts, auch wenn die Bildung eines Benutzungswillens ein notwendiges Durchgangsstadium hin zur Benutzung darstellt. Folglich geben die Regelungen zum Benutzungszwang lediglich eine zeitliche Grenze vor, bis zu der sich der Benutzungswille spätestens in einer ernsthaften Benutzung manifestiert haben muss, möchte der Markeninhaber weiterhin vollen Markenschutz genießen.[584] Daraus wiederum folgt, dass es nach dem Willen des Gesetzgebers nicht darauf ankommt, zu welchem Zeitpunkt der Markeninhaber einen entsprechenden Willensentschluss fasst – solange der Benutzungswille innerhalb der Fünfjahresfrist mit der Benutzung verwirklicht wird.[585] Demzufolge kann aus der herausragenden Bedeutung der Benutzung nicht der Schluss gezogen werden, der Benutzungswille müsse als allgemeine Schutzvoraussetzung bereits bei der Markenanmeldung vorliegen. Im Gegenteil sprechen die Regelungen zum Benutzungszwang vielmehr gegen eine rechtliche Einordnung des Benutzungswillens als eine allgemeine Schutzvoraussetzung, da die Regelungen zum Benut-

---

582 Siehe 3. Kap. IV 1 c aa).

583 Siehe 3. Kap. II 1 b.

584 Auch *Fezer* stellte zur Rechtslage zum Warenzeichengesetz darauf ab, dass die Regelungen zum Benutzungszwang lediglich eine zeitliche Grenze bildeten, ab der die Nichtbenutzung des Zeichens Rechtsnachteile nach sich zog, *Fezer*, Der Benutzungszwang, S. 156. Da das Erfordernis eines Benutzungswillens in § 1 WZG als allgemeine Schutzvoraussetzung positiv normiert war, musste der Benutzungswille unter der Geltung des Warenzeichengesetzes jedoch schon bei der Erwirkung des Zeichenschutzes vorliegen, vgl. z.B. *Busse/Starck*, Warenzeichengesetz, § 1 Rdnr. 42.

585 So auch *Götting* in: Fezer, UWG, § 4 Nr. 10 Rdnr. 153; *Schoene*, Der Benutzungszwang im Markengesetz, S. 147; a.A. *Wiedmann*, Der Rechtsmissbrauch im Markenrecht, S. 179: *„Entscheidend ist, dass der Markeninhaber zum Zeitpunkt der Markenanmeldung einen generellen Benutzungswillen besitzt.“*

zungszwang eben nur eine zeitliche Grenze für die Verwirklichung des Benutzungswillens vorgeben.[586]

Neben den Regelungen zum Benutzungszwang spricht gegen eine Einordnung des Benutzungswillens als eine allgemeine Schutzvoraussetzung ganz entscheidend, dass der Gesetzgeber den Löschungsgrund der bösgläubigen Markenanmeldung nach § 50 Abs. 1 Nr. 4 MarkenG a.F. als

> *„geeignetes Korrektiv zum Wegfall des Erfordernisses eines Geschäftsbetriebs als Eintragungsvoraussetzung"*

eingeführt hat.[587] Zwar bezieht sich die Begründung zum Markenrechtsreformgesetz ihrem Wortlaut nach nur auf den Wegfall des Erfordernisses *„eines Geschäftsbetriebs"* ohne das Merkmal des Benutzungswillens zu erwähnen. Der Wortlaut der Gesetzesbegründung ist insofern jedoch zu eng geraten. Der Wegfall des Geschäftsbetriebs als Eintragungsvoraussetzung ist auf die ersatzlose Streichung des § 1 WZG zurückzuführen.[588] Durch die ersatzlose Streichung des § 1 WZG entfiel auch die Rechtsgrundlage für den Benutzungswillen.[589] Es ist davon auszugehen, dass die Rechtsgrundlage für den Benutzungswillen nicht nur reflexartig und aus Versehen mitgestrichen wurde, sondern dass der Gesetzgeber mit der Streichung des § 1 WZG auch den Benutzungswillen als Eintragungsvoraussetzung bewusst streichen wollte und auch hierfür § 50 Abs. 1 Nr. 4 MarkenG a.F. als Korrektiv vorsah. Hierfür spricht schon, dass die Diskussionen zum Benutzungswillen bereits nach dem Inkrafttreten des Markengesetzes und vor der Abfassung des späteren Geschmacksmusterreformgesetzes aufgekommen waren.[590] Wäre die Rechtsgrundlage für den Benutzungswillen nur aus Versehen mitgestrichen worden, hätte es nahegelegen, dass der Gesetzgeber dieses Versehen spätestens mit dem Geschmacksmusterreformgesetz entsprechend korrigiert.

---

586 *Ingerl/Rohnke* führen gegen die rechtliche Einordnung des Benutzungswillens als eine allgemeine Schutzvoraussetzung ebenfalls die Regelungen des Benutzungszwangs heran. So sei das Erfordernis der rechtserhaltenden Benutzung innerhalb der fünfjährigen Benutzungsschonfrist ausreichend, um Benutzungen sicherzustellen oder das Markenregister von unbenutzten Marken befreien zu können, § 49 Abs. 1 MarkenG, *Ingerl/Rohnke*, Markengesetz, § 3 Rdnr. 12; a.A. *Müller* in: Spindler/Schuster, Recht der elektronischen Medien, § 3 MarkenG Rdnr. 15.

587 Begründung zum Markenrechtsreformgesetz, BT-Drucksache 12/6581, S. 95 f.

588 Zur Abschaffung des Akzessorietätsprinzips siehe 3. Kap. II 2.

589 Zur Rechtsgrundlage des Benutzungswillens unter der Geltung des Warenzeichengesetzes siehe 3. Kap. III 1.

590 Vgl. die Diskussionen zur *Classe E*-Entscheidung des *BGH* aus dem Jahr 2000, z.B. *Fezer*, Markenrecht, 3. Auflage 2001, § 3 Rdnr. 77; *Jordan*, Festschrift für Helm, S. 187, 194; *Kiethe/Groeschke*, WRP 2002, 27; schon vor der *Classe E*-Entscheidung vgl. *Helm*, GRUR 1996, 593, 599. Der Referentenentwurf für ein Geschmacksmusterreformgesetz dagegen stammt vom 22. April 2002, vgl. den Referentenentwurf für ein Geschmacksmusterreformgesetz, BMJ 3660/1 – 31 99/2002.

Der Gesetzgeber hat nicht nur nicht entsprechend reagiert. Vielmehr ergibt sich aus der Begründung zum Referentenentwurf für ein Geschmacksmusterreformgesetz eindeutig, dass das Fehlen des Benutzungswillens einer Korrektur nach § 8 Abs. 2 Nr. 10 MarkenG unterliegt und demzufolge der Benutzungswille gerade keine allgemeine Schutzvoraussetzung sein soll. So heißt es in der Begründung zum Referentenentwurf für ein Geschmacksmusterreformgesetz:

„Für die Bösgläubigkeit des Markenanmelders können u.a. folgende Indizien sprechen:

- *Die Marke ist in den unterschiedlichsten Geschäftsbereichen (Waren oder Dienstleistungen) angemeldet, ohne dass ein ernsthafter Benutzungswille in einem eigenen Geschäftsbetrieb oder für dritte Unternehmen auf Grund eines bestehenden oder konkret geplanten Beratungskonzepts ersichtlich ist".*[591]

In der darauffolgenden Begründung zum Geschmacksmusterreformgesetz heißt es außerdem, dass die Fälle, die durch die Abschaffung der Bindung der Marke an den Geschäftsbetrieb erst möglich wurden und für die sich der Begriff der Spekulationsmarke – auch Hinterhaltsmarke – eingebürgert hat[592], unter § 8 Abs. 2 Nr. 10 MarkenG zu berücksichtigen sind. So heißt es dort:

„Erfasst werden [mit § 50 Abs. 1 Nr. 4 MarkenG a.F. bzw. § 8 Abs. 2 Nr. 10 MarkenG] *Fälle, bei denen der Anmelder die Marke nur mit dem Ziel hat registrieren lassen, Unterlassungs- oder Geldersatzansprüche gegen Dritte durchzusetzen. In der gerichtlichen Praxis treten immer wieder Fälle auf, in denen Privat- oder Geschäftsleute bestimmte Bezeichnungen als ‚Hinterhaltsmarken' haben schützen lassen, um ihre formelle Rechtsposition zur Geltendmachung ungerechtfertigter Lizenz- oder Abmahnkostenerstattungsansprüche auszunutzen* [...]."[593]

Da der Markenanmelder in den Fällen der Spekulationsmarke gerade über keinen generellen Benutzungswillen verfügt[594], ergibt sich auch aus der Begründung zum Geschmacksmusterreformgesetz ganz entscheidend, dass es sich bei dem Benutzungswillen nach dem Willen des Gesetzgebers nicht um eine allgemeine Schutzvoraussetzung handelt.[595]

---

591 Begründung zum Referentenentwurf für ein Geschmacksmusterreformgesetz, BMJ 3660/01 – 31 99/2002, S. 132.

592 Siehe die Nachweise in der Fn. 263.

593 Begründung zum Geschmacksmusterreformgesetz, BT-Drucksache 15/1075, S. 67.

594 Siehe die Nachweise in der Fn. 267.

595 Die Schlussfolgerung von *Ingerl/Rohnke* noch zur Rechtslage nach § 50 Abs. 1 Nr. 4 MarkenG a.F., der Benutzungswille könne schon deshalb keine allgemeine Schutzvoraussetzung darstellen, weil in diesem Fall das Erfordernis der Behinderung nach § 50 Abs. 1 Nr. 4 MarkenG a.F. in vielen Fällen leer liefe, spricht dagegen nicht zwingend gegen eine rechtliche Einordnung des Benutzungswillens als allgemeine Schutzvoraussetzung. *Ingerl/Rohnke* ist zwar insoweit zuzustimmen, als sich der Löschungsgrund bei einer Einordnung des Benutzungswillens als allgemeine Schutzvoraussetzung konsequenterweise gerade nicht aus § 50 Abs. 1 Nr. 4

Dieses Ergebnis steht nicht im Widerspruch zu dem oben gewonnenen Ergebnis, dass eine Marke ihrem Wesen nach auf eine Benutzung angelegt ist und die Benutzung die Bildung eines Benutzungswillens zwingend voraussetzt. Denn das Angelegtsein der Marke auf eine Benutzung heißt nicht zugleich, dass der Benutzungswille schon im Zeitpunkt der Anmeldung und Eintragung der Marke vorliegen und der Benutzungswille damit eine Voraussetzung für die Erlangung von Markenschutz darstellen muss. Vielmehr heißt das nur, dass der Markeninhaber irgendwann – spätestens nach Ablauf der Fünfjahresfrist – einen Benutzungswillen gebildet und mit der Benutzung verwirklicht haben muss, wenn er denn den Markenschutz nicht verlieren möchte.

cc) Fehlender Benutzungswille als Indiz für eine bösgläubige Markenanmeldung

Nachdem festgestellt wurde, dass das Merkmal des Benutzungswillens dem Markengesetz nicht fremd ist und es sich bei dem Benutzungswillen nicht um eine allgemeine Schutzvoraussetzung handelt, stellt sich die Frage, ob (1) das Fehlen eines Benutzungswillens wenigstens unter § 8 Abs. 2 Nr. 10 MarkenG berücksichtigungsfähig ist und eine Bösgläubigkeit zumindest mitbegründen kann. Daran anschließend stellt sich gegebenenfalls die Frage, ob (2) das Fehlen des Benutzungswillens auch allein ausreicht, um den Tatbestand der bösgläubigen Markenanmeldung als erfüllt anzusehen oder neben dem Fehlen des Benutzungswillens zusätzliche Umstände erforderlich sind, die die Markenanmeldung als bösgläubig erscheinen lassen.

(1) Berücksichtigung des fehlenden Benutzungswillens unter § 8 Abs. 2 Nr. 10 MarkenG

Der Gesetzgeber hat sich klar dafür ausgesprochen, dass die Fälle eines fehlenden Benutzungswillens in § 8 Abs. 2 Nr. 10 MarkenG verankert sind.[596] Allerdings wurde § 8 Abs. 2 Nr. 10 MarkenG in Umsetzung von Art. 3 Abs. 2 lit. d

MarkenG a.F. bzw. § 50 Abs. 1 i.V.m. § 8 Abs. 2 Nr. 10 MarkenG ergäbe. Das Erfordernis der Behinderung nach § 50 Abs. 1 Nr. 4 MarkenG a.F. bzw. § 8 Abs. 2 Nr. 10 MarkenG bliebe jedoch noch insofern relevant, als immerhin noch die Fälle der Sperrmarke der Löschung nach § 50 Abs. 1 Nr. 4 MarkenG a.F. bzw. § 50 Abs. 1 i.V.m. § 8 Abs. 2 Nr. 10 MarkenG unterliegen; zu *Ingerl/Rohnke* siehe *Ingerl/Rohnke*, Markengesetz, 2. Auflage 2003, § 50 Rdnr. 11; zur Sperrmarke siehe 2. Kap. VI 2.

596 Vgl. die Begründung zum Referentenentwurf für ein Geschmacksmusterreformgesetz, BMJ 3660/01 – 31 99/2002, S. 132 und die Begründung zum Geschmacksmusterreformgesetz, BT-Drucksache 15/1075, S. 67; siehe auch 3. Kap. IV 1 c bb).

MRRL eingeführt.[597] Insofern könnte die Markenrechtsrichtlinie einer Berücksichtigung des fehlenden Benutzungswillens in § 8 Abs. 2 Nr. 10 MarkenG entgegenstehen. So könnten die in der Markenrechtsrichtlinie geregelten Eintragungshindernisse und Ungültigkeitsgründe abschließend sein, so dass es dem nationalen Gesetzgeber demzufolge nicht freistand, darüber hinaus weitere Eintragungshindernisse und Ungültigkeitsgründe vorzusehen. Da das Fehlen eines Benutzungswillens in der Markenrechtsrichtlinie nicht als ein Eintragungshindernis oder Ungültigkeitsgrund aufgeführt ist, könnte es sich daher verbieten, das Fehlen des Benutzungswillens in den Tatbestand der bösgläubigen Markenanmeldung als ein absolutes Schutzhindernis nach § 8 Abs. 2 Nr. 10 MarkenG hineinzulesen.[598] Wie sich aus den Erwägungsgründen zu der Markenrechtsrichtlinie ergibt, sind jedoch nur diejenigen Eintragungshindernisse und Ungültigkeitsgründe abschließend, die *„die Marke selbst"* betreffen. So heißt es im achten Erwägungsgrund der Markenrechtsrichtlinie:

> *„Die Eintragungshindernisse und Ungültigkeitsgründe betreffend die Marke selbst, wie fehlende Unterscheidungskraft, oder betreffend Kollisionen der Marke mit älteren Rechten* [sind] *erschöpfend* [aufzuführen], *selbst wenn einige dieser Gründe für die Mitgliedstaaten fakultativ aufgeführt sind und es diesen folglich freisteht, die betreffenden Gründe in ihren Rechtsvorschriften beizubehalten oder dort aufzunehmen."*[599]

Das Merkmal des Benutzungswillens betrifft jedoch nicht die Marke als solche, sondern den Markenanmelder in seiner Person. Deswegen steht die abschließende Aufzählung der Eintragungshindernisse und Ungültigkeitsgründe betreffend die Marke selbst einer Berücksichtigung des fehlenden Benutzungswillens in § 8 Abs. 2 Nr. 10 MarkenG nicht entgegen.[600] Da in Bezug auf den Benutzungswillen keine Angleichungsvorschriften bestehen, ist es dem nationalen Gesetzgeber sogar ausdrücklich gestattet, ein entsprechendes Eintragungshindernis oder einen entsprechenden Ungültigkeitsgrund vorzusehen.[601] So heißt es im achten Erwägungsgrund der Markenrechtsrichtlinie weiter:

> *„Die Mitgliedstaaten* [können] *in ihrem Recht Eintragungshindernisse oder Ungültigkeitsgründe beibehalten oder einführen* [...], *die an die Bedingungen des Erwerbs oder der Aufrechterhaltung der Marke gebunden sind, für die keine Angleichungsbestimmungen bestehen*

---

597 Siehe 2. Kap. II 2 und 2. Kap. II 3.

598 Ebenfalls thematisiert bei *Schoene*, Der Benutzungszwang im Markengesetz, S. 145.

599 8. Erwägungsgrund, Satz 3 der Markenrechtsrichtline, ABl.-EU Nr. L 299 vom 8. November 2008, S. 25 f.

600 So auch *Schoene*, Der Benutzungszwang im Markengesetz, S. 145.

601 So auch *Schoene*, Der Benutzungszwang im Markengesetz, S. 145.

und die sich beispielsweise auf die Markeninhaberschaft, auf die Verlängerung der Marke [...] beziehen."[602]

Daraus folgt, dass die Markenrechtsrichtlinie einer Berücksichtigung des fehlenden Benutzungswillens unter § 8 Abs. 2 Nr. 10 MarkenG nicht entgegensteht.[603]

Allerdings könnte die Berücksichtigung des fehlenden Benutzungswillens in § 8 Abs. 2 Nr. 10 MarkenG angesichts der Regelungen zum Benutzungszwang zu einem Wertungswiderspruch innerhalb des Markengesetzes führen: Die Regelungen zum Benutzungszwang wurden bei der Frage, ob der Benutzungswille als eine allgemeine Schutzvoraussetzung einzuordnen ist, als ein wesentliches Argument gegen eine solche Einordnung herangezogen. Dabei wurde im Wesentlichen argumentiert, dass es nach dem Willen des Gesetzgebers ausreiche, wenn sich der Benutzungswille des Markeninhabers bis spätestens zum Ablauf der Fünfjahresfrist in der Benutzung manifestiert hat und es daher nicht dem Willen des Gesetzgebers entspräche, würde man schon zum Zeitpunkt der Anmeldung und Eintragung einen entsprechenden Benutzungswillen verlangen.[604] Diese Argumentation könnte man dahin fortsetzen, dass der Benutzungszwang die einzige Schranke für den Schutz von unbenutzten Marken darstellt. In der Konsequenz könnte daraus geschlossen werden, dass dem Markeninhaber ein Fehlen des Benutzungswillens während der Fünfjahresfrist generell nicht entgegengehalten werden darf – auch nicht unter dem Gesichtspunkt der bösgläubigen Markenanmeldung nach § 8 Abs. 2 Nr. 10 MarkenG.[605]

Gegen eine solche Sichtweise spricht schon, dass jeder Rechtserwerb und jede Rechtsausübung dem Verbot des rechtsmissbräuchlichen Rechtserwerbs und der rechtsmissbräuchlichen Rechtsausübung, also dem Verbot des Rechtsmissbrauchs, unterliegt. Das Verbot des Rechtsmissbrauchs gilt als ein übergeordneter Gedanke in der gesamten Rechtsordnung und zwar jederzeit.[606] Ein Aspekt des Verbots des Rechtsmissbrauchs, nämlich das Verbot des rechtsmissbräuchli-

602 8. Erwägungsgrund, Satz 4 der Markenrechtsrichtline, ABl.-EU Nr. L 299 vom 8. November 2008, S. 25 f.

603 So auch *Schoene*, Der Benutzungszwang im Markengesetz, S. 145.

604 Siehe 3. Kap. IV 1 c bb).

605 Eine ähnliche Diskussion wurde unter der Geltung des Warenzeichengesetzes zur Rechtslage bei den Vorrats- und Defensivzeichen nach der Einführung des Benutzungszwangs geführt. Dort bildete sich überwiegend die Ansicht heraus, dass die Vorrats- und Defensivzeichen auch während der Fünfjahresfrist weiterhin den von der Rechtsprechung entwickelten wettbewerbsrechtlichen Schranken unterliegen und die Vorrats- und Defensivzeichen durch die Einführung der Fünfjahresfrist insofern keine Aufwertung erfahren haben, siehe 3. Kap. III 5 b cc) und 3. Kap. III 5 c cc).

606 Vgl. z.B. *Schmidt-Kessel* in: Prütting/Wegen/Weinreich, BGB, § 242 Rdnr. 4 f.; *Grüneberg* in: Palandt, BGB, § 242 Rdnr. 1.

chen Rechtserwerbs, wurde in § 8 Abs. 2 Nr. 10 MarkenG positiv normiert.[607] Dies spricht dafür, dass die Regelungen zum Benutzungszwang einer Verankerung der Fälle eines fehlenden Benutzungswillens in § 8 Abs. 2 Nr. 10 MarkenG nicht entgegenstehen, so dass unbenutzte Marken auch während der Fünfjahresfrist der Schranke nach § 50 Abs. 1 i.V.m. § 8 Abs. 2 Nr. 10 MarkenG unterliegen.

Auch der Sinn und Zweck des Benutzungszwangs steht diesem Ergebnis nicht entgegen. Denn dieser besteht darin, im Interesse des Wettbewerbs die Bereinigung des Markenregisters zu fördern und die Geltendmachung von nur formalen Markenrechten zu bekämpfen, indem unbenutzten Marken nach fünf Jahren der Schutz versagt wird.[608] Diesem Sinn und Zweck kommt es entgegen, wenn man die Fälle eines fehlenden Benutzungswillens nicht nur den Regelungen des Benutzungszwangs unterstellt, sondern auch § 8 Abs. 2 Nr. 10 MarkenG.

Das Fehlen eines Benutzungswillens nach § 8 Abs. 2 Nr. 10 MarkenG zu berücksichtigen, ist auch interessengerecht. So wird der Benutzungswille einerseits nicht überbewertet. Andererseits steht dem *DPMA* mit dem absoluten Schutzhindernis der bösgläubigen Markenanmeldung ein Instrument zur Verfügung, um die Anmeldung einer Marke zurückzuweisen, wenn ersichtlich im Sinne des § 37 Abs. 3 MarkenG ist, dass der Markenanmelder die Marke von vornherein nicht im Sinne des Markengesetzes benutzen möchte. Zu denken ist hier an die Anmeldungen von Namen und Bildnissen berühmter Persönlichkeiten durch Personen, die hierzu ersichtlich nicht berechtigt sind[609] oder die Anmeldung gemeinfreier Werke der Literatur und Kunst.[610] So lagen dem *DPMA* beispielsweise nach der Wahl Kardinal *Ratzingers* zum Papst zahlreiche Markenanmeldungen mit Bezug zum neuen Papst zur Eintragung vor.[611]

---

607 Siehe 2. Kap. III 1.

608 Vgl. den 9. Erwägungsgrund der Markenrechtsrichtlinie, ABl.-EU Nr. L 299 vom 8. November 2008, S. 25, 26; siehe 3. Kap. II 1 b.

609 Siehe 2. Kap. II 3.

610 *Ströbele* in: Ströbele/Hacker, Markengesetz, § 8 Rdnr. 693.

611 Zur Eintragung angemeldet wurden beispielsweise die Bezeichnungen *Benedikt-Weise*, *Benedikt-Bier*, *Benedikt, der Kräutercamember*, *Papst Benedikt-Torte*. Das *DPMA* wies die Markenanmeldungen zurück und begründete die Zurückweisungen in manchen Fällen mit § 8 Abs. 2 Nr. 5 MarkenG wegen Verstoßes gegen die öffentliche Ordnung und die guten Sitten und in manchen Fällen mit § 8 Abs. 2 Nr. 10 MarkenG wegen Bösgläubigkeit des Markenanmelders, weil die Markenanmeldungen nach dem *DPMA* erfolgten, um Dritte unlauter zu behindern, Berichterstattung der *F.A.Z.* vom 19. September 2006, zitiert nach *Steinberg/Jaeckel*, MarkenG 2008, 296, 297 Fn. 9.

Als Zwischenergebnis ist somit festzuhalten, dass mit der neueren Rechtsprechung des *BGH*[612] und Teilen der Literatur[613] davon auszugehen ist, dass das Fehlen eines Benutzungswillens eine Bösgläubigkeit im Sinne des § 8 Abs. 2 Nr. 10 MarkenG zumindest mitbegründen kann.

(2) Zusätzliche Umstände: Behinderungsabsicht

Nachdem festgestellt wurde, dass das Fehlen eines Benutzungswillens eine Bösgläubigkeit im Sinne des § 8 Abs. 2 Nr. 10 MarkenG zumindest mitbegründen kann, ist weiter zu untersuchen, ob das Fehlen eines Benutzungswillens allein schon den Vorwurf der Bösgläubigkeit rechtfertigt oder neben dem Fehlen des Benutzungswillens zusätzliche Umstände erforderlich sind, die die Markenanmeldung als bösgläubig erscheinen lassen – so die Rechtsprechung[614] und Teile der Literatur[615].

Dafür, dass das Fehlen eines Benutzungswillens allein den Vorwurf der Bösgläubigkeit nicht zu begründen vermag, spricht schon, dass der Markeninhaber ausweislich der Regelungen zum Benutzungszwang für die Bildung und Verwirklichung des Benutzungswillens fünf Jahre Zeit hat.[616] Demnach würde es zu einem Wertungswiderspruch führen, würde man eine Markenanmeldung schon deshalb nach § 8 Abs. 2 Nr. 10 MarkenG zurückweisen, weil der Markenanmelder im Zeitpunkt der Markenanmeldung noch nicht über einen generellen Benutzungswillen verfügt. Zudem bestünde die Gefahr, dass das oben gewonnene Ergebnis, wonach es sich bei dem Merkmal des Benutzungswillens um keine allgemeine Schutzvoraussetzung handelt,[617] unterwandert würde. Es müssen demnach zum Fehlen des Benutzungswillens zusätzliche Umstände hinzutreten, die

612 Siehe 3. Kap. IV 1 b bb).

613 Siehe 3. Kap. IV 1 b cc).

614 Vgl. *BGH* GRUR 2009, 780, 782 (Nr. 16, Nr. 19 ff.) – *Ivadal*, wobei der *BGH* in der *Ivadal*-Entscheidung nicht strikt zwischen dem Fehlen des Benutzungswillens und dem Vorliegen zusätzlicher die Bösgläubigkeit begründender Umstände trennte. Vielmehr berücksichtigte der *BGH* alle Umstände des Einzelfalls und kam nach einer Gesamtabwägung zu dem Ergebnis, dass der Markeninhaber über keinen Benutzungswillen verfügte, sondern in rechtsmissbräuchlicher Verwendungsabsicht gehandelt hat. Deutlicher heißt es in der *soulhelp*-Entscheidung des *BPatG*: *„wenn das Fehlen des Benutzungswillens und die weiteren Voraussetzungen der Bösgläubigkeit ersichtlich sind"*, *BPatG* GRUR 2012, 840, 841 – *soulhelp*; vgl. auch *BPatG* BeckRS 2007, 08093 – *WM 2006*; *BPatG* BeckRS 2009, 87087 – *AGPRO*; *BPatG* BeckRS 2011, 19562 – *Kaup-mann*; so auch z.B. *OLG Düsseldorf* MMR 2008, 107, 110 – *lastminute.eu*.

615 Siehe hierzu die Nachweise in der Fn. 545.

616 Siehe 3. Kap. IV 1 c bb).

617 Siehe 3. Kap. IV 1 c bb).

die Markenanmeldung als bösgläubig im Sinne des § 8 Abs. 2 Nr. 10 MarkenG erscheinen lassen. Dabei sind alle Umstände des Einzelfalls zu berücksichtigen.[618]

Die Ansicht, die neben dem Benutzungswillen zusätzliche Umstände für die Beurteilung einer Markenanmeldung als bösgläubig verlangt und dabei in der Behinderungsabsicht das wesentliche Kriterium zur Abgrenzung von Spekulationsmarken von legitimen Marken sieht,[619] ist jedoch nicht frei von Schwachpunkten. Denn das Kriterium der Behinderungsabsicht suggeriert, dass es dem Markeninhaber bei der Spekulationsmarke in erster Linie auf die Behinderung eines Dritten ankommt. Dies wird den Fällen der Spekulationsmarke aber nicht gerecht, weil es dem Markeninhaber bei der Spekulationsmarke gerade nicht vornehmlich darum geht, einen Dritten zu behindern. Vielmehr geht es dem Markeninhaber bei einer Spekulationsmarke in erster Linie typischerweise darum, die Marke zu Geld zu machen und zwar nicht durch eine funktionsgerechte Benutzung der Marke und Etablierung der Marke auf dem Markt, sondern durch Ausnutzung der Drucksituation, die für einen Dritten durch die Anmeldung der Spekulationsmarke entsteht, weil er hierdurch an einer eigenen Markenanmeldung gehindert wird.[620] Die Behinderung des Dritten und die für den Dritten damit verbundene Drucksituation ist lediglich Mittel zum Zweck, um den Dritten im Sinne des Markeninhabers zu motivieren, beispielsweise um den Dritten zum Erwerb der Marke oder zum Erwerb entsprechender Lizenzen zu bewegen. Es mag zwar sein, dass die mit der Eintragung der Spekulationsmarke verbundene Behinderung des Dritten dem Markeninhaber entgegenkommt – vielleicht sogar erwünscht ist. Das ändert aber nichts daran, dass die Behinderungswirkung quasi nur ein Durchgangsstadium zur Verwirklichung anderer Ziele ist und es dem Markeninhaber einer Spekulationsmarke entscheidend um die Verwirklichung gerade dieser Ziele geht.

In der *Shamrock III*-Entscheidung des *BGH* aus dem Jahr 1985 heißt es zwar, dass es ausreicht, wenn die Behinderungsabsicht das für die Markenanmeldung wesentliche Motiv war.[621] Diese zur Sperrmarke ergangene Entscheidung vermag

---

618 *EuGH* GRUR 2009, 763, 765 (Nr. 37) – *Lindt & Sprüngli / Franz Hauswirth*; siehe hierzu auch die Nachweise in der Fn. 547.

619 Siehe hierzu die Nachweise in der Fn. 548. Der *BGH* dagegen fordert einmal die Absicht, *„andere an ihrer Benutzung zu hindern"* – was für eine Behinderungsabsicht spricht – und bejaht am Ende eine *„rechtsmissbräuchliche Verwendungsabsicht"*, *BGH* GRUR 2009, 780, 782 (Nr. 19 und Nr. 22) – *Ivadal*; ebenfalls das Kriterium der Behinderungsabsicht heranziehend z.B. *BPatG* BeckRS 2009, 87087 – *AGPRO*; *BPatG* BeckRS 2011, 11393 – *LEV*.

620 Immerhin spricht *Ströbele* auch davon, dass der Markeninhaber den Dritten mit der Spekulationsmarke zum Erwerb der Markenrechte nötigt, *Ströbele* in: Ströbele/Hacker, Markengesetz, § 8 Rdnr. 688 f.

621 *BGH* GRUR 1986, 74, 77 – *Shamrock III*.

die Behinderungsabsicht als das zentrale Kriterium der Spekulationsmarke jedoch nicht zu rechtfertigen. Denn die Ausgangssituation bei der *Shamrock III*-Entscheidung war eine grundlegend andere als sie bei den Spekulationsmarken üblicherweise auftritt. Hintergrund der *Shamrock III*-Entscheidung war, dass der Markeninhaber einerseits über einen Benutzungswillen verfügte und andererseits zugleich in Behinderungsabsicht handelte und demnach legitime und nicht-legitime Absichten in der Person des Markeninhabers zusammentrafen. Die *Shamrock III*-Entscheidung war dem Umstand geschuldet, dass sich der Markeninhaber zur Rechtfertigung seiner Markenanmeldung auf seinen Benutzungswillen berief und somit die Behinderungsabsicht nicht das alleinige Motiv für die Markenanmeldung war. Mit dem Rechtsgrundsatz, wonach es ausreicht, wenn die Behinderungsabsicht wesentliches Motiv für die Markenanmeldung ist, sollte dem Markeninhaber der Einwand des eigenen Benutzungswillens als Rechtfertigung für die Markenanmeldung abgeschnitten werden.[622] Im Unterschied hierzu verfolgt der Markeninhaber bei der Spekulationsmarke in aller Regel nur nicht-legitime Absichten. Der nicht-legitimen Behinderungsabsicht kommt dabei im Vergleich zu der ebenfalls nicht-legitimen Absicht, die Marke durch eine nicht-funktionsgerechte Benutzung zu Geld zu machen oder andere Ziele gegen den Willen eines Dritten durchzusetzen, in aller Regel eine untergeordnete Bedeutung zu. Deswegen trifft das Kriterium der Behinderungsabsicht bei den Spekulationsmarken nicht den Kern.

Der Begriff der *„rechtsmissbräuchlichen Verwendungsabsicht"* dagegen, wie ihn der *BGH* in der *Ivadal*-Entscheidung verwendet hat,[623] trifft den Kern der Spekulationsmarken besser, weil mit der rechtsmissbräuchlichen Verwendungsabsicht einerseits erfasst wird, dass der Markeninhaber die Marke nicht zur funktionsgerechten Benutzung verwenden möchte, sondern nur, um die Marke zu Geld zu machen, und andererseits auch begrifflich verdeutlicht wird, dass der Markeninhaber die Marke als Druckmittel einsetzen möchte, um den Dritten im Sinne des Markeninhabers zum Erwerb der Marke oder entsprechender Lizenzen zu bewegen.

Ein weiterer Schwachpunkt der Ansicht, die in der Behinderungsabsicht das wesentliche Kriterium zur Abgrenzung von Spekulationsmarken von legitimen Marken sieht, besteht darin, dass unklar bleibt, wann konkret eine Behinderungsabsicht vorliegt – jedenfalls solange es sich nicht um eine der Fallkonstellationen handelt, die der *Classe E*- oder der *Ivadal*-Entscheidung zugrunde lagen.[624] Denn

622 Vgl. *BGH* GRUR 1986, 74, 77 – *Shamrock III*; zur *Shamrock III*-Entscheidung siehe 4. Kap. II 2.

623 *BGH* GRUR 2009, 780, 782 (Nr. 22) – *Ivadal*.

624 Vergleichbare Schwierigkeiten sehen *Ingerl/Rohnke* bei der Widerlegung des vermuteten Benutzungswillens, *Ingerl/Rohnke*, Markengesetz, § 3 Rdnr. 13.

es liegt in der Natur der Marke, dass sie behindert.[625] Demnach handelt auch der Markenanmelder einer legitimen Marke bei der Anmeldung seiner Marke in gewisser Weise in Behinderungsabsicht, so dass sich die Abgrenzung zwischen der *„üblichen"* und der zu missbilligenden Behinderungsabsicht nicht ohne Weiteres erschließt. Erschwerend kommt hinzu, dass das Kriterium der Behinderungsabsicht den Kern der Spekulationsmarke nicht trifft und damit die Gefahr besteht, dass in dem Rechtsanwender eine falsche Vorstellung darüber geweckt wird, worin die besonderen Umstände bestehen können, die in diesem Zusammenhang den Vorwurf der Bösgläubigkeit rechtfertigen.

dd) Ergebnis der Stellungnahme

Die Marke ist ihrem Wesen nach auf eine Benutzung zur Kennzeichnung von Waren oder Dienstleistungen angelegt. Jede Benutzung setzt die Bildung eines entsprechenden Willens voraus. Daraus folgt, dass das Merkmal des Benutzungswillens dem Markengesetz immanent ist, auch wenn das Markengesetz keine Regelung zum Benutzungswillen enthält.[626] Dennoch handelt es sich bei dem Benutzungswillen nach dem Willen des Gesetzgebers nicht um eine allgemeine Schutzvoraussetzung.[627] Vielmehr ist das Fehlen eines Benutzungswillens unter dem Gesichtspunkt der bösgläubigen Markenanmeldung nach § 8 Abs. 2 Nr. 10 MarkenG zu berücksichtigen, wobei allein das Fehlen eines Benutzungswillens noch nicht den Vorwurf der Bösgläubigkeit rechtfertigt. Vielmehr sind zusätzliche Umstände erforderlich, die die Markenanmeldung als bösgläubig erscheinen lassen.[628]

Da das Fehlen des Benutzungswillens allein den Vorwurf der bösgläubigen Markenanmeldung nicht rechtfertigt, ergibt sich für die in diesem Kapitel zu untersuchende Frage, dass das Merkmal des Benutzungswillens kein hinreichendes Kriterium ist, um eine bösgläubige Markenanmeldung in Form der Spekulationsmarke von einer legitimen Markenanmeldung abzugrenzen. Soweit deshalb in der Behinderungsabsicht das wesentliche Abgrenzungskriterium gesehen wird, ist hiergegen einzuwenden, dass dieses Kriterium nicht den Kern der Spekulationsmarke trifft und daher die Gefahr besteht, dass dieses Kriterium beim Rechtsanwender eine unzutreffende Vorstellung darüber weckt, worin die zusätzlichen Umstände neben dem Fehlen des Benutzungswillens liegen können, die für die Annahme einer Bösgläubigkeit erforderlich sind.[629]

---

625 Vgl. *Treudler*, MarkenR 2000, 193, 197.
626 Siehe 3. Kap. IV 1 c aa).
627 Siehe 3. Kap. IV 1 c bb).
628 Siehe 3. Kap. IV 1 c cc).
629 Siehe 3. Kap. IV 1 c cc) (2).

2. Weitere Lösungsansätze in der Literatur

Im Folgenden soll untersucht werden, ob sich in der Literatur andere Lösungsansätze herausgebildet haben, die im Vergleich zum Lösungsansatz der Rechtsprechung vorzugswürdig sind. Ausgangspunkt der Lösungsansätze ist wiederum die Frage, wie die bösgläubige Anmeldung einer Marke zu Spekulationszwecken von einer legitimen Markenanmeldung abgegrenzt werden kann. Auch hier gilt es, einen angemessenen Ausgleich zwischen dem erklärten Willen des Gesetzgebers zu finden, nun auch Markenanmeldungen von Markenagenturen und Privatpersonen zuzulassen und andererseits aber auch Markenanmeldungen wirksam zu bekämpfen, die nur erfolgen, um aus der Marke wirtschaftliche Vorteile auf Kosten Dritter zu ziehen, die die Marke dringend benötigen.

Die Untersuchung beginnt mit einer Darstellung (a) der von *Meister* und *Füllkrug* vertretenen restriktiven Auslegung des Markengesetzes, gefolgt von einer Darstellung (b) des von *Ticic* befürworteten Behinderungselements. Daran schließt sich eine Darstellung (c) des von *Kiethe/Groeschke* postulierten Kriteriums der missbilligten Zwecksetzung an, wiederum gefolgt von einer Darstellung (d) des von *Treudler* favourisierten Kriteriums der Unredlichkeit. Den Abschluss der Untersuchung bildet (e) eine Stellungnahme zu den einzelnen Lösungsansätzen.

a) Restriktive Auslegung des Markengesetzes

Nach einem Lösungsansatz von (aa) *Meister* und (bb) *Füllkrug* soll Markenanmeldungen zu Spekulationszwecken mit einer restriktiven Auslegung des Markengesetzes begegnet werden. Die Vertreter der restriktiven Auslegung des Markengesetzes stellen darauf ab, ob der Markeninhaber über eine Beziehung zum Markt verfügt.[630]

aa) Gewerbliche Betätigung

Meister befürwortet eine restriktive Auslegung des Markengesetzes über das Kriterium der gewerblichen Betätigung, um auf diese Weise Spekulationsmarken Einhalt zu gebieten. *Meister* lehnt bei Markenanmeldern, die keinen Bezug zur kaufmännischen Sphäre haben, bereits die Markenrechtsfähigkeit nach § 7 MarkenG ab. *Meister* schreibt:

---

630 Vgl. *Meister*, Marke und Recht, S. 31 ff.; *Meister*, WRP 1995, 1005, 1007; *Füllkrug*, WRP 2006, 664; *Füllkrug*, WRP 1995, 378; *Füllkrug*, GRUR 1994, 679.

„[D]em § 7 wohnt eine immanente Schranke inne; Markeninhaber kann nur sein, wer sich gewerblich betätigt".[631]

Nach *Meister* wollte sich der Gesetzgeber mit dem Markengesetz nicht völlig von einem kaufmännischen Bezug lösen. Der Wegfall der Akzessorietät bedeutet seiner Auffassung nach lediglich, dass ein Geschäftsbetrieb, falls vorhanden, die angemeldete Marke nicht decken muss. Der Wegfall der Akzessorietät bedeute aber nicht, dass der Markeninhaber nicht einen wie auch immer gearteten Gewerbebezug zu haben braucht.[632]

Meister sieht die ordnungspolitische Rechtfertigung seiner Forderung nach einer gewerblichen Betätigung des Markeninhabers beispielsweise in § 32 Abs. 2 Nr. 3 MarkenG, wonach der Markeninhaber bei der Markenanmeldung ein Verzeichnis der Waren oder Dienstleistungen, für die die Eintragung beantragt wird, vorlegen muss. Des Weiteren verweist *Meister* auf § 8 Abs. 2 Nr. 1 MarkenG, wonach bereits im Eintragungsverfahren konkret geprüft werden muss, ob die angemeldete Marke zur Individualisierung eben dieser Waren oder Dienstleistungen geeignet ist. Nach *Meister* wäre es nur konsequent gewesen, auf konkrete Warenverzeichnisse und die Prüfung einer spezifischen Unterscheidungsfähigkeit zu verzichten, wenn nach dem Willen des Gesetzgebers jeder Beliebige ohne jede persönliche Beziehung zum Kaufmännischen Markenrechte erlangen könnte.[633]

Nach *Meister* steht die Gesetzesbegründung zu § 7 MarkenG einer restriktiven Auslegung des Markengesetzes dahin, dass der Markeninhaber sich gewerblich betätigen muss, nicht entgegen. Zwar heiße es in der Gesetzesbegründung zu § 7 MarkenG, dass die im geltenden Recht bestehende Voraussetzung, dass der Anmelder oder Inhaber einer Marke Inhaber eines Geschäftsbetriebs sein muss (§ 1 WZG), nicht in das neue Markengesetz übernommen werde.[634] Diese Formulierung sei aber nicht präzise. Gegenstand des § 1 WZG sei das Zeichen, nicht der Inhaber, wie sich aus der Überschrift *„Begriff des Warenzeichens"*[635] und der

631 *Meister*, WRP 1995, 1005, 1007; vgl. auch *Meister*, Marke und Recht, S. 41.

632 Vgl. *Meister*, Marke und Recht, S. 37 ff., insbesondere S. 40 f.

633 *Meister*, Marke und Recht, S. 40.

634 *Meister*, Marke und Recht, S. 38 unter Bezugnahme auf die Begründung zum Markenrechtsreformgesetz, BT-Drucksache 12/6581, S. 69.

635 Entgegen dem Anschein bei *Meister* handelt es sich bei der Überschrift *„Begriff des Warenzeichens"* nicht um eine amtliche Überschrift. Im Reichsgesetzblatt wurden für das Warenzeichengesetz überhaupt keine Überschriften verwendet, vgl. das RGBl. 1894, S. 441. *Baumbach/Hefermehl* überschrieb § 1 WZG mit *„Begriff der Marke"*, *Baumbach/Hefermehl*, Warenzeichenrecht, § 1. *Hartgen* dagegen überschrieb § 1 WZG mit *„Begriff und positive – materiellrechtliche – Eintragungsvoraussetzungen"*, *Hartgen*, Warenzeichengesetz, § 1. *v. Gamm* verwendete *„Voraussetzungen der Anmeldungen"* als Überschrift für § 1, *v. Gamm*, Warenzeichengesetz, § 1.

Regelung selbst entnehmen lasse. Die Definition in § 1 WZG sei so gefasst gewesen, dass ein Zeichen nur für Waren eines bestimmten Geschäftsbetriebs eingetragen werden konnte, d.h. das angemeldete Zeichen musste durch einen Geschäftsbetrieb gedeckt sein. Konsequenz sei zwangsläufig gewesen, dass der Zugang zum System des Zeichenschutzes nur Inhabern von Geschäftsbetrieben offenstand. Daraus folgt nach *Meister*, dass § 1 WZG die Akzessorietät des Zeichens vom Geschäftsbetrieb regelte und nicht die Akzessorietät vom Zeicheninhaber. Die Begründung zu § 7 MarkenG sei demgegenüber so formuliert, als wäre jedenfalls gerade die Akzessorietät vom Zeicheninhaber der eigentliche Normzweck des § 1 WZG gewesen. Da § 1 WZG nach *Meister* aber nur die Akzessorietät des Zeichens vom Geschäftsbetrieb regelte, kann der Gesetzesbegründung nach *Meister* nur entnommen werden, dass das bisherige Erfordernis einer Deckung von Ware oder Dienstleistung und Geschäftsbetrieb als Folge des Wegfalls der Akzessorietät bei der Übertragung nach § 8 WZG nicht aufrechterhalten werden kann. Eine darüber hinausgehende Bedeutung könne der Gesetzesbegründung angesichts des ordnungspolitischen Zwecks des Markengesetzes und der Tatsache, dass die Funktion der Marke als auf ein Unternehmen hinweisendes Marktkommunikationsmittel nicht aufgegeben wurde, nicht beigemessen werden, zumal § 7 MarkenG selbst nichts über das Verhältnis zwischen dem Markeninhaber und dem Geschäftsbetrieb aussage.[636]

636 Vgl. *Meister*, Marke und Recht, S. 38 ff. In Bezug auf eine Schlussfolgerung aus § 3 Abs. 1 MarkenG legt sich *Meister* nicht abschließend fest. So heißt es bei *Meister*, aus der Bezugnahme in § 3 Abs. 1 MarkenG auf Waren oder Dienstleistungen eines Unternehmens *„ließe sich der Schluß ziehen, daß eine Person, die nicht Unternehmer (Gewerbetreibender) ist, per se schon kein eintragungsfähiges Zeichen haben kann"*, *Meister*, MarkenR 1993, 214, 215. An anderer Stelle heißt es ebenfalls im Zusammenhang mit § 3 Abs. 1 MarkenG: *„Kennzeichen für Waren oder Dienstleistungen gehören in der Lebensrealität naturgemäß in den gewerblichen Bereich (wer sich privat handwerklich betätigt und seine Erzeugnisse gelegentlich gegen Entgelt abgibt, braucht ersichtlich kein rechtlich geschütztes Warenkennzeichen)"*, *Meister*, Marke und Recht, S. 38. Ferner bezieht sich *Meister* auf die Gesetzesbegründung zu § 3 Abs. 1 MarkenG, wonach die Eignung zur Unterscheidung im Sinne des Absatzes 1 nur abstrakt zu prüfen ist. Demnach ergibt sich nach *Meister* aus § 3 Abs. 1 MarkenG kein klares Bild in Bezug auf die Frage, ob der Markeninhaber nach der Konzeption des Markengesetzes gewerblich tätig sein muss. So ist die Gesetzesbegründung zu § 3 Abs. 1 MarkenG nach *Meister* einerseits kein Beleg für die Annahme, Markeninhaber könne – abstrakt – jede beliebige Person sein. Andererseits sei aber auch aus dem Unternehmensbezug in § 3 Abs. 1 MarkenG der Schluss auf einen personenbezogenen *„gewerblichen"* Reflex auf den Kreis potentieller Markeninhaber nicht zwingend, *Meister*, Marke und Recht, S. 38.

bb) Verbindung im Sinne der Markenfunktionen

Auch *Füllkrug* befürwortet eine restriktive Auslegung des Markengesetzes, um Spekulationsmarken Einhalt zu gebieten. Während *Meister* das Markengesetz über das Kriterium der gewerblichen Betätigung und über § 7 MarkenG einschränkend auslegt, möchte *Füllkrug* die Einschränkung des Markenschutzes über das Merkmal des Benutzungswillens und über § 8 Abs. 2 Nr. 10 MarkenG erreichen. Der generelle Benutzungswille beurteilt sich nach *Füllkrug* danach, ob der Markeninhaber die Marke anhand ihrer Funktionen benutzen kann und sich der Benutzungswille auf diese funktionsgerechte Benutzung bezieht.[637] Dies wiederum soll sich danach beurteilen, ob zwischen dem Markeninhaber einerseits und der Ware oder Dienstleistung andererseits eine Verbindung im Sinne der Markenfunktionen besteht. Mit dem Kriterium der funktionsgerechten Verbindung erreicht *Füllkrug* eine Objektivierung des Begriffs der Bösgläubigkeit. *Füllkrug* konkretisiert dies dahin, dass objektive Umstände eine Bösgläubigkeit anzeigen,

> *„wenn der Markeneigner weder im Zeitpunkt der Anmeldung noch der Geltendmachung der Abwehrrechte aus der Marke eine dem Wirtschaftsverkehr zuzurechnende Verbindung zwischen sich und einer konkreten oder konkretisierbaren Ware oder Dienstleistung hergestellt hat oder konkrete Vorbereitungen im Geschäftsverkehr dazu getroffen hat.“*[638]

Als Verbindungen kommen nach *Füllkrug* nur solche in Frage, die einer anerkannten Markenfunktion entsprechen.[639] Demzufolge sei eine solche Verbindung anzuerkennen,

> *„wenn sie im Sinne einer der festgestellten Funktionen des Warenzeichens, also Herkunftsfunktion, Qualitätsfunktion und Werbefunktion dauerhaft sicherstellt, daß der Zeicheninhaber zum einen entweder die Ware als Hersteller, Erfinder oder Auftraggeber geschaffen* […] *hat und unmittelbaren Einfluß auf die Herstellung* […] *ausüben kann* […] *und/oder zum anderen die Qualität der Ware als Erfinder, Lizenzgeber, Rohstoffhersteller* […] *beeinflusst oder in der Zielsetzung festlegt und/oder zum dritten im Sinne der Werbefunktion die Kommunikation über die Ware oder Dienstleistung* […] *inhaltlich vorgibt.“*[640]

---

637 *Füllkrug*, WRP 2006, 664 ff., insbesondere 665 und 673. Auf das Kriterium der funktionsgerechten Markenbenutzung stellte *Füllkrug* schon in einem früheren Beitrag zur Rechtslage nach § 50 Abs. 1 Nr. 4 MarkenG a.F. ab. Denn nur wenn der Löschungsgrund des § 50 Abs. 1 Nr. 4 MarkenG a.F. auch Fälle erfasse, in denen der Markeninhaber die Marke *„von Anfang“* an nicht funktionsgerecht nutzen kann und er trotzdem seine formale Rechtsposition geltend macht, könne § 50 Abs. 1 Nr. 4 MarkenG a.F. als Korrektiv für den Wegfall des Geschäftsbetriebs dienen, *Füllkrug*, WRP 1995, 378.

638 *Füllkrug*, WRP 2006, 664, 667; vgl. auch *Füllkrug*, WRP 1995, 378.

639 *Füllkrug*, WRP 2006, 664, 667.

640 *Füllkrug*, WRP 1995, 378; vgl. auch *Füllkrug*, WRP 2006, 664, 667.

Die Verbindung könne technisch, wirtschaftlich oder rechtlich sein, soweit jedenfalls ein rechtlich durchsetzbarer Einfluss des Markeninhabers bis zur Ware oder Dienstleistung gesichert sei.[641] Ferner stellt *Füllkrug* klar, dass er

> *„nicht allein den Erwerb einer Marke ohne einen bei Anmeldung bestehenden Bezug zu einer Ware oder Dienstleistung für bösgläubig* [hält], *sondern einen solchen Erlaß zur Geltendmachung des so erworbenen Rechtes. Erst bei der Geltendmachung stellt sich die Bösgläubigkeit heraus.“*[642]

Weiter heißt es:

> *„Das Geltendmachen der Spekulationsmarke ist für den Antragsteller der Löschung erst der geeignete Anlaß für einen Rückschluß auf die Bösgläubigkeit, weil der Markeninhaber bei Geltendmachung des Rechts keine Beziehung zu einer konkreten oder konkretisierbaren Ware oder Dienstleistung über die Marke hat.“*[643]

Nachdem die Literatur diesen Lösungsansatz laut *Füllkrug* missverstand,[644] konkretisiert *Füllkrug* seinen Lösungsansatz dahin, dass eine Bösgläubigkeit im Sinne des § 8 Abs. 2 Nr. 10 MarkenG vorliegt, wenn der generelle Benutzungswille bezogen auf die Schaffung einer funktionsgerechten Verbindung fehlt oder fehlerhaft ist. Das Fehlen oder die Fehlerhaftigkeit des Benutzungswillens sei aus Indizien zu folgern. Solche Indizien könnten sich beispielsweise daraus ergeben, dass der Markeninhaber über keinen Geschäftsbetrieb verfügt oder eine sonst nachweisbare Verbindung zwischen dem Markeninhaber einerseits und einer eigenen oder autorisierten Marktleistung andererseits fehlt oder der Markeninhaber Markenrechte geltend macht, bevor er fähig ist, die Marke funktionsgerecht zu benutzen. Weitere Indizien sieht *Füllkrug* beispielsweise in der Anmeldung von Namen berühmter Persönlichkeiten oder gemeinfreier Werke.[645]

Der Lösungsansatz von *Füllkrug* findet seinen Ausgangspunkt zunächst in der Doppelnatur der Marke. Wegen der Doppelnatur der Marke sei der Benutzungswille für die Schutzwürdigkeit der Marke unverzichtbar. Die Doppelnatur der Marke wiederum folge daraus, dass die Marke *„sowohl geschützte Tatsachenlage als auch Registerrecht“* sei.[646] Die Marke solle dazu dienen, einer Marktleistung einen Namen zu geben; diese Marktleistung beeinflusse den Schutzumfang des Registerrechts und das Registerrecht diene dem Schutz vor Übergrif-

641 *Füllkrug*, WRP 1995, 378; vgl. auch *Füllkrug*, WRP 2006, 664, 667.
642 *Füllkrug*, WRP 1995, 378, 380.
643 *Füllkrug*, WRP 1995, 378, 381. Ferner heißt es an anderer Stelle: „[…] *wir meinen, bösgläubig sei der Anmelder, weil er sich ein nudum jus verschaffe, um es geltend zu machen. Für diesen Vorsatz ist die Geltendmachung das Indiz“*, *Füllkrug*, WRP 1995, 378, 381.
644 So *Füllkrug*, WRP 2006, 664, 668.
645 *Füllkrug*, WRP 2006, 664, 673.
646 *Füllkrug*, WRP 2006, 664, 665.

fen.[647] *Füllkrug* stellt in diesem Zusammenhang zentral auf das Kriterium der Benutzung ab. So werde der Schutzumfang der Marke nach dem Grad der Benutzung und der daraus folgenden Bekanntheit bestimmt. Deshalb verliere die Marke an Kraft, wenn sie bis zum Ablauf der Benutzungsschonfrist nicht in Benutzung genommen wird. Umgekehrt könne die Erbringung des Durchsetzungsnachweises darüber hinweghelfen, dass ein Kennzeichen eigentlich nicht schutzfähig ist.[648] In Anlehnung an den *BGH* sei der Benutzungswille anhand objektiver Umstände zu widerlegen.[649]

Soweit *Füllkrug* bei der Beurteilung der Frage, ob der Benutzungswille fehlt oder zumindest fehlerhaft ist, maßgeblich darauf abstellt, ob eine Verbindung zwischen dem Markeninhaber einerseits und einer Ware oder Dienstleistung andererseits im Sinne der Markenfunktionen besteht,[650] begründet *Füllkrug* die Einschränkung des Markenschutzes über eine Verbindung im Sinne der Markenfunktionen mit den betroffenen Interessensphären.[651] So begründe das Markenrecht ein Ausschließlichkeitsrecht zu Gunsten des Markeninhabers zur Benennung eigener unmittelbarer Leistungen beispielsweise als Hersteller oder eigener mittelbarer Leistungen beispielsweise als Lizenzgeber. Die Marke berühre ferner das Interesse des angesprochenen Verbrauchers. Diesem Interesse trage die Funktionenlehre Rechnung. Sie beschreibe und begrenze den funktionsgerechten Gebrauch der Marke als Marktkommunikationsmittel und schütze den Verbraucher vor Verwirrung und Täuschung. Hinzu komme das öffentliche Interesse der Mitbewerber an einem schnellen Marktzugang. Insbesondere der drohende Ge-

---

647 *Füllkrug*, WRP 2006, 664, 665. In einem älteren Beitrag umschreibt *Füllkrug* die Marke *„als ein Recht mit Doppelnatur, das zwar schon als bloße Registerposition mit allen rechtlichen Möglichkeiten ausgestattet ist, aber die volle Anerkennung der Rechtsordnung erst mit seiner tatsächlichen Ausübung erlangt"*, *Füllkrug*, GRUR 1994, 679, 684.

648 *Füllkrug*, WRP 2006, 664, 665.

649 *Füllkrug*, WRP 1995, 378, 379 unter Bezugnahme auf *Füllkrug*, GRUR 1994, 679, 686.

650 Vgl. *Füllkrug*, WRP 2006, 664, 667.

651 *Füllkrug*, WRP 2006, 664, 665. *Füllkrug* bezieht sich im Zusammenhang mit der Einschränkung des Markenschutzes mittels der Markenfunktionen auch auf eine im englischen Recht vertretene Auffassung, die ebenfalls eine Beziehung zwischen dem Markeninhaber einerseits und den Waren oder Dienstleistungen andererseits verlangt. *Füllkrug* bezieht sich hierbei insbesondere auf die Stellungnahmen der Richter *Cross* und *Buckley* in der *Holly Hobbie*-Entscheidung des *House of Lords*. So vertritt Richter *Cross* die Ansicht, *„daß eine Beziehung zwischen dem Inhaber der Marke und den damit durch den Lizenznehmer versehenen* [Waren] *bestehen muss"*, Übersetzung abgedruckt in *House of Lords* GRUR Int. 1984, 445, 449 – *Holly Hobbie*. Richter *Buckley* bezeichnet die nicht funktionsgerechte Benutzung der Marke als bösgläubig, insbesondere die Benutzung der Marke nicht zu dem Zweck, *„im Handelsverkehr zwischen den Waren und einem als Inhaber oder als eingetragener Benutzer zur Führung der Marke Berechtigten eine Beziehung deutlich zu machen"*, Übersetzung abgedruckt in *House of Lords* GRUR Int. 1984, 445, 450 – *Holly Hobbie*; *Füllkrug*, WRP 1995, 378, 380.

brauch eines zu Unrecht eingetragenen, nicht eintragungsfähigen Monopolrechts gefährdet nach *Füllkrug* den freien Marktablauf. Sie seien als bloße Registerpositionen keine vollwertigen Marken, sondern Gefahrenquellen für den Markenerwerb oder Gebrauch durch andere Marktbewerber.[652]

Die besondere Schutzbedürftigkeit des Markts vor Störungen und die Notwendigkeit, einen Ausgleich zwischen den verschiedenen Interessenlagen zu finden, leitet *Füllkrug* wiederum vorrangig aus den Erwägungsgründen der Markenrechtsrichtlinie ab. So ergebe sich aus dem zweiten[653] und achten Erwägungsgrund der Markenrechtsrichtlinie das Ziel, die Errichtung und das Funktionieren des Binnenmarkts zu sichern. Für einen funktionierenden Markt sei die freie Verfügbarkeit des Orientierungsmittels Marke unabdingbar.[654] Ein weiterer wesentlicher Gesichtspunkt der Markenrechtsrichtlinie sei die Verringerung der Kollisionen aus bloß formalen Rechtspositionen. So werde im neunten Erwägungsgrund die Benutzung der Marke verlangt, um die Gesamtzahl der in der Gemeinschaft geschützten Marken und damit die Anzahl der zwischen ihnen möglichen Konflikte zu verringern. Es solle nicht möglich sein, eine Marke wegen des Bestehens einer älteren Marke für ungültig zu erklären, die ihrerseits nicht benutzt ist. Ferner führt *Füllkrug* zur Begründung seiner These den elften Erwägungsgrund heran, wonach der Markenschutz insbesondere die Herkunftsfunktion sichern soll.[655]

b) Behinderungselement

Während *Meister* und *Füllkrug* eine restriktive Auslegung des Markengesetzes über das Kriterium der gewerblichen Betätigung und der funktionsgerechten Verbindung befürworten, zieht *Ticic* das Merkmal des Behinderungselements heran, um die Anmeldung einer Marke zu Spekulationszwecken von einer legitimen Markenanmeldung abzugrenzen. *Ticic* greift auf das Behinderungselement als Abgrenzungskriterium zurück, weil sich die Spekulationsmarken seiner Ansicht nach in erster Linie durch ein Behinderungselement auszeichnen. Die weiteren vom *BGH* in der *Classe E*-Entscheidung aufgestellten Kriterien wie die Anmeldung einer Vielzahl von Waren oder Dienstleistungen und der fehlende Benutzungswille seien

652 *Füllkrug*, WRP 2006, 664, 665 f.

653 Die Ziffern der Erwägungsgründe wurden in diesem Absatz auf die aktuelle Fassung der Markenrechtsrichtlinie angepasst.

654 *Füllkrug*, WRP 1995, 378, 379.

655 *Füllkrug*, WRP 1995, 378, 379; vgl. auch *Füllkrug*, GRUR 1994, 679, 683.

„allenfalls flankierend im Rahmen einer Gesamtwürdigung [heranzuziehen ...], *um gerade dieses Behinderungselement zu untermauern.*"[656]

Das Kriterium der Anmeldung einer Vielzahl von Marken für unterschiedliche Waren oder Dienstleistungen sei isoliert betrachtet nicht aussagekräftig, weil das Markengesetz keine Restriktionen in Bezug auf die Anzahl der Anmeldungen enthalte.[657] Das Kriterium des fehlenden Benutzungswillens sei allenfalls *„äußerst zurückhaltend"* anzuwenden, weil der Benutzungswille markenrechtlich neutral sei, was *Ticic* wiederum im Wesentlichen damit begründet, dass das Markengesetz keine Regelung zum Benutzungswillen enthält, obwohl beispielsweise die Benutzungsschonfrist detailliert geregelt sei.[658] An anderer Stelle heißt es sogar, der Benutzungswille sei

„grundsätzlich auch nicht geeignet, um zur Begründung rechtsmissbräuchlichen Verhaltens herangezogen zu werden[.]"[659]

Demnach komme dem Behinderungselement *„entscheidende Bedeutung"* bei den Spekulationsmarken zu.[660]

Ticic stützt sein anhand des Ausschlussprinzips gewonnenes Ergebnis ferner darauf, dass ein Abstellen auf das Behinderungselement den wettbewerbsrechtlichen Ursprung des § 8 Abs. 2 Nr. 10 MarkenG und den Bezug zur herkömmlichen Systematik des § 1 UWG a.F. wahre.[661] Der Begriff der Bösgläubigkeit sei stets durch ein Moment der Unlauterkeit geprägt. Dies wiederum folgt nach *Ticic* aus der ständigen Rechtsprechung, wonach derjenige rechtsmissbräuchlich handelt, wer sein formales Markenrecht ohne sachlich gerechtfertigten Grund zur Erreichung eines verwerflichen Zwecks anmeldet. So werde im Rahmen der Sperrmarke entweder auf die Absicht der Störung eines Besitzstands oder auf die Behinderungsabsicht unter zweckfremdem Einsatz der Marke abgestellt. Diese Grundsätze seien auf die Fallgruppe der Spekulationsmarke zu übertragen.[662]

Ein weiteres Argument für seinen Lösungsansatz sieht *Ticic* in angeblichen Beweisschwierigkeiten. Nach dem Grundsatz *„negativa non sunt probanda"* sei das Nichtvorliegen bestimmter Tatsachen nicht zu beweisen. Im Gegensatz zum negativen Kriterium des fehlenden Benutzungswillens stelle der Nachweis eines

656 *Ticic*, Die bösgläubige Markenanmeldung als absolutes Schutzhindernis, S. 49 und 46.

657 *Ticic*, Die bösgläubige Markenanmeldung als absolutes Schutzhindernis, S. 39.

658 *Ticic*, Die bösgläubige Markenanmeldung als absolutes Schutzhindernis, S. 46 und S. 49; zur Begründung des nach Ansicht von *Ticic* markenrechtlich neutralen Charakters des Benutzungswillens siehe *Ticic*, Die bösgläubige Markenanmeldung als absolutes Schutzhindernis, S. 42 ff.

659 *Ticic*, Die bösgläubige Markenanmeldung als absolutes Schutzhindernis, S. 49.

660 *Ticic*, Die bösgläubige Markenanmeldung als absolutes Schutzhindernis, S. 46.

661 *Ticic*, Die bösgläubige Markenanmeldung als absolutes Schutzhindernis, S. 47; ebenfalls für die Wahrung des wettbewerbsrechtlichen Ursprungs *Jordan*, Festschrift für Helm, S. 187, 194 f.

662 *Ticic*, Die bösgläubige Markenanmeldung als absolutes Schutzhindernis, S. 47.

Behinderungselements eine verwertbare Positivtatsache dar. Das Behinderungselement manifestiere sich durch das Verschicken von Abmahnungen, der Geltendmachung von Schadensersatzansprüchen sowie der Einforderung überhöhter Anwalts- und Bearbeitungsgebühren. Diese Verhaltensweisen können nach *Ticic* als Indiz für eine Bösgläubigkeit im Anmeldezeitpunkt dienen. Auch der Zeitpunkt der Rechtsausübung erlaube Rückschlüsse.[663]

Nach *Ticic* steht es seinem Lösungsansatz nicht entgegen, dass es dem Wesen der Marke entspricht, zum Nachteil des Wettbewerbers eingesetzt zu werden. Denn bei der Spekulationsmarke stehe nicht das Ziel im Vordergrund, die eigenen Markenrechte zu wahren, sondern vielmehr die Absicht, die Markenanmeldung des Wettbewerbers durch bewusste Ausnutzung des Prioritätsprinzips zu vereiteln. Das lasse die Anmeldung nicht mehr als Instrument des Wettbewerbkampfes, sondern als missbräuchliche Ausnutzung eines Formalrechts erscheinen.[664]

Auf den ersten Blick mag der Lösungsansatz von *Ticic* der neueren Rechtsprechung des *BGH* und dem beispielsweise von *Ströbele* und *Ingerl/Rohnke* vertretenen Lösungsansatz nahestehen, weil diese ebenfalls das Kriterium der Behinderungsabsicht bemühen, um eine Bösgläubigkeit im Sinne des § 8 Abs. 2 Nr. 10 MarkenG zu bejahen.[665] Während aber selbst *Ingerl/Rohnke* dem Fehlen des Benutzungswillens immerhin noch eine indizielle Bedeutung zusprechen,[666] spricht *Ticic* dem Benutzungswillen nahezu jede Bedeutung ab und stellt nahezu ausschließlich auf das Behinderungselement ab. So ist das Merkmal des Benutzungswillens nach *Ticic* dem Markengesetz schon nicht immanent, woraus *Ticic* schließt, dass der Benutzungswille grundsätzlich nicht geeignet ist, um zur Begründung rechtsmissbräuchlichen Verhaltens herangezogen zu werden.[667] Insofern dürfte die Formulierung von *Ticic*, der Benutzungswille sei *„äußerst restriktiv"* heranzuziehen,[668] dahin zu verstehen sein, dass die Indizwirkung des Benutzungswillens seiner Ansicht nach nahezu gegen Null strebt.

663 *Ticic*, Die bösgläubige Markenanmeldung als absolutes Schutzhindernis, S. 48.
664 *Ticic*, Die bösgläubige Markenanmeldung als absolutes Schutzhindernis, S. 48.
665 Siehe 3. Kap. IV 1 b, insbesondere 3. Kap. IV 1 b bb) und 3. Kap. IV 1 b cc).
666 *Ingerl/Rohnke*, Markengesetz, § 8 Rdnr. 303.
667 *Ticic*, Die bösgläubige Markenanmeldung als absolutes Schutzhindernis, S. 49.
668 *Ticic*, Die bösgläubige Markenanmeldung als absolutes Schutzhindernis, S. 49.

c) Missbilligte Zwecksetzung

Nach *Kiethe/Groeschke* zeichnen sich die Fälle der Spekulationsmarke durch eine *„zu missbilligende Zwecksetzung“*[669] des Markenanmelders aus. Vor dem Hintergrund, dass nun auch Markenanmeldungen durch Markenagenturen möglich sein sollen, stellen *Kiethe/Groeschke* bei der Beurteilung, ob der Markenanmelder bei der Anmeldung in zu missbilligender Zwecksetzung handelte, darauf ab, ob die Markenanmeldung Bestandteil einer zumindest potentiellen Beratungsleistung ist, was sich wiederum im Zeitpunkt der Markenanmeldung beurteilt. So heißt es bei *Kiethe/Groeschke*:

> *„Das Umfeld der Markenanmeldung muß, um den Vorwurf der* [Spekulationsmarke] *zu entkräften, von Anfang an eindeutig die Wertung tragen, daß die Markenanmeldung in einem schlüssigen Gesamtkonzept einer Beratungsleistung entspringt und auch vom Anmeldenden als Bestandteil der zumindest potentiellen Beratungsleistung erbracht wird.“*[670]

Der Nachweis der zu missbilligenden Zwecksetzung ist nach *Kiethe/Groeschke* erbracht, sofern die Markenanmeldung ausschließlich zu dem Zweck vorgenommen wurde, Dritte, die in Unkenntnis eine identische oder ähnliche Marke wählen, mit Abmahnungen und Geldforderungen zu überziehen, ohne dass insofern der Markenanmelder ein Beratungskonzept verfolgt oder Beratungsleistungen angeboten oder erbracht hat. Als verstärkende Gesichtspunkte, die den Nachweis einer zu missbilligenden Zwecksetzung bekräftigen, trete noch der Umstand hinzu, wenn der Markenanmelder eine Vielzahl anderer Marken in ähnlicher Weise angemeldet hat und auf der Grundlage dieses Markenportefeuilles in ähnlicher Weise eine Vielzahl von Unternehmen mit Abmahnungen und Geldforderungen überzieht.[671]

d) Unredlichkeit

Treudler möchte dem Missbrauchspotential, welches daraus resultiert, dass der Geschäftsbetrieb als Schutzvoraussetzung mit dem Inkrafttreten des Markengesetzes entfallen ist, mit dem Merkmal der Unredlichkeit begegnen.[672] Die Frage,

---

669 *Kiethe/Groeschke* verwenden für den Begriff der *„missbilligten Zwecksetzung“* auch den Begriff der *„hinterhältigen Absicht“*, *Kiethe/Groeschke*, WRP 1997, 269, 273.

670 *Kiethe/Groeschke*, WRP 1997, 269, 273.

671 *Kiethe/Groeschke*, WRP 1997, 269, 273; vgl. auch *Helm*, GRUR 1996, 593, 600. Die in der *Classe E*-Entscheidung entwickelten Rechtsgrundsätze sind an den Lösungsansatz von *Kiethe/Groeschke* angelehnt, *BGH* GRUR 2001, 242, 244 – *Classe E*; zur *Classe E*-Entscheidung siehe 3. Kap. IV 1 a aa).

672 Vgl. *Treudler*, MarkenR 2000, 193, 197 f. *Treudler* hält den Begriff der Bösgläubigkeit insgesamt für zu eng. Im Wesentlichen begründet *Treudler* dies damit, dass nicht absehbar sei, wel-

ob der Markeninhaber bei der Anmeldung seiner Marke unredlich handelte, beurteilt sich nach *Treudler* im Wesentlichen nach den drei folgenden Kriterien:

„a) Erfolgte der Erwerb einer Marke redlich,

b) bestehen ältere Rechte an der Marke und

c) weist der markenrechtliche Wettbewerb eine unfaire Komponente auf.“[673]

Nach *Treudler* stehen einem Markeninhaber, der eine Marke unredlich erworben hat, nach Kriterium a) keine Rechte aus der Marke zu. Weiter könnten jemandem, soweit er keine älteren Rechte innehat, nach Kriterium b) gleichfalls keine Markenrechte eingeräumt werden. *Treudler* führt hierfür als Beispiel den Fall an, dass ein Markenanmelder ein Zeichen im Inland zur Eintragung anmeldet, welches bereits in einem EU-Staat für einen Wettbewerber geschützt ist, um eine spätere Etablierung der ausländischen Marke auf dem inländischen Markt zu behindern. Das Kriterium c) betreffe den Bereich aller unlauteren Handlungen. Für den Nachweis der unlauteren Handlung genügen nach *Treudler* nicht irgendwelche Spekulationen, Indizien oder zweifelhafte Presseberichte. Diese könnten keine sichere Beweisgrundlage bilden, um nach § 50 Abs. 1 Nr. 4 MarkenG a.F. ein Markenrecht rückwirkend zu versagen.[674]

Treudler begründet seinen Lösungsansatz vornehmlich damit, dass im Markenrecht ein markenrechtlicher Wettbewerb herrsche, der als Kampf um und mit Marken zu verstehen sei. So seien die Grundsätze des Wettbewerbsrechts im Wesentlichen auf das Markenrecht übertragbar. Jedoch könne der Bereich, den das Markenrecht zulasse, nicht durch das Wettbewerbsrecht eingeschränkt werden. Folglich könne ein markenrechtlicher Wettbewerb auch ohne Geschäftsbetrieb stattfinden. Das Markenrecht sei ein spezielles Wettbewerbsrecht, da jede Marke im Verhältnis zur Allgemeinheit, zu bestimmten Dritten und anderen Marken in einem markenrechtlichen Wettbewerb stehe. In diesem markenrechtlichen Wettbewerb sei alles zulässig, solange bestimmte Grenzen eines fairen Wettbewerbs nicht überschritten werden. Zu dem Kampf um und mit wertvollen Marken gehöre, dass es statthaft ist, wertvolle Marken vor anderen anzumelden. Die Übertragung dieser Grundsätze aus dem Wettbewerbsrecht auf das Marken-

che Varianten an Markenanmeldungen in Zukunft noch auftreten werden, die einerseits abzulehnen sind, andererseits aber den Vorwurf der Bösgläubigkeit nicht rechtfertigen. Deswegen möchte *Treudler* den Begriff der Bösgläubigkeit durch einen anderen Begriff ersetzen, der inhaltlich eine größere Bandbreite aufweist. Diese inhaltlich größere Bandbreite sieht *Treudler* in dem Begriff der Unredlichkeit, *Treudler*, MarkenR 2000, 193, 196. Demzufolge möchte *Treudler* nicht nur die Spekulationsmarke dem Kriterium der Unredlichkeit unterwerden, sondern auch die Sperrmarke.

673 *Treudler*, MarkenR 2000, 193, 198.

674 *Treudler*, MarkenR 2000, 193, 198.

recht werde im Verständnis erleichtert, wenn man die Marke selbst als wertvolles Produkt auffasse. Marken, die außerhalb eines fairen markenrechtlichen Wettbewerbs eingesetzt werden, sei der Schutz zu versagen.[675]

Zur Untermauerung seines Lösungsansatzes führt *Treudler* insbesondere an, dass für die Beurteilung, ob der Tatbestand des § 50 Abs. 1 Nr. 4 MarkenG a.F. erfüllt ist, nicht auf die Motive des Markenanmelders abgestellt werden kann, insbesondere nicht darauf, ob er die Marke zur markenmäßigen Benutzung angemeldet hat oder nur, um gutgläubige Dritte, die eine identische oder ähnliche Kennzeichnung im Verkehr benutzen, unter Druck zu setzen oder zu erpressen. Denn nach *Treudler* ist nicht nachvollziehbar, wie ein Dritter im Markenrecht in eine Spekulationsmarke laufen kann, wenn der Dritte verpflichtet ist, vor der Benutzungsaufnahme im Markenregister zu recherchieren, ob die Kennzeichnung frei ist. Niemand sei gezwungen, eine Marke aus einem Bestand an Lizenzmarken zu erwerben, da genügend Ausweichmöglichkeiten bestünden.[676]

e) Stellungnahme zu den Lösungsansätzen in der Literatur

Allen Lösungsansätzen ist gemeinsam, dass sie auf die Bekämpfung von Spekulationsmarken abzielen. Untereinander weisen die Lösungsansätze jedoch erhebliche Unterschiede auf. Während *Meister* und *Füllkrug* für eine restriktive Auslegung des Markengesetzes über das Kriterium der gewerblichen Betätigung bzw. das Kriterium der funktionsgerechten Verbindung plädieren, stellt *Ticic* auf das Behinderungselement ab. *Kiethe/Groeschke* dagegen nehmen die Abgrenzung von Spekulationsmarken von legitimen Marken anhand der zu missbilligenden Zwecksetzung vor. *Treudler* wiederum befürwortet das Kriterium der Unredlichkeit.

Nachfolgend sollen die Lösungsansätze einer Bewertung unterzogen werden. Dabei soll jeder Lösungsansatz insbesondere darauf untersucht werden, ob er einen angemessenen Ausgleich zwischen dem Umstand findet, dass nach dem erklärten Willen des Gesetzgebers nun auch Markenanmeldungen von Markenagenturen und Privatpersonen zulässig sein sollen und andererseits aber auch Markenanmeldungen wirksam bekämpft, die nur erfolgen, um aus der Marke wirtschaftliche Vorteile auf Kosten Dritter zu ziehen, die die Marke dringend benötigen.

675 *Treudler*, MarkenR 2000, 193, 197 f.
676 *Treudler*, MarkenR 2000, 193, 197.

aa) Restriktive Auslegung des Markengesetzes

Von den Lösungsansätzen, die sich in der Literatur zur Bekämpfung von Spekulationsmarken herausgebildet haben, stechen besonders die Lösungsansätze von *Meister* und *Füllkrug* hervor, die beide eine restriktive Auslegung des Markengesetzes befürworten.

(1) Gewerbliche Betätigung

Nach *Meister* wohnt § 7 MarkenG eine immanente Schranke inne. Markeninhaber könne nur sein, wer sich gewerblich betätige.[677] Die Argumente, die *Meister* zur Begründung seines Lösungsansatzes anführt, sind allerdings nicht zwingend:

Insbesondere ergibt sich aus der Pflicht zur Vorlage eines Warenverzeichnisses nach § 32 Abs. 2 Nr. 3 MarkenG kein zwingender Hinweis auf das Erfordernis einer gewerblichen Betätigung des Markeninhabers. So dürfte das Erfordernis des Warenverzeichnisses vielmehr dem Umstand geschuldet sein, dass sich die Verwechslungsgefahr neben der Identität oder Ähnlichkeit der Marken insbesondere auch nach der Identität oder Ähnlichkeit der von den Marken erfassten Waren und Dienstleistungen beurteilt[678]. Die Feststellung der Verwechslungsgefahr wiederum ist unabdingbare Voraussetzung für die Gewährung von Verwechslungsschutz, §§ 9 Abs. 1 Nr. 2, 14 Abs. 2 Nr. 2 MarkenG. Auch die Gewährung von Identitätsschutz beurteilt sich neben der Marke nach den Waren oder Dienstleistungen, für die die Marke eingetragen ist, §§ 9 Abs. 1 Nr. 1, 14 Abs. 2 Nr. 1 MarkenG.

In § 8 Abs. 2 Nr. 1 MarkenG findet sich ebenfalls kein zwingender Hinweis auf das Erfordernis einer gewerblichen Betätigung des Markeninhabers, da die Prüfung der Marke auf ihre konkrete Unterscheidungskraft nach § 8 Abs. 2 Nr. 1 MarkenG ihrerseits der Funktion der Marke als Identifizierungsmittel geschuldet ist[679].

Davon abgesehen spricht der Wortlaut des § 7 MarkenG gegen den Lösungsansatz von *Meister*. So spricht der Umstand, dass der Gesetzgeber das Verhältnis des Markeninhabers zu einem Geschäftsbetrieb in § 7 MarkenG nicht geregelt hat, entgegen *Meister* nicht dafür, dass Raum für Einschränkungen ist, sondern vielmehr dafür, dass der Gesetzgeber die Markenrechtsfähigkeit von natürlichen und juristischen Personen sowie von rechtsfähigen Personengesellschaften ohne

677 *Meister*, WRP 1995, 1005, 1007; siehe 3. Kap. IV 2 a aa).

678 *Hacker* in: Ströbele/Hacker, Markengesetz, § 9 Rdnr. 15.

679 *Götting*, Gewerblicher Rechtsschutz, § 53 Rdnr. 5; vgl. auch *Hacker*, Markenrecht, § 9 Rdnr. 136.

Einschränkung – insbesondere ohne das Erfordernis eines Geschäftsbetriebs oder das Erfordernis einer gewerblichen Betätigung – anerkennen wollte.[680] Entgegen *Meister* ergibt sich nichts anderes aus der insofern eindeutigen Gesetzesbegründung zu § 7 MarkenG. Wenn es dort zu § 7 MarkenG heißt, dass

> „[d]*ie im geltenden Recht weiter bestehende Voraussetzung, daß der Anmelder oder Inhaber einer Marke Inhaber eines Geschäftsbetriebs sein muß (§ 1 WZG),* [...] *nicht in das neue Markengesetz übernommen*"[681]

wird, dann kann das nur heißen, dass der Markenanmelder eben über keinen Geschäftsbetrieb verfügen muss. Entgegen *Meister* ist die Bezugnahme auf § 1 WZG in der Gesetzesbegründung selbst dann nicht unscharf, wenn man mit *Meister* davon ausgeht, dass § 1 WZG nur die Akzessorietät zwischen dem Zeichen und dem Geschäftsbetrieb regelte. Denn dies ändert nichts daran, dass die Person des Zeichenanmelders als solche in § 1 WZG zumindest reflexartig mitgeregelt war – nämlich dahin, dass der Zeichenanmelder unter der Geltung des § 1 WZG Inhaber eines Geschäftsbetriebs sein musste.[682] Eben diese Voraussetzung möchte der Gesetzgeber im Markengesetz ausweislich der Gesetzesbegründung aber aufgeben.[683]

Entgegen *Meister* kann der zitierten Gesetzesbegründung zu § 7 MarkenG auch nicht lediglich entnommen werden, dass nur das bisherige Erfordernis einer Deckung von Ware oder Dienstleistung und Geschäftsbetrieb infolge der freien Übertragbarkeit der Marke nicht aufrechterhalten werden soll.[684] Gegen eine solche Auslegung der Gesetzesbegründung zu § 7 MarkenG spricht schon die Gesetzesgeschichte zur Abschaffung des Akzessorietätsprinzips.[685] Die freie Übertragbarkeit der Marke wurde schon mit dem Erstreckungsgesetz mit Wirkung zum 1. Mai 1992 eingeführt.[686] Trotz der Lockerung des Akzessorietätsprinzips wurde § 1 WZG in seinem Wortlaut unverändert beibehalten. Insofern wurde § 1 WZG seit Inkrafttreten des Erstreckungsgesetzes dahin ausgelegt, dass es für die Erlangung des Zeichenschutzes ausreicht, wenn der Zeicheninhaber über irgendeinen Geschäftsbetrieb verfügte. Somit war schon vor dem Inkrafttreten des Markengesetzes nicht mehr erforderlich, dass sich Ware oder Dienstleistung und Geschäftsbetrieb decken.[687] Diese Auslegung des § 1 WZG hat der Gesetzgeber

---

680 So z.B. auch *Helm*, GRUR 1996, 593, 596.

681 Begründung zum Markenrechtsreformgesetz, BT-Drucksache 12/6581, S. 69.

682 Vgl. *Baumbach/Hefermehl*, Warenzeichenrecht, § 1 Rdnr. 9.

683 Zur vollständigen Abschaffung des Akzessorietätsprinzips siehe 3. Kap. II 2 c.

684 Vgl. *Meister*, Marke und Recht, S. 39 ff.

685 Zur Abschaffung des Akzessorietätsprinzips siehe 3. Kap. II 2.

686 §§ 47 Nr. 3, 55 ErstrG, BGBl. 1992 Teil I, S. 938, 947.

687 Z.B. *Fezer*, Markenrecht, § 3 Rdnr. 187.

in der Gesetzesbegründung zum Erstreckungsgesetz selbst angeordnet.[688] Wenn sich der Gesetzgeber nun in der späteren Gesetzesbegründung zum Markenrechtsreformgesetz – noch dazu in derselben Legislaturperiode[689] – dahin äußert, dass er *„die im geltenden Recht weiter bestehende Voraussetzung"*, dass der Markeninhaber über einen Geschäftsbetrieb verfügt, ausdrücklich fallen lassen möchte, kann das nur heißen, dass der Gesetzgeber gerade die zu diesem Zeitpunkt geltende Voraussetzung, dass der Markeninhaber über irgendeinen Geschäftsbetrieb verfügen muss, aufgeben wollte.

Dafür, dass der Gesetzgeber den Geschäftsbetrieb als Voraussetzung insgesamt fallen lassen wollte, sprechen auch andere Stellen in der Begründung zum Markenrechtsreformgesetz. So heißt es in der Gesetzesbegründung ausdrücklich, dass für den Erwerb des Markenschutzes durch Eintragung künftig auf das Vorhandensein eines Geschäftsbetriebs verzichtet wird.[690] In der Begründung zu § 50 MarkenG a.F. heißt es, § 50 Abs. 1 Nr. 4 MarkenG a.F. stelle ein geeignetes Korrektiv zum Wegfall des Erfordernisses eines Geschäftsbetriebs als Eintragungsvoraussetzung dar.[691] Anhaltspunkte dafür, dass der Gesetzgeber zwar das Erfordernis eines Geschäftsbetriebs aufgeben wollte, aber zumindest eine irgendwie geartete gewerbliche Betätigung des Markeninhabers verlangt, sind nicht ersichtlich.

Demzufolge ist eine restriktive Auslegung des Markengesetzes über das Kriterium der gewerblichen Betätigung abzulehnen.[692] Dieses Ergebnis findet seine

---

688 So heißt es in der Begründung zum Erstreckungsgesetz: *„Wegen* [...] *der Zulassung der freien Übertragbarkeit von Marken wird davon ausgegangen, daß* [...] *die verbleibenden Vorschriften so ausgelegt und angewendet werden, daß der mit dem Entwurf beabsichtigten Abschaffung der absoluten Bindung der Marke an den Geschäftsbetrieb des Inhabers Geltung verschafft wird. Allerdings bleibt es angesichts der insoweit mit dem Entwurf verfolgten Ziele dabei, daß der Anmelder eines Warenzeichens jedenfalls einen Geschäftsbetrieb haben muß. Dieser muß aber nicht notwendig die in der Anmeldung oder Eintragung erfaßten Waren oder Dienstleistungen abdecken"*, Begründung zum Erstreckungsgesetz, BT-Drucksache 12/1399, S. 69.

689 Ausweislich der Dokumentennummer stammen die Begründung zum Erstreckungsgesetz, BT-Drucksache 12/1399 und die Begründung zum Markenrechtsreformgesetz, BT-Drucksache 12/6581 aus derselben Legislaturperiode.

690 Begründung zum Markenrechtsreformgesetz, BT-Drucksache 12/6581, S. 56.

691 Begründung zum Markenrechtsreformgesetz, BT-Drucksache 12/6581, S. 95 f.

692 So im Ergebnis auch *Brötje*, Die bösgläubige Markenanmeldung, S. 89 f. und *Wiedmann*, Der Rechtsmissbrauch im Markenrecht, S. 180. *Brötje* und *Wiedmann* begründen ihre ablehnende Haltung ebenfalls mit der Abschaffung des Akzessorietätsprinzips. *Meister* hat durchaus gesehen, dass er mit seinem Lösungsansatz den Willen des nationalen Gesetzgebers und den Willen des europäischen Richtliniengebers konterkariert. So heißt es bei *Meister*: *„Dem informellen Gesetzgeber ist in der Erörterung der EG-Markenrichtlinie und damit rechtzeitig signalisiert worden, daß* [...] *der Inhaber zur Verhinderung von Mißbräuchen in jedem Fall aber Gewer-*

Bestätigung in dem Referentenentwurf für das Geschmacksmusterreformgesetz und der Begründung zum Geschmacksmusterreformgesetz, wo Markenanmeldungen von Privatpersonen – und zwar ohne Einschränkung – ausdrücklich dem absoluten Schutzhindernis der bösgläubigen Markenanmeldung nach § 8 Abs. 2 Nr. 10 MarkenG unterstellt werden.[693] Dies wäre nicht erforderlich gewesen, wenn Privatpersonen von vornherein keinen Markenschutz erwirken könnten.

(2) Verbindung im Sinne der Markenfunktionen

Der Lösungsansatz von *Füllkrug* findet seinen Ausgangspunkt im Merkmal des Benutzungswillens, dessen Fehlerhaftigkeit sich nach objektiven Umständen beurteilt. Die Auffassung von *Füllkrug* lässt sich dahin zusammenfassen, dass objektive Umstände eine Bösgläubigkeit im Sinne des § 8 Abs. 2 Nr. 10 MarkenG anzeigen sollen, wenn der Markeninhaber (1.) bei der Anmeldung der Marke über keine funktionsgerechte Verbindung zu der Ware oder Dienstleistung verfügt, und (2.) die Marke nur zur Geltendmachung des so erworbenen Rechts erwirbt. Letzteres soll nachgewiesen sein, wenn der Markeninhaber auch bei der Geltendmachung seiner Markenrechte immer noch nicht über eine funktionsgerechte Verbindung verfügt.[694] Der Lösungsansatz von *Füllkrug* stößt in der Literatur auf Ablehnung.[695] *Füllkrug* wiederum wirft den anderen Autoren vor, sie hätten ihn missverstanden.[696]

---

betreibender sein müßte [...]. *Leider ist der Warnung aus der Praxis kein Gehör zuteil geworden"*, *Meister*, WRP 1995, 1005, 1007.

693 Begründung zum Referentenentwurf für ein Geschmacksmusterreformgesetz, BMJ 3660/1 – 31 99/2002, S. 132; Begründung zum Geschmacksmusterreformgesetz, BT-Drucksache 15/1075, S. 67.

694 So heißt es bei *Füllkrug*, dass er *„nicht allein den Erwerb einer Marke ohne einen bei Anmeldung bestehenden Bezug zu einer Ware oder Dienstleistung für bösgläubig* [hält], *sondern einen solchen Erlaß zur Geltendmachung des so erworbenen Rechtes. Erst bei der Geltendmachung stellt sich die Bösgläubigkeit heraus"*, *Füllkrug*, WRP 1995, 378, 380. Weiter heißt es, dass objektive Umstände eine Bösgläubigkeit anzeigen, *„wenn der Markeneigner weder im Zeitpunkt der Anmeldung noch der Geltendmachung der Abwehrrechte aus der Marke eine dem Wirtschaftsverkehr zuzurechnende Verbindung zwischen sich und einer konkreten oder konkretisierbaren Ware oder Dienstleistung hergestellt hat oder konkrete Vorbereitungen im Geschäftsverkehr dazu getroffen hat"*, *Füllkrug*, WRP 2006, 664, 667; vgl. auch *Füllkrug*, WRP 1995, 378; zum Lösungsansatz von *Füllkrug* siehe 3. Kap. IV 2 a bb).

695 Z.B. *Fezer*, Markenrecht, § 3 Rdnr. 198; *Wiedmann*, Der Rechtsmissbrauch im Markenrecht, S. 161; *Ticic*, Die bösgläubige Markenanmeldung als absolutes Schutzhindernis, S. 37 ff.; *Helm*, GRUR 1996, 593, 597; *Kiethe/Groeschke*, WRP 1997, 269, 273.

696 *Füllkrug*, WRP 2006, 664, 668.

Eine Objektivierung des Bösgläubigkeitsbegriffs ist grundsätzlich zu befürworten,[697] da die Feststellung von inneren Absichten in der Regel mit Unsicherheiten belastet ist. Aber auch andere Lösungsansätze, die den Begriff der Bösgläubigkeit nicht ausdrücklich objektivieren, sondern primär auf subjektive Merkmale wie den Benutzungswillen oder die Behinderungsabsicht abstellen, schließen aus objektiven Umständen auf die inneren Absichten des Markenanmelders.[698] Insofern relativiert sich der Vorteil dieses Lösungsansatzes wieder.

Nimmt man den Lösungsansatz von *Füllkrug* beim Wort, nämlich dass objektive Umstände eine Bösgläubigkeit anzeigen, wenn der Markeninhaber weder bei der Anmeldung noch bei der Geltendmachung der Markenrechte über eine funktionsgerechte Verbindung verfügt,[699] so passt der Lösungsansatz schon von seiner Struktur her nicht zu der Rechtsnatur der bösgläubigen Markenanmeldung als absolutes Schutzhindernis. So sieht § 37 Abs. 3 MarkenG i.V.m. § 8 Abs. 2 Nr. 10 MarkenG vor, dass Marken, die ersichtlich bösgläubig angemeldet werden, bereits die Eintragung zu versagen ist. Nach *Füllkrug* zeigen objektive Umstände eine Bösgläubigkeit jedoch erst an, wenn der Markeninhaber bei der Anmeldung *und* bei der Geltendmachung der Markenrechte über keine funktionsgerechte Verbindung verfügt. Der Lösungsansatz von *Füllkrug* zielt somit von vornherein darauf ab, dass die Bösgläubigkeit immer erst nachträglich nach Abschluss des Eintragungsverfahrens festgestellt werden kann, weil die Geltendmachung der Markenrechte typischerweise erst nach der Eintragung erfolgt. In der Konsequenz hieße das, dass Spekulationsmarken nach *Füllkrug* immer zur Eintragung gelangen und erst nachträglich der Löschung unterliegen. Dieses Manko mag sich unter der Geltung des § 50 Abs. 1 Nr. 4 MarkenG a.F. nicht ausgewirkt haben, weil damals bösgläubig angemeldete Marken ohnehin nur der Löschung unterlagen. Der aktuellen Rechtslage jedenfalls wird der Lösungsansatz von *Füllkrug* aber nicht gerecht, sofern man ihn denn beim Wort nimmt.

Allerdings lassen die weiteren Ausführungen von *Füllkrug* Zweifel daran aufkommen, ob er seinen Lösungsansatz, insbesondere das Kriterium der Geltendmachung, tatsächlich wie vorstehend beschrieben verstanden wissen möchte. So schreibt *Füllkrug* an anderer Stelle, dass es sich bei der Geltendmachung der Markenrechte um ein Indiz für eine Bösgläubigkeit im Sinne des § 8 Abs. 2 Nr. 10 MarkenG handelt,[700] was darauf hindeutet, dass *Füllkrug* die Geltendmachung doch nicht als Voraussetzung für eine Bösgläubigkeit verstanden wissen

697 Vgl. auch *Ticic*, Die bösgläubige Markenanmeldung als absolutes Schutzhindernis, S. 34.

698 Vgl. z.B. *EuGH* GRUR 2009, 763, 765 (Nr. 42) – *Lindt & Sprüngli / Franz Hauswirth*; *BGH* GRUR 2009, 780, 782 (Nr. 18) – *Ivadal*; *Ströbele* in: Ströbele/Hacker, Markengesetz, § 8 Rdnr. 687.

699 *Füllkrug*, WRP 2006, 664, 667; vgl. auch *Füllkrug*, WRP 1995, 378.

700 *Füllkrug*, WRP 1995, 378, 381; vgl. auch *Füllkrug*, WRP 2006, 664, 673.

möchte. Neben der Geltendmachung erkennt *Füllkrug* weitere Indizien an, von denen manche – wie beispielsweise die Anmeldung von Namen berühmter Persönlichkeiten oder gemeinfreier Werke[701] – auch schon im Eintragungsverfahren vorliegen und erkennbar sind, so dass der im vorstehenden Abschnitt angeführte Einwand nicht griffe. Denkbar wäre somit, dass *Füllkrug* dahin zu verstehen ist, dass der Markeninhaber seiner Ansicht nach bösgläubig handelt, wenn er ein Markenrecht erwirbt, nur um es – ohne Bestehen einer funktionsgerechten Verbindung – geltend zu machen und die spätere Geltendmachung insofern nur ein Indiz von vielen Indizien dafür ist, dass der Markeninhaber sein Markenrecht von Anfang an nur geltend machen wollte. Dann aber stellt sich die Frage, weshalb *Füllkrug* seinen Lösungsansatz wie vorstehend beschrieben formuliert und vor allem weshalb *Füllkrug* an diesem Lösungsansatz auch weiterhin ausdrücklich und ohne Modifikation festhält.[702]

Unabhängig davon, ob man den Lösungsansatz von *Füllkrug* beim Wort nimmt oder ihn entsprechend den Erläuterungen von *Füllkrug* auslegt, steht jedenfalls fest, dass *Füllkrug* in einem ersten Schritt darauf abstellt, ob der Markeninhaber im Zeitpunkt der Markenanmeldung über eine funktionsgerechte Verbindung zu den Waren oder Dienstleistungen verfügt oder zumindest entsprechende Vorbereitungen getroffen hat. Schon dieser erste Prüfungsschritt steht im Widerspruch zu der Konzeption des Markengesetzes. So wurde aus den Regelungen zum Benutzungszwang die Erkenntnis gewonnen, dass es nach dem Willen des Gesetzgebers maßgeblich darauf ankommt, ob der Markeninhaber die Benutzung der Marke fristgerecht aufnimmt. Daraus resultierte im Zusammenhang mit der Frage, ob der Benutzungswille eine allgemeine Schutzvoraussetzung darstellt, die Feststellung, dass es nach dem Willen des Gesetzgebers ausreicht, wenn der Markeninhaber den jeder Benutzung zwingend vorausgehenden Willensentschluss während der Fünfjahresfrist bildet und ihn fristgerecht verwirklicht, so dass es folglich gerade nicht erforderlich ist, dass der Markeninhaber schon im Zeitpunkt der Markenanmeldung über einen Benutzungswillen verfügt.[703] Wenn nun *Füllkrug* den Benutzungswillen anhand einer funktionsgerechten Verbindung zwischen dem Markeninhaber einerseits und der Ware oder Dienstleistung andererseits beurteilt, kann das in der Konsequenz nur bedeuten, dass dem Markeninhaber aus der fehlenden funktionsgerechten Verbindung im Zeitpunkt der Markenanmeldung eben kein Vorwurf gemacht werden kann[704],

701 So in seinem neuesten Beitrag zu diesem Thema, *Füllkrug*, WRP 2006, 664, 673.

702 Vgl. *Füllkrug*, WRP 2006, 664, 667; *Füllkrug*, WRP 1995, 378.

703 Siehe 3. Kap. IV 1 c bb); vgl. auch die Nachweise in der Fn. 585.

704 Ähnlich *Helm*, GRUR 1996, 593, 597, nach dessen Ansicht aus dem Benutzungszwang nicht abgeleitet werden kann, dass im Zeitpunkt der Markenanmeldung eine Verbindung zu einem Geschäftsbetrieb bestehen muss.

sondern der Markeninhaber vielmehr fünf Jahre Zeit hat, um eine funktionsgerechte Verbindung zu schaffen und diese in eine ernsthafte Benutzung im Sinne des § 26 Abs. 1 MarkenG münden zu lassen.

Füllkrug stellt zwar klar, dass er nicht allein den Erwerb einer Marke ohne funktionsgerechte Verbindung für bösgläubig hält, sondern einen solchen Erwerb zur Geltendmachung des so erworbenen Rechts.[705] Demnach stellt *Füllkrug* auch darauf ab, ob der Markeninhaber schon bei der Anmeldung beabsichtigt, seine Markenrechte geltend zu machen, obwohl er bei der Geltendmachung über keine funktionsgerechte Verbindung verfügen wird und auch keine entsprechende Vorbereitungen getroffen hat. Hierbei lässt *Füllkrug* jedoch unberücksichtigt, dass Markenschutz nach § 4 Nr. 1 MarkenG allein mit der Eintragung entsteht und Markenschutz damit während der Fünfjahresfrist insbesondere unabhängig davon gewährt wird, ob die Marke schon benutzt wird oder der Markeninhaber einen Benutzungswillen bereits gebildet hat.[706] Insofern handelt der Markeninhaber bei der Geltendmachung seiner Markenrechte grundsätzlich rechtmäßig, auch wenn eine funktionsgerechte Verbindung zu diesem Zeitpunkt nicht besteht. Demnach haftet auch dem Vorhaben des Markeninhabers, seine Markenrechte auch ohne funktionsgerechte Verbindung geltend zu machen, nichts Verwerfliches an. Eine andere Sichtweise kann durchaus geboten sein, wenn neben der bloßen Geltendmachung der Markenrechte ohne Bestehen einer funktionsgerechten Verbindung zusätzliche Umstände vorliegen, die das Verhalten des Markeninhabers als bösgläubig erscheinen lassen. Nach dem Lösungsansatz von *Füllkrug* liegt allerdings schon dann eine Bösgläubigkeit vor, wenn der Markeninhaber bei der Anmeldung vorhat, das Markenrecht auch ohne Bestehen einer funktionsgerechten Verbindung geltend zu machen, ohne dass es auf das Vorliegen zusätzlicher Umstände ankäme.[707]

Auch das neue Markenrechtsverständnis steht dem Lösungsansatz von *Füllkrug* entgegen. So wollte der Gesetzgeber das Markengesetz mit der Abschaf-

---

705 *Füllkrug*, WRP 1995, 378, 380.

706 In eine ähnliche Richtung argumentiert *Fezer*: *„Das MarkenG anerkennt die Schutzwürdigkeit eines durch Eintragung konstitutiv entstandenen Registermarkenrechts schon vor Aufnahme der Benutzung der Marke nach den Regeln über den Benutzungszwang bis zum Ablauf der fünfjährigen Benutzungsfrist. Die Annahme, ein Markenrecht ohne Marktbeziehung sei schutzunwürdig und der Anmelder bösgläubig im Sinne des Nichtigkeitsgrundes nach § 50 Abs. 1 Nr. 4 MarkenG, ist fiktiv, nicht praktikabel und gefährdet die Rechtssicherheit hinsichtlich des Bestands von Markenrechten"*, *Fezer*, Markenrecht, § 3 Rdnr. 198. Ähnlich heißt es bei *Wiedmann*: *„Die Schutzwürdigkeit einer Marke setzt in dem Zeitpunkt ihrer Eintragung ein und dauert nach den Regeln über den Benutzungszwang auch ohne Aufnahme der Benutzung und unabhängig von einer gewerblichen Betätigung bis zum Ende der fünfjährigen Benutzungsfrist fort"*, *Wiedmann*, Der Rechtsmissbrauch im Markenrecht, S. 180.

707 Vgl. *Füllkrug*, WRP 1995, 378, 380.

fung des Akzessorietätsprinzips an die internationalen Entwicklungen anpassen und die Marke als einen selbständigen Vermögenswert verstanden wissen.[708] Zum Markenrecht als ein selbständiger Vermögenswert gehört auch das Prinzip des freien Erwerbs und der freien Übertragbarkeit.[709] Indem *Füllkrug* zur Beurteilung der Verbindung darauf abstellt, ob der Markeninhaber die Ware als Hersteller, Erfinder oder Auftraggeber geschaffen oder die Qualität der Ware als Erfinder, Lizenzgeber, Rohstoffhersteller beeinflusst hat oder die Kommunikation über die Ware oder Dienstleistung inhaltlich vorgibt,[710] schränkt er diese Prinzipien ein. Denn insbesondere Privatpersonen dürfte die Schaffung einer solchen Verbindung kaum möglich sein.[711]

Demzufolge ist der von *Füllkrug* vorgeschlagene Lösungsansatz, das Markengesetz mittels des Kriteriums einer funktionsgerechten Verbindung restriktiv auszulegen, abzulehnen.

bb) Behinderungselement

Nach *Ticic* zeichnen sich die Spekulationsmarken in erster Linie durch das Behinderungselement aus. Dem Benutzungswillen wird nahezu jede Aussagekraft abgesprochen.[712] Die Herleitung dieses Lösungsansatzes nach dem Ausschlussprinzip anhand der Kriterien der *Classe E*-Entscheidung dürfte methodisch bedenklich sein, auch wenn es sich bei dieser Entscheidung zweifelsohne um eine Grundsatzentscheidung zur Spekulationsmarke handelt und viele Markeninhaber gerade anhand der Kriterien aus der *Classe E*-Entscheidung der Anmeldung einer Spekulationsmarke überführt werden dürften. Denn die zur Begründung des Rechtsmissbrauchseinwands in dieser Entscheidung herangezogenen Kriterien waren immer noch einem konkreten Fall geschuldet. So ergibt sich aus der *Classe E*-Entscheidung gerade nicht, dass der *BGH* die Kriterien abschließend verstanden wissen wollte. Vielmehr legt der Sinn und Zweck der bösgläubigen

---

708 Begründung zum Erstreckungsgesetz, BT-Drucksache 12/1399, S. 69; ebenfalls mit der Abschaffung des Akzessorietätsprinzips argumentierend z.B. *Wiedmann*, Der Rechtsmissbrauch im Markenrecht, S. 180; *Helm*, GRUR 1996, 593, 599; vgl. auch *v. Linstow*, MarkenR 1999, 81, 82; *Kiethe/Groeschke*, WRP 1997, 269, 273.

709 Vgl. die Begründung zum Erstreckungsgesetz, BT-Drucksache 12/1399, S. 69; vgl. auch *Fezer*, Markenrecht, § 3 Rdnr. 199.

710 *Füllkrug*, WRP 1995, 378; vgl. auch *Füllkrug*, WRP 2006, 664, 667.

711 In eine ähnliche Richtung argumentiert beispielsweise *Wiedmann*. So benachteilige der Lösungsansatz von *Füllkrug* Anmelder, die bislang nicht gewerblich oder kaufmännisch tätig waren, in unangemessener Weise, *Wiedmann*, Der Rechtsmissbrauch im Markenrecht, S. 161; vgl. auch *Ticic*, Die bösgläubige Markenanmeldung als absolutes Schutzhindernis, S. 38.

712 *Ticic*, Die bösgläubige Markenanmeldung als absolutes Schutzhindernis, S. 49; zum Lösungsansatz von *Ticic* siehe 3. Kap. IV 2 b.

Markenanmeldung – nämlich die Bekämpfung von rechtsmissbräuchlichen und sittenwidrigen Markenanmeldungen[713] – den Schluss nahe, dass die Kriterien nicht abschließend sind und das Fehlen eines Kriteriums durch ein anderes – der *Classe E*-Entscheidung fremdes – Kriterium ersetzt werden kann.[714] Nichtsdestotrotz könnte der von *Ticic* vorgeschlagene Lösungsansatz im Ergebnis gleichwohl zu befürworten sein.

Ticic führt für seinen Lösungsansatz zunächst an, mit dem Behinderungselement werde der wettbewerbsrechtliche Ursprung des § 8 Abs. 2 Nr. 10 MarkenG und der Bezug zur herkömmlichen Systematik des § 1 UWG a.F. gewahrt.[715] Es kann zwar nicht geleugnet werden, dass die Wurzeln der Rechtsgrundsätze, die die Rechtsprechung für die Beurteilung einer Markenanmeldung als bösgläubig heranzieht, im herkömmlichen Wettbewerbsrecht liegen. Das Argument von *Ticic* ist allerdings nicht zwingend wie die rechtshistorische Entwicklung der bösgläubigen Markenanmeldung zeigt: Die Wurzeln der betreffenden Rechtsgrundsätze reichen bis in die Zeit des Warenzeichengesetzes zurück. Da das Warenzeichengesetz keine Regelungen zur bösgläubigen Markenanmeldung enthielt und dennoch ein Bedürfnis bestand, rechtsmissbräuchlich oder sittenwidrig erworbenen Zeichenrechten Einhalt zu gebieten, wich die Rechtsprechung auf den Vorbehalt wettbewerbskonformen Verhaltens aus, um den Zeichenschutz einzuschränken und entwickelte den außerkennzeichenrechtlichen Löschungsanspruch nach §§ 1 UWG a.F., 826 BGB.[716] Diese Rechtsgrundsätze betrafen angesichts des damals geltenden Akzessorietätsprinzips allerdings nur die Fälle der Sperrmarke.[717] Die Fälle der Spekulationsmarke dagegen traten erst mit dem Inkrafttreten des Markengesetzes auf, weil erst zu diesem Zeitpunkt das Akzessorietätsprinzip vollständig aufgegeben wurde.[718] Nach dem Willen des Gesetzgebers sollten nicht nur die zum außerkennzeichenrechtlichen Löschungsanspruch nach §§ 1 UWG a.F., 826 BGB – also zur Sperrmarke – entwickelten Rechtsgrundsät-

713 Begründung zum Markenrechtsreformgesetz, BT-Drucksache 12/6581, S. 95.

714 So auch *Bous* in: Ekey/Klippel/Bender, Markenrecht, § 50 Rdnr. 23.

715 So *Ticic*, Die bösgläubige Markenanmeldung als absolutes Schutzhindernis, S. 47.

716 Siehe 2. Kap. II 1.

717 Die unter der Geltung des Warenzeichengesetzes zum rechtsmissbräuchlichen oder sittenwidrigen Zeichenerwerb entwickelten Rechtsgrundsätze sind maßgeblich auf die *Dolex*-, *Pudelzeichen*-, *Modess*-, *Siroset*-, *Alemite*-, *Torch*-, *Arostar*-, *topfitz / topfit*- und die *Shamrock III*–Entscheidungen des *BGH* zurückzuführen. Sämtlichen Entscheidungen lagen (vermeintliche) Sperrmarken zugrunde, vgl. *BGH* GRUR 1961, 413 – *Dolex*; *BGH* GRUR 1967, 490 – *Pudelzeichen*; *BGH* GRUR 1967, 298 – *Modess*; *BGH* GRUR 1967, 304 – *Siroset*; *BGH* GRUR 1970, 138 – *Alemite*; *BGH* GRUR 1980, 110 – *Torch*; *BGH* GRUR 1984, 210 – *Arostar*; *BGH* GRUR 1985, 926 – *topfitz / topfit*; *BGH* GRUR 1986, 74 – *Shamrock III*.

718 Siehe 2. Kap. VI 3.

ze in dem Begriff der Bösgläubigkeit aufgehen.[719] Vielmehr wurde § 50 Abs. 1 Nr. 4 MarkenG a.F. darüber hinaus ein zusätzlicher – neuer – Anwendungsbereich zugesprochen, indem § 50 Abs. 1 Nr. 4 MarkenG a.F. außerdem als ein Korrektiv für den Wegfall des Geschäftsbetriebs als Eintragungsvoraussetzung eingeführt wurde[720] – also als Korrektiv dafür, dass nun auch Markenagenturen und Privatpersonen Marken zur Eintragung anmelden können[721]. Das bedeutet, dass die Bösgläubigkeit im Sinne des Markengesetzes nun auch Privatpersonen entgegengehalten werden kann. Das UWG dagegen dient nach § 1 UWG dem Schutz vor *„unlauteren geschäftlichen Handlungen"* und richtet sich demzufolge gegen Personen, die *„geschäftlich"* im Sinne der Legaldefinition in § 2 Abs. 1 Nr. 1 UWG handeln. Demnach richtet sich das UWG gerade nicht gegen Privatpersonen. Vor diesem Hintergrund kann daher ebenso argumentiert werden, dass die bösgläubige Markenanmeldung mit der Normierung in § 50 Abs. 1 Nr. 4 MarkenG a.F. eine zusätzliche Prägung erfahren hat – eine Prägung, die nicht auf die wettbewerbsrechtlichen Wurzeln beschränkt ist. Daher kann aus dem wettbewerbsrechtlichen Ursprung der bösgläubigen Markenanmeldung nicht unbedingt geschlossen werden, dass mit dem Behinderungselement auch für die Spekulationsmarke zwingend ein Bezug zum herkömmlichen Wettbewerbsrecht geschaffen werden muss.

Weiter wird für das Behinderungselement als Abgrenzungskriterium für Spekulationsmarken angeführt, mit dem negativen Merkmal des fehlenden Benutzungswillens seien erhebliche Beweisschwierigkeiten verbunden, die bei dem positiven Merkmal des Behinderungselements nicht bestünden.[722] Hiergegen ist einzuwenden, dass die mit der Widerlegung des vermuteten Benutzungswillens verbundenen Beweisschwierigkeiten in erster Linie daraus resultieren, dass es sich bei dem Benutzungswillen bzw. dem Fehlen des Benutzungswillens um ein subjektives Merkmal handelt[723] – ebenso wie bei dem Merkmal des Behinderungselements. Bei der Widerlegung des vermuteten Benutzungswillens muss derjenige, der sich auf das Fehlen des Benutzungswillens beruft, Tatsachen darlegen und beweisen, aus denen sich das Fehlen des Benutzungswillens ergibt.

---

719 Siehe 2. Kap. IV 2 b; dazu, dass die unter der Geltung des Warenzeichengesetzes zum außerkennzeichenrechtlichen Löschungsanspruch nach §§ 1 UWG a.F., 826 BGB entwickelten Rechtsgrundsätze in dem Begriff der Bösgläubigkeit aufgehen sollen, siehe die Nachweise in der Rechtsprechung in der Fn. 199.

720 Begründung zum Markenrechtsreformgesetz, BT-Drucksache 12/6581, S. 95 f.

721 Zur vollständigen Abschaffung des Akzessorietätsprinzips siehe 3. Kap. II 2 c; dazu, dass Markenanmeldungen von Privatpersonen infolge der vollständigen Abschaffung des Akzessorietätsprinzips möglich wurden, siehe die Nachweise in der Fn. 372.

722 So *Ticic*, Die bösgläubige Markenanmeldung als absolutes Schutzhindernis, S. 48.

723 Vgl. z.B. *Brink*, Markenhandel mit Gemeinschaftsmarken und deutschen Marken, S. 115; *Jordan*, Festschrift für Helm, S. 187, 196.

Aus diesen Tatsachen dürfte im Allgemeinen zugleich auf das Vorliegen des Behinderungselements zu schließen sein. Insofern muss der Beweispflichtige in der Regel dieselben Tatsachen darlegen und beweisen, sei es dass er das Fehlen des Benutzungswillens oder das Behinderungselement nachweisen muss. Folglich ist durch das Merkmal des Behinderungselements im Vergleich zu dem Merkmal des fehlenden Benutzungswillens in Bezug auf die Beweisschwierigkeiten nichts gewonnen.

Auch das Argument, bei der Spekulationsmarke stehe weniger die Wahrung eigener Rechte, sondern vielmehr die Absicht im Vordergrund, die Markenanmeldung des Wettbewerbers durch bewusste Ausnutzung des Prioritätsprinzips zu vereiteln,[724] vermag das Behinderungselement nicht zu begründen. Denn in den Fällen der Spekulationsmarke geht es dem Markeninhaber weniger darum, einen Dritten an einer eigenen Markenanmeldung zu hindern. Vielmehr geht es dem Markeninhaber einer Spekulationsmarke typischerweise in erster Linie darum, die Marke zu Geld zu machen und zwar durch Ausnutzung der Drucksituation, die für einen Dritten durch die Anmeldung der Spekulationsmarke entsteht. Die Behinderung des Dritten ist lediglich Mittel zum Zweck, um den Dritten im Sinne des Markeninhabers zu motivieren, beispielsweise um den Dritten zum Erwerb der Marke oder zum Erwerb entsprechender Lizenzen zu bewegen. Auch wenn die mit der Eintragung der Spekulationsmarke verbundene Behinderung des Dritten von dem Markeninhaber bezweckt sein mag, ändert dies nichts daran, dass die Behinderungswirkung nur zur Verwirklichung anderer Ziele dient und es dem Markeninhaber einer Spekulationsmarke entscheidend um die Verwirklichung gerade dieser Ziele geht, also der Behinderungswirkung als quasi notwendiges Durchgangsstadium nur eine untergeordnete Bedeutung zukommt. Demzufolge wird das Behinderungselement dem Charakter der Spekulationsmarke nicht gerecht.[725]

Eine weitere Schwäche dieses Lösungsansatzes besteht darin, dass unklar bleibt, wann die mit einer jeden Marke verbundene *„übliche"* Behinderung überschritten ist und das Behinderungselement im Sinne des § 8 Abs. 2 Nr. 10 MarkenG vorliegen soll.[726] Aus dem bloßen Verschicken von Abmahnungen und der Geltendmachung von Schadensersatzansprüchen kann jedenfalls noch nicht auf eine vorwerfbare Behinderungsabsicht geschlossen werden,[727] da es das gute Recht eines jeden Markeninhabers ist, bei einer Verletzung seiner Marken-

724 So *Ticic*, Die bösgläubige Markenanmeldung als absolutes Schutzhindernis, S. 48.

725 Siehe 3. Kap. IV 1 c cc) (2).

726 Ähnlich argumentiert *Treudler* gegen das Merkmal der Behinderungsabsicht, vgl. *Treudler*, MarkenR 2000, 193, 197.

727 So aber *Ticic*, Die bösgläubige Markenanmeldung als absolutes Schutzhindernis, S. 48.

rechte, den Verletzer abzumahnen oder Schadensersatzansprüche geltend zu machen.[728]

Demzufolge überzeugt das Behinderungselement als Lösungsansatz für die Spekulationsmarke nicht.

cc) Missbilligte Zwecksetzung

Nach *Kiethe/Groeschke* zeichnen sich die Fälle der Spekulationsmarke durch eine *„zu missbilligende Zwecksetzung"* des Markenanmelders aus. Dabei stellen *Kiethe/Groeschke* darauf ab, ob der Markenanmelder bereits im Zeitpunkt der Markenanmeldung ein Vermarktungskonzept verfolgt oder Beratungsleistungen angeboten oder schon erbracht hat.[729]

Soweit *Kiethe/Groeschke* für die Beurteilung der zu missbilligenden Zwecksetzung ausschließlich darauf abstellen, ob die Markenanmeldung Bestandteil eines Vermarktungskonzepts oder einer zumindest potentiellen Beratungsleistung ist, kann ihnen nicht gefolgt werden. Abgesehen davon, dass bereits unklar ist, was unter einer *„Beratungsleistung"* zu verstehen ist und wann eine Beratungsleistung *„zumindest potentiell"* ist, sind neben der Erbringung von Beratungsleistungen oder der Erstellung von Vermarktungskonzepten durchaus andere legitime Gründe für eine Markenanmeldung denkbar, so beispielsweise die treuhänderische Markenanmeldung für einen Dritten[730]. Zudem benachteiligt die Abgrenzung der zu missbilligenden Zwecksetzung anhand von Beratungsleistungen oder Vermarktungskonzepten Privatpersonen, die üblicherweise keine Beratungsleistungen erbringen und über keine Vermarktungskonzepte verfügen.

Damit steht der Lösungsansatz von *Kiethe/Groeschke* auch im Widerspruch zur gesetzgeberischen Entscheidung zu Gunsten von Markenanmeldungen durch Privatpersonen[731]. Demzufolge ist dieser Lösungsansatz abzulehnen.

---

728 Vgl. z.B. *BPatG* BeckRS 2007, 13721 – *NF IV*; *BPatG* BeckRS 2008, 12973 – *AMINOBOL*; *BPatG* GRUR 2011, 68, 75 – *Goldhase in neutraler Aufmachung*; *BPatG* BeckRS 2011, 21396 – *AKSARAY-Döner*; *BPatG* BeckRS 2011, 21113 – *ORDU-Döner*; vgl. unter der Geltung des Warenzeichengesetzes auch *BGH* GRUR 1970, 138, 139 – *Alemite*.

729 *Kiethe/Groeschke*, WRP 1997, 269, 273; zum Lösungsansatz von *Kiethe/Groeschke* siehe 3. Kap. IV 2 c.

730 Z.B. *Ingerl/Rohnke*, Markengesetz, § 8 Rdnr. 303; vgl. auch z.B. *Helm*, GRUR 1996, 593, 599.

731 Zur vollständigen Abschaffung des Akzessorietätsprinzips siehe 3. Kap. II 2 c; dazu, dass Markenanmeldungen von Privatpersonen infolge der vollständigen Abschaffung des Akzessorietätsprinzips möglich wurden, siehe die Nachweise in der Fn. 372.

dd) Unredlichkeit

Treudler möchte den Spekulationsmarken mit dem Merkmal der Unredlichkeit Einhalt gebieten.[732] Dieser Lösungsansatz überzeugt bereits deshalb nicht, weil mit dem Merkmal der Unredlichkeit lediglich ein unbestimmter Rechtsbegriff durch einen anderen unbestimmten Rechtsbegriff ersetzt wird und insofern die Abgrenzungsschwierigkeiten zwischen einer bösgläubigen Markenanmeldung zu Spekulationszwecken und einer legitimen Markenanmeldung nicht gelöst werden.[733] Zudem weist das Merkmal der Unredlichkeit im Vergleich zu den Merkmalen des Benutzungswillens oder der Behinderungsabsicht eine noch größere Abstraktheit und Konturenlosigkeit auf. *Treudler* führt zwar für das Merkmal der Unredlichkeit einzelne Kriterien an, was grundsätzlich einer Konkretisierung dienlich sein kann. Allerdings sind die von *Treudler* genannten Kriterien wie *„redlicher Erwerb"* oder *„unfaire Komponente im markenrechtlichen Wettbewerb"* ebenfalls unbestimmt und damit nicht geeignet, das Merkmal der Unredlichkeit zu konkretisieren. Eine Konkretisierung ist aber zwingend erforderlich, um ein Mindestmaß an Rechtssicherheit zu schaffen. Der Markeninhaber soll sich darauf verlassen können, dass wenn seine Marke einmal eingetragen ist, sie auch weiterhin Bestand hat und nur anhand hinreichend klarer Kriterien der Löschung wegen Bösgläubigkeit – oder nach *Treudler* wegen Unredlichkeit – unterliegt. Davon abgesehen bleibt nach *Treudler* unklar, ob die von ihm genannten Kriterien alternativ oder kumulativ vorliegen müssen, damit seiner Ansicht nach der Tatbestand einer unredlichen Markenanmeldung erfüllt ist. Für ein alternatives Vorliegen der Kriterien sprechen die einzelnen Schlussfolgerungen, die *Treudler* aus den einzelnen Kriterien zieht. Umgekehrt spricht aber die Aufzählung der Kriterien (*„und"*) dafür, dass die Kriterien nach *Treudler* kumulativ vorliegen müssen.[734]

Soweit *Treudler* seinen Lösungsansatz und seine ablehnende Haltung gegenüber dem Merkmal des Benutzungswillens und der Behinderungsabsicht damit untermauert, dass unklar sei, wie ein Dritter im Markenrecht bei seiner Pflicht zur vorherigen Recherche im Markenregister in eine Spekulationsmarke laufen kann, ist *Treudler* entgegenzuhalten, dass der Dritte gerade nicht immer genügend Ausweichmöglichkeiten hat, um Lizenzmarken zu umgehen. Zu denken ist

---

732 *Treudler*, MarkenR 2000, 193, 197 f.; zum Lösungsansatz von *Treudler* siehe 3. Kap. IV 2 d.

733 Aus diesem Grund ist auch der Vorschlag von *Treudler*, den Begriff der bösgläubigen Markenanmeldung in § 50 Abs. 1 Nr. 4 MarkenG a.F. – aktuell § 8 Abs. 2 Nr. 10 MarkenG – durch den Begriff der unredlichen Markenanmeldung zu ersetzen, abzulehnen; zum Vorschlag von *Treudler* siehe *Treudler*, MarkenR 2000, 193, 196; den Vorschlag von *Treudler* ebenfalls ablehnend z.B. *Wiedmann*, Der Rechtsmissbrauch im Markenrecht, S. 365.

734 Vgl. *Treudler*, MarkenR 2000, 193, 198.

dabei an die Fälle, in denen der Dritte seine Markenfamilie fortschreiben möchte – wie beispielsweise damals die DaimlerChrysler AG mit der Marke *Classe E.*[735]

ee) Ergebnis der Stellungnahme

Auch die Lösungsansätze der Literatur weisen Schwachpunkte auf. Die von *Meister* und *Füllkrug* vertretene restriktive Auslegung des Markengesetzes ist vor allem deshalb abzulehnen, weil sie der Konzeption des Markengesetzes zuwider läuft. So wird der von *Meister* vorgeschlagene Lösungsansatz vor allem der Abschaffung des Akzessorietätsprinzips nicht gerecht,[736] während der Lösungsansatz von *Füllkrug* insbesondere nicht zu der Wertung passt, die das Markengesetz durch die Regelungen zum Benutzungszwang erfahren hat[737]. Dem Lösungsansatz von *Ticic* ist insbesondere entgegenzuhalten, dass das Behinderungselement dem Wesen der Spekulationsmarke nicht gerecht wird.[738] Der Lösungsansatz von *Kiethe/Groeschke* läuft ähnlich wie der Lösungsansatz von *Meister* der Abschaffung des Akzessorietätsprinzips zuwider.[739] Der Lösungsansatz von *Treudler* ist abzulehnen, weil das Merkmal der Unredlichkeit die Abgrenzungsschwierigkeiten zwischen einer bösgläubigen Markenanmeldung zu Spekulationszwecken und einer legitimen Markenanmeldung nicht löst.[740]

3. Lösungsvorschlag

Nachdem festgestellt wurde, dass das Merkmal des Benutzungswillens allein kein hinreichendes Kriterium ist, um eine bösgläubige Markenanmeldung in Form der Spekulationsmarke von einer legitimen Markenanmeldung abzugrenzen,[741] und auch die Lösungsansätze der Literatur mehr oder weniger gewichtige Schwachpunkte aufweisen,[742] soll im Folgenden nach einem alternativen Lösungsansatz gesucht werden. Dabei muss nicht nur sichergestellt sein, dass einerseits Markenanmeldungen von Markenagenturen und Privatpersonen zulässig sind und andererseits Missbrauchsfälle wirksam bekämpft werden. Vielmehr

735 Die DaimlerChrysler AG verfügte zum damaligen Zeitpunkt schon über die Marken *C-Klasse* und *S-Klasse*, *BGH* GRUR 2001, 242 – *Classe E.*

736 Siehe 3. Kap. IV 2 e aa) (1).

737 Siehe 3. Kap. IV 2 e aa) (2).

738 Siehe 3. Kap. IV 2 e bb).

739 Siehe 3. Kap. IV 2 e cc).

740 Siehe 3. Kap. IV 2 e dd).

741 Siehe 3. Kap. IV 1 c cc).

742 Zu den Stellungnahmen zu den Lösungsansätzen der Literatur siehe 3. Kap. IV 2 e.

muss noch ein weiterer Spagat geschafft werden: Der Lösungsansatz muss zum Einen die Fälle, die unter dem Gesichtspunkt der Spekulationsmarke in den Anwendungsbereich des § 8 Abs. 2 Nr. 10 MarkenG fallen sollen, zu Gunsten der Rechtssicherheit möglichst klar von legitimen Markenanmeldungen abgrenzen. Zum Anderen muss der Lösungsansatz weit genug sein, um auch zukünftige Fallgestaltungen, die die Rechtsprechung bislang noch nicht beschäftigt haben, erfassen zu können, so lange es sich nicht nur um theoretische Fallgestaltungen handelt.

Zunächst soll (a) der Ausgangspunkt des Lösungsansatzes festgelegt werden, um hieraus (b) den Lösungsansatz entwickeln zu können.

a) Ausgangspunkt

Ausgangspunkt des Lösungsansatzes ist die Frage, wie eine bösgläubige Markenanmeldung in Form der Spekulationsmarke von einer legitimen Markenanmeldung abgegrenzt werden kann.[743] Dabei sei klargestellt, dass aus dem möglichen Ergebnis, dass eine konkrete Markenanmeldung nicht unter dem Gesichtspunkt der Spekulationsmarke von der Eintragung zurückzuweisen ist, nicht im Umkehrschluss geschlossen werden kann, dass die Marke einzutragen ist. Vielmehr kann die Markenanmeldung noch unter einem anderen Gesichtspunkt, insbesondere unter dem Gesichtspunkt der Sperrmarke, als bösgläubig zu beurteilen sein. Nach den bisherigen Ausführungen steht fest, dass Spekulationsmarken über eine entsprechende Auslegung des Begriffs der bösgläubigen Markenanmeldung nach § 8 Abs. 2 Nr. 10 MarkenG zu begegnen ist.[744] Weiter steht fest, dass das Fehlen eines Geschäftsbetriebs keine Bösgläubigkeit begründen kann.[745] Außerdem kann als Faktum zugrunde gelegt werden, dass eine Marke auf eine Benutzung angelegt ist. Da jeder Benutzung zwingend die Bildung eines entsprechenden Willens vorausgeht, steht somit auch fest, dass das Merkmal des Benutzungswillens dem Markengesetz nicht fremd ist.[746] Gleichzeitig muss aber auch berücksichtigt werden, dass wegen der Abschaffung der Bindung der Marke an den Geschäftsbetrieb an dem unter dem Warenzeichengesetz herrschenden

743 Siehe 3. Kap. I.

744 So der erklärte Wille des Gesetzgebers, Begründung zum Markenrechtsreformgesetz, BT-Drucksache 12/6581, S. 95 f.; Begründung zum Referentenentwurf für ein Geschmacksmusterreformgesetz, BMJ 3660/1 – 31 99/2002, S. 132; Begründung zum Geschmacksmusterreformgesetz, BT-Drucksache 15/1075, S. 67; siehe 3. Kap. IV 1 c bb) und 3. Kap. IV 1 c cc) (1).

745 Andernfalls würde die Aufgabe der Bindung der Marke an den Geschäftsbetrieb im Ergebnis durch die Hintertür nach § 8 Abs. 2 Nr. 10 MarkenG wieder eingeführt werden, siehe hierzu die Nachweise in der Fn. 376; zur Abschaffung des Akzessorietätsprinzips siehe 3. Kap. II 2.

746 Zur grundsätzlichen Bedeutung des Benutzungswillens im Markengesetz siehe 3. Kap. IV c aa).

Verständnis eines individuellen Benutzungswillens nicht festgehalten werden kann, sondern das Markengesetz nur einen generellen Benutzungswillen kennt.[747] Weiter ist einzubeziehen, dass das Markengesetz dem Markeninhaber für die Aufnahme der Benutzung und damit für die Bildung des Benutzungswillens eine Frist von fünf Jahren einräumt.[748] Demzufolge steht auch fest, dass das Fehlen eines Benutzungswillens bei der Anmeldung allein nicht ausreicht, um den Tatbestand der bösgläubigen Markenanmeldung nach § 8 Abs. 2 Nr. 10 MarkenG als erfüllt anzusehen.[749]

Diese Umstände geben den Rahmen vor, in den sich der Lösungsansatz einfügen muss.

b) Lösungsansatz

Nachdem der Rahmen feststeht, in den sich der Lösungsansatz einfügen muss, ist zunächst (aa) nach einem geeigneten Ansatzpunkt für die Abgrenzung einer Markenanmeldung zu Spekulationszwecken von einer legitimen Markenanmeldung zu suchen. In einem zweiten Schritt (bb) soll das Abgrenzungskriterium sodann näher bestimmt werden.

aa) Ansatzpunkt

Für die Abgrenzung einer Markenanmeldung zu Spekulationszwecken von einer legitimen Markenanmeldung kommen zunächst drei Ansatzpunkte in Betracht, nämlich die Person des Markenanmelders, die Marke selbst sowie die Waren oder Dienstleistungen, für die die Marke angemeldet wird.

Gegen die Marke selbst sowie gegen die angemeldeten Waren oder Dienstleistungen als Ansatzpunkt spricht, dass die Fälle der Spekulationsmarke nach dem Willen des Gesetzgebers in § 8 Abs. 2 Nr. 10 MarkenG angesiedelt sind.[750] Denn § 8 Abs. 2 Nr. 10 MarkenG knüpft seinerseits gerade nicht an die Marke oder die angemeldeten Waren oder Dienstleistungen an, sondern an die Person des Markenanmelders.[751] Die Person des Markenanmelders ist als Ansatzpunkt für die Abgrenzung allerdings noch zu unbestimmt, da die Person des Marken-

747 Siehe hierzu die Nachweise in der Fn. 570 und 3. Kap. IV 1 c aa) am Ende.

748 Siehe hierzu die Nachweise in der Fn. 585 und 3. Kap. IV 1 c bb).

749 Siehe hierzu die Nachweise in der Fn. 545 und 3. Kap. IV 1 c cc) (2).

750 So der erklärte Wille des Gesetzgebers, Begründung zum Markenrechtsreformgesetz, BT-Drucksache 12/6581, S. 95 f.; Begründung zum Referentenentwurf für ein Geschmacksmusterreformgesetz, BMJ 3660/1 – 31 99/2002, S. 132; Begründung zum Geschmacksmusterreformgesetz, BT-Drucksache 15/1075, S. 67; siehe 3. Kap. IV 1 c bb) und 3. Kap. IV 1 c cc) (1).

751 Siehe 2. Kap. IV 5.

anmelders ihrerseits verschiedene Ansatzpunkte bietet. So kann in der Person des Markenanmelders einerseits an einer etwaigen gewerblichen Betätigung des Markenanmelders oder andererseits an seinen Beweggründen für die Markenanmeldung angeknüpft werden. Eine gewerbliche Betätigung des Markenanmelders scheidet als Ansatzpunkt für eine Abgrenzung jedoch von vornherein aus, weil der Gesetzgeber die Markenanmeldung von Privatpersonen bewusst zulassen wollte.[752] Demnach liegt es nahe, bei der Abgrenzung an den Beweggründen des Markenanmelders für die Anmeldung anzusetzen.[753]

Das Ergebnis, die Markenanmeldung zu Spekulationszwecken anhand der Beweggründe des Markenanmelders von einer legitimen Markenanmeldung abzugrenzen, findet seine Bestätigung in der Begründung zum Geschmacksmusterreformgesetz. Denn ausweislich der Formulierungen *„Ziel“* und *„um* [...] *auszunutzen“* wird in der Begründung zu § 8 Abs. 2 Nr. 10 MarkenG entscheidend auf die Zielsetzung bei der Markenanmeldung abgestellt. So heißt es in der Begründung zum Geschmacksmusterreformgesetz:

> *„Erfasst werden damit Fälle, bei denen der Anmelder die Marke nur mit dem Ziel hat registrieren lassen, Unterlassungs- oder Geldersatzansprüche gegen Dritte durchzusetzen. In der gerichtlichen Praxis treten immer wieder Fälle auf, in denen Privat- oder Geschäftsleute bestimmte Bezeichnungen als ‚Hinterhaltsmarken‘ haben schützen lassen, um ihre formelle Rechtsposition zur Geltendmachung ungerechtfertigter Lizenz- oder Abmahnkostenerstattungsansprüche auszunutzen* [...].*“*[754]

Bei der Beurteilung der Beweggründe für die Markenanmeldung kann insbesondere das Merkmal des Benutzungswillens zu berücksichtigen sein.[755] Denn gerade der Wille, die Marke selbst zu benutzen oder der Benutzung durch einen Dritten zuzuführen, stellt einen Beweggrund für eine Markenanmeldung dar. Da aber das Fehlen eines Benutzungswillens allein den Tatbestand der Bösgläubigkeit nicht erfüllt,[756] kann das Merkmal des Benutzungswillens keinen eigenständigen Ansatzpunkt für eine Abgrenzung bilden, sondern nur als ein Gesichtspunkt innerhalb der Beweggründe Eingang in die Prüfung der Bösgläubigkeit finden.

---

752 Siehe 3. Kap. II 2 c und die Nachweise in der Fn. 372.

753 So im Ergebnis auch z.B. das *BPatG* GRUR 2006, 1032, 1033 – *E2*; *Ströbele* in: Ströbele/Hacker, Markengesetz, § 8 Rdnr. 674; *Ströbele*, MarkenR 2010, 409. Einen ähnlichen Weg schlagen *Kiethe/Groeschke* ein, vgl. *Kiethe/Groeschke*, WRP 1997, 269, 273.

754 Begründung zum Geschmacksmusterreformgesetz, BT-Drucksache 15/1075, S. 67; so auch die Begründung zum Referentenentwurf für ein Geschmacksmusterreformgesetz, BMJ 3660/1 – 31 99/2002, S. 132.

755 Zum fehlenden Benutzungswillen als Indiz für Bösgäubigkeit siehe 3. Kap. IV 1 b, insbesondere 3. Kap. IV 1 b cc).

756 Siehe hierzu die Nachweise in der Fn. 545 und unter 3. Kap. IV 1 c cc) (2).

bb) Markenanmeldung in missbräuchlicher Verwendungsabsicht

Nachdem festgestellt wurde, dass die Markenanmeldung zu Spekulationszwecken von der legitimen Markenanmeldung anhand ihrer Beweggründe abzugrenzen ist, sind (1) die Beweggründe, die eine Markenanmeldung als bösgläubig im Sinne des § 8 Abs. 2 Nr. 10 MarkenG erscheinen lassen, näher zu bestimmen. Anschließend soll untersucht werden, (2) wie diese Beweggründe konkret festgestellt werden können.

(1) Missbräuchliche Verwendungsabsicht

In der Begründung zum Geschmacksmusterreformgesetz wird in Bezug auf die Beweggründe für eine nach § 8 Abs. 2 Nr. 10 MarkenG zu missbilligende Markenanmeldung darauf abgestellt, dass der Markenanmelder die Marke mit dem Ziel eintragen lässt, Unterlassungs- oder Geldersatzansprüche gegen einen Dritten durchsetzen zu können.[757] Dies legt auf den ersten Blick den Schluss nahe, dass ein zu missbilligender Beweggrund nur und ausschließlich dann vorliegt, wenn der Markenanmelder die Marke eben mit dem Ziel anmeldet, Unterlassungs- oder Geldersatzansprüche gegen einen Dritten durchzusetzen. Allerdings wurde die bösgläubige Markenanmeldung ausweislich der Begründung zum Markenrechtsreformgesetz eingeführt, um *„sittenwidrige"* und *„rechtsmissbräuchliche"* Markenanmeldungen zu bekämpfen. Auf den Begriff der Bösgläubigkeit wurde lediglich ausgewichen, um auf diese Weise die Verbindung zu Art. 3 Abs. 2 lit. d MRRL zu wahren.[758] Hieraus ergibt sich, dass in § 8 Abs. 2 Nr. 10 MarkenG das allgemeingültige Verbot des unzulässigen Rechtserwerbs positiv normiert wurde.[759] Deswegen widerspräche es dem Willen des Gesetzgebers, die nach § 8 Abs. 2 Nr. 10 MarkenG zu missbilligenden Beweggründe auf Fälle zu beschränken, in denen der Markenanmelder die Marke mit dem Ziel eintragen lässt, Unterlassungs- oder Geldersatzansprüche gegen einen Dritten durchsetzen zu können.

Im Übrigen legt auch der zeitliche Zusammenhang zwischen der Begründung zum Geschmacksmusterreformgesetz und der *Classe E*-Entscheidung des *BGH*

757 Begründung zum Geschmacksmusterreformgesetz, BT-Drucksache 15/1075, S. 67; so auch die Begründung zum Referentenentwurf für ein Geschmacksmusterreformgesetz, BMJ 3660/1 – 31 99/2002, S. 132.

758 Begründung zum Markenrechtsreformgesetz, BT-Drucksache 12/6581, S. 95.

759 Vgl. die Nachweise in der Fn. 67 und unter 2. Kap. III 1.

den Schluss nahe,[760] dass die Bezugnahme auf die Durchsetzung von Unterlassungs- und Geldersatzansprüchen in der Begründung zum Geschmacksmusterreformgesetz vor allem der kurz zuvor ergangenen *Classe E*-Entscheidung geschuldet war. In dieser Entscheidung hatte der *BGH* den Benutzungswillen als allgemeine Schutzvoraussetzung eingeordnet.[761] Es liegt nahe, dass der Gesetzgeber lediglich klarstellen wollte, dass die Fälle der Spekulationsmarke, die eben durch den fehlenden Benutzungswillen und die ungerechtfertigte Geltendmachung von Unterlassung- und Geldersatzansprüchen gekennzeichnet sind, unter § 8 Abs. 2 Nr. 10 MarkenG zu berücksichtigen sind.[762]

Wenn die zu missbilligenden Beweggründe nicht auf die Durchsetzung von Unterlassungs- und Geldersatzansprüchen beschränkt sind, dann stellt sich die Frage, wie die zu missbilligenden Beweggründe in Abgrenzung zu den zu billigenden Beweggründen sonst näher bestimmt werden können. Ausgangspunkt der Überlegung soll zunächst die Frage sein, weshalb Marken überhaupt zur Eintragung angemeldet werden. Zunächst zielt jede – legitime wie zu missbilligende – Markenanmeldung naturgemäß darauf ab, mit der Eintragung der Marke nach § 4 Nr. 1 MarkenG Markenschutz zu erwerben. Mit dem Erwerb von Markenschutz erlangt der Markeninhaber nach § 14 Abs. 1 MarkenG ein Ausschließlichkeitsrecht, welches ihn berechtigt, jedem Dritten unter den Voraussetzungen des § 14 Abs. 2 Nr. 1 bis Nr. 3 MarkenG die Benutzung eines kollidierenden Zeichens zu untersagen. Die Untersagungstatbestände gewähren Identitätsschutz (Nr. 1), Verwechslungsschutz (Nr. 2) und Bekanntheitsschutz (Nr. 3).[763] Schutzgut dieser drei Untersagungstatbestände ist die Marke. Die Marke wiederum ist nach § 3 Abs. 1 MarkenG darauf angelegt, Waren oder Dienstleistungen eines Unternehmens von denjenigen anderer Unternehmen zu unterscheiden. Hieraus ergibt sich die Grundfunktion der Marke, nämlich die Unterscheidungsfunktion.[764] Auf der

---

760 Die Begründung zum Geschmacksmusterreformgesetz stammt vom 28. Mai 2003, BT-Drucksache 15/1075, S. 1, während die *Classe-E*-Enscheidung des *BGH* vom 23. November 2000 stammt, *BGH* GRUR 2001, 242 – *Classe E*.

761 *BGH* GRUR 2001, 242, 244 – *Classe E*; zur *Classe E*-Entscheidung des *BGH* siehe 3. Kap. IV 1 a aa) sowie die Stellungnahme zum Benutzungswillen als allgemeine Schutzvoraussetzung unter 3. Kap. IV 1 c bb).

762 Diesen Schluss legt auch die ausdrückliche Bezugnahme auf die *Classe E*-Entscheidung in der Begründung zum Geschmacksmusterreformgesetz nahe, vgl. die Begründung zum Geschmacksmusterreformgesetz, BT-Drucksache 15/1075, S. 67.

763 *Althausen* in: Götting/Meyer/Vormbrock, Gewerblicher Rechtsschutz, § 22 Rdnr. 760 ff.; *Götting*, Gewerblicher Rechtsschutz, § 55 Rdnr. 3.

764 *Fezer*, Markenrecht, Einl. D Rdnr. 1; *Nordemann*, Wettbewerbs- und Markenrecht, Rdnr. 1060; *Götting*, Gewerblicher Rechtsschutz, § 52 Rdnr. 1.

Unterscheidungsfunktion wiederum baut die Herkunftsfunktion auf,[765] die als die Hauptfunktion der Marke angesehen wird.[766] Daneben sind noch weitere Funktionen anerkannt wie beispielsweise die Qualitäts- sowie die Werbe- und die Kommunikationsfunktion.[767] Demzufolge hängt das Vorliegen der Untersagungstatbestände davon ab, ob die geschütze Marke in ihren Funktionen – soweit anerkannt – angegriffen wird.[768] Folglich dient das Ausschließlichkeitsrecht dem Schutz der mit der Marke verbundenen Funktionen.

Demnach ist die Abgrenzung zwischen den zu billigenden und den zu missbilligenden Beweggründen danach vorzunehmen, ob der Markenanmelder das Ausschließlichkeitsrecht erwirbt, um es später bei Bedarf zum Schutz der Marke in ihren Funktionen *„ge“*brauchen zu können, oder ob er das Ausschließlichkeitsrecht erwirbt, um es später zweckfremd einzusetzen, also um es zu *„miss“*-brauchen.[769] In letzterem Fall handelt der Markenanmelder bei der Markenanmeldung in missbräuchlicher Verwendungsabsicht[770], so dass die Markenanmeldung unter dem Gesichtspunkt der Spekulationsmarke von der Eintragung zurückzuweisen ist. Eine missbräuchliche Verwendungsabsicht liegt beispielsweise

---

765 *Nordemann*, Wettbewerbs- und Markenrecht, Rdnr. 1060; vgl. *Götting*, Gewerblicher Rechtsschutz, § 52 Rdnr. 1 f.

766 Zur Herkunftsfunktion als die Hauptfunktion der Marke siehe die Nachweise in der Fn. 563.

767 Vgl. *EuGH* GRUR 2009, 756, 761 (Nr. 58) – *L'Oréal / Bellure*; *EuGH* GRUR 2010, 445, 448 (Nr. 77) – *Google und Google France*; *Nordemann*, Wettbewerbs- und Markenrecht, Rdnr. 1061; *Schell* in: Götting/Meyer/Vormbrock, Gewerblicher Rechtsschutz, § 22 Rdnr. 58 ff.; zum rechtlichen Schutz der einzelnen Markenfunktionen siehe *Sambuc*, WRP 2000, 985, 986 ff.

768 Vgl. z.B. *EuGH* GRUR 2009, 756, 761 (Nr. 58) – *L'Oréal / Bellure*; *EuGH* GRUR 2010, 445, 448 (Nr. 75) – *Google und Google France*; vgl. auch *Nordemann*, Wettbewerbs- und Markenrecht, Rdnr. 1062; *Hildebrandt*, Marken und andere Kennzeichen, § 10 Rdnr. 13.

769 Ähnlich das *BPatG*, allerdings ohne nähere Begründung. So heißt es z.B. in der *BEFA*-Entscheidung: *„Von einer Bösgläubigkeit* [...] *ist u.a. auszugehen, wenn der Anmelder das angemeldete Zeichen nicht einer Nutzung als Herkunftshinweis zuführen will* [...]. *Es kommt also darauf an, dass mit der Markenanmeldung ein vom Markenrecht nicht gedeckter Zweck verfolgt wird“*, *BPatG* BeckRS 2011, 23133 – *BEFA*. In der *Hooschebaa*-Entscheidung des *BPatG* heißt es: *„Dass sie mit der Markenbegründung* [...] *ehrenwerte oder gar gemeinnützige Zwecke verfolgt, steht der Annahme der Bösgläubigkeit i.S.d. § 50 Abs. 1 i.V.m. § 8 Abs. 2 Nr. 10 MarkenG nicht entgegen, denn bösgläubig im Sinne dieser Vorschriften handelt bereits derjenige, der mit dem Markenschutz ausschließlich einen vom Markengesetz nicht gedeckten Zweck verfolgt“*, *BPatG* BeckRS 2008, 18511 – *Hooschebaa*. Vgl. z.B. auch *BPatG* BeckRS 2009, 03174 – *Le Fer Rouge*; *BPatG* BeckRS 2009, 23959 – *Petlas*; *BPatG* BeckRS 2011, 25679 – *Entertainer.de*; *BPatG* BeckRS 2012, 15412 – *Adolf Loos Preis*.

770 Der *BGH* greift in der *Ivadal*-Entscheidung auf den Begriff der *„rechtsmissbräuchlichen Verwendungsabsicht“* zurück, ohne jedoch den Begriff weiter als für den konkreten Einzelfall erforderlich zu konkretisieren, *BGH* GRUR 2009, 780, 782 (Nr. 22) – *Ivadal*; zur *Ivadal*-Entscheidung siehe 3. Kap. IV 1 b bb).

vor, wenn das Ausschließlichkeitsrecht erworben wird, um eine Zwangslage für einen Dritten zu schaffen, die später zu eigenen Gunsten ausgenutzt werden soll. Letztendlich dient die Markenanmeldung in diesem Fall nur dazu, den Willen des Dritten mittels des Ausschließlichkeitsrechts zu beugen und ihn im Sinne des Markenanmelders zu motivieren, beispielsweise um den Dritten zum Erwerb der Marke oder zum Erwerb von Lizenzen zu bewegen oder andere ungerechtfertigte Ansprüche durchzusetzen. Da eine missbräuchliche Verwendungsabsicht bei Unternehmern und Privatpersonen gleichermaßen vorliegen kann, ist mit diesem Kriterium keine Benachteiligung von Privatpersonen verbunden, so dass ein angemessener Ausgleich zwischen der gesetzgeberischen Entscheidung zu Gunsten eines weiten Kreises an möglichen Markeninhabern einerseits und einer wirksamen Bekämpfung von missbräuchlichen Markenanmeldungen andererseits geschaffen wird. Zudem stellt das Kriterium der missbräuchlichen Verwendungsabsicht sicher, dass nur solchen Marken die Eintragung versagt wird, deren Anmeldung nicht zum Schutz der Marke in ihren Funktionen erfolgt.

(2) Feststellung der missbräuchlichen Verwendungsabsicht

Bei der Feststellung der missbräuchlichen Verwendungsabsicht ist mit der Rechtsprechung davon auszugehen, dass zugunsten des Markenanmelders eine widerlegbare Vermutung dahin besteht, dass er die Marke aus legitimen Beweggründen zur Eintragung anmeldet.[771] Somit kann von einer bösgläubigen Markenanmeldung nur ausgegangen werden, wenn zur Überzeugung des Gerichts feststeht, dass der Markenanmelder die Marke in missbräuchlicher Verwendungsabsicht angemeldet hat.[772]

Hiergegen lässt sich auf den ersten Blick einwenden, dass der Nachweis der missbräuchlichen Verwendungsabsicht regelmäßig mit Schwierigkeiten verbunden sein dürfte, weil es sich hierbei um ein subjektives Merkmal handelt. Zu berücksichtigen ist jedoch, dass der Begriff der Bösgläubigkeit von vornherein

---

771 Vgl. z.B. *BGH* GRUR 2001, 242, 245 – *Classe E*, wonach von der Vermutung auszugehen ist, *„dass der Anmelder Marken in der vom Gesetz als Regelfall angenommenen Weise, nämlich zur Kennzeichnung von Waren oder Leistungen aus seinem Geschäftsbetrieb verwenden will“*. So auch das *BPatG* GRUR 2006, 1032, 1034 – *E2* und schon der *BGH* unter der Geltung des Warenzeichengesetzes, z.B. *BGH* GRUR 1988, 820, 821 – *Oil of ...*.

Zur Vermutung speziell des Benutzungswillens z.B. *BGH* GRUR 2009, 780, 782 (Nr. 19) – *Ivadal*; *BPatG* BeckRS 2008, 26067 – *601-deluxe*; *BPatG* BeckRS 2010, 29752 – *FONIMAP*; *BPatG* BeckRS 2011, 19562 – *Kaup-mann*. Auch die Literatur geht von einer Vermutung des Benutzungswillens aus, z.B. *Ströbele* in: Ströbele/Hacker, Markengesetz, § 8 Rdnr. 682; *Fezer*, Markenrecht, § 3 Rdnr. 231; *Lerach*, GRUR 2009, 107, 109.

772 Vgl. z.B. *Steinbeck*, 50 Jahre BPatG (2011), S. 777, 780; vgl. auch *BPatG* BeckRS 2009, 00722 – *Queerbeet*.

subjektiv geprägt ist, da bei der Beurteilung einer Markenanmeldung als bösgläubig eben auf die Beweggründe des Markenanmelders abzustellen ist.[773] Demzufolge sind die Beweisschwierigkeiten schon in der Natur der bösgläubigen Markenanmeldung nach § 8 Abs. 2 Nr. 10 MarkenG und Art. 3 Abs. 2 lit. d MRRL angelegt.

Unabhängig von der Frage, ob die Beweisschwierigkeiten schon im Tatbestand des § 8 Abs. 2 Nr. 10 MarkenG angelegt sind, gilt es, die Beweisschwierigkeiten zu überwinden. Dies gelingt, indem man aus objektiven Umständen auf die missbräuchliche Verwendungsabsicht des Markenanmelders schließt – so wie die Rechtsprechung im Fall der Sperrmarke bei der Feststellung der Behinderungsabsicht[774]. In Anlehnung an die *Ivadal*-Entscheidung des *BGH* ist für einen erfolgreichen Nachweis der missbräuchlichen Verwendungsabsicht nicht erforderlich, dass im Zeitpunkt der Markenanmeldung jede nur denkbare Möglichkeit, die Marke in rechtlich unbedenklicher Weise zu benutzen, ausgeschlossen ist. Andererseits ist aber auch nicht erforderlich, dass nur rein theoretische missbräuchliche Verwendungshandlungen für die Zukunft sicher ausgeschlossen sind. Maßgeblich ist vielmehr, welche Benutzungshandlungen im Zeitpunkt der Markenanmeldung nach der Lebenserfahrung naheliegen. Dabei ist davon auszugehen, dass der Markenanmelder die Marke einer wirtschaftlich sinnvollen Verwendung zuführen wird.[775]

Bei der Beurteilung, ob objektive Umstände eine missbräuchliche Verwendungsabsicht anzeigen, sind alle Umstände des Einzelfalls zu berücksichti-

773 Siehe 3. Kap. IV 3 b aa). Zur subjektiven Prägung des Begriffs der Bösgläubigkeit bzw. zur Absicht des Markenanmelders vgl. z.B. *BGH* GRUR 2009, 780, 782 (Nr. 18) – *Ivadal*; *BPatG* GRUR 2006, 1032, 1033 – *E2*; *BPatG* GRUR 2010, 435, 436 – *Käse in Blütenform III*; *BPatG* BeckRS 2010, 22009 – *CaliNails*; *BPatG* BeckRS 2011, 11393 – *LEV*; *BPatG* BeckRS 2011, 08553 – *Simca*; *BPatG* BeckRS 2011, 21114 – *Берёзка*; so schon unter der Geltung des Warenzeichengesetzes z.B. *BGH* GRUR 1967, 490, 492 – *Pudelzeichen.* Auch die Generalanwältin *Sharpston* sowie der überwiegende Teil der Literatur gehen von einer subjektiven Prägung des Begriffs der Bösgläubigkeit aus, vgl. die Schlussanträge der Generalanwältin *Sharpston* BeckRS 2009, 70282 (Nr. 57); *Brötje*, Die bösgläubige Markenanmeldung, S. 62; *Jordan*, Festschrift für Piper, S. 563, 571; *Jänich*, MarkenR 2009, 469, 473; *Steinbeck*, 50 Jahre BPatG (2011), S. 777, wobei nach *Steinbeck* das subjektive Element sogar im Vordergrund steht. Nach *Wiedmann* dagegen ist ein subjektives Element entbehrlich; liege es jedoch vor, so komme dem subjektiven Element eine *„tatbestandsergänzende Wirkung"* zu, *Wiedmann*, Der Rechtsmissbrauch im Markenrecht, S. 152 ff. *Füllkrug* dagegen legt dem Begriff der Bösgläubigkeit ein völlig anderes Verständnis zugrunde, indem er den Begriff der Bösgläubigkeit vollständig objektiviert, *Füllkrug*, WRP 1995, 378; *Füllkrug*, WRP 2006, 664, 667; zu *Füllkrug* siehe 3. Kap. IV 2 a bb); zur Stellungnahme zum Lösungsansatz von *Füllkrug* siehe 3. Kap. IV 2 e aa) (2).

774 Siehe die Nachweise in der Fn. 238.

775 Vgl. *BGH* GRUR 2009, 780, 782 (Nr. 21) – *Ivadal.*

gen.[776] Solche Umstände liegen beispielsweise vor, wenn der Markenanmelder für die Übertragung der Marke einen ungerechtfertigt hohen Preis oder für die Lizenzierung ungerechtfertigt hohe Lizenzgebühren verlangt.[777] Auch die Anmeldung einer Vielzahl von Marken für völlig unterschiedliche Waren oder Dienstleistungen, kann ein Indiz für eine missbräuchliche Verwendungsabsicht sein.[778] Ein weiteres Indiz kann sich auch aus gleichartigen Behinderungsmaßnahmen gegenüber weiteren Unternehmen ergeben.[779] Ferner kann ein enger zeitlicher Zusammenhang zwischen der Markenanmeldung und der Geltendmachung der Markenrechte den Schluss auf eine missbräuchliche Verwendungsabsicht im Zeitpunkt der Markenanmeldung nahelegen.[780] Auch die Anmeldung von Namen und Bildnissen berühmter Persönlichkeiten oder gemeinfreier Werke der Literatur und Kunst kann ein Indiz für eine missbräuchliche Verwendungsabsicht sein.[781]

Dagegen kann allein aus dem Umstand, dass der Markenanmelder im Zeitpunkt der Markenanmeldung über keinen Benutzungswillen verfügt, nicht auf eine missbräuchliche Verwendungsabsicht geschlossen werden,[782] weil der Markenanmelder für die Bildung und Verwirklichung des Benutzungswillens fünf Jahre Zeit hat.[783] Kommen jedoch zum Fehlen des Benutzungswillens noch weitere Umstände hinzu, die den Schluss nahe legen, dass der Markenanmelder auch während der Fünfjahresfrist keinen Benutzungswillen bilden wird, so spricht dies stark für eine missbräuchliche Verwendungsabsicht. Denn wenn der Markenanmelder schon im Zeitpunkt der Markenanmeldung über keinen Benutzungswillen verfügt und zu diesem Zeitpunkt schon weiß, dass er auch innerhalb

---

776 Vgl. *EuGH* GRUR 2009, 763, 765 (Nr. 37) – *Lindt & Sprüngli / Franz Hauswirth*; *BGH* GRUR 2009, 780, 782 (Nr. 18) – *Ivadal*; für eine Beurteilung der Bösgläubigkeit anhand aller Umstände des Einzelfalls z.B. auch *Ströbele* in: Ströbele/Hacker, Markengesetz, § 8 Rdnr. 673.

777 Vgl. z.B. *BGH* GRUR 2001, 242, 246 – *Classe E.*

778 Hierbei handelt es sich allerdings um ein relativ schwaches Indiz, vgl. *BPatG* GRUR 2012, 840, 841 – *soulhelp*; *BPatG* BeckRS 2011, 11393 – *LEV*; *BPatG* BeckRS 2012, 22054; *Ticic* begründet die schwache Indizwirkung damit, dass es im Markengesetz keine Restriktionen in Bezug auf die Anzahl der Markenanmeldungen gibt, *Ticic*, Die bösgläubige Markenanmeldung als absolutes Schutzhindernis, S. 39 f.; vgl. auch *Helm*, GRUR 1996, 593, 600.

779 Vgl. *Helm*, GRUR 1996, 593, 600.

780 Vgl. z.B. *BPatG* BeckRS 2009, 03174 – *Le Fer Rouge.*

781 Vgl. z.B. *BPatG* BeckRS 2008, 26492 – *Lady Di*; *OLG Düsseldorf* BeckRS 2010, 27988; *Brötje*, Die bösgläubige Markenanmeldung, S. 106 ff.; *Jordan*, Festschrift für Helm, S. 187, 200 f.

782 Vgl. z.B. *BPatG* BeckRS 2011, 11393 – *LEV.*

783 Siehe 3. Kap. IV 1 c bb) und die Nachweise in der Fn. 585. Die Bösgläubigkeit allein damit zu begründen, dass der Markenanmelder im Zeitpunkt der Markenanmeldung über keinen Benutzungswillen verfügt, griffe nach *Ströbele* zu kurz, weil es der unternehmerischen Entscheidungsfreiheit eines jeden Markeninhabers unterliegt, ob und inwieweit er seine Marke letztendlich benutzt, vgl. *Ströbele* in: Ströbele/Hacker, Markengesetz, § 8 Rdnr. 686.

der Fünfjahresfrist keinen Benutzungswillen bilden wird, so wird die Markenanmeldung in aller Regel keinen anderen Grund haben, als die Marke missbräuchlich verwenden zu wollen.[784] Auch der Umstand allein, dass der Markeninhaber die Marke an einen Dritten veräußern oder lizenzieren möchte, reicht nicht aus, um eine Bösgläubigkeit zu begründen, da der Gesetzgeber die freie Veräußerung und Lizenzierung der Marke und zwar ohne vorherige Benutzung der Marke durch den Markenanmelder in §§ 27, 30 MarkenG ausdrücklich zugelassen hat.[785] Ebenfalls nicht ausreichend ist es, wenn der Markenanmelder ein Zeichen zur Eintragung anmeldet, das im Trend liegt und der Markenanmelder lediglich schneller als andere Markenanmelder war.[786]

Da alle Umstände des Einzelfalls in die Beurteilung einer Markenanmeldung als bösgläubig einzubeziehen sind,[787] sind nicht nur solche Umstände zu berücksichtigen, die den Schluss auf eine missbräuchliche Verwendungsabsicht nahelegen, sondern auch solche Umstände, die gegen eine missbräuchliche Verwendungsabsicht sprechen. Ein Indiz gegen eine missbräuchliche Verwendungsabsicht liegt beispielsweise vor, wenn der Markenanmelder die Marke selbst benutzen möchte.[788]

Da der Prüfungsmaßstab im Eintragungsverfahren in Bezug auf die bösgläubige Markenanmeldung nach § 37 Abs. 3 MarkenG auf Fälle der Ersichtlichkeit beschränkt ist und zudem die objektiven Umstände, die die Annahme einer missbräuchlichen Verwendungsabsicht nahelegen, häufig erst nach dem Eintragungsverfahren in Erscheinung treten, dürften die Fälle, in denen eine missbräuchliche Verwendungsabsicht schon im Eintragungsverfahren erkennbar ist, die Ausnahme sein.[789] Daher ist gegebenenfalls zu prüfen, ob die später auftretenden objektiven Umstände einen Rückschluss darauf zulassen, dass der Markenanmelder schon im Zeitpunkt der Markenanmeldung in missbräuchlicher Verwendungsabsicht handelte.[790] Sollten die später aufgetretenen objektiven

784 Vgl. auch *Helm*, GRUR 1996, 593, 596.

785 So auch *Brink*, Markenhandel mit Gemeinschaftsmarken und deutschen Marken, S. 173; vgl. auch *Fezer*, Markenrecht, § 8 Rdnr. 677; *Ohly* in: Piper/Ohly/Sosnitza, UWG, § 4 Rdnr. 10.81; *Köhler* in: Köhler/Bornkamm, UWG, § 4 Rdnr. 10.86; *Götting* in: Fezer, UWG, § 4 Nr. 10 Rdnr. 153.

786 Vgl. *BPatG* GRUR 2007, 240 – *Seid bereit*; *Fuchs-Wissemann* in: Ekey/Klippel/Bender, Markenrecht, § 8 Rdnr. 82; *Ströbele* in: Ströbele/Hacker, Markengesetz, § 8 Rdnr. 692.

787 Siehe die Nachweise in der Fn. 776.

788 Vgl. z.B. *BPatG* BeckRS 2012, 23519 – *Sa Trincha*; *Ströbele* in: Ströbele/Hacker, Markengesetz, § 8 Rdnr. 683; *Ingerl/Rohnke*, Markengesetz, § 8 Rdnr. 303.

789 Vgl. *Steinberg/Jaeckel*, MarkenR 2008, 296, 297.

790 Vgl. *BGH* GRUR 2009, 780, 781 (Nr. 11) – *Ivadal*; *BPatG* BeckRS 2009, 23959 – *Petlas*; *BPatG* BeckRS 2010, 10244 – *Gelbe Seiten*; *Ströbele* in: Ströbele/Hacker, Markengesetz, § 8 Rdnr. 678; *Steinberg/Jaeckel*, MarkenR 2008, 296, 297.

Umstände einen Rückschluss auf den Zeitpunkt der Anmeldung nicht erlauben, bleibt es bei dem allgemeinen Verbot der unzulässigen Rechtsausübung.[791]

c) Ergebnis

Als Lösungsansatz wird vorgeschlagen, die bösgläubige Markenanmeldung zu Spekulationszwecken von einer legitimen Markenanmeldung anhand der missbräuchlichen Verwendungsabsicht abzugrenzen. Eine missbräuchliche Verwendungsabsicht liegt nach diesem Lösungsvorschlag vor, wenn der Markeninhaber das Ausschließlichkeitsrecht nicht erwirbt, um die Marke bei Bedarf zum Schutz ihrer Funktionen gegen kollidierende Zeichen verteidigen zu können, sondern um mit dem Ausschließlichkeitsrecht eine Zwangslage für einen Dritten zu schaffen, um diese wiederum später zu eigenen Gunsten, insbesondere zur Durchsetzung von ungerechtfertigten Ansprüchen, auszunutzen.[792] Die missbräuchliche Verwendungsabsicht beurteilt sich anhand aller relevanten objektiven Umstände des Einzelfalls. Der Benutzungswille kann je nachdem, ob der Markenanmelder über einen Benutzungswillen verfügt, als Indiz für oder gegen die missbräuchliche Verwendungsabsicht herangezogen werden, wobei das Fehlen des Benutzungswillens allein den Tatbestand der bösgläubigen Markenanmeldung nach § 8 Abs. 2 Nr. 10 MarkenG noch nicht erfüllt.[793]

4. Auswirkungen auf die Vorrats- und Defensivmarke

Nachdem die Rechtslage zu den Vorrats- und Defensivzeichen unter der Geltung des Warenzeichengesetzes untersucht wurde,[794] soll nun der Vollständigkeit halber die Rechtslage zu den Vorrats- und Defensivmarken unter der Geltung des Markengesetzes erläutert werden. Hierbei sollen die vorstehend zum Benutzungswillen gewonnenen Erkenntnisse Berücksichtigung finden.

Unter Vorratsmarken werden – wie unter der Geltung des Warenzeichengesetzes – Marken verstanden, die der Markenanmelder nicht sofort, sondern erst zu einem späteren Zeitpunkt benutzten möchte.[795] Vorratsmarken sind zuläs-

---

791 Vgl. z.B. auch *BGH* GRUR 2001, 242, 243 – *Classe E*; *Bous* in: Ekey/Klippel/Bender, Markenrecht, § 50 Rdnr. 10.

792 Siehe 3. Kap. IV 3 b bb) (1).

793 Siehe 3. Kap. IV 3 b bb) (2).

794 Siehe 3. Kap. III 5 b und 3. Kap. III 5 c.

795 *Ingerl/Rohnke*, Markengesetz, § 3 Rdnr. 15; *Fezer*, Markenrecht, § 3 Rdnr. 48; *Berlit*, Markenrecht, Rdnr. 123 c.

sig.[796] Ordnet man das Merkmal des Benutzungswillens als eine allgemeine Schutzvoraussetzung ein, so sind Vorratsmarken zur Eintragung in das Markenregister zuzulassen, weil der Markenanmelder bei der Anmeldung einer Vorratsmarke über einen Benutzungswillen verfügt[797]. Lehnt man die Einordnung des Benutzungswillens als allgemeine Schutzvoraussetzung ab, so sind Vorratsmarken ebenfalls zur Eintragung in das Markenregister zuzulassen, da das Markengesetz dem Markeninhaber für die Benutzungsaufnahme eine Frist von fünf Jahren einräumt.

Unter Defensivmarken werden dagegen – ebenfalls wie unter der Geltung des Warenzeichengesetzes – Marken verstanden, deren Hauptzweck darin besteht, den Schutzbereich der tatsächlich benutzten Hauptmarke dadurch zu erweitern, dass sie im Ähnlichkeitsbereich dieser Hauptmarke angemeldet werden und somit das Vorgehen gegen Benutzungsformen ermöglichen, die vom Schutz der Hauptmarke nicht erfasst werden, aber noch im Ähnlichkeitsbereich der Defensivmarke liegen.[798] Versteht man den Benutzungswillen als allgemeine Schutzvoraussetzung, ist Defensivmarken die Eintragung zu versagen, weil der Markenanmelder bei der Anmeldung von Defensivmarken über keinen Benutzungswillen verfügt.[799] Lehnt man eine Einordnung des Benutzungswillens als allgemeine Schutzvoraussetzung allerdings ab, so kann die Eintragung einer Defensivmarke nicht unter Hinweis auf das Fehlen des Benutzungswillens abgelehnt werden.[800] Die Anmeldung eines Defensivzeichens kann jedoch als bösgläubig im Sinne von § 8 Abs. 2 Nr. 10 MarkenG zu beurteilen sein,[801] nämlich wenn neben dem Fehlen des Benutzungswillens weitere Umstände hinzutreten, die die Anmeldung als bösgläubig erscheinen lassen. Hierbei ist zu berücksichtigen, dass der Markenanmelder einer Defensivmarke versucht, den Schutzbereich des Hauptzeichens über den dem Hauptzeichen gesetzlich gewährten Schutzbereich hinaus auszuweiten, wodurch Dritte letztendlich behindert werden. Insofern dürfte bei einem solchen Vorgehen der Schluss auf eine missbräuchliche Verwendungsabsicht zumindest nicht fern liegen.

---

796 Z.B. *Fezer*, Markenrecht, § 3 Rdnr. 48; *Bous* in: Ekey/Klippel/Bender, Markenrecht, § 50 Rdnr. 22; *Brötje*, Die bösgläubige Markenanmeldung, S. 86; *Wiedmann*, Der Rechtsmissbrauch im Markenrecht, S. 205.

797 Z.B. *Fezer*, Markenrecht, § 3 Rdnr. 48; *Brötje*, Die bösgläubige Markenanmeldung, S. 86.

798 *Ingerl/Rohnke*, Markengesetz, § 3 Rdnr. 16; vgl. auch *Fezer*, Markenrecht, § 3 Rdnr. 37.

799 So *Fezer*, Markenrecht, § 3 Rdnr. 37; *Brötje*, Die bösgläubige Markenanmeldung, S. 85; *Wiedmann*, Rechtsmissbrauch im Markenrecht, S. 197.

800 *Ingerl/Rohnke* halten die Defensivzeichen für zulässig, *Ingerl/Rohnke*, Markengesetz, § 3 Rdnr. 16.

801 Vgl. *Ingerl/Rohnke*, Markengesetz, § 8 Rdnr. 303; *Lange*, Marken- und Kennzeichenrecht, § 3 Rdnr. 1157.

V. Ergebnis

In diesem Kapitel wurde die Frage untersucht, ob das Fehlen eines Benutzungswillens allein den Vorwurf der Bösgläubigkeit im Sinne des § 8 Abs. 2 Nr. 10 MarkenG rechtfertigt und damit das Merkmal des Benutzungswillens ein hinreichendes Kriterium ist, um eine nach § 8 Abs. 2 Nr. 10 MarkenG bösgläubige Markenanmeldung in Form der Spekulationsmarke von einer legitimen Markenanmeldung abzugrenzen. Die Untersuchung hat gezeigt, dass das Merkmal des Benutzungswillens dem Markengesetz zwar nicht fremd ist.[802] Dennoch handelt es sich beim Merkmal des Benutzungswillens nicht um eine allgemeine Schutzvoraussetzung.[803] Vielmehr hat der Markeninhaber ausweislich der Regelungen zum Benutzungszwang für die Bildung und Verwirklichung eines Benutzungswillens fünf Jahre Zeit.[804] Deswegen erfüllt das Fehlen des Benutzungswillens allein noch nicht den Tatbestand der bösgläubigen Markenanmeldung nach § 8 Abs. 2 Nr. 10 MarkenG, so dass das Merkmal des Benutzungswillens folglich kein hinreichendes Abgrenzungskriterium ist.[805]

Nach dem hier vertretenen Lösungsvorschlag erfolgt die Abgrenzung einer bösgläubigen Markenanmeldung in Form der Spekulationsmarke von einer legitimen Markenanmeldung anhand des Kriteriums der missbräuchlichen Verwendungsabsicht.[806] Eine missbräuchliche Verwendungsabsicht liegt vor, wenn die Markenanmeldung dazu dient, einen Dritten in eine Zwangslage zu bringen, um diese Zwangslage später zu eigenen Gunsten, insbesondere zur Durchsetzung von Ansprüchen gegen einen Dritten, auszunutzen.[807] Der Benutzungswille kann je nachdem, ob der Markenanmelder über einen Benutzungswillen verfügt, als Indiz für oder gegen die missbräuchliche Verwendungsabsicht herangezogen werden, wobei das Fehlen des Benutzungswillens allein den Tatbestand der bösgläubigen Markenanmeldung nach § 8 Abs. 2 Nr. 10 MarkenG noch nicht erfüllt. Für die Beurteilung der missbräuchlichen Verwendungsabsicht sind alle relevanten objektiven Umstände des Einzelfalls heranzuziehen.[808]

802 Siehe 3. Kap. IV 1 c aa).
803 Siehe 3. Kap. IV 1 c bb).
804 Siehe 3. Kap. IV 1 c bb).
805 Siehe 3. Kap. IV 1 c cc) (2).
806 Siehe 3. Kap. IV 3, insbesondere 3. Kap. IV 3 b bb) (1).
807 Siehe 3. Kap. IV 3 b bb) (1).
808 Siehe 3. Kap. IV 3 b bb) (2).

Viertes Kapitel: Sperrmarke

I. Aufgabenstellung

In dem vorstehenden Kapitel wurde unter anderem die Frage untersucht, ob schon das Fehlen des Benutzungswillens den Vorwurf einer bösgläubigen Markenanmeldung nach § 8 Abs. 2 Nr. 10 MarkenG in Form der Spekulationsmarke rechtfertigt. Bei der Sperrmarke in Form der *„Störung eines fremden schutzwürdigen Besitzstands"*[809] und in Form des *„zweckfremden Einsatzes der Marke als Mittel des Wettbewerbkampfes"*[810] dagegen stellt sich die Frage nach dem Benutzungswillen quasi entgegengesetzt, nämlich dahin, ob positiv das Vorliegen eines Benutzungswillens der Annahme einer Behinderungsabsicht entgegensteht und somit das Vorliegen eines Benutzungswillens die Beurteilung einer Markenanmeldung als bösgläubig ausschließt. So sind Fälle denkbar, in denen der Markeninhaber bei der Anmeldung seiner Marke einerseits über einen Benutzungswillen verfügt und ihm andererseits aber auch die Behinderungswirkung entgegenkommt, vielleicht sogar erwünscht ist. In diesem Fall stehen sich folglich legitime und nicht-legitime Motive gegenüber.

Zu untersuchen ist daher, ob und inwieweit bei der Sperrmarke das Vorliegen eines Benutzungswillens der Annahme einer Behinderungsabsicht und damit der Beurteilung einer Markenanmeldung als bösgläubig entgegensteht. Bei der Untersuchung ist zunächst (II.) mit der Rechtslage nach dem Warenzeichengesetz zu beginnen. Denn es entspricht ständiger Rechtsprechung, dass die unter der Geltung des Warenzeichengesetzes entwickelten Rechtsgrundsätze zur Störung eines fremden schutzwürdigen Besitzstands und zum zweckfremden Einsatz eines Zeichens als Mittel des Wettbewerbkampfes auch unter der Geltung des Markengesetzes für die Beurteilung der Bösgläubigkeit heranzuziehen sind.[811] An die Untersuchung der Rechtslage nach dem Warenzeichengesetz schließt sich eine Untersuchung (III.) der Rechtslage nach dem Markengesetz an. Hierbei sind auch Entscheidungen zu §§ 3, 4 Nr. 10 UWG, 826 BGB einzubeziehen, da diese Entscheidungen – soweit sie zur bösgläubigen Markenanmeldung ergangen sind

809 Zur Störung eines fremden schutzwürdigen Besitzstands siehe 2. Kap. VI 2 b.

810 Zum zweckfremden Einsatz der Marke als Mittel des Wettbewerbkampfes siehe 2. Kap. VI 2 c.

811 Siehe die Nachweise in Fn. 199; so auch das Ergebnis der historischen Auslegung, siehe 2. Kap. IV 2 b.

– auch zur Beurteilung einer Markenanmeldung nach § 8 Abs. 2 Nr. 10 MarkenG herangezogen werden können.[812] Zudem ist insbesondere auch der europarechtliche Hintergrund des § 8 Abs. 2 Nr. 10 MarkenG zu berücksichtigen.

II. Rechtslage nach dem Warenzeichengesetz

Unter der Geltung des Warenzeichengesetzes befasste sich der *BGH* insbesondere (1.) in der *topfitz / topfit*-Entscheidung und (2.) der *Shamrock III*-Entscheidung jeweils mit einem Fall, in dem der Zeicheninhaber einerseits über einen Benutzungswillen verfügte, andererseits aber auch in Behinderungsabsicht handelte. Auch (3.) die Literatur äußerte sich zu dieser Problematik.

1. *topfitz / topfit*-Entscheidung des *BGH*

In der *topfitz / topfit*-Entscheidung[813] aus dem Jahr 1985 beschäftigte sich der *BGH* mit der Frage, ob ein rechtsmissbräuchlicher Behinderungswettbewerb nach § 1 UWG a.F. vorliegt, wenn der Zeicheninhaber das Zeichen zunächst jahrelang nicht benutzt hat und dann die Benutzung des Zeichens gerade noch rechtzeitig vor der Geltendmachung der Löschungsreife aufnimmt und zwar auch in der Absicht, einem Dritten den bereits aufgenommenen Gebrauch des Zeichens zu verbieten. Nach dem *BGH* unterschied sich dieser Fall von den bislang entschiedenen Fällen, in denen der *BGH* eine Behinderungsabsicht und damit einen Verstoß gegen § 1 UWG a.F. bejaht hatte, darin, dass der Zeicheninhaber vorliegend über einen Benutzungswillen verfügte.[814]

a) Sachverhalt

Für den Zeicheninhaber war seit dem Jahr 1961 das Zeichen *topfitz* für Arzneimittel eingetragen. Der Zeicheninhaber vertrieb Multivitamintabletten bislang unter dem Zeichen *Multi-Vitamin*. Das Zeichen *topfitz* dagegen blieb zunächst unbenutzt. Erst im Mai 1981 nahm der Zeicheninhaber den Vertrieb seiner Multivitamintabletten unter dem Zeichen *topfitz* auf. Der Vorbenutzer vertrieb seit

812 Siehe hierzu die Nachweise in der Fn. 202.
813 *BGH* GRUR 1985, 926 – *topfitz / topfit*.
814 Vgl. *BGH* GRUR 1985, 926, 928 – *topfitz / topfit*.

März 1981 Multivitamintabletten unter dem Zeichen *top-fit*. Der Vorbenutzer begehrte mit seiner Klage die Löschung des Zeichens *topfitz*.[815]

b) Entscheidungsgründe

Der *BGH* entschied, dass die Behinderung des Vorbenutzers, die als Folge der rechtzeitigen Aufnahme der Zeichenbenutzung durch den Zeicheninhaber eintreten kann, zu den mit einem Ausschließlichkeitsrecht regelmäßig verbundenen Auswirkungen gehört und somit allein nicht ausreichen kann, um den Vorwurf der Sittenwidrigkeit zu begründen. Dies gelte sogar dann, wenn der Zeicheninhaber mit der Benutzungsaufnahme zugleich die Absicht verbunden hat, das Zeichenrecht zu verwenden, um dem Vorbenutzer die Benutzung der Bezeichnung *top-fit* zu verbieten. Auch eine solche Nebenabsicht liege nicht außerhalb der berechtigtermaßen mit einem ausschließlichen Recht und mit dessen Einhaltung und Nutzung verbundenen Funktionen,

> *„solange sie nicht das alleinige oder ganz vorherrschende Motiv für die Nutzung der formalen Rechtsposition darstellt, sondern* […] *jedenfalls nur neben den Willen zur Benutzung des Zeichens zur Kennzeichnung eigener Waren tritt* […].*“*[816]

Somit vertrat der *BGH* in der *topfitz / topfit*-Entscheidung die Auffassung, dass der Benutzungswille der Bejahung einer Behinderungsabsicht jedenfalls dann entgegensteht, wenn die Behinderungsabsicht nur neben den Benutzungswillen tritt. Ferner ergibt sich aus der *topfitz / topfit*-Entscheidung, dass eine Behinderungsabsicht jedenfalls dann den Vorwurf des Rechtsmissbrauchs begründet, wenn sie das alleinige oder ganz vorherrschende Motiv für die Nutzung der formalen Rechtsposition darstellt.

2. *Shamrock III*-Entscheidung des *BGH*

Bereits wenige Monate nach der *topfitz / topfit*-Entscheidung hatte sich der *BGH* in der *Shamrock III*-Entscheidung[817] aus dem Jahr 1985 erneut mit einem Fall zu befassen, in dem der Zeicheninhaber einerseits mit den Zeichenanmeldungen eine Blumenlinie schaffen wollte, also über einen Benutzungswillen verfügte, und andererseits aber auch in Behinderungsabsicht handelte.

---

815 *BGH* GRUR 1985, 926 – *topfitz / topfit*.
816 *BGH* GRUR 1985, 926, 928 – *topfitz / topfit*.
817 *BGH* GRUR 1986, 74 – *Shamrock III*.

a) Sachverhalt

Bei dem Zeicheninhaber handelte es sich um ein inländisches Unternehmen, welches unter anderem Fleisch- und Wurstwaren herstellte. Der Zeicheninhaber benutzte seit vielen Jahren zur Kennzeichnung seiner Waren ein meist blaues dreiblättriges Kleeblatt. Im Jahr 1977 meldete der Zeicheninhaber mehrere Kleeblätter als Bildzeichen zur Eintragung in die Zeichenrolle an. Die Eintragungen erfolgten in den Jahren 1978 und 1979. Alle Zeichen wurden für Fleisch- und Wurstwaren eingetragen. Der Zeicheninhaber war ferner Inhaber der Wortzeichen *Blumentaler*, *Blumenklee* und *Kleeblume*. Er wollte mit den Anmeldungen der Zeichen seine Blumenlinie weiterentwickeln, die er bereits seit Jahren verfolgte.

Der Zeicheninhaber befand sich wegen der Benutzung des Kleeblatts seit Jahren mit der irischen Außenhandelsorganisation in Streit. Die irische Außenhandelsorganisation betrieb in Deutschland eine Niederlassung, von der aus sie den Vertrieb von irischem Rindfleisch in Deutschland förderte. Hierzu stellte sie den betreffenden Unternehmen ein Kleeblattbild als Werbemittel zur Verfügung, welches zunächst seit dem Jahr 1971 auf Werbemitteln verwendet wurde. Außerdem nahm sie seit dem Jahr 1979 an Messen teil und veranlasste im Einzelhandel besondere Verkaufsförderungsmaßnahmen. Die irische Außenhandelsorganisation wollte das dreiblättrige Kleeblatt (Shamrock) als Hinweis der Herkunft der Waren aus Irland in Anspruch nehmen. Die irische Außenhandelsorganisation begehrte mit der Klage die Einwilligung des Zeicheninhabers in die Löschung seiner Kleeblattzeichen.[818]

b) Entscheidungsgründe

Im Zusammenhang mit der Beurteilung der Frage, ob der Zeicheninhaber in Behinderungsabsicht gehandelt hat, führte der *BGH* aus, dass die Anforderungen an den Nachweis der Behinderungsabsicht nicht überspannt werden dürfen. Das Berufungsgericht hatte dies nach Ansicht des *BGH* getan, weil das Berufungsgericht einerseits festgestellt hatte, dass die Ähnlichkeit und Verwechselbarkeit der widerstreitenden Zeichen unübersehbar war und der Zeicheninhaber bei der Anmeldung der fraglichen Zeichen Kenntnis von den vorbenutzten Zeichen hatte und andererseits das Berufungsgericht die Behinderungsabsicht schon deshalb als widerlegt ansah, weil der Zeicheninhaber mit den fraglichen Zeichen eine Blumenlinie schaffen wollte.

818 *BGH* GRUR 1986, 74 ff. – *Shamrock III*.

Nach dem *BGH* musste unter Berücksichtigung der Lebenserfahrung eine Behinderungsabsicht – trotz des Willens zur Schaffung einer Blumenlinie – angenommen werden, weil für die fraglichen Zeichen ohne weiteres andere graphische Lösungen hätten gefunden werden können, die einen ausreichenden Abstand zu dem vorbenutzten Zeichen wahrten und der Zeichenanmeldung ohnehin schon erhebliche zeichenrechtliche Auseinandersetzungen mit vergleichbarem Hintergrund vorangegangen waren. Insofern entschied der *BGH*, dass es

> *„nicht von ausschlaggebender Bedeutung* [ist], *ob* [der Zeicheninhaber] *allein in Behinderungsabsicht gehandelt hat. Es reicht aus,* […] *daß diese Absicht das wesentliche Motiv war.“*[819]

Demnach kam es nach dem *BGH* entscheidend darauf an, ob die Behinderungsabsicht das wesentliche Motiv für die Erwirkung des Zeichenschutzes war. Folglich vertrat der *BGH* in der *Shamrock III*-Entscheidung die Auffassung, dass der Benutzungswille der Annahme einer Behinderungsabsicht und damit der Bejahung eines rechtsmissbräuchlichen oder sittenwidrigen Rechtserwerbs nicht entgegensteht, wenn die Behinderungsabsicht das wesentliche Motiv für die Erwirkung des Zeichenschutzes war.

3. Meinungsstand in der Literatur

Der vom *BGH* in der *Shamrock III*-Entscheidung entwickelte Rechtsgrundsatz, dass es ausreicht, wenn die Behinderungsabsicht das wesentliche Motiv für die Erwirkung des Zeichenschutzes ist, wurde beispielsweise von *Gaedertz* begrüßt. So fand *Gaedertz* es als *„erfreulich“*, dass der *BGH* die Behinderungsabsicht aus dem gesamten sich darbietenden Sachverhalt entnommen und keine unerfüllbaren Anforderungen an den Nachweis der Behinderungsabsicht gestellt hat, weil ein *„traditioneller“* Beweis für die Behinderungsabsicht selten gelingen dürfte.[820]

4. Ergebnis

Während eine Behinderungsabsicht nach der *topfitz / topfit*-Entscheidung jedenfalls dann den Vorwurf des Rechtsmissbrauchs rechtfertigte, wenn sie das alleinige oder ganz vorherrschende Motiv darstellte,[821] ließ es der *BGH* in der wenige

---

819 *BGH* GRUR 1986, 74, 77 – *Shamrock III.*

820 *Gaedertz*, GRUR 1986, 78, 79.

821 Zur *topfitz / topfit*-Entscheidung siehe 4. Kap. II 1.

Monate später folgenden *Shamrock III*-Entscheidung ausreichen, dass die Behinderungsabsicht das wesentliche Motiv für die Zeichenanmeldung war[822]. Somit stand der Benutzungswille der Annahme einer Behinderungsabsicht und damit der Bejahung des Rechtsmissbrauchseinwands nicht entgegen, vorausgesetzt die Behinderungsabsicht war das wesentliche Motiv für die Erwirkung des Zeichenschutzes.

III. Rechtslage nach dem Markengesetz

Nachdem feststeht, dass der Benutzungswille unter der Geltung des Warenzeichengesetzes der Annahme einer Behinderungsabsicht nicht entgegenstand, solange die Behinderungsabsicht das wesentliche Motiv für die Erwirkung des Zeichenschutzes war, soll nun die Rechtslage nach dem Markengesetz unter Berücksichtigung des europarechtlichen Hintergrunds der bösgläubigen Markenanmeldung nach § 8 Abs. 2 Nr. 10 MarkenG untersucht werden. Dabei soll zunächst (1.) auf die nationale Rechtsprechung und anschließend (2.) auf die Rechtsprechung des *EuGH* eingegangen werden. Zum Abschluss soll untersucht werden, (3.) ob die Rechtsprechung des *EuGH* in Bezug auf den Benutzungswillen Anlass zur Änderung der nationalen Rechtsprechung gibt.

1. Nationale Rechtsprechung

Da die vom *BGH* unter der Geltung des Warenzeichengesetzes zur rechtsmissbräuchlichen oder sittenwidrigen Zeichenanmeldung entwickelten Rechtsgrundsätze nach dem Willen des Gesetzgebers in der bösgläubigen Markenanmeldung aufgehen,[823] knüpfte der *BGH* nach dem Inkrafttreten des Markengesetzes auch an den in der *Shamrock III*-Entscheidung entwickelten Rechtsgrundsatz zur Behinderungsabsicht an. Der *BGH* thematisierte diesen Rechtsgrundsatz beispielsweise in der (a) *Equi 2000*-, (b) *S100*-, (c) *Akademiks*- und (d) der *Eros*-Entscheidung, die im Folgenden untersucht werden sollen. An die Untersuchung dieser Entscheidungen schließt sich (e) eine Untersuchung der Literatur an, gefolgt von (f) einer Stellungnahme.

---

822 Zur *Shamrock III*-Entscheidung siehe 4. Kap. II 2.

823 Vgl. die Begründung zum Markenrechtsreformgesetz, BT-Drucksache 12/6581, S. 95; siehe auch die historische Auslegung unter 2. Kap. IV 2 b. Hiervon geht auch der *BGH* in ständiger Rechtsprechung aus, siehe die Nachweise in der Fn. 199.

a) *Equi 2000*-Entscheidung des *BGH*

Unter der Geltung des Markengesetzes befasste sich der *BGH* erstmals in der *Equi 2000*-Entscheidung[824] aus dem Jahr 2000 mit einem Fall, in dem der Markeninhaber bei der Anmeldung der Streitmarke über einen Benutzungswillen verfügte, andererseits aber auch der Schluss nahe lag, dass der Markeninhaber bei der Markenanmeldung in Behinderungsabsicht handelte.

aa) Sachverhalt

Der ältere Markeninhaber war Inhaber der Marke *Equistro*. Unter dieser Marke vertrieb er Futtermittel, welches er selbst herstellte. Das Futtermittel wurde zunächst auch von dem jüngeren Markeninhaber unter der Marke des älteren Markeninhabers *Equistro* vertrieben. Nachdem die Zusammenarbeit zwischen den Parteien beendet worden war, meldete der ältere Markeninhaber die Bezeichnung *Equi* für Futtermittel an, welche auch zur Eintragung gelangte. Eigentlich hätte der ältere Markeninhaber lieber Markenschutz für die Marke *Equi 2000* erlangt. Hiervon wurde ihm jedoch von seinem Rechtsanwalt abgeraten, weil der jüngere Markeninhaber zu dieser Zeit die Bezeichnung *Equi 2000* für Futtermittel bereits vorbenutzte, ohne zu diesem Zeitpunkt schon Markenschutz erwirkt zu haben. Der ältere Markeninhaber benutzte seine bisherige Marke *Equistro* weiterhin. Die Marke *Equi* dagegen benutzte er nur in geringem Maße und erzielte mit ihr nur einen geringen Umsatz.

Kurz nach der Anmeldung der Bezeichnung *Equi* durch den älteren Markeninhaber meldete der jüngere Markeninhaber die von ihm schon vorbenutzte Bezeichnung *Equi 2000* zur Eintragung an, welche tatsächlich auch eingetragen wurde. Der ältere Markeninhaber begehrte mit seiner Klage die Löschung der für den jüngeren Markeninhaber eingetragenen Marke *Equi 2000*. Der jüngere Markeninhaber begehrte im Wege der Widerklage die Löschung der für den älteren Markeninhaber eingetragenen Marke *Equi*.[825]

bb) Entscheidungsgründe

Der *BGH* entschied, dass der ältere Markeninhaber dem Vorwurf, er setze den markenrechtlichen Schutz zweckfremd als Mittel des Wettbewerbskampfes ein, nicht mit dem Einwand begegnen kann, er möchte die Bezeichnung *Equi* auch tatsächlich benutzen. Der *BGH* begründete seine Entscheidung mit seinem in der

824 *BGH* GRUR 2000, 1032 – *Equi 2000.*
825 *BGH* GRUR 2000, 1032 f. – *Equi 2000.*

Shamrock III-Entscheidung entwickelten Rechtsgrundsatz, wonach die Absicht, die Marke zweckfremd als Mittel des Wettbewerbskampfes einzusetzen, nicht der einzige Beweggrund sein muss, so lange diese Absicht das wesentliche Motiv ist. Der *BGH* berücksichtigte bei der Beurteilung der Behinderungsabsicht, dass der ältere Markeninhaber zunächst die schon damals von dem jüngeren Markeninhaber vorbenutzte Bezeichnung *Equi 2000* eintragen lassen wollte. Außerdem bezog der *BGH* in seine Beurteilung mit ein, dass die mit der Bezeichnung *Equi* erzielten Umsatzzahlen gering waren. Ferner war seiner Auffassung nach zu berücksichtigen, dass der ältere Markeninhaber bereits Inhaber der Marke *Equistro* war und mit der Beendigung der Zusammenarbeit mit dem jüngeren Markeninhaber kein Grund dafür ersichtlich war, eine Marke eintragen zu lassen, die mit der Bezeichnung *Equi 2000* des jüngeren Markeninhabers verwechslungsfähig war.[826]

Demnach zog der *BGH* alle Umstände des Einzelfalls heran, um zu beurteilen, welches Motiv für den älteren Markeninhaber wesentlich war und kam dabei zu dem Ergebnis, dass die Behinderungsabsicht den Benutzungswillen überwog. Daraus folgt, dass ein Benutzungswille auch nach dem Inkrafttreten des Markengesetzes der Annahme einer Bösgläubigkeit nicht entgegensteht, wenn die Behinderungsabsicht wesentliches Motiv für die Markenanmeldung war.

b) *S100*-Entscheidung des *BGH*

In der *S100*-Entscheidung[827] aus dem Jahr 2003 befasste sich der *BGH* mit einem Fall, in dem ein ausländischer Markeninhaber mit der Markenanmeldung in erster Linie das Ziel verfolgt hat, seine inländische Produktion markenrechtlich zu sichern. Dem Benutzungswillen, bezogen auf eine inländische Benutzung durch einen Dritten, und der Absicht, einen Wettbewerber in seinem schutzwürdigen Besitzstand zu stören, kamen dagegen eine untergeordnete Bedeutung zu. Demnach standen sich das vorrangig verfolgte Ziel der markenrechtlichen Sicherung der Produktion und der untergeordnete Benutzungswille als legitime Motive einerseits und die ebenfalls untergeordnete Behinderungsabsicht als nicht legitimes Motiv andererseits gegenüber.

aa) Sachverhalt

Bei dem inländischen (späteren) Markeninhaber handelte es sich um den marktführenden Hersteller für Reinigungsmittel für Motorräder. Seit dem Jahr 1980

826 *BGH* GRUR 2000, 1032, 1034 – *Equi 2000.*
827 *BGH* GRUR 2004, 510 – *S100.*

stellte er einen besonderen Reiniger zur selbständigen Komplettreinigung von Motorrädern her. Diesen Motorradreiniger vertrieb der inländische (spätere) Markeninhaber unter der Bezeichnung *S100* im Inland. Im Jahr 1984 beschloss er, den Motorradreiniger auch in die USA zu exportieren. Zu diesem Zweck arbeitete er mit dem US-amerikanischen (späteren) Markeninhaber zusammen, der vereinbarungsgemäß den Vertrieb des Motorradreinigers in den USA übernahm und die Bezeichnung *S100* als eigene Marke beim US-Patent- und Markenamt eintragen ließ.

Die Zusammenarbeit der Parteien endete im Jahr 1992 im Streit. Der inländische (spätere) Markeninhaber stellte die Belieferung des US-amerikanischen (späteren) Markeninhabers mit dem Motorradreiniger *S100* ein. Sein Versuch, die US-Marke *S100* auf sich übertragen zu lassen, schlug fehl. Vielmehr vertrieb nun der US-amerikanische (spätere) Markeninhaber seit Mai 1992 ein entsprechendes Produkt unter der Marke *S100* in den USA. Dieses Produkt ließ der US-amerikanische (spätere) Markeninhaber in Deutschland von einem Wettbewerber des inländischen (späteren) Markeninhabers herstellen und mit dem Zeichen *S100* versehen.

Im Jahr 1994 meldeten beide Parteien die Marke *S100* zur Eintragung in das Markenregister an. Auf Anfrage des *DPMA* erklärten sich beide Parteien mit einer Zeitrangverschiebung auf den 1. Januar 1995 einverstanden, woraufhin die Marke *S100* mit diesem Zeitrang in das Markenregister für den jeweiligen Markeninhaber eingetragen wurde.

Der US-amerikanische Markeninhaber vertrieb die mit der Marke *S100* versehene Waren in den USA. Der zu seinen Kunden zählende Motorradhersteller Harley-Davidson verkaufte die bei dem US-amerikanischen Markeninhaber in den USA erworbenen, mit der Marke *S100* versehenen Motorradreiniger jedoch auch in Deutschland. Nachdem der inländische Markeninhaber den Motorradhersteller Harley-Davidson deswegen abgemahnt hatte, erteilte der US-amerikanische Markeninhaber dem Motorradhersteller Harley-Davidson rückwirkend eine Lizenz für die Benutzung der Marke *S100* im Inland. Der inländische Markeninhaber begehrte die Löschung der für den ausländischen Markeninhaber eingetragenen Marke *S100*.[828]

bb) Entscheidungsgründe

Der *BGH* ging davon aus, dass der US-amerikanische Markeninhaber die Marke *S100* in Deutschland mit dem Ziel angemeldet hat, den Besitzstand des inländischen Markeninhabers zu stören. Dabei berücksichtigte der *BGH* zugunsten des

828 *BGH* GRUR 2004, 510 – *S100*.

US-amerikanischen Markeninhabers, dass dieser mit der Anmeldung in erster Linie das Ziel verfolgt haben mag, den bisherigen Produktionsablauf seines eigenen Motorradreinigers markenrechtlich zu sichern und zu verhindern, dass der inländische Markeninhaber es ihm untersagt, seinen Motorradreiniger in Deutschland in Behältnisse abfüllen zu lassen und diese mit der Marke *S100* zu versehen.

Allerdings ging nach dem *BGH* von der Eintragung der Marke *S100* ein erhebliches Störpotenzial aus, weil sie dem US-amerikanischen Markeninhaber die Möglichkeit eröffnete, den eigenen Motorradreiniger gerade unter dem Namen im Inland anzubieten, den der inländische Markeninhaber für Motorradreiniger im Inland eingeführt hat. Auch wenn diese Möglichkeit für den US-amerikanischen Markeninhaber bei der Anmeldung der Streitmarke nicht im Vordergrund gestanden haben mag, zeigte nach dem *BGH* die Erteilung der Lizenz an den Motorradhersteller Harley-Davidson, dass der US-amerikanische Markeninhaber auch gewillt war, die Eintragung der Marke *S100* einzusetzen, um den Absatz seines eigenes Produkts in Deutschland zu ermöglichen. Da der US-amerikanische Markeninhaber die ihm mit der Markeneintragung eingeräumte Rechtsposition auch dazu benutzt hatte, den Absatz seiner Produkte unter der Marke *S100* auch im Inland zu ermöglichen, musste sein Interesse an der markenrechtlichen Sicherung seines bisherigen Produktionsablaufs nach dem *BGH* im Ergebnis zurücktreten. So heißt es in der *S100*-Entscheidung:

> *„Das berechtigte Interesse an der Eintragung der Streitmarke muss unberücksichtigt bleiben, wenn die Gefahr besteht, dass die Stellung als Markeninhaber dazu benutzt wird, weitere Vorteile aus der Eintragung zu ziehen, für die ein berechtigtes Interesse nicht geltend gemacht werden kann."*[829]

Demnach ließ es der *BGH* für die Bejahung der Bösgläubigkeit schon ausreichen, dass das weitere Verhalten des ausländischen Markeninhabers Rückschlüsse darauf zuließ, dass er die Marke in rechtsmissbräuchlicher Weise einsetzen werde, auch wenn die Behinderungsabsicht nicht im Vordergrund gestanden haben mag.

c) *Akademiks*-Entscheidung des *BGH*

In der *Akademiks*-Entscheidung[830] aus dem Jahr 2008 beschäftigte sich der *BGH* wiederum mit einem Fall, in dem der Markeninhaber einerseits über einen Benutzungswillen verfügte, andererseits aber auch der Schluss auf eine Behinderungsabsicht nahelag. In den Entscheidungsgründen bezog der *BGH* erstmals

---

829 *BGH* GRUR 2004, 510, 512 – *S100*.
830 *BGH* GRUR 2008, 621 – *Akademiks*.

ausdrücklich Stellung zum Verhältnis zwischen Benutzungswille und Behinderungsabsicht.

aa) Sachverhalt

Bei dem Vorbenutzer handelte es sich um ein US-amerikanisches Unternehmen, das Bekleidung im *„Urban Street Wear"*-Stil herstellte und vertrieb. Charakteristisch für diese Bekleidung ist der weite Schnitt. Der Vorbenutzer meldete im Juni 1999 eine Marke mit dem Bestandteil *Akademiks* für Bekleidung in den USA an. Die Anmeldung wurde im Juli 2000 veröffentlicht. Im Jahr 2002 folgten in den USA weitere Markenanmeldungen für Bekleidung, so beispielsweise die Anmeldung der Wortmarke *Akademiks*. Außerdem meldete der Vorbenutzer im Juni 2002 die Wortmarke *Akademiks* und die Bildmarke *A* als Gemeinschaftsmarken beim *HABM*, beide für Bekleidung, an. Im August 2003 folgten weitere Markenanmeldungen beim *DPMA*, so beispielsweise die Anmeldung der Wort- und Bildmarken *Akademiks Stadium* und *A*. Die Eintragungen erfolgten im November und Dezember 2003.

Der Markeninhaber vertrieb ebenfalls Bekleidung im *„Urban Street Wear"*-Stil. Er meldete bereits im Oktober 2000 die Wortmarke *Akademiks* für Bekleidung im Inland an. Zu diesem Zeitpunkt hatte der Vorbenutzer erst einen Teil seiner Marken in den USA angemeldet. Die inländische Eintragung der Marke *Akademiks* für den Markeninhaber erfolgte im März 2001. Die vom Markeninhaber unter der Marke *Akademiks* vertriebenen Bekleidungsstücke waren denen des Vorbenutzers ähnlich. Der Vorbenutzer begehrte mit seiner Klage die Löschung der für den Markeninhaber eingetragenen Marke *Akademiks*.[831]

bb) Entscheidungsgründe

Der *BGH* entschied, dass der Benutzungswille des Markeninhabers der Bejahung eines zweckfremden Einsatzes der Marke als Mittel des Wettbewerbkampfes nicht entgegensteht. In konsequenter Fortsetzung seiner bisherigen Rechtsprechung begründete der *BGH* dies mit dem auf die *Shamrock III*-Entscheidung zurückgehenden und beispielsweise in der *Equi 2000*-Entscheidung fortgesetzten Rechtsgrundsatz, wonach es für die Annahme einer Bösgläubigkeit in subjektiver Hinsicht ausreicht, wenn die Behinderungsabsicht das wesentliche Motiv für die Markenanmeldung war. So heißt es in der *Akademiks*-Entscheidung zunächst zur Behinderungsabsicht:

---

831 *BGH* GRUR 2008, 621 f. – *Akademiks*.

„Die Absicht, die Marke zweckfremd als Mittel des Wettbewerbkampfes einzusetzen, braucht jedoch nicht der einzige Beweggrund zu sein; vielmehr reicht es aus, wenn diese Absicht das wesentliche Motiv ist [...]. *"*[832]

Hieraus folgerte der *BGH*, dass der Benutzungswille allein der Behindungsabsicht nicht entgegensteht und die Beurteilung der Markenanmeldung vielmehr eine Gesamtabwägung aller Umstände des Einzelfalls erfordert. So heißt es weiter:

„Daher ist die Annahme einer Unlauterkeit nicht allein durch den eigenen Benutzungswillen ausgeschlossen. Vielmehr erfordert die Subsumtion unter § 4 Nr. 10 UWG eine Gesamtabwägung aller Umstände des Einzelfalls."[833]

Bei der Gesamtabwägung aller Umstände des Einzelfalls berücksichtigte der *BGH* vor allem, dass die vom Markeninhaber angemeldete Marke der vorbenutzten Marke auch in der ungewöhnlichen Schreibweise *Akademiks* vollständig entsprach und der Markeninhaber die Marke *Akademiks* zur Kennzeichnung von Bekleidungsstücken verwendete, die denen des Vorbenutzers täuschend ähnlich waren. Somit beeinträchtigte der Markeninhaber den Vorbenutzer nicht nur durch die Anmeldung der Marke *Akademiks* in seiner wettbewerblichen Entfaltung, sondern auch durch die Nachahmung in der Gestaltung der Bekleidungsstücke. Daraus schloss der *BGH*, dass es dem Markeninhaber bei der Markenanmeldung vor allem darum gegangen war, den Vorbenutzer vom deutschen Markt fernzuhalten und damit die Behinderungsabsicht zumindest wesentliches Motiv für die Markenanmeldung war. Dem Benutzungswillen dagegen kam nach Überzeugung des *BGH* keine maßgebliche Bedeutung zu.[834]

Inhaltlich ergibt sich aus der *Akademiks*-Entscheidung somit nichts Neues. Die Besonderheit besteht jedoch darin, dass der *BGH* erstmals ausdrücklich aussprach, dass der Benutzungswille der Annahme einer Unlauterkeit nicht entgegensteht, wenn die Behinderungsabsicht wesentliches Motiv für die Markenanmeldung war.

d) *Eros*-Entscheidung des *BGH*

Bereits wenige Monate nach der *Akademiks*-Entscheidung lag dem *BGH* ein weiterer Fall zur Entscheidung vor, in dem der Markeninhaber einerseits über einen Benutzungswillen verfügte, andererseits aber der Schluss auf eine Behinderungsabsicht nahelag. Dabei nutzte der *BGH* in der *Eros*-Entscheidung[835] aus

832 *BGH* GRUR 2008, 621, 624 (Nr. 32) – *Akademiks*.
833 *BGH* GRUR 2008, 621, 624 (Nr. 32) – *Akademiks*.
834 *BGH* GRUR 2008, 621, 624 (Nr. 28 und Nr. 34) – *Akademiks*.
835 *BGH* GRUR 2008, 917 – *Eros*.

dem Jahr 2008 die Gelegenheit, um die Rechtsgrundsätze aus der *Akademiks*-Entscheidung in Bezug auf die Behinderungsabsicht zu präzisieren.

aa) Sachverhalt

Bei den Parteien handelte es sich um zwei Unternehmen, die beide auf dem inländischen Markt Erotikprodukte unter der Bezeichnung *Eros* vertrieben. Zwischen den Parteien bestand ein Vertriebsvertrag. Dieser sah vor, dass der jüngere Markeninhaber die Erotikprodukte herstellte, während der Vertrieb dieser Produkte durch den älteren Markeninhaber erfolgte. Im November 2001 meldete der ältere Markeninhaber die Marke *Eros* für sich zur Eintragung an. Nur wenige Monate später kündigte der ältere Markeninhaber den Vertriebsvertrag. Nach der Beendigung des Vertriebvertrags meldete der jüngere Markeninhaber seinerseits Marken mit dem Bestandteil *Eros* für sich zur Eintragung an. Sämtliche Marken wurden eingetragen. Der ältere Markeninhaber begehrte mit der Klage die Löschung der für den jüngeren Markeninhaber eingetragenen Marken mit dem Bestandteil *Eros*.[836]

bb) Entscheidungsgründe

Der *BGH* ließ den Einwand des älteren Markeninhabers, er habe die Marke *Eros* selbst benutzen wollen, nicht gelten und ging nach einer Gesamtabwägung aller Umstände davon aus, dass die Behinderungsabsicht für den älteren Markeninhaber wesentliches Motiv für die Markenanmeldung war. Dabei griff der *BGH* die in der *Akademiks*-Entscheidung entwickelten Rechtsgrundsätze auf und präzisierte sie beiläufig. Während es in der *Akademiks*-Entscheidung noch hieß, dass es ausreicht, wenn die Behinderungsabsicht

> *„das wesentliche Motiv ist"*,[837]

heißt es in der *Eros*-Entscheidung nun, dass es ausreicht, wenn diese Absicht

> *„ein wesentliches Motiv ist."*[838]

---

836 *BGH* GRUR 2008, 917 f. – *Eros*.

837 *BGH* GRUR 2008, 621, 624 (Nr. 32) – *Akademiks*; vgl. auch *Steinberg*, MarkenR 2008, 482, 484.

838 *BGH* GRUR 2008, 917, 918 (Nr. 23) – *Eros*; vgl. auch *Steinberg*, MarkenR 2008, 482, 484. Außerdem präzisierte der *BGH* seine Auffassung zur Überschreitung der als bloße Folge des Wettbewerbs hinzunehmenden Behinderung dahin, dass die Grenze überschritten ist, wenn das betreffende Verhalten bei objektiver Würdigung der Umstände auf die Beeinträchtigung der wettbewerblichen Entfaltung des Mitbewerbers und *„nicht in erster Linie auf die Förderung des eigenen Wettbewerbs gerichtet ist"*, *BGH* GRUR 2008, 917, 918 (Nr. 23) – *Eros*. Im Unter-

Insofern präzisierte der *BGH* seine Auffassung zur Behinderungsabsicht dahin, dass die Behinderungsabsicht nicht andere Motive dominieren muss.[839]

Im Rahmen der Gesamtabwägung berücksichtigte der *BGH*, dass die Parteien zunächst jahrelang gleichberechtigt beim Vertrieb der Erotikprodukte zusammengearbeitet hatten und der ältere Markeninhaber die Markenanmeldung erst kurz vor der Kündigung des Vertriebsvertrags vorgenommen hatte. Hierin sah der *BGH* ein wesentliches Indiz dafür, dass es dem älteren Markeninhaber zumindest auch darum gegangen war, den jüngeren Markeninhaber am Vertrieb von Erotikprodukten unter Marken mit dem Bestandteil *Eros* zu hindern.[840] Demnach hielt der *BGH* in der *Eros*-Entscheidung weiterhin daran fest, dass der Nachweis eines Benutzungswillens der Annahme einer Behinderungsabsicht und damit einhergehend der Bösgläubigkeit nicht entgegensteht.

e) Meinungsstand in der Literatur

Auch in der Literatur wird ganz überwiegend die Auffassung vertreten, dass es für die Beurteilung einer Markenanmeldung als bösgläubig in subjektiver Hinsicht ausreicht, wenn die Behinderungsabsicht wesentliches, aber nicht notwendigerweise alleiniges Motiv für die Markenanmeldung war.[841] Soweit in der Literatur überhaupt thematisiert wird, ob die Behinderungsabsicht *„das"* wesentliche Motiv im Sinne eines dominierenden Motivs gewesen sein muss oder es ausreicht, wenn die Behinderungsabsicht *„ein"* wesentliches Motiv für die Markenanmeldung war, wird die Auffassung vertreten, dass es nicht erforderlich ist, dass die Behinderungsabsicht andere Motive dominiert.[842]

---

scheid hierzu bezog sich das *„in erster Linie"* in der *Akademiks*-Entscheidung auf die Beeinträchtigung der wettbewerblichen Entfaltung des Mitbewerbers, vgl. *BGH* GRUR 2008, 621, 624 (Nr. 32) – *Akademiks*; zur *Akademiks*-Entscheidung siehe 4. Kap. III 1 c.

839 Dieser Rechtsgrundsatz ist nicht neu. So hatte der *BGH* schon in der *S100*-Entscheidung eine Behinderungsabsicht angenommen und damit eine bösgläubige Markenanmeldung bejaht, obwohl die Behinderungsabsicht bei der Markenanmeldung *„nicht im Vordergrund"* gestanden haben mag, vgl. *BGH* GRUR 2004, 510, 512 – *S100*. Zur *S100*-Entscheidung des *BGH* siehe 4. Kap. III 1 b.

840 *BGH* GRUR 2009, 917, 919 (Nr. 24 f.) – *Eros*.

841 So z.B. *Ströbele* in: Ströbele/Hacker, Markengesetz, § 8 Rdnr. 695; *Köhler* in: Köhler/Bornkamm, UWG, § 4 Rdnr. 10.84a; *Jordan*, Festschrift für Piper, S. 563, 572; *Steinberg/Jaeckel*, MarkenR 2008, 296, 300.

842 Vgl. *Ingerl/Rohnke*, Markengesetz, Vor §§ 14-19d Rdnr. 324; *Steinberg*, MarkenR 2008, 482, 484. Entgegen *Steinberg* stammt der Rechtsgrundsatz, dass es ausreicht, wenn die Behinderungsabsicht *„ein"* wesentliches Motiv für die Markenanmeldung war, nicht aus der *Eros*-Entscheidung. Vielmehr hatte der *BGH* schon in der *S100*-Entscheidung eine Behinderungsabsicht angenommen und damit eine bösgläubige Markenanmeldung bejaht, obwohl die Behinderungsabsicht bei der Markenanmeldung *„nicht im Vordergrund"* gestanden haben mag, vgl. *BGH*

Auch der vom *BGH* entwickelte Rechtsgrundsatz, dass die Annahme einer Bösgläubigkeit nicht allein durch den Nachweis eines Benutzungswillens des Markenanmelders ausgeschlossen ist,[843] wird von der Literatur anstandslos übernommen.[844] Entsprechendes gilt auch für den Rechtsgrundsatz, wonach sich die Bösgläubigkeit und damit auch die hinter der Markenanmeldung stehenden Absichten anhand einer Gesamtbetrachtung aller Umstände des Einzelfalls beurteilen.[845]

f) Stellungnahme

Soweit der *BGH* in ständiger Rechtsprechung die Auffassung vertritt, dass die Beurteilung einer Markenanmeldung als bösgläubig in subjektiver Hinsicht nicht voraussetzt, dass die Behinderungsabsicht das alleinige Motiv für die Markenanmeldung war, sondern es ausreicht, wenn die Behinderungsabsicht wesentliches Motiv war, ist dem *BGH* zuzustimmen. Für diese Auffassung spricht schon, dass die Fälle, in denen der Markenanmelder die Marke ausschließlich in Behinderungsabsicht anmeldet, allenfalls selten vorkommen dürften. Denn in einer typischen Fallkonstellation einer bösgläubigen Markenanmeldung in Form der Sperrmarke meldet der Markenanmelder ein vorbenutztes Zeichen eines Wettbewerbers an, das er selbst benutzen möchte, beispielsweise um von dem guten Ruf, den sich der Wettbewerber mit dem Zeichen erworben hat, zu profitieren und um dabei zugleich den in- oder ausländischen Wettbewerber vom inländischen Markt zu verdrängen oder fernzuhalten, etwa weil er den Vertrieb der jeweiligen Ware für sich monopolisieren möchte.[846] In dieser Fallkonstellation ist

---

GRUR 2004, 510, 512 – *S100*. So auch *Ingerl/Rohnke*, Markengesetz, Vor §§ 14-19d Rdnr. 324.

843 So im Übrigen auch das *BPatG*, z.B. *BPatG* BeckRS 2009, 11242 – *Oranex*; *BPatG* BeckRS 2009, 18238 – *Lightsüß HT*; *BPatG* LMuR 2009, 202, 204 – *Hamidiye*; *BPatG* BeckRS 2009, 22972 – *Brno*; *BPatG* GRUR 2010, 431, 433 – *Flasche mit Grashalm*; *BPatG* BeckRS 2011, 00178 – *Sachsendampf*; *BPatG* BeckRS 2011, 08141 – *pjur*; *BPatG* BeckRS 2012, 11956 – *MARSECCO*; *BPatG* BeckRS 2011, 23133 – *BEFA*; *BPatG* BeckRS 2011, 19562 – *Kaup-mann*; *BPatG* BeckRS 2011, 21117 – *Pitlane24*; so auch *LG Hamburg* GRUR-RR 2010, 96, 98 – *hobbyfly*.

844 Vgl. *Ingerl/Rohnke*, Markengesetz, Vor §§ 14-19d Rdnr. 324; *Ströbele* in: Ströbele/Hacker, Markengesetz, § 8 Rdnr. 695; *Köhler* in: Köhler/Bornkamm, UWG, § 4 Rdnr. 10.84a; *Ullmann*, GRUR 2009, 364, 366; *Steinbeck*, 50 Jahre BPatG (2011), S. 777, 788; *Steinberg*, MarkenR 2008, 482, 484; *Fabry*, GRUR 2010, 566, 572; *Sosnitza*, jurisPR-WettbR 5/2008, Anm. 3.

845 *Ströbele* in: Ströbele/Hacker, Markengesetz, § 8 Rdnr. 695; *Köhler* in: Köhler/Bornkamm, UWG, § 4 Rdnr. 10.84a; *Steinbeck*, 50 Jahre BPatG (2011), S. 777, 788.

846 Vgl. z.B. *BGH* GRUR 1967, 304 – *Siroset*; *BGH* GRUR 1980, 110 – *Torch*; *BGH* GRUR 1986, 74 – *Shamrock III*; *BGH* GRUR 1998, 1034 – *Makalu*; *BGH* GRUR 2005, 414 – *Russisches Schaumgebäck*; *BGH* GRUR 2008, 621 – *Akademiks*.

die Behinderungsabsicht typischerweise nicht das alleinige Motiv für die Anmeldung, sondern tritt neben den Benutzungswillen. Da diese Fallkonstellation schon unter der Geltung des Warenzeichengesetzes auftrat[847] und sie nach dem erklärten Willen des Gesetzgebers in der bösgläubigen Markenanmeldung nach § 8 Abs. 2 Nr. 10 MarkenG aufgehen soll,[848] verbietet es sich, eine Bösgläubigkeit nur in den Fällen zu bejahen, in denen die Behinderungsabsicht das alleinige Motiv für die Markenanmeldung war. Abgesehen davon sprechen auch praktische Erwägungen gegen die Behinderungsabsicht als das alleinige Motiv für die Markenanmeldung. Denn der Nachweis, dass der Markenanmelder ausschließlich in Behinderungsabsicht gehandelt hat, dürfte – wenn überhaupt – allenfalls in seltenen Fällen gelingen.

Auch die Auffassung, dass die Behinderungsabsicht bei der Markenanmeldung nicht notwendigerweise das dominierende Motiv gewesen sein muss, verdient Zustimmung. Denn gerade in der vorstehend beschriebenen Fallkonstellation dürften der Benutzungswille und die Behinderungsabsicht in der Regel gleich schwer wiegen. Verlangte man, dass die Behinderungsabsicht das dominierende Motiv ist, müsste man in dieser Fallkonstellation eine Bösgläubigkeit konsequenterweise verneinen, was wiederum dem Willen des Gesetzgebers zuwiderliefe, weil er gerade diese Fallkonstellation dem Tatbestand des § 8 Abs. 2 Nr. 10 MarkenG unterstellen wollte[849]. Zudem wäre der Nachweis, dass die Behinderungsabsicht den Benutzungswillen dominiert hat, für den Wettbewerber kaum zu erbringen, selbst wenn man von einer abgestuften Darlegungs- und Beweislast ausginge.[850]

Auch soweit der *BGH* die Auffassung vertritt, dass der Nachweis des Benutzungswillens allein nicht der Annahme einer rechtsmissbräuchlichen Behinderungsabsicht und damit der Beurteilung einer Markenanmeldung als bösgläubig entgegensteht, ist ihm beizupflichten. Für diese Auffassung spricht schon ganz entscheidend, dass andernfalls die vorstehend beschriebene Fallkonstellation nicht mehr in den Anwendungsbereich des § 8 Abs. 2 Nr. 10 MarkenG fällt, weil der Markenanmelder gerade in dieser Fallkonstellation neben der Behinderungsabsicht über einen Benutzungswillen verfügt.[851] Überdies sprechen, wie zuvor

847 Vgl. z.B. *BGH* GRUR 1967, 304 – *Siroset*; *BGH* GRUR 1980, 110 – *Torch*; *BGH* GRUR 1986, 74 – *Shamrock III*.

848 Vgl. die Begründung zum Markenrechtsreformgesetz, BT-Drucksache 12/6581, S. 95; siehe auch 2. Kap. IV 2 b.

849 Vgl. die Begründung zum Markenrechtsreformgesetz, BT-Drucksache 12/6581, S. 95; siehe auch 2. Kap. IV 2 b.

850 Vgl. *Steinberg*, MarkenR 2008, 482, 483.

851 Nach *Steinberg/Jaeckel* ist der Wille, die Marke des Wettbewerbers selbst zur Kennzeichnung ähnlicher oder sogar nachgeahmter Waren zu benutzen, um im Zuge einer erfolgreichen Ver-

auch, praktische Erwägungen für diese Auffassung. So ist für einen Richter nur schwer nachprüfbar, ob der Markenanmelder tatsächlich über einen ernsthaften Benutzungswillen verfügte oder der Benutzungswille nur vorgeschoben ist.[852] Angesichts der schweren Nachprüfbarkeit ist das Merkmal des Benutzungswillens zudem prädestiniert, um vor Gericht als Schutzbehauptung herangezogen zu werden.

Auch wenn der Benutzungswille allein die Behinderungsabsicht nicht auszugleichen vermag, heißt das nicht in der Konsequenz, dass der Benutzungswille bei der Beurteilung einer Markenanmeldung unbeachtlich ist. Vielmehr erfordert die Beurteilung einer Markenanmeldung als bösgläubig eine Gesamtbetrachtung aller Umstände des Einzelfalls.[853] Dieses Erfordernis einer Gesamtbetrachtung ergibt sich nicht zuletzt daraus, dass die Beurteilung der Bösgläubigkeit eine rechtliche Bewertung der Motive und Absichten des jeweiligen Markenanmelders und damit zwangsläufig eine Bewertung des Einzelfalls erfordert.[854] Somit mag zwar der Benutzungswille allein der Annahme einer Bösgläubigkeit nicht entgegenstehen. Wenn jedoch neben dem Benutzungswillen noch weitere Umstände vorliegen, die die Markenanmeldung rechtfertigen, so kann eine Gesamtbetrachtung durchaus zu dem Ergebnis führen, dass die Markenanmeldung nicht als bösgläubig zu bewerten ist.

g) Ergebnis

Auch nach der Rechtslage nach dem Markengesetz steht allein der Nachweis, dass der Markenanmelder bei der Markenanmeldung über einen Benutzungswillen verfügte, der Annahme einer Behinderungsabsicht und damit der Beurteilung einer Markenanmeldung als bösgläubig im Sinne des § 8 Abs. 2 Nr. 10 MarkenG nicht entgegen.

2. Rechtsprechung des *EuGH*

Wie dargestellt hat sich in der nationalen Rechtsprechung der Rechtsgrundsatz herausgebildet, dass es für die Beurteilung einer Markenanmeldung als bösgläu-

---

drängung des Wettbewerbers vom Markt selbst in der betreffenden Branche unter der vorbenutzten Marke die freigewordene Nische besetzen zu können, lediglich die konsequente Folge des unlauteren Verdrängungswettbewerbs und gerade kein Indiz für ein lauteres Handeln, *Steinberg/Jaeckel*, MarkenR 2008, 296, 307; *Steinberg*, MarkenR 2008, 482, 484.

852 Vgl. *Steinberg/Jaeckel*, MarkenR 2008, 296, 307; *Steinberg*, MarkenR 2008, 482, 484 f.

853 *EuGH* GRUR 2009, 763, 765 (Nr. 37) – *Lindt & Sprüngli / Franz Hauswirth*.

854 So auch *Steinberg/Jaeckel*, MarkenR 2008, 296, 302.

big in subjektiver Hinsicht ausreicht, wenn die Behinderungsabsicht wesentliches Motiv für die Anmeldung war und allein der Benutzungswille dieser Beurteilung nicht entgegensteht. Im Folgenden soll untersuchen werden, ob dieser Rechtsgrundsatz dem europarechtlichen Hintergrund der bösgläubigen Markenanmeldung gerecht wird.[855]

a) *Lindt*-Entscheidung des *EuGH*

In der *Lindt*-Entscheidung[856] aus dem Jahr 2009 äußerte sich der *EuGH* erstmals zum Begriff der Bösgläubigkeit im Zusammenhang mit der Markenanmeldung.[857] Auslöser der *Lindt*-Entscheidung war ein Vorabentscheidungsersuchen nach Art. 234 EGV a.F.[858] durch den österreichischen *OGH* aus dem Jahr 2007.[859]

Die *Lindt*-Entscheidung erging zwar zu Art. 51 Abs. 1 lit. b GMV a.F.[860] Da sich der Begriff der Bösgläubigkeit in der Gemeinschaftsmarkenverordnung einerseits und in der Markenrechtsrichtlinie sowie dem Markengesetz andererseits inhaltlich entsprechen,[861] ist die *Lindt*-Entscheidung aber auch bei der Auslegung des § 8 Abs. 2 Nr. 10 MarkenG im Sinne des Art. 3 Abs. 2 lit. d MRRL zu berücksichtigen.[862] Dabei soll die *Lindt*-Entscheidung an dieser Stelle nur insoweit untersucht werden, als sie möglicherweise Aufschluss darüber gibt, ob das Vorliegen eines Benutzungswillens der Annahme einer Behinderungsabsicht und damit der Bejahung einer Bösgläubigkeit nach § 8 Abs. 2 Nr. 10 MarkenG entgegensteht.

---

855 Zum europarechtlichen Hintergrund der bösgläubigen Markenanmeldung siehe 2. Kap. II 2; zur richtlinienkonformen Auslegung des § 8 Abs. 2 Nr. 10 MarkenG siehe 2. Kap. IV 3.

856 *EuGH* GRUR 2009, 763 – *Lindt & Sprüngli / Franz Hauswirth.*

857 Schlussanträge der Generalanwältin *Sharpston*, BeckRS 2009, 70282 (Nr. 1); *Jänich*, MarkenR 2009, 469, 471; vgl. *Steinberg/Jaeckel*, MarkenR 2008, 296, 298 f.

858 Die Abkürzung *„EGV“* steht für die *„Konsolidierte Fassung des Vertrags zur Gründung der Europäischen Gemeinschaft“*, Abl.-EG Nr. C 325 vom 24. Dezember 2002, S. 33. Der EGV wurde durch Art. 2 des *„Vertrag*[s] *von Lissabon zur Änderung des Vertrags über die Europäische Union und des Vertrags zur Gründung der Europäischen Gemeinschaft“*, ABl.-EU Nr. C 306 vom 17. Dezember 2007, S. 1, 42, in *„Vertrag über die Arbeitsweise der Europäischen Union“*, abgekürzt mit *„AEUV“* umbenannt, ABl.-EU Nr. C 115 vom 9. Mai 2008, S. 47. Art. 234 EGV a.F. findet sich in Art. 267 AEUV wieder, ABl.-EU Nr. C 115 vom 9. Mai 2008, S. 47, 164.

859 *ÖstOGH* MarkenR 2008, 136 – *Lindt Goldhase.*

860 Heute Art. 52 Abs. 1 lit. b GMV; siehe hierzu die Fn. 171.

861 Siehe hierzu die Nachweise in der Fn. 173.

862 Siehe 2. Kap. IV 4.

aa) Sachverhalt

Bei dem Markeninhaber handelte es sich um den Süßwarenhersteller Lindt & Sprüngli AG mit Sitz in der Schweiz. Der Markeninhaber stellt seit den 50-er Jahren in Goldfolie verpackte Schokoladenhasen her. Seit dem Jahr 1994 vertreibt der Markeninhaber seine Goldhasen auch in Österreich. Im Jahr 2000 meldete der Markeninhaber eine dreidimensionale Gemeinschaftsmarke zur Eintragung an. Die Marke zeigt den Lindt-Goldhasen mit einer entsprechenden Beschriftung. Die Eintragung erfolgte im Juli 2001. Der Markeninhaber wollte mit der Markenanmeldung einen besseren Schutz für seine marktstarke Ware gegen Nachahmer im EU-Raum bewirken, zugleich aber auch eine Grundlage schaffen, um gegen Wettbewerber vorgehen zu können, die verwechselbar ähnliche Schokoladenhasen wie der Markeninhaber herstellen. In der Zeit von 2000 bis 2003 erreichte der Markeninhaber in Österreich bei Schokoladenhasen Marktanteile zwischen 16,9 % und 18,7 %. Im Mai 2005 kannten 75 % der österreichischen Bevölkerung den unverzierten Goldhasen. 56 % der Gesamtbevölkerung wiesen ihn einem bestimmten Unternehmen zu, 8 % mehreren Unternehmen. Von den Personen, die den Goldhasen einem oder mehreren Unternehmen zuordneten, nannten 48 % das Unternehmen des Markeninhabers. Bei dem Vorbenutzer handelte es sich um die in Österreich ansässige Franz Hauswirth GmbH, die ebenfalls Schokoladenhasen herstellt. Der Vorbenutzer stellt seine Schokoladenhasen in unterschiedlichen Größen her und wickelt sie wie der Markeninhaber in Goldfolie. Bei den Schokoladenhasen des Vorbenutzers handelt es sich ebenfalls um sitzende Hasen. Der Vorbenutzer vertreibt seine Schokoladenhasen seit dem Jahr 1962 und in der jetzigen Form seit dem Jahr 1997. Während der Vorbenutzer noch im Jahr 1997 nur 300 Stück verkaufte, verkaufte er im Jahr 1998 dagegen 29.000 Stück. Die Goldhasen des Vorbenutzers und die des Markeninhabers ähneln sich.

Der Markeninhaber begehrte mit seiner Klage vom Vorbenutzer im Wesentlichen, dass er es unterlässt, im Gebiet der Europäischen Union Schokoladenhasen herzustellen und zu vermarkten. Der Vorbenutzer begehrte mit seiner Widerklage die Löschung der Gemeinschaftsmarke wegen Bösgläubigkeit des Markeninhabers bei der Markenanmeldung.[863]

863 *EuGH* GRUR 2009, 763 f. – *Lindt & Sprüngli / Franz Hauswirth*; *ÖstOGH* MarkenR 2008, 136 f. – *Lindt Goldhase*; siehe auch die Sachverhaltsdarstellungen z.B. bei *Hildebrandt*, MarkenR 2008, 102 f.; *Jänich*, MarkenR 2009, 469, 471 f.

bb) Vorabentscheidungsverfahren

Der österreichische *OGH* bejahte eine Verwechslungsgefahr zwischen den Goldhasen des Vorbenutzers und denen des Markeninhabers. Demnach hing die Entscheidung über die Widerklage nach dem österreichischen *OGH* davon ab, ob der Markeninhaber bei der Anmeldung seiner Gemeinschaftsmarke bösgläubig im Sinne von Art. 51 Abs. 1 lit. b GMV a.F. war.[864]

(1) Fragen des österreichischen *OGH*

Der österreichische *OGH* legte dem *EuGH* gemäß Art. 234 EGV a.F. die folgenden Fragen zur Vorabentscheidung vor:

> *„1. Ist Art. 51 Abs. 1 lit. b der Verordnung (EG) Nr 40/94* […] *dahin auszulegen, dass ein Anmelder einer Gemeinschaftsmarke als bösgläubig anzusehen ist, wenn er im Zeitpunkt der Anmeldung weiß, dass ein Mitbewerber in (mindestens) einem Mitgliedstaat ein gleiches oder verwechselbar ähnliches Zeichen für gleiche oder ähnliche Waren oder Dienstleistungen verwendet, und er die Marke anmeldet, um den Mitbewerber an der weiteren Verwendung des Zeichens hindern zu können?*
>
> *2. Bei Verneinung von Frage 1:*
>
> *Ist der Anmelder als bösgläubig anzusehen, wenn er die Marke anmeldet, um einen Mitbewerber an der weiteren Verwendung des Zeichens hindern zu können, obwohl er im Zeitpunkt der Anmeldung weiß oder wissen muss, dass der Mitbewerber durch Verwendung eines gleichen oder ähnlichen Zeichens für gleiche oder verwechselbar ähnliche Waren oder Dienstleistungen bereits einen ‚wertvollen Besitzstand' erworben hat?*
>
> *3. Bei Bejahung von Frage 1 oder 2:*
>
> *Ist die Bösgläubigkeit zu verneinen, wenn der Anmelder für sein Zeichen bereits Verkehrsgeltung und damit lauterkeitsrechtlichen Schutz erlangt hat?"*[865]

Der österreichische *OGH* wollte mit seinen Vorlagefragen im Wesentlichen klären, welche Kriterien nach Ansicht des *EuGH* zu berücksichtigen sind, um festzustellen, ob der Markenanmelder bei der Anmeldung seines Zeichens bösgläubig im Sinne von Art. 51 Abs. 1 lit. b GMV a.F. war.[866]

864 Vgl. *ÖstOGH* MarkenR 2008, 136, 138 – *Lindt Goldhase.*

865 *ÖstOGH* MarkenR 2008, 136 – *Lindt Goldhase.*

866 *EuGH* GRUR 2009, 763, 764 (Nr. 22) – *Lindt & Sprüngli / Franz Hauswirth*; vgl. auch *Knaak*, MarkenR 2008, 285, 288.

(2) Entscheidungsgründe

Der *EuGH* verzichtete darauf, die Vorlagefragen einzeln zu beantworten, sondern stellte allgemeine Rechtsgrundsätze für die Beurteilung der Bösgläubigkeit des Markenanmelders im Sinne von Art. 51 Abs. 1 lit. b GMV a.F. auf. Dabei hebt der *EuGH* besonders hervor, dass die Bösgläubigkeit umfassend zu beurteilen ist, wobei alle erheblichen Faktoren zu berücksichtigen sind.[867] Zur Konkretisierung dieses Rechtsgrundsatzes führt der *EuGH* einige Faktoren beispielhaft an, wobei er die Faktoren den Vorlagefragen entnimmt. So heißt es in dem zusammenfassenden Leitsatz der *Lindt*-Entscheidung, dass das nationale Gericht gehalten ist,

> *„alle erheblichen Faktoren zu berücksichtigen, die dem von ihm zu entscheidenden Fall eigen sind und zum Zeitpunkt der Einreichung der Anmeldung eines Zeichens als Gemeinschaftsmarke vorliegen, insbesondere*
>
> - *die Tatsache, dass der Anmelder weiß oder wissen muss, dass ein Dritter in mindestens einem Mitgliedstaat ein gleiches oder ähnliches Zeichen für gleiche oder mit dem angemeldeten Zeichen verwechselbar ähnliche Ware verwendet,*
> - *die Absicht des Anmelders, diesen Dritten an der weiteren Verwendung eines solchen Zeichens zu hindern, sowie*
> - *den Grad des rechtlichen Schutzes, den das Zeichen des Dritten und das angemeldete Zeichen genießen."*[868]

Diese beispielhaft aufgeführten Faktoren führt der *EuGH* weiter aus.[869] In Bezug auf die Absicht heißt es zunächst allgemein, dass

> *„für die Beurteilung der Bösgläubigkeit auch die Absicht des Anmelders zum Zeitpunkt der Anmeldung zu berücksichtigen* [ist]. *"*[870]

Zur Feststellung der Absicht heißt es,

> *„dass die Absicht des Anmelders im maßgeblichen Zeitpunkt, wie im Übrigen auch die Generalanwältin in Nr. 58 ihrer Schlussanträge ausgeführt hat, ein subjektives Tatbestandsmerkmal ist, das anhand der objektiven Fallumstände bestimmt werden muss."*[871]

Weiter führt der *EuGH* aus, dass

> *„*[d]*ie Absicht, einen Dritten an der Vermarktung einer Ware zu hindern* […] *unter bestimmten Umständen für die Bösgläubigkeit des Ast. kennzeichnend sein* [kann]. *"*[872]

---

867 *EuGH* GRUR 2009, 763, 765 (Nr. 37) – *Lindt & Sprüngli / Franz Hauswirth.*
868 *EuGH* GRUR 2009, 763 – *Lindt & Sprüngli / Franz Hauswirth.*
869 *EuGH* GRUR 2009, 763, 765 (Nr. 38 ff.) – *Lindt & Sprüngli / Franz Hauswirth.*
870 *EuGH* GRUR 2009, 763, 765 (Nr. 41) – *Lindt & Sprüngli / Franz Hauswirth.*
871 *EuGH* GRUR 2009, 763, 765 (Nr. 42) – *Lindt & Sprüngli / Franz Hauswirth.*
872 *EuGH* GRUR 2009, 763, 765 (Nr. 43) – *Lindt & Sprüngli / Franz Hauswirth.*

Nachfolgend konkretisiert der *EuGH*, wann der Markenanmelder in der Absicht handelt, einen Dritten an der Vermarktung einer Ware zu hindern. So heißt es weiter:

> *„Dies ist unter anderem dann der Fall, wenn sich später herausstellt, dass der Anmelder ein Zeichen als Marke hat eintragen lassen, ohne dessen Benutzung zu beabsichtigen, allein um den Marktzutritt eines Dritten zu verhindern."*[873]

Nach dem *EuGH* erfüllt die Marke in einem solchen Fall nämlich nicht ihre Hauptfunktion, die darin bestehe, dem Verbraucher oder Endabnehmer die Ursprungsidentität der betreffenden Ware oder Dienstleistung zu garantieren, indem sie ihm ermöglicht, diese Ware oder Dienstleistung ohne Gefahr einer Verwechslung von denen anderer Herkunft zu unterscheiden.[874]

b) Ergebnis

Nach dem *EuGH* beurteilt sich die Bösgläubigkeit des Markenanmelders im Sinne von Art. 51 Abs. 1 lit. b GMV a.F. anhand aller Faktoren des Einzelfalls. Dabei ist nach dem *EuGH* auch die Absicht des Markenanmelders im Zeitpunkt der Markenanmeldung zu berücksichtigen. Handelt der Markenanmelder in der Absicht, einen Dritten an der Vermarktung seiner Ware zu hindern, kann dies unter Umständen eine Bösgläubigkeit begründen. Dies ist dann der Fall, wenn der Markenanmelder allein in der Absicht handelt, den Marktzutritt eines Dritten zu verhindern, ohne dass der Markenanmelder selbst über einen Benutzungswillen verfügt.

3. Vereinbarkeit der nationalen Rechtsprechung mit der *Lindt*-Entscheidung des *EuGH* in Bezug auf den Benutzungswillen

Im Folgenden soll untersucht werden, ob die Rechtsprechung des *EuGH* in Bezug auf den Benutzungswillen Anlass zur Änderung der nationalen Rechtsprechung gibt.

Der *EuGH* bezieht zu der Frage, wie sich das Vorliegen eines Benutzungswillens auf die Beurteilung einer Markenanmeldung als bösgläubig auswirkt, nicht ausdrücklich Stellung. Aus der zentralen Vorgabe des *EuGH*, dass alle Umstände des Einzelfalls für die Beurteilung der Bösgläubigkeit heranzuziehen sind,[875] folgt jedoch, dass das Vorliegen eines Benutzungswillens Eingang in die

---

873 *EuGH* GRUR 2009, 763, 765 (Nr. 44) – *Lindt & Sprüngli / Franz Hauswirth.*

874 *EuGH* GRUR 2009, 763, 765 (Nr. 45) – *Lindt & Sprüngli / Franz Hauswirth.*

875 Vgl. *EuGH* GRUR 2009, 763, 765 (Nr. 37 und Nr. 53) – *Lindt & Sprüngli / Franz Hauswirth.*

Beurteilung der Bösgläubigkeit finden muss. Diese Schlussfolgerung findet ihre Bestätigung in der weiteren Vorgabe des *EuGH*, wonach auch *„die Absicht"* des Anmelders zum Zeitpunkt der Markenanmeldung zu berücksichtigen ist.[876] Die Formulierung *„die Absicht"* ist wertneutral und impliziert sowohl legitime Absichten, wie beispielsweise die Benutzungsabsicht, wie auch nicht-legitime Absichten, wie beispielsweise die Behinderungsabsicht.

Allerdings erklärt sich der *EuGH* nicht ausdrücklich zu der Frage, was gelten soll, wenn der Markenanmelder bei der Markenanmeldung einerseits über einen Benutzungswillen verfügt, andererseits aber auch einen Dritten behindern will – wenn also ein grundsätzlich legitimes Motiv und ein nicht-legitimes Motiv in der Person des Markenanmelders zusammentreffen. In der *Lindt*-Entscheidung heißt es lediglich, dass ein Markenanmelder in Behinderungsabsicht handelt, wenn er ein Zeichen als Marke hat eintragen lassen, *„ohne dessen Benutzung zu beabsichtigen"* und *„allein"* um den Marktzutritt eines Dritten zu verhindern.[877] Diese Aussage könnte man dahin verstehen, dass eine Behinderungsabsicht im Sinne einer Bösgläubigkeit nach dem *EuGH* nur dann vorliegt, wenn der Markenanmelder *„allein"* in Behinderungsabsicht handelt. Ein ausschließliches Handeln in Behinderungsabsicht läge nicht vor, wenn der Markenanmelder auch über einen Benutzungswillen verfügt. In diesem Fall stünde das Vorhandensein eines Benutzungswillens der Bejahung einer Bösgläubigkeit also entgegen.

Ein solches Verständnis der *Lindt*-Entscheidung dürfte jedoch zu kurz greifen. Denn zunächst heißt es in der *Lindt*-Entscheidung lediglich, dass die Absicht, einen Dritten an der Vermarktung einer Ware zu hindern, *„unter bestimmten Umständen"* für die Bösgläubigkeit kennzeichnend sein kann.[878] Nach dem *EuGH* können diese *„bestimmten Umstände"* eben darin liegen, dass der Markeninhaber das Zeichen eintragen ließ, *„allein"* um den Marktzutritt eines Dritten zu verhindern und *„ohne dessen Benutzung"* zu beabsichtigen.[879] Hierbei handelt es sich ausweislich der Ausführungen des *EuGH* (*„unter anderem"*)[880] lediglich um ein Beispiel, in dem die Behinderungsabsicht kennzeichnend für eine Bösgläubigkeit des Markenanmelders ist. Insofern kann aus diesem Beispiel für eine die Bösgläubigkeit kennzeichnende Behinderungsabsicht nicht geschlossen werden, dass eine Behinderungsabsicht nach dem *EuGH* nur dann eine die Bösgläubigkeit begründende Behinderungsabsicht ist, wenn sie das alleinige Motiv für die Markenanmeldung war.

---

876 *EuGH* GRUR 2009, 763, 765 (Nr. 41) – *Lindt & Sprüngli / Franz Hauswirth.*
877 *EuGH* GRUR 2009, 763, 765 (Nr. 44) – *Lindt & Sprüngli / Franz Hauswirth.*
878 *EuGH* GRUR 2009, 763, 765 (Nr. 43) – *Lindt & Sprüngli / Franz Hauswirth.*
879 *EuGH* GRUR 2009, 763, 765 (Nr. 44) – *Lindt & Sprüngli / Franz Hauswirth.*
880 *EuGH* GRUR 2009, 763, 765 (Nr. 44) – *Lindt & Sprüngli / Franz Hauswirth.*

Gegen ein Verständnis der *Lindt*-Entscheidung dahin, dass der *EuGH* die Behinderungsabsicht als das alleinige Motiv zur Beurteilung einer Markenanmeldung als bösgläubig verstanden wissen wollte, spricht außerdem, dass der *EuGH* im Zusammenhang mit der Absicht des Markenanmelders darauf hinweist, dass es sich hierbei um ein subjektives Tatbestandsmerkmal handelt[881] und er in diesem Zusammenhang Bezug auf den Abschnitt in den Schlussanträgen der Generalanwältin *Sharpston* nimmt, in welchem diese auf die Beweisschwierigkeiten bei subjektiven Tatbestandsmerkmalen hinweist.[882] Vor dem Hintergrund der bei einem subjektiven Tatbestandsmerkmal ohnehin schon bestehenden Beweisschwierigkeiten scheint es kaum vorstellbar, dass der *EuGH* diese Beweisschwierigkeiten noch dadurch verschärfen wollte, dass er verlangt, dass die Behinderungsabsicht das alleinige Motiv für die Markenanmeldung war. Denn der Nachweis, dass die Behinderungsabsicht das alleinige Motiv für die Markenanmeldung war, dürfte kaum gelingen, sobald der Markenanmelder halbwegs schlüssig behauptet, er habe die Marke auch benutzen wollen.

Demzufolge ist davon auszugehen, dass der *EuGH* die Behinderungsabsicht nicht als das alleinige Motiv für die Markenanmeldung verstanden wissen wollte, um den Tatbestand der bösgläubigen Markenanmeldung als erfüllt anzusehen. Verfügt der Markenanmelder bei der Anmeldung somit sowohl über einen Benutzungswillen als auch über eine Behinderungsabsicht, so steht der Benutzungswille der Bejahung der Bösgläubigkeit nicht automatisch entgegen. Vielmehr kommt es dem *EuGH* auf eine Gesamtbetrachtung aller Umstände des Einzelfalls an.

Eine Änderung der nationalen Rechtsprechung, wonach das Vorliegen eines Benutzungswillens der Annahme einer Behinderungsabsicht und damit der Bejahung einer Bösgläubigkeit nicht entgegensteht,[883] ist somit nicht angezeigt.

IV. Ergebnis

In diesem Kapitel wurde die Frage untersucht, ob und inwieweit bei der Sperrmarke das Vorliegen eines Benutzungswillens der Annahme einer Behinderungsabsicht und damit der Beurteilung einer Markenanmeldung als bösgläubig entgegensteht. Hierbei wurde festgestellt, dass die Beurteilung einer Markenanmeldung als bösgläubig im Sinne des § 8 Abs. 2 Nr. 10 MarkenG in subjektiver

881 *EuGH* GRUR 2009, 763, 765 (Nr. 42) – *Lindt & Sprüngli / Franz Hauswirth*.

882 *EuGH* GRUR 2009, 763, 765 (Nr. 42) – *Lindt & Sprüngli / Franz Hauswirth* unter Bezugnahme auf Nr. 58 in den Schlussanträgen der Generalanwältin *Sharpston*, BeckRS 2009, 70282.

883 Siehe 4. Kap. III 1.

Hinsicht nicht voraussetzt, dass die Behinderungsabsicht alleiniges Motiv für die Markenanmeldung war. Ausreichend ist vielmehr, wenn die Behinderungsabsicht wesentliches Motiv für die Markenanmeldung war, wobei die Behinderungsabsicht andere Motive nicht dominiert haben muss. Deswegen steht allein der Benutzungswille des Markenanmelders der Annahme einer Behinderungsabsicht und damit der Bejahung der Bösgläubigkeit nicht entgegen. Bei der Beurteilung der Motive für die Markenanmeldung sind alle Umstände des Einzelfalls in eine Gesamtbetrachtung einzubeziehen.[884] Eine Änderung der Rechtsprechung infolge der *Lindt*-Entscheidung des *EuGH* ist nicht veranlasst.[885]

884 Siehe 4. Kap. III, insbesondere 4. Kap. III 1 f.
885 Siehe 4. Kap. III 3.

Fünftes Kapitel: Zusammenfassung

Gegenstand der vorliegenden Arbeit war die Frage, wie sich das Fehlen oder Vorliegen eines Benutzungswillens auf den Tatbestand der bösgläubigen Markenanmeldung nach § 8 Abs. 2 Nr. 10 MarkenG auswirkt.[886]

Im Rahmen der einleitenden Untersuchung erfolgte mit dem Zweiten Kapitel zunächst eine Auseinandersetzung mit den Grundlagen der bösgläubigen Markenanmeldung nach § 8 Abs. 2 Nr. 10 MarkenG.[887] Hierbei wurde unter anderem festgestellt, dass es sich bei dem absoluten Schutzhindernis der bösgläubigen Markenanmeldung um einen Teilaspekt des allgemeinen Verbots des Rechtsmissbrauchs handelt.[888] Außerdem ergab die Untersuchung, dass § 8 Abs. 2 Nr. 10 MarkenG nicht abschließend ist und somit Ansprüche aus §§ 3, 4 Nr. 10 UWG, 826 BGB oder den Einwand des Rechtsmissbrauchs nicht ausschließt.[889] Anschließend folgte eine Auseinandersetzung mit den drei Fallgruppen, die sich zur Konkretisierung des unbestimmten Rechtsbegriffs der Bösgläubigkeit in der Rechtsprechung herausgebildet haben. Es handelt sich hierbei um die Fallgruppe der Sperrmarke mit den beiden Unterfallgruppen der Störung eines fremden schutzwürdigen Besitzstands und dem zweckfremden Einsatz der Marke als Mittel des Wettbewerbkampfes sowie um die beiden weiteren Fallgruppen der Spekulationsmarke und der Markenerschleichung. Angesichts der Vorgabe des *EuGH*, dass bei einer Beurteilung der Bösgläubigkeit alle Umstände des Einzelfalls im Rahmen einer Gesamtabwägung zu berücksichtigen sind, wurde festgestellt, dass die Fallgruppen allenfalls eine Orientierungshilfe bieten und sich eine schematische Betrachtung der Bösgläubigkeit verbietet.[890] Ferner ergab eine Untersuchung des für die Bösgläubigkeit maßgeblichen Zeitpunkts, dass sich die Bösgläubigkeit zum Zeitpunkt der Anmeldung beurteilt.[891]

Mit dem Dritten Kapitel folgte das Herzstück der Arbeit, nämlich die Untersuchung der Frage, ob das Fehlen eines Benutzungswillens allein den Vorwurf der Bösgläubigkeit im Sinne des § 8 Abs. 2 Nr. 10 MarkenG rechtfertigt.[892] Als

886 Siehe 1. Kap. I am Ende.

887 Siehe 2. Kap.

888 Siehe 2. Kap. III 1.

889 Siehe 2. Kap. III 3 und 2. Kap. III 4.

890 Siehe 2. Kap. VI.

891 Siehe 2. Kap. V.

892 Siehe 3. Kap.

Voruntersuchung wurden zunächst die rechtshistorische Entwicklung des Benutzungszwangs und der Abschaffung des Akzessorietätsprinzips beleuchtet.[893] Es wurde unter anderem gezeigt, dass der Fortbestand des Markenschutzes von der rechtzeitigen Benutzungsaufnahme abhängt.[894] Außerdem wurde festgestellt, dass allein das Fehlen eines Geschäftsbetriebs angesichts der bewussten Abschaffung des Akzessorietätsprinzips keine Bösgläubigkeit im Sinne des § 8 Abs. 2 Nr. 10 MarkenG zu begründen vermag.[895]

Als weitere Voruntersuchung erfolgte eine Auseinandersetzung mit der Rechtslage zum Benutzungswillen unter der Geltung des Warenzeichengesetzes.[896] Es wurde gezeigt, dass das Merkmal des Benutzungswillens unter der Geltung des Warenzeichengesetzes als eine allgemeine Voraussetzung für die Erlangung von Zeichenschutz nach § 1 WZG verstanden wurde.[897] Der Benutzungswille musste sich auf die Kennzeichnung der Waren aus dem eigenen Geschäftsbetrieb zur Unterscheidung von den Waren anderer beziehen.[898] Angesichts der Schwierigkeiten bei der Feststellung dieses subjektiven Merkmals wurde der Benutzungswille widerlegbar vermutet.[899] Um dem Missbrauchspotential unbenutzter Zeichen entgegenzuwirken, schränkte die Rechtsprechung den Zeichenschutz von unbenutzten Zeichen ein, indem sie diese Zeichen wettbewerbsrechtlichen Schranken unterstellte, wobei dies für Vorrats- und Defensivzeichen gleichermaßen galt.[900]

Im Anschluss an die Aufarbeitung der Rechtslage zum Warenzeichengesetz erfolgte die Untersuchung der ersten Kernfrage, nämlich der Frage, ob – negativ – das Fehlen des Benutzungswillens allein den Vorwurf der bösgläubigen Markenanmeldung nach § 8 Abs. 2 Nr. 10 MarkenG rechtfertigt und der Benutzungswille somit ein hinreichendes Kriterium ist, um eine bösgläubige Markenanmeldung in Form der Spekulationsmarke von einer legitimen Markenanmeldung abzugrenzen.[901] Die Untersuchung hat unter anderem gezeigt, dass die Marke ihrem Wesen nach auf eine Benutzung zur Kennzeichnung von Waren oder Dienstleistungen angelegt ist und jeder Benutzung die Bildung eines entsprechenden Willens zwingend vorausgeht. Daraus ergab sich das Ergebnis, dass das Merkmal des Benutzungswillens dem Markengesetz immanent ist, auch

893 Siehe 3. Kap. II.
894 Siehe 3. Kap. II 1.
895 Siehe 3. Kap. II 2 und 3. Kap. II 3.
896 Siehe 3. Kap. III.
897 Siehe 3. Kap. III 4 a.
898 Siehe 3. Kap. III 2.
899 Siehe 3. Kap. III 3.
900 Siehe 3. Kap. III 5.
901 Siehe 3. Kap. IV.

wenn das Markengesetz keine entsprechende Regelung enthält.[902] Außerdem wurde festgestellt, dass der Markeninhaber über einen Benutzungswillen verfügt, wenn er die Marke entweder selbst benutzen oder sie der Benutzung durch einen Dritten zuführen möchte, wobei sich der Benutzungswille auf eine Benutzung der Marke zur Kennzeichnung der Waren oder Dienstleistungen zu ihrer Unterscheidung von den Waren oder Dienstleistungen anderer beziehen muss.[903]

Die Untersuchung hat außerdem gezeigt, dass es sich bei dem Merkmal des Benutzungswillens entgegen der vom *BGH* in der *Classe E*-Entscheidung vertretenen Ansicht um keine allgemeine Schutzvoraussetzung für die Erlangung von Markenschutz handelt.[904] Vielmehr ist das Fehlen eines Benutzungswillens unter dem Gesichtspunkt der bösgläubigen Markenanmeldung nach § 8 Abs. 2 Nr. 10 MarkenG zu berücksichtigen[905] – so wie es der *BGH* in der *Ivadal*-Entscheidung letztendlich doch vertreten hat.[906] Dieses Ergebnis ergab sich unter anderem aus den Gesetzesmaterialien zum Markenrechtsreformgesetz und zum Geschmacksmusterreformgesetz. Außerdem wurde dieses Ergebnis auf die Regelungen zum Benutzungszwang gestützt. Denn ausweislich dieser Regelungen hat der Markeninhaber fünf Jahre Zeit, um einen Benutzungswillen zu bilden und ihn mit der Benutzung zu verwirklichen.[907]

Weiter hat die Untersuchung ergeben, dass das Fehlen eines Benutzungswillens im Zeitpunkt der Markenanmeldung allein noch nicht den Vorwurf der Bösgläubigkeit nach § 8 Abs. 2 Nr. 10 MarkenG rechtfertigt. Dies wurde im Wesentlichen damit begründet, dass andernfalls das Ergebnis, dass es sich bei dem Benutzungswillen um keine allgemeine Schutzvoraussetzung handelt, durch die Hintertür umgangen würde.[908] Als Ergebnis lässt sich demzufolge festhalten, dass der Benutzungswillen kein hinreichendes Kriterium ist, um eine Markenanmeldung zu Spekulationszwecken von einer legitimen Markenanmeldung abzugrenzen.

Im Anschluss an diese Erkenntnis wurde untersucht, welche Kriterien neben dem Benutzungswillen oder anstelle des Benutzungswillens in Betracht kommen, um eine bösgläubige Markenanmeldung in Form der Spekulationsmarke von einer legitimen Markenanmeldung abzugrenzen. Dabei wurde festgestellt, dass die wohl herrschende Meinung die Abgrenzung neben dem Fehlen des Be-

902 Siehe 3. Kap. IV 1 c aa).
903 Siehe 3. Kap. IV 1 c aa) am Ende.
904 Siehe 3. Kap. IV 1 c bb).
905 Siehe 3. Kap. IV 1 c bb) und 3. Kap. IV 1 c cc).
906 Siehe 3. Kap. IV 1 b bb).
907 Siehe 3. Kap. IV 1 c bb).
908 Siehe 3. Kap. IV 1 c cc) (2).

nutzungswillens wesentlich anhand der Behinderungsabsicht vornimmt.[909] Eine nähere Untersuchung hat jedoch gezeigt, dass gegen die Behinderungsabsicht als wesentliches Abgrenzungskriterium einzuwenden ist, dass die Behinderungsabsicht nicht den Kern der Spekulationsmarke trifft, weil die Behinderungswirkung bei der Spekulationsmarke als Mittel zum Zweck quasi nur ein Durchgangsstadium zur Verwirklichung anderer Ziele darstellt und es dem Inhaber einer Spekulationsmarke zuallererst um die Verwirklichung dieser anderen Ziele geht.[910]

Die anschließende Auseinandersetzung mit den weiteren in der Literatur vertretenen Lösungsansätzen hat gezeigt, dass auch diese Lösungsansätze mehr oder weniger gewichtige Schwachpunkte aufweisen, die im Wesentlichen darin liegen, dass sie entweder die Abschaffung des Akzessorietätsprinzips nicht hinreichend berücksichtigen[911] oder den Wertungen, die das Markengesetz durch die Regelungen zum Benutzungszwang erfahren hat, nicht gerecht werden[912] oder das Wesen der Spekulationsmarke verfehlen[913] oder die Abgrenzungsschwierigkeiten zwischen einer bösgläubigen Markenanmeldung zu Spekulationszwecken und einer legitimen Markenanmeldung nicht befriedigend zu lösen vermögen.[914]

Vor diesem Hintergrund war nach einem alternativen Lösungsweg zu suchen. Nach dem hier vertretenen Lösungsvorschlag erfolgt die Abgrenzung einer bösgläubigen Markenanmeldung in Form der Spekulationsmarke von einer legitimen Markenanmeldung anhand des Kriteriums der missbräuchlichen Verwendungsabsicht.[915] Eine missbräuchliche Verwendungsabsicht liegt insbesondere vor, wenn die Markenanmeldung dazu dient, einen Dritten in eine Zwangslage zu bringen, um diese Zwangslage später zu eigenen Gunsten, insbesondere zur Durchsetzung von Ansprüchen gegen den Dritten, auszunutzen.[916] Der Benutzungswille kann je nachdem, ob der Markenanmelder über einen Benutzungswillen verfügt, als Indiz für oder gegen die missbräuchliche Verwendungsabsicht herangezogen werden, wobei das Fehlen des Benutzungswillens allein den Tatbestand der bösgläubigen Markenanmeldung nach § 8 Abs. 2 Nr. 10 MarkenG noch nicht erfüllt. Für die Beurteilung der missbräuchlichen Verwendungsabsicht sind alle Umstände des Einzelfalls heranzuziehen.[917]

---

909 Siehe 3. Kap. IV 1 b cc).

910 Siehe 3. Kap. IV 1 c cc) (2).

911 So der Lösungsansatz von *Meister*, siehe 3. Kap. IV 2 e aa) (1) und der Lösungsansatz von *Kiethe/Groeschke*, siehe 3. Kap. IV 2 e cc).

912 So der Lösungsansatz von *Füllkrug*, siehe 3. Kap. IV 2 e aa) (2).

913 So der Lösungsansatz von *Ticic*, siehe 3. Kap. IV 2 e bb).

914 So der Lösungsansatz von *Treudler*, siehe 3. Kap. IV 2 e dd).

915 Siehe 3. Kap. IV 3, insbesondere 3. Kap. IV 3 b bb) (1).

916 Siehe 3. Kap. IV 3 b bb) (1).

917 Siehe 3. Kap. IV 3 b bb) (2).

Auf die Untersuchung der ersten Kernfrage schloss sich mit dem Vierten Kapitel die Untersuchung der zweiten Kernfrage an, nämlich die Untersuchung der Frage, ob – positiv – das Vorliegen eines Benutzungswillens der Bejahung einer Behinderungsabsicht und damit der Bejahung einer Bösgläubigkeit unter dem Gesichtspunkt der Sperrmarke entgegensteht.[918] Hierbei wurde festgestellt, dass die Beurteilung einer Markenanmeldung als bösgläubig – wie schon unter der Geltung des Warenzeichengesetzes[919] – in subjektiver Hinsicht nicht voraussetzt, dass die Behinderungsabsicht alleiniges Motiv für die Markenanmeldung war. Die Untersuchung hat vielmehr ergeben, dass es ausreicht, wenn die Behinderungsabsicht wesentliches Motiv für die Markenanmeldung war, wobei sie andere Motive nicht dominiert haben muss. Daraus ergab sich, dass allein der Benutzungswille des Markenanmelders der Annahme einer Behinderungsabsicht und damit der Bejahung der Bösgläubigkeit nicht entgegensteht. Außerdem wurde festgestellt, dass bei der Beurteilung der Motive für die Markenanmeldung alle Umstände des Einzelfalls in eine Gesamtbetrachtung einzubeziehen sind.[920] Weiter hat die Untersuchung gezeigt, dass an dieser nationalen Rechtsprechungspraxis auch nach der *Lindt*-Entscheidung weiterhin festgehalten werden kann, auch wenn sich der *EuGH* zu dieser Frage in dieser Entscheidung nicht ausdrücklich geäußert hat.[921]

Zusammenfassend ergibt sich für die bösgläubige Markenanmeldung nach § 8 Abs. 2 Nr. 10 MarkenG im Lichte des Benutzungswillens und damit für die vorliegende Arbeit, dass weder aus dessen Fehlen noch aus dessen Vorliegen der Schluss auf oder gegen eine Bösgläubigkeit gezogen werden kann. Vielmehr kann in dem Benutzungswillen lediglich ein Indiz für oder gegen eine Bösgläubigkeit gesehen werden, je nachdem, ob er fehlt oder vorliegt. Insofern handelt es sich bei dem Benutzungswillen um ein Puzzlestück, welches mit anderen Puzzlestücken in Form von zusätzlichen Umständen ein Gesamtbild ergibt. Erst eine Betrachtung dieses Gesamtbilds lässt erkennbar werden, ob dem Markenanmelder der Vorwurf der Bösgläubigkeit gemacht werden kann.

918 Siehe 4. Kap.

919 Siehe 4. Kap. II.

920 Siehe 4. Kap. III, insbesondere 4. Kap. III f.

921 Siehe 4. Kap. III 2 und 4. Kap. III 3.

Literaturverzeichnis

Althammer, Werner: Warenzeichengesetz, 4. Auflage, Köln u.a. 1989;
zit.: *Althammer*, Warenzeichengesetz, § Rdnr.

Arndt, Hans-Wolfgang / Fischer, Kristian / Fetzer, Thomas: Europarecht, 10. Auflage, Heidelberg u.a. 2010;
zit.: *Arndt/Fischer/Fetzer*, Europarecht, Rdnr.

Baumbach, Adolf / Hefermehl, Wolfgang: Warenzeichenrecht und internationales Wettbewerbs- und Zeichenrecht: Warenzeichengesetz, Pariser Verbandsübereinkunft, Madrider Herkunftsabkommen, Nizzaer Klassifikationsabkommen, zweiseitige Abkommen, 12. Auflage, München 1985;
zit.: *Baumbach/Hefermehl*, Warenzeichenrecht, § Rdnr.

Becher, Hans: Defensivzeichen sind rechtswidrig in: Gewerblicher Rechtsschutz und Urheberrecht (GRUR) 1958, S. 324 ff.;
zit.: *Becher*, GRUR 1958, 324.

Berlit, Wolfgang: Markenrecht, 9. Auflage, München 2012;
zit.: *Berlit*, Markenrecht, Rdnr.

Berlit, Wolfgang: Löschung einer Marke wegen Bösgläubigkeit – *S100* in: Kommentierte *BGH*-Rechtsprechung Lindenmaier-Möhring (LMK) 2004, S. 134 ff.;
zit.: *Berlit*, LMK 2004, 134.

Bingener, Senta: Markenrecht: Ein Leitfaden für die Praxis, 2. Auflage, München 2012;
zit.: *Bingener*, Markenrecht, Teil Rdnr.

Bitter, Georg / Rauhut, Tilmann: Grundzüge zivilrechtlicher Methodik – Schlüssel zu einer gelungenen Fallbearbeitung in: Juristische Schulung (JuS) 2009, S. 289 ff.;
zit.: *Bitter/Rauhut*, JuS 2009, 289.

Bleckmann, Albert: Probleme der Auslegung europäischer Richtlinien in: Zeitschrift für Unternehmens- und Gesellschaftsrecht (ZGR) 1992, S. 364 ff.;
zit.: *Bleckmann*, ZGR 1992, 364.

Bökel, Werner: Probleme des Benutzungszwangs für Warenzeichen in: Der Betriebs-Berater (BB) 1971, S. 1033 ff.;
zit.: *Bökel*, BB 1971, 1033.

Bökel, Werner: Art, Umfang und Dauer der Benutzung eines Warenzeichens nach dem Vorabgesetz in: Gewerblicher Rechtsschutz und Urheberrecht (GRUR) 1970, S. 391 ff.;
zit.: *Bökel*, GRUR 1970, 391.

Bölling, Markus: Der maßgebliche Zeitpunkt bei der Überprüfung einer Marke auf absolute Schutzhindernisse in: Gewerblicher Rechtsschutz und Urheberrecht (GRUR) 2011, S. 472 ff.;
zit.: *Bölling*, GRUR 2011, 472.

Brechmann, Winfried: Die richtlinienkonforme Auslegung: zugleich ein Beitrag zur Dogmatik der EG-Richtlinie, München 1993;
zit.: *Brechmann*, Die richtlinienkonforme Auslegung, S.

Brink, Ursula: Markenhandel mit Gemeinschaftsmarken und deutschen Marken, Konstanz 2002;
zit.: *Brink*, Markenhandel mit Gemeinschaftsmarken und deutschen Marken, S.

Brötje, Sonja: Die bösgläubige Markenanmeldung unter Berücksichtigung der Rechtslage in Österreich, den Beneluxstaaten und dem Vereinigten Königreich, München 2003;
zit.: *Brötje*, Die bösgläubige Markenanmeldung, S.

Büscher, Wolfgang / Dittmer, Stefan / Schiwy, Peter: Gewerblicher Rechtsschutz, Urheberrecht, Medienrecht, 2. Auflage, Köln 2011;
zit.: *Bearbeiter* in: Büscher/Dittmer/Schiwy, Gewerblicher Rechtsschutz, § Rdnr.

Busse, Rudolf / Starck, Joachim: Warenzeichengesetz nebst Pariser Verbandsübereinkunft und Madrider Abkommen, 6. Auflage, Berlin u.a. 1990;
zit.: *Busse/Starck*, Warenzeichengesetz, § Rdnr.

Duden: Bedeutungswörterbuch – Wortschatz und Wortbildung, Band 10, hrsg. von der Dudenredaktion, 4. Auflage, Mannheim u.a. 2010;
zit.: *Duden*, Bedeutungswörterbuch, S.

Eisenführ, Günther / Schennen, Detlef: Gemeinschaftsmarkenverordnung – Kommentar, 3. Auflage, Köln 2010;
zit.: *Bearbeiter* in: Eisenführ/Schennen, GMV, Art. Rdnr.

Ekey, Friedrich / Klippel, Diethelm / Bender, Achim: Markenrecht – Band 1: Markengesetz und Markenrecht ausgewählter Staaten, 2. Auflage, Heidelberg 2009;
zit.: *Bearbeiter* in: Ekey/Klippel/Bender, Markenrecht, § Rdnr.

Erman, Walter (Begr.): Bürgerliches Gesetzbuch – Handkommentar mit AGG, EGBGB (Auszug), ErbbauRG, HausratsVO, LPartG, ProdHaftG, UKlaG, VAHRG und WEG in zwei Bänden, Band II, hrsg. von Harm Peter Westermann, Barbara Grunewald, Georg Maier-Reimer, 13. Auflage, Köln 2011;
zit.: *Bearbeiter* in: Erman, BGB, § Rdnr.

Fabry, Bernd: Rotkäppchen und der böse Wolf – Von wertvollen Besitzständen und bösgläubigen Markenanmeldern in: Gewerblicher Rechtsschutz und Urheberrecht (GRUR) 2010, S. 566 ff.;
zit.: *Fabry*, GRUR 2010, 566.
Fezer, Karl-Heinz: Lauterkeitsrecht, UWG, Kommentar zum Gesetz gegen den unlauteren Wettbewerb, Band 1: §§ 1-4 UWG, 2. Auflage, München 2010;
zit.: *Bearbeiter* in: Fezer, UWG, § Rdnr.
Fezer, Karl-Heinz: Markenrecht – Kommentar zum Markengesetz, zur Pariser Verbandsübereinkunft und zum Madrider Markenabkommen, Dokumentation des nationalen, europäischen und internationalen Kennzeichenrechts, 4. Auflage, München 2009;
zit.: *Fezer*, Markenrecht, § Rdnr.
Fezer, Karl-Heinz: Markenrecht – Kommentar zum Markengesetz, zur Pariser Verbandsübereinkunft und zum Madrider Markenabkommen, Dokumentation des nationalen, europäischen und internationalen Kennzeichenrechts, 3. Auflage, München 2001;
zit.: *Fezer*, Markenrecht, 3. Auflage 2001, § Rdnr.
Fezer, Karl-Heinz: Der Benutzungszwang im Markenrecht, Berlin 1974;
zit.: *Fezer*, Der Benutzungszwang, S.
v. Filseck, Moser: Anmerkung zur *Dolex*-Entscheidung des *BGH* vom 24. Februar 1961, Az. I ZR 15/60 in: Gewerblicher Rechtsschutz und Urheberrecht (GRUR) 1961, S. 417 f.;
zit.: *v. Filseck*, GRUR 1961, 417.
Friedrich: Anmerkung zur *Dreitannen*-Entscheidung des *BGH* vom 29. März 1960, Az. I ZR 89/58 in: Gewerblicher Rechtsschutz und Urheberrecht (GRUR) 1961, S. 38 f.;
zit.: *Friedrich*, GRUR 1961, 38.
Füllkrug, Dieter: Gedanken zur markenrechtlichen Einordnung der Spekulations- oder Sperrmarke in: Wettbewerb in Recht und Praxis (WRP) 2006, S. 664 ff.;
zit.: *Füllkrug*, WRP 2006, 664.
Füllkrug, Dieter: Spekulationsmarken und ihre Löschung in: Wettbewerb in Recht und Praxis (WRP) 1995, S. 378 ff.;
zit.: *Füllkrug*, WRP 1995, 378.
Füllkrug, Dieter: Spekulationsmarken – Eröffnet der Wegfall des Geschäftsbetriebes die Möglichkeit, Formalrechte zu missbrauchen? In: Gewerblicher Rechtsschutz und Urheberrecht (GRUR) 1994, S. 679 ff.;
zit.: *Füllkrug*, GRUR 1994, 679.

Gaedertz, Alfred-Carl: Anmerkung zur *Shamrock III*-Entscheidung des *BGH* vom 10. Oktober 1985, Az. I ZR 135/83 in: Gewerblicher Rechtsschutz und Urheberrecht (GRUR) 1986, S. 78 f.;
zit.: *Gaedertz*, GRUR 1986, 78.

v. Gamm, Otto-Friedrich: Bestandsaufnahme zum Benutzungszwang im Warenzeichenrecht in: Gewerblicher Rechtsschutz und Urheberrecht (GRUR) 1977, S. 517 ff.;
zit.: *v. Gamm*, GRUR 1977, 517.

v. Gamm, Otto-Friedrich: Warenzeichenänderungsgesetz vom 4. September 1967 mit der Neufassung vom 2. Januar 1968 und der neuesten Rechtsprechung zum WZG, München 1968;
zit.: *v. Gamm*, Warenzeichenänderungsgesetz, § Rdnr.

v. Gamm, Otto-Friedrich: Warenzeichengesetz – Kommentar, München 1965;
zit.: *v. Gamm*, Warenzeichengesetz, § Rdnr.

Götting, Horst-Peter / Meyer, Justus / Vormbrock, Ulf: Gewerblicher Rechtsschutz und Wettbewerbsrecht – Praxishandbuch, 1. Auflage, Baden-Baden 2011;
zit.: *Bearbeiter* in: Götting/Meyer/Vormbrock, Gewerblicher Rechtsschutz, § Rdnr.

Götting, Horst-Peter: Gewerblicher Rechtsschutz – Patent-, Gebrauchsmuster-, Geschmacksmuster- und Markenrecht – Ein Studienbuch, 9. Auflage, München 2010;
zit.: *Götting*, Gewerblicher Rechtsschutz, § Rdnr.

Grabrucker, Marianne: Die bösgläubige Markenanmeldung und das Löschungsverfahren in: Mitteilungen der deutschen Patentanwälte (Mitt.) 2008, S. 532 ff;
zit.: *Grabrucker*, Mitt. 2008, 532.

Hacker, Franz: Markenrecht – Das deutsche Markensystem, 2. Auflage, Köln 2011;
zit.: *Hacker*, Markenrecht § Rdnr.

Handkommentar Bürgerliches Gesetzbuch, hrsg. von Reiner Schulze, Heinrich Dörner, Ina Ebert, Jörn Eckert u.a., 7. Auflage, Baden-Baden 2012;
zit.: *Bearbeiter* in: HK, BGB, § Rdnr.

Hartgen, Wilhelm: Warenzeichengesetz – Kommentar, Köln 1968;
zit.: *Hartgen*, Warenzeichengesetz, § Rdnr.

Hefermehl, Wolfgang: Unbenutzte Warenzeichen aus der Sicht des Benutzungszwangs in: Gewerblicher Rechtsschutz und Urheberrecht (GRUR) 1968, S. 486 ff.;
zit.: *Hefermehl*, GRUR 1968, 486.

Helm, Horst: Die bösgläubige Markenanmeldung in: Gewerblicher Rechtsschutz und Urheberrecht (GRUR) 1996, S. 593 ff.;
zit.: *Helm*, GRUR 1996, 593.
Heydt, Ludwig: Verpflichtung, Nichtbenutzung eingetragener Warenzeichen nicht geltend zu machen? Eine Entgegnung in: Gewerblicher Rechtsschutz und Urheberrecht (GRUR) 1973, S. 179 ff.;
zit.: *Heydt*, GRUR 1973, 179.
Heydt, Ludwig: Benutzung und Benutzungszwang nach dem Vorabgesetz in: Möhring, Philipp (Hrsg.), Festschrift für Wolfgang Hefermehl zum 65. Geburtstag am 18. September 1971, Heidelberg 1971, S. 59 ff.;
zit.: *Heydt*: Festschrift für Hefermehl, S. 59.
Hildebrandt, Ulrich: Marken und andere Kennzeichen – Handbuch für die Praxis, 2. Auflage, Köln 2010;
zit.: *Hildebrandt*, Marken und andere Kennzeichen, § Rdnr.
Hildebrandt, Ulrich: Der Hase im Goldpelz – Überlegungen zum Vorabentscheidungsersuchen des *OGH* vom 2. Oktober 2007 – Az. 17 Ob 20/07a zur Frage der bösgläubigen Markenanmeldung in: Zeitschrift für deutsches, europäisches und internationales Kennzeichenrecht (MarkenR) 2008, S. 102 ff.;
zit.: *Hildebrandt*, MarkenR 2008, 102.
Horn, Norbert: Einführung in die Rechtswissenschaft und Rechtsphilosophie, 5. Auflage, Heidelberg 2011;
zit.: *Horn*, Einführung in die Rechtswissenschaft, § Rdnr.
Ilzhöfer, Volker / Engels, Rainer: Patent-, Marken- und Urheberrecht – Leitfaden für Ausbildung und Praxis, 8. Auflage, München 2010;
zit.: *Ilzhöfer/Engels*, Patent-, Marken- und Urheberrecht, Rdnr.
Ingerl, Reinhard / Rohnke, Christian: Markengesetz: Gesetz über den Schutz von Marken und sonstigen Kennzeichen, 3. Auflage, München 2010;
zit.: *Ingerl/Rohnke*, Markengesetz, § Rdnr.
Ingerl, Reinhard / Rohnke, Christian: Markengesetz: Gesetz über den Schutz von Marken und sonstigen Kennzeichen, 2. Auflage, München 2003;
zit.: *Ingerl/Rohnke*, Markengesetz, 2. Auflage 2003, § Rdnr.
Ingerl, Reinhard / Rohnke, Christian: Die Umsetzung der Markenrechts-Richtlinie durch das deutsche Markengesetz in: Neue Juristische Wochenschrift (NJW) 1994, S. 1247 ff.;
zit.: *Ingerl/Rohnke*, NJW 1994, 1247.
Jänich, Volker Michael: Vorbenutzungsrechte im Markenrecht? Der Begriff der Bösgläubigkeit nach der *Goldhase*-Entscheidung des *EuGH* in: Zeitschrift für deutsches, europäisches und internationales Kennzeichenrecht (MarkenR) 2009, S. 469 ff.;
zit.: *Jänich*, MarkenR 2009, 469.

Jordan, Götz: Markenanmeldung zu Spekulationszwecken in: Bopp, Thomas / Tilmann, Winfried (Hrsg.), Festschrift für Horst Helm zum 65. Geburtstag, München 2002, S. 187 ff.;
zit.: *Jordan*, Festschrift für Helm, S.

Jordan, Götz: Zum Rechtsmissbrauchseinwand im Markenrecht in: Erdmann, Willi (Hrsg.), Festschrift für Henning Piper, München 1996, S. 563 ff.;
zit.: *Jordan*, Festschrift für Piper, S.

Kiethe, Kurt / Groeschke, Peer: Die *„Classe E"*-Entscheidung des *BGH* als Ausgangspunkt für den Rechtsschutz gegen das Domain-Grapping in: Wettbewerb in Recht und Praxis (WRP) 2002, S. 27 ff.;
zit.: *Kiethe/Groeschke*, WRP 2002, 27.

Kiethe, Kurt / Groeschke, Peer: Die sittenwidrige Markenanmeldung und die Rechtsschutzmöglichkeiten des § 1 UWG in: Wettbewerb in Recht und Praxis (WRP) 1997, S. 269 ff.;
zit.: *Kiethe/Groeschke*, WRP 1997, 269.

Kleinmann, Werner: Warenzeichenrecht – Allgemeinverständliche Darstellung für die tägliche Wirtschaftspraxis mit zahlreichen Beispielen, den wichtigsten Rechtsvorschriften, amtlichen Bestimmungen und mit Mustern, Neuwied 1968;
zit.: *Kleinmann*, Warenzeichenrecht, S.

Klinkert, Friedrich / Schwab, Florian: Markenrechtlicher Raubbau an gemeinfreien Werken – ein richtungsweisendes *„Machtwort"* durch den *Mona Lisa*-Beschluss des *Bundespatentgerichts*? In: Gewerblicher Rechtsschutz und Urheberrecht (GRUR) 1999, S. 1067 ff.;
zit.: *Klinkert/Schwab*, GRUR 1999, 1067.

Kluge, Friedrich: Etymologisches Wörterbuch der deutschen Sprache, 25. Auflage, Berlin u.a. 2011;
zit.: *Bearbeiter* in: Kluge, Etymologisches Wörterbuch, S.

Knaak, Roland: Die Gemeinschaftsmarke Lindt Goldhase und ihre gerichtliche Durchsetzung in Österreich und Deutschland in: Zeitschrift für deutsches, europäisches und internationales Markenrecht (MarkenR) 2008, S. 285 ff.;
zit.: *Knaak*, MarkenR 2008, 285.

Köhler, Helmut / Bornkamm, Joachim: Gesetz gegen den unlauteren Wettbewerb – Preisangabenverordnung – Unterlassungsklagengesetz, 31. Auflage, München 2013;
zit.: *Bearbeiter* in: Köhler/Bornkamm, UWG, § Rdnr.

Kraft, A: Die warenzeichenrechtlichen Bestimmungen des Vorabgesetzes in: Gewerblicher Rechtsschutz und Urheberrecht (GRUR) 1968, S. 123 ff.;
zit. *Kraft*, GRUR 1968, 123.

v. Kreisler / Ruprecht, Ingeborg: Benutzungszwang für Warenzeichen in: Gewerblicher Rechtsschutz und Urheberrecht (GRUR) 1954, S. 434 ff.;
zit.: *v. Kreisler/Ruprecht*, GRUR 1954, 434.
Kreye, Peter: Benutzungszwang für Warenzeichen, Hamburg 1967;
zit.: *Kreye*: Benutzungszwang für Warenzeichen, S.
Krieger, Ulrich: Benutzungswille und Benutzungszwang im Warenzeichenrecht in: Gewerblicher Rechtsschutz und Urheberrecht (GRUR) 1972, S. 311 ff.;
zit.: *Krieger*, GRUR 1972, 311.
Kunz-Hallstein, Hans Peter: Die absolute Bindung der Marke an den Geschäftsbetrieb und ihre Aufhebung durch das Erstreckungsgesetz in: Gewerblicher Rechtsschutz und Urheberrecht (GRUR) 1993, S. 439 ff.;
zit.: *Kunz-Hallstein*, GRUR 1993, 439.
Lange, Paul: Marken- und Kennzeichenrecht, 2. Auflage, München 2012;
zit.: *Lange*, Marken- und Kennzeichenrecht, § Rdnr.
Lerach, Mark: Defensivmarken für Veranstaltungsbezeichnungen – Eine Fallgruppe bösgläubiger Markenanmeldung gemäß § 8 Abs. 2 Nr. 10 MarkenG? In: Gewerblicher Rechtsschutz und Urheberrecht (GRUR) 2009, S. 107 ff;
zit.: *Lerach*, GRUR 2009, 107.
v. Linstow, Bernhard: Ist die Offensivmarke ein absolutes Schutzhindernis? Fragen zu § 50 Abs. 1 Nr. 4 MarkenG in: Zeitschrift für deutsches, europäisches und internationales Kennzeichenrecht (MarkenR) 1999, S. 81 ff.;
zit.: *v. Linstow*, MarkenR 1999, 81.
Lückenbach, Andreas: Der Benutzungszwang im Markenrecht aufgrund der Neuregelung durch das Markengesetz – gesetzgeberische Ziele und deren Umsetzung durch die Rechtsprechung in: Gewerblicher Rechtsschutz und Urheberrecht (GRUR) 2000, S. 7 ff.;
zit.: *Lückenbach*, GRUR 2000, 7.
Marx, Claudius: Deutsches, europäisches und internationales Markenrecht, 2. Auflage, Köln 2007;
zit.: *Marx*, Deutsches, europäisches und internationales Markenrecht, S.
Meessen, Karl: Die bösgläubige Markenanmeldung aus verfassungsrechtlicher Sicht in: Gewerblicher Rechtsschutz und Urheberrecht (GRUR) 2003, S. 672 ff.;
zit.: *Meessen*, GRUR 2003, 672.
Meister, Herbert: Praktische Erfahrungen mit dem neuen Markengesetz in: Wettbewerb in Recht und Praxis (WRP) 1995, S. 1005 ff.;
zit.: *Meister*, WRP 1995, 1005.
Meister, Herbert: Marke und Recht – Texte und Materialien, 2. Auflage, Wiesbaden 1994;
zit.: *Meister*, Marke und Recht, S.

Meister, Herbert: Bemerkungen zum Entwurf eines Markengesetzes in: Zeitschrift für deutsches, europäisches und internationales Kennzeichenrecht (MarkenR) 1993, S. 214 ff.;
zit.: *Meister*, MarkenR 1993, 214.

Miosga, Willy: Benutzungszwang für Warenzeichen, München 1972;
zit.: *Miosga*, Benutzungszwang für Warenzeichen, S.

Miosga, Willy: Benutzungszwang in der Praxis in: Gewerblicher Rechtsschutz und Urheberrecht (GRUR) 1970, S. 439 ff;
zit.: *Miosga*, GRUR 1970, 439.

Miosga, Willy: Die Situation auf dem Warenzeichengebiet nach dem Inkrafttreten des Vorabgesetzes in: Gewerblicher Rechtsschutz und Urheberrecht (GRUR) 1968, S. 237 ff.;
zit.: *Miosga*, GRUR 1968, 237.

Müller, Tobias Malte / Laudonio, Aldo: Die Bösgläubigkeit bei Markenanmeldung im Spiegel der neueren deutschen und italienischen Rechtsprechung in: Gewerblicher Rechtsschutz und Urheberrecht – Internationaler Teil (GRUR Int.) 2012, S. 417 ff.;
zit.: *Müller/Laudonio*, GRUR Int. 2012, 417.

Münchener Kommentar zur Zivilprozessordnung, §§ 1-510 c ZPO, hrsg. von Thomas Rauscher, Peter Wax, Joachim Wenzel, 4. Auflage, München 2013;
zit.: *Bearbeiter* in: MüKo, ZPO, § Rdnr.

Muthorst, Olaf: Grundlagen der Rechtswissenschaft – Methode, Begriff, System, München 2011;
zit.: *Muthorst*, Grundlagen der Rechtswissenschaft, § Rdnr.

Nave, José: Einführung in das Markenrecht – Deutsches, europäisches und internationales Markenrecht, 3. Auflage, Frankfurt am Main 2011;
zit.: *Nave*, Einführung in das Markenrecht, Kap. Rdnr.

Neumann, Helmut: Warenzeichengesetz – Kommentar, 1. Auflage, Baden-Baden 1992;
zit.: *Neumann*, Warenzeichengesetz, § S.

Nordemann, Axel / Nordemann, Jan Bernd / Nordemann-Schiffel, Anke: Wettbewerbsrecht – Markenrecht, 11. Auflage, Baden-Baden 2012;
zit.: *Nordemann*, Wettbewerbs- und Markenrecht, Rdnr.

Osterloh, Eilert: Zur bösgläubigen Markenanmeldung in: Ahrens, Hans-Jürgen / Bornkamm, Joachim / Kunz-Hallstein, Hans Peter (Hrsg.), Festschrift für Eike Ullmann, Saarbrücken 2006, S. 347 ff.;
zit.: *Osterloh*, Festschrift für Ullmann, S.

Palandt, Otto: Bürgerliches Gesetzbuch mit Nebengesetzen insbesondere mit Einführungsgesetz (Auszug) einschließlich Rom I- und Rom II-Verordnungen sowie dem Haager Unterhaltsprotokoll, Allgemeines Gleichbehandlungsge-

setz (Auszug), Wohn- und Betreuungsvertragsgesetz, BGB-Informationspflichten-Verordnung, Unterlassungsklagengesetz, Produkthaftungsgesetz, Erbbaurechtsgesetz, Wohnungseigentumsgesetz, Versorgungsausgleichsgesetz, Lebenspartnerschaftsgesetz, Gewaltschutzgesetz, 72. Auflage, München 2013;
zit.: *Bearbeiter* in: Palandt, BGB, § Rdnr.

Piper, Henning / Ohly, Ansgar / Sosnitza, Olaf: Gesetz gegen den unlauteren Wettbewerb, 5. Auflage, München 2010;
zit.: *Bearbeiter* in: Piper/Ohly/Sosnitza, UWG, § Rdnr.

Prütting, Hanns / Wegen, Gerhard / Weinreich, Gerd: BGB Kommentar, 7. Auflage, Köln 2012;
zit.: *Bearbeiter* in: Prütting/Wegen/Weinreich, BGB, § Rdnr.

Reimer, Eduard: Wettbewerbs- und Warenzeichenrecht – Systematischer Kommentar zum Warenzeichengesetz, zum Gesetz gegen den unlauteren Wettbewerb und den dazugehörigen Bestimmungen des Bürgerlichen Gesetzbuchs, des Handelsgesetzbuches, der Pariser Verbandsübereinkunft, des Madrider Markenabkommens und des Madrider Herkunftsabkommens sowie zum Zugabe- und Rabattrecht, 3. Auflage, Köln 1954;
zit.: *Reimer*, Wettbewerbs- und Warenzeichenrecht, Kap. Rdnr.

Röhl Klaus / Röhl, Hans-Christian: Allgemeine Rechtslehre – Ein Lehrbuch, 3. Auflage, Köln 2008;
zit.: *Röhl*, Allgemeine Rechtslehre, §.

Rüthers, Bernd / Fischer, Christian / Birk, Axel: Rechtstheorie mit juristischer Methodenlehre, 6. Auflage, München 2011;
zit.: *Rüthers/Fischer/Birk*, Rechtstheorie mit juristischer Methodenlehre, § Rdnr.

Sambuc, Thomas: Designschutz mit Markenrecht? In: Gewerblicher Rechtsschutz und Urheberrecht (GRUR) 2009, S. 333 ff.;
zit.: *Sambuc*, GRUR 2009, 333.

Sambuc, Thomas: Was soll das Markenrecht? Ein Beitrag zur Funktionenlehre in: Wettbewerb in Recht und Praxis (WRP) 2000, S. 985 ff.;
zit.: *Sambuc*, WRP 2000, 985.

v. Savigny, Friedrich Carl: System des heutigen römischen Rechts, Band 1, Berlin 1840;
zit.: *v. Savigny*, Römisches Recht, S.

Schaeffer: Bezirksgruppe Nord – Vortrag am 2. Februar 1993 über die Aufhebung der absoluten Bindung der Marke an den Geschäftsbetrieb durch das Erstreckungsgesetz in: Gewerblicher Rechtsschutz und Urheberrecht (GRUR) 1993, S. 457;
zit.: *Schaeffer*, GRUR 1993, 457.

Schmidt, Beate: Die missbräuchliche Markenanmeldung – Das *DPMA* im Spannungsfeld zwischen registerrechtlichem Verfahren und den Erwartungen der interessierten Öffentlichkeit in: Zeitschrift für deutsches, europäisches und internationales Kennzeichenrecht (MarkenR) 2003, S. 1 ff.;
zit.: *Schmidt*, MarkenR 2003, 1.

Schmieder, Hans-Heinrich: Die Entwicklung des Markenrechts seit Mitte 1999 in: Neue Juristische Zeitschrift (NJW) 2001, S. 2134 ff.;
zit.: *Schmieder*, NJW 2001, 2134.

Schoene, Volker: Der Benutzungszwang im Markengesetz – Grundsätze und Einzelfragen unter Berücksichtigung der Verordnung über die Gemeinschaftsmarke, Frankfurt am Main u.a. 2003;
zit.: *Schoene*, Der Benutzungszwang im Markengesetz, S.

Schricker, Gerhard: Der Benutzungszwang im Markenrecht – Rechtsvergleichende Betrachtungen zur Einführung des Benutzungszwangs in das deutsche Warenzeichengesetz in: Gewerblicher Rechtsschutz und Urheberrecht – Internationaler Teil (GRUR Int.) 1969, S. 14 ff.;
zit.: *Schricker*, GRUR Int. 1969, 14.

v. Schultz, Detlef: Kommentar zum Markenrecht, 3. Auflage, Frankfurt am Main 2012;
zit.: *Bearbeiter* in: *v. Schultz*, Markenrecht, § Rdnr.

Schulze zur Wiesche, Jörg: Vorratszeichen im Verletzungsprozess in: Gewerblicher Rechtsschutz und Urheberrecht (GRUR) 1966, S. 359 ff.;
zit.: *Schulze zur Wiesche*, GRUR 1966, 359.

Sosnitza, Olaf: Wettbewerbswidrige Behinderung durch Anmeldung einer im Inland noch nicht benutzten Marke („AKADEMIKS“) in: juris Praxis-Report – Wettbewerbs- und Immaterialgüterrecht (jurisPR-WettbR) 2008, Anmerkung 3;
zit.: *Sosnitza*, jurisPR-WettbR 5/2008, Anm. 3.

Speckmann, Gerhard: Wettbewerbsrecht – UWG – Markenrechtsverletzung – Wettbewerbsverfahrensrecht, 3. Auflage, Köln u.a. 2000;
zit.: *Speckmann*, Wettbewerbsrecht, Rdnr.

Spindler, Gerald / Schuster, Fabian / Anton, Katharina: Recht der elektronischen Medien, 2. Auflage, München 2011;
zit.: *Bearbeiter* in: Spindler/Schuster, Recht der elektronischen Medien, § Rdnr.

v. Staudingers, J.: Kommentar zum Bürgerlichen Gesetzbuch mit Einführungsgesetz und Nebengesetzen, Buch 3 (Sachenrecht), §§ 925 – 984; Neubearbeitung von Karl-Heinz Gursky, Axel Pfeifer, Wolfgang Wiegand, Berlin 2011;
zit.: *Bearbeiter* in: Staudinger, BGB, § Rdnr.

Steinbeck, Anja: Die Nummer 10 – bösgläubige Markenanmeldung als bewegliches System in: 50 Jahre Bundespatentgericht, 2011, S. 777 ff.;
zit.: *Steinbeck*, 50 Jahre BPatG (2011), S.

Steinberg, Jens: Wann kann beim Vorliegen eines *„Motivbündels"* von einem unlauteren Einsatz der Sperrwirkung der Marke i.S.v. §§ 3, 4 Nr. 10 UWG ausgegangen werden? Anmerkung zu *BGH*, Urteil vom 26. Juni 2008 – I ZR 190/05 – *Eros* in: Zeitschrift für deutsches, europäisches und internationales Kennzeichenrecht (MarkenR) 2008, S. 482 ff.;
zit.: *Steinberg*, MarkenR 2008, 482.

Steinberg, Jens / Jaeckel, Christoph: Rechtsschutz gegenüber Verwarnungen aus bösgläubig registrierten Markenrechten, zugleich eine Besprechung von *BGH*, Urteil vom 10. Januar 2008 – I ZR 38/05 – *AKADEMIKS*, Teil 1: Die bösgläubige Markenanmeldung in: Zeitschrift für deutsches, europäisches und internationales Kennzeichenrecht (MarkenR) 2008, S. 296 ff.;
zit.: *Steinberg/Jaeckel*, MarkenR 2008, 296.

Streinz, Rudolf: Europarecht, 9. Auflage, Heidelberg u.a. 2012;
zit.: *Streinz*, Europarecht, Rdnr.

Ströbele, Paul / Hacker, Franz: Markengesetz – Kommentar, 10. Auflage, Köln 2012;
zit.: *Bearbeiter* in: Ströbele/Hacker, Markengesetz, § Rdnr.

Ströbele, Paul: Zeiten der Bösgläubigkeit – Probleme im Löschungsverfahren wegen bösgläubiger Markenanmeldungen in: Zeitschrift für deutsches, europäisches und internationales Kennzeichenrecht (MarkenR) 2010, S. 409 ff.;
zit.: *Ströbele*, MarkenR 2010, 409.

Tetzner, Heinrich: Kommentar zum Warenzeichengesetz, Heidelberg 1958;
zit.: *Tetzner*, Warenzeichengesetz, § Rdnr.

Thiele, Willi: Sind Abwehr- und Vorratszeichen erforderlich? In: Gewerblicher Rechtsschutz und Urheberrecht (GRUR) 1949, S. 268 ff.;
zit.: *Thiele*, GRUR 1949, 268.

Thomas, Heinz / Putzo Hans: Zivilprozessordnung, FamFG – Verfahren in Familiensachen, GVG, Einführungsgesetze, EU-Zivilverfahrensrecht – Kommentar, 33. Auflage, München 2012;
zit.: *Bearbeiter* in: Thomas/Putzo, § Rdnr.

Ticic, Nicolai: Die bösgläubige Markenanmeldung als absolutes Schutzhindernis, 1. Auflage, Hamburg 2010;
zit.: *Ticic*, Die bösgläubige Markenanmeldung, S.

Treudler, Reinhard: Die unredliche Markenanmeldung – Bewertung von abzulehnenden Markenanmeldungen in: Zeitschrift für deutsches, europäisches und internationales Kennzeichenrecht (MarkenR) 2000, S. 193 ff.;
zit.: *Treudler*, MarkenR 2000, 193.

Uekermann, Walter: Der Benutzungszwang im Warenzeichenrecht – Vergleich der deutschen Neuregelung mit dem anglo-amerikanischen Recht, München 1971;
zit.: *Uekermann*, Der Benutzungszwang im Warenzeichenrecht, S.

Ullmann, Eike: Die bösgläubige Markenanmeldung und die Marke des Agenten – überschneidende Kreise in: Zeitschrift für Gewerblichen Rechtsschutz und Urheberrecht (GRUR) 2009, S. 364 ff.;
zit.: *Ullmann*, GRUR 2009, 364.

Utescher: Anmerkung zur *Slip*-Entscheidung des *BGH* vom 27. Juni 1969, Az. I ZR 125/67 in: Gewerblicher Rechtsschutz und Urheberrecht (GRUR) 1969, S. 606 f.;
zit.: *Utescher*, GRUR 1969, 606.

Weberndörfer, Jörg: Rechtsvergleich Deutschland – Vereinigtes Königreich: Auswirkungen der Umsetzung der EG-Markenrechtsrichtlinie auf den erweiterten Schutz *„bekannter“* Marken, Berlin 1997;
zit.: *Weberndörfer*, EG-Markenrechtsrichtlinie, S.

Wiedmann, Elke: Der Rechtsmissbrauch im Markenrecht, Konstanz 2002, abzurufen unter http://www.ub.uni-konstanz.de/kops/volltexte/2002/845/, zuletzt abgerufen am 7. Oktober 2012;
zit.: *Wiedmann*, Der Rechtsmissbrauch im Markenrecht, S.

Will, Stefanie: Der Markenschutz nach § 14 Markengesetz: Eine Untersuchung zum neuen Markenrecht nach der Umsetzung der Ersten Richtlinie des Rates vom 21. Dezember 1989 zur Angleichung der Rechtsvorschriften der Mitgliedstaaten über die Marken (89/104/EWG), Baden-Baden 1996;
zit.: *Will*, Markenschutz nach § 14 MarkenG, S.

Winkler, Matthias: Aktuelles zum Löschungsverfahren in: v. Bomhard, Verena (Hrsg.), Festschrift für Alexander von Mühlendahl zum 65. Geburtstag am 20. Oktober 2005, Köln u.a. 2005, S. 279 ff.;
zit.: *Winkler*, Festschrift für Mühlendahl, S. 279.

Zöller, Richard: Kommentar zur Zivilprozessordnung, 29. Auflage, Köln 2012;
zit.: *Bearbeiter* in: Zöller, ZPO, § Rdnr.